SV

Tilmann Moser
Dämonische Figuren

Die Wiederkehr
des Dritten Reiches
in der Psychotherapie

Suhrkamp Verlag

Erste Auflage 1996
© Suhrkamp Verlag Frankfurt am Main 1996
Alle Rechte vorbehalten
Druck: Wilhelm Röck, Weinsberg
Printed in Germany

Inhalt

Vorwort 7

Theoretischer Teil: Psychoanalyse und Macht

I Dämonische Introjekte und der therapeutische
   Umgang mit ihnen 19
II Erfahrungen in der klassischen Analyse mit
   Übertragung und Gegenübertragung 55
III Die Beschädigungen des Tätervolkes 77
IV Politik, Familie und seelischer Untergrund 82
V Kriegskinder und Kriegsfamilien 94
VI Der Verdacht der Entlastung der Täter 108
VII Spätfolgen bei Opfer- und Täterkindern 115

Klinischer Teil: Stundenprotokolle

I Kurze Einführung 141
II Goebbels als archaisches Introjekt 143
III Bombenkeller und späte haltende Hand 162
IV Die Bomberflotte in der eigenen Seele 177
V Der Werwolf und der Warner vor neuem
   Nazi-Unheil 191
VI Ein NS-Sprengsatz in der dritten Generation ... 209
VII Lähmung und Schweigen. Der unbekannte
   SS-Vater 219
VIII Die Reise nach Sachsenhausen 231
IX Dämonie des Schweigens und des Redens 241
X KZ Oranienburg, Sicherheitsdienst und
   das Tagebuch der Mutter 254
XI Das Kind als seelischer Lastenträger 266

Schlußbetrachtungen

I   Erinnern gegen den Krieg 285
II   Die öffentliche und die private Bewältigung
       der NS-Zeit 300
III   Behandlungstechnische Schlußfolgerungen 319

Anhang

Literaturverzeichnis 339
Personenregister 347

Vorwort

Neben der Wende, der Flut der Gedenktage in den vergangenen Jahren in den Medien und den drängender werdenden Problemen von Therapiepatienten waren es vor allem mehrere geschichtliche Anlässe, die mich zum Formulieren meiner Gedanken über die seelischen Spätfolgen von Holocaust, NS-Zeit und Krieg führten: eine mehrteilige Vorlesung zum Thema »Psychoanalyse und Macht« bei den *Lindauer Psychotherapiewochen* 1993, ein Vortrag bei der *Deutschen Gesellschaft für Psychoanalyse, Psychotherapie, Psychosomatik und Tiefenpsychologie* 1994 zum Thema »Übertragung und Inszenierung – Der therapeutische Zugang zu den geschichtlichen Katastrophen«, ein Vortrag beim *Kongreß für Familientherapie* 1994 in Freiburg, »Politik, Familie und seelischer Untergrund«, ein Vortrag zum 50. Jahrestag der Bombardierung Freiburgs im November 1994 bei der Tagung der *Katholischen Akademie in Freiburg* zum Thema »Erinnern wider den Krieg«, sowie eine Rede zum 50. Geburtstag des Kriegsendes in der *Universität Freiburg* und schließlich ein Vortrag im *Jüdischen Museum in Wien* zur Angleichung der seelischen Schäden bei Opfer- und Täterkindern in der zweiten Generation.

Die Vorträge bilden das Gerüst dieses Buches. Sie erklären den unterschiedlichen Sprachstil und den unterschiedlichen Grad von Abstraktion in einzelnen Kapiteln wie die gelegentliche Wiederholung einzelner Thesen, die ich nicht in jedem Fall tilgen wollte. Es handelt sich also nicht um eine Monographie im strengen Sinn, sondern um die Wiedergabe einer allmählichen Entwicklung der Einsichten, die durchaus einen eigenen seelischen Prozeß bedeuteten. Die Einstellung auf ein unterschiedliches Publikum löste sogar ganz unterschiedliche affektive und intellektuelle Reaktionen aus, die es zu integrieren galt.

Vor allem bei dem Vortrag im *Jüdischen Museum* in Wien

wurde mir meine untergründige Angst des Mitläuferkindes vor der phantasierten Rache der Holocaust-Überlebenden der ersten und zweiten Generation und einer vermuteten kritischen Feindseligkeit deutlich, einer allgemeinen untergründigen Racheangst, auf die vor allem Gertrud Hardtmann (1992a) mit ihrer jahrzehntelangen Erfahrung im therapeutischen Umgang mit Täterkindern immer wieder hingewiesen hat. Schon 1986 formulierte Rolf Vogt in einem Kommentar zum Weltkongreß der freudianischen Psychoanalytiker 1985 in Hamburg, dem ersten auf deutschem Boden nach dem Krieg, zur Befangenheit der deutschen vor den israelischen und den ausländischen jüdischen Kollegen: »Eine Reihe von ähnlichen Beobachtungen... erlauben die Vermutung, daß die deutschen Kongreßteilnehmer wohl unter dem *kollektiven unbewußten Phantasma von blutiger Vergeltung und Rache* standen, die unweigerlich jeden treffen würde, der sich zu weit nach vorne wagte.« (S. 899)

Als ich nach der Rückkehr aus Wien einem Freund von der wohlwollenden Aufnahme meiner Thesen dort erzählte, löste sich die Angst in einem befreienden Weinen. Der Vorfall war eine Bestätigung der von vielen Forschern geäußerten These, daß man die NS-Zeit und ihre Folgen kaum untersuchen kann, ohne sich des eigenen politischen und familiären Standortes gewahr zu werden. Vermutlich ist es sogar wichtig oder unabdingbar, ihn zum besseren Verständnis der eigenen Gedanken auch preiszugeben, selbst wenn man sich der Gefahr aussetzt, als befangen oder ideologisch oder defensiv festgelegt »gedeutet« zu werden.

Ich schreibe dieses Buch als NS-Mitläuferkind, das es therapeutisch bisher vorwiegend mit Mitläufer- und Täterkindern zu tun hatte, nie aber mit Holocaust-Opfern oder -Opferkindern. Da dies aber für die meisten nichtjüdischen deutschen Psychotherapeuten und Psychoanalytiker gilt, kommt ihm vielleicht doch eine allgemeinere Bedeutung zu. Die Grundthese ist die:

Die deutschen Psychotherapeuten nach 1945 haben sich,

aus den verschiedensten Gründen, dem Problem der psychischen Folgen und Spätfolgen von NS-Zeit und Krieg bei den nichtjüdischen Deutschen kaum je explizit theoretisch oder behandlungstechnisch zugewandt. Geschah dies, wie etwa in dem frühen Buch von Theodor S. Hau mit dem Titel »Frühkindliches Schicksal und Neurose« (Göttingen 1968), so erhielt es doch wenig Aufmerksamkeit und kaum eine fundierte Fortsetzung. Das riesige Versäumnis läßt sich aber kaum in moralischen Kategorien fassen. Das Ausmaß der geschichtlichen Katastrophe, der Leiden wie der Verbrechen, machte, wie es die amerikanisch-jüdische Analytikerin Judith S. Kestenberg formuliert, eine »Latenzzeit« notwendig, bevor ein oder sogar zwei Generationen später die Themen aufgegriffen werden konnten.

Da einige der Patienten, die mir erlaubten, Stundenprotokolle aufzunehmen, zu transkribieren und zu kommentieren, psychotherapeutische Kollegen sind, entstand trotz gelegentlicher enormer Übertragungsverstrickungen oft ein Klima gemeinsamen Forschens und eines gemeinsamen »Bewältigens« der deutschen Vergangenheit. Diese Solidarität inmitten eines therapeutischen Prozesses stellt in sich schon eine Variation im behandlungstechnischen Setting dar, die durch Inszenierungen im Rollenspiel, anstelle der Inszenierung in Übertragung und Gegenübertragung, merklich erleichtert wird. Es gab kritische Wochen bei der gemeinsamen Durcharbeitung der kommentierten Protokolle, als ich die Patienten um ihre definitive Zustimmung zur Veröffentlichung bat. Vorübergehend war ich nicht mehr nur Therapeut, sondern auch Forscher und Autor, mit Motiven, die sich von denen des reinen Therapeuten unterscheiden. Erst als ich mich innerlich bereit gemacht hatte, auf einzelne Stundentexte zu verzichten, wenn das Unbehagen oder die subjektiven oder objektiven Schutzbedürfnisse der Patienten dies erforderten, wurde ich wieder frei, mich dem erneuten Aufwallen auch feindseliger Übertragungen analytisch zuzuwenden. Trotzdem verdanke ich die Erlaubnis zum Druck kollegialen, forschungsorientierten und auch therapeutisch bedingten Motiven, vielleicht auch der Dankbarkeit für eine ihren Bedürfnissen zugewandte, variantenreiche analytische Begleitung auf einem späten Weg zu den giftigen Deponien des NS-Untergrundes.

Alle Stundenberichte stammen von Patienten, die eine oder mehrere Therapien oder Analysen bereits hinter sich hatten, in denen sie sich dem politisch-historischen Anteil ihrer Störungen kaum angenähert hatten. In meinen eigenen langen Analysen hatte das Thema ebenfalls nie eine Rolle gespielt. Insofern könnte man bei manchen Therapien, aus deren Verlauf ich berichte, auch von *fokaler Aufmerksamkeit* sprechen. Trotzdem gab es immer wieder Phasen, in denen es vorübergehend unklar schien, wessen Thematisierungsinteressen überwogen. Meist aber war der Verdacht, es handle sich um »mein Thema«, eine besondere Form der Annäherungsangst, um nicht zu sagen des Widerstandes gegen die Wiederbelebung versunkener Erinnerungen und versunkener Konflikte. In der zweiten Generation, erst recht in der dritten, kommt ja noch hinzu, daß der aufgeklärte Verstand der Betroffenen sich besonders heftig sträubt, von NS-Eltern (oder -Großeltern) noch immer »infiziert« zu sein. Ohne die behandlungstechnische Variation der Inszenierung im Rollenspiel wäre mir so viel Umgang mit NS-Untergrund schon aus psychohygienischen Gründen kaum möglich gewesen. Das Buch ist insofern auch ein Plädoyer für methodische Flexibilität, mit der Grundthese, daß die »Reinheit« des klassischen Settings, wie sie von einer Reihe von Psychoanalytikern auch bei diesem behandlungstechnischen Komplex gefordert wird, ihrerseits einen Widerstand gegen das »unreine« Thema darstellen kann.

Manche Autoren, die sich zu den in diesem Buch behandelten Problemen geäußert haben, mögen sich ärgern, weil ich sie nicht zitiert habe. Die Literatur beginnt unübersehbar oder zumindest unübersichtlich in schwer zugänglichen

Zeitschriften zu werden, und irgendwann entschließt man sich zu schreiben, auch wenn man nicht alles zur Kenntnis nehmen konnte, was die eigenen Ansichten erweitert, sie stützt oder ihnen widerspricht. Deshalb bitte ich manche Kollegen und Forscher aus anderen Disziplinen um Nachsicht. Es ist nicht böser Wille oder Undankbarkeit, sondern der Entschluß, es genug sein zu lassen mit absichernder Lektüre. Aber am Tage der Redaktion dieses Vorworts, das ich immer zuletzt schreibe, stieß ich auf das Buch des Münchner Psychoanalytikers und Psychodramatherapeuten Joachim Gneist mit dem Titel »Wenn Haß und Liebe sich umarmen. Das Borderline-Syndrom. Ein Psychodrama unserer Zeit.« (München 1995) Gneist, in mehreren Therapiemethoden ausgebildet, versucht, die heutige Gesellschaft als »Borderline-Gesellschaft« zu verstehen, weil der zerrissene Mensch einen Leittypus der Zeit bilde. Er ist sich bewußt, daß dieser Leittypus angelegt ist in den Spätfolgen von NS-Zeit, Holocaust und Krieg, neben anderen Mechanismen einer Gesellschaft in raschem sozialem Wandel. Gneist hat zusammen mit einem israelischen Kollegen Seminare für Opfer- und Täterkinder durchgeführt, ist sich also der verwandten seelischen Beschädigungen bewußt. Und es entspricht seiner langen Erfahrung im Umgang mit Patienten, die ihre Vergangenheit nur durch innere Brüche und Spaltungen bewältigen oder auch nur überleben konnten, daß er für methodische Flexibilität plädiert. Als psychoanalytisch geschulter Psychodramatherapeut ist er meinem Konzept der Inszenierung sehr nahe, auch wenn er seine therapeutischen Varianten eher aus der gewordenen Ich-Struktur seiner Patienten als aus ihrer historisch-psychischen Geschichte und ihrem Niederschlag in inneren »dämonischen Figuren« ableitet. Doch dies sind nur zwei Aspekte des gleichen Erlebnishintergrundes. Seine Erfahrungen mit klassischer Analyse bei solchen Patienten entsprechen meiner eigenen:
»Die Therapieerfahrung lehrt, daß solche Panikreaktionen bei ichinstabilen Patienten durch zwei Umstände hervorge-

rufen oder verschlimmert werden: wenn der Patient liegt, aber der Therapeut sitzt, und wenn der Patient den Therapeuten nicht sehen kann, aber umgekehrt er ihn oder sie schon. Das Liegen kommt einer konzentrierten Innenschau des Patienten zugute, vermindert aber zeitweilig seine Kontrolle der Situation. Warum ist das so gefährlich für ihn? Weil der Borderline-Mensch – das ist sein Kernproblem – sich mitunter weder selbst noch sein Gegenüber als vielgestaltigen, aber ungeteilten *ganzen* Menschen erlebt. Im Extremfall kann eine Borderline-Persönlichkeit sich gleichzeitig als vorhanden und doch nicht vorhanden, als Torso, der nur funktioniert, aber nicht lebendig ist... oder als jederzeit zerteilbar oder auslöschbar fühlen... Ebenso kann er Aussagen oder Schweigen des Therapeuten so erklären, daß der Therapeut ein Monster, sein Vater oder eine Maschine *ist*!« (S. 190) Hier wird sehr deutlich, wie die »dämonischen Introjekte«, von denen ich spreche, die Therapiesituation überfluten und Patient und Therapeut in Panik und Verwirrung stürzen können.

Gneist verweist ebenso auf die Probleme des Selbstverlusts wie der generationsübergreifenden Verwirrung und des Mißbrauchs von Kindern durch Eltern der zweiten Generation:

»Selbstverlust ist besonders schmerzlich zu beobachten bei Menschen, deren *Eltern* ihre eigene Familie verloren haben, z. B. im Krieg oder durch einen Unfall. Ich denke an Menschen, deren Eltern sich an Naziverbrechen beteiligten, ... oder an Menschen, deren Eltern das Konzentrationslager überlebten, in dem der Rest der Familie ermordet wurde. Ihr Eigenleben ist mehr oder weniger überschattet von dem Schicksal der vorhergehenden oder sogar vorvorhergehenden Generation. Ihre ganze persönliche Entwicklungslinie wird von den früheren Katastrophen verwischt oder sogar vielfältig gebrochen. Vielleicht knapp dem Tode entronnen, trinken Eltern in ihrem Durst nach Leben aus der Quelle ihrer eigenen Kinder. Hier werden die Rollen von Kindern und

Eltern vertauscht. Diese Kinder entwickeln kein Gefühl für die Grenzen zwischen sich und den Eltern. Im extremsten Fall erleben sie sich als Auswuchs ihrer Eltern.« (S. 223) ...
»So sind auch Gefühle zu verstehen, unter denen viele dieser zweiten Generation von Tätern und Opfern leiden, nämlich selbst Verfolger oder Verfolgte zu sein – oder auch Opfer- und Täterrollen in ihrer inneren Welt gleichzeitig zu übernehmen.« (S. 224)
Deshalb leuchtet mir auch sein behandlungstechnisches Fazit ein, das weniger auf einem Gelübde für ein einziges Setting beruht, sondern auf breiter Selbsterfahrung, Ausbildung und einer Ausrichtung an den Leiden wie den verbliebenen kreativen Möglichkeiten der Patienten:
»Ich arbeite mit vielfältigen Psychotherapiemethoden einschließlich Psychodrama und Rollenspiel, Bildarbeit, Autogenem Training, Tonarbeit und natürlich mit dem Gespräch, einzeln, paarweise und in Gruppen.« (S. 16)
Normalerweise wird ein solches Bekenntnis in Analytiker-Kreisen sofort mit dem entwertenden Urteil der »Polypragmasie« versehen. Aber es scheint mir wichtiger, methodisch differenziert auf die phänotypischen Patienten unserer Zeit eingehen zu können, als sie, wie es immer noch häufig geschieht, für zu schwierig oder »nicht analysierbar« zu halten.
Die verschlungenen und sich ineinander verschlingenden Biographien von Opfer- und Täterkindern, mit ihrer jeweiligen Bezogenheit auf ihre Familie wie auf das Land, in dem sie jetzt leben, hat der Wiener Schriftsteller Robert Schindel 1992 in seinem Roman »Gebürtig« hervorragend inszeniert. Alle seine Personen sind als Psychotherapiepatienten vorstellbar, teilweise sind sie es sogar, oder sie leben in einer Sprachwelt, in der die Gegenwart der unbewußten Erbschaften ständig spürbar ist. Er sagt über einen 1980 etwa fünfunddreißigjährigen jüdischen Bankier und Schriftsteller und seine Mutter:
»Wann immer der junge Emanuel sein Leben mit etwas Per-

sönlichem ausstatten wollte, sah sie ihn mit ihren halbgebrochenen Augen an, um dann bittere Bemerkungen herauszuflüstern: ›Was tust du mir an, Emanuel? Aber gut, bitte, tu, was du willst, ich hab mich schon in der Erd.‹« Mit leicht veränderten Formen unbewußter Einflußnahme oder Delegation ist eine solche Beeinträchtigung der Persönlichkeit auch bei Täter- und Mitläuferkindern zu finden. Selbst wenn für die erste Generation der Täter noch Schindels bitterer Satz gelten mag: »Alle sind sie, alle, unbefangen und unschuldig herausgetreten aus der Judenschlächterei und all den andern Heimatgefühlen, stehn da herum mit der Selbstverständlichkeit, die der Gegend gleicht, in der sie heimeln.«, so stimmt für einen Teil ihrer Kinder im Urteil des Psychotherapeuten nicht, was Schindel über die zweite Generation schreibt: »Es hat sich nichts geändert. Die Väter haben die Unsern in die Öfen geschoben, die Mütter haben den Rosenkranz gebetet, und die Söhne wollen uns großzügig eingemeinden, setzen sich darüber hinweg, wollen unbefangen selber die Opfer sein.« Die wegen ihres NS-Erbes in Behandlung kommen, sind bereit, ihren Teil von Scham und Schuld zu tragen. Von ihnen und dem therapeutischen Umgang mit ihnen handelt dieses Buch.
Aber dies war nicht immer so. Wie sich später zeigen wird, sprechen viele Analytiker vom »Schweigepakt« zwischen Therapeuten und Patienten. Etwas beschämt stellte ich beim Wiederlesen des Kapitels über »Die nichtsexuellen Tabus« von Alice Miller in ihrem Buch »Du sollst nicht merken« (1981, zitiert nach 1983) fest, wie präzise sie die Behinderungen der Analytiker aus der zweiten Generation damals schon benannte. Sie spricht vom »tragischen, ungewollten Weghörenmüssen, das man auch als den ungewollten Widerstand des Analytikers bezeichnen könnte«. (1983, S. 222) Sie versucht zu zeigen, daß das NS-Thema das »zeitspezifische Tabu« der Psychoanalyse war, und bringt es mit der unaufgearbeiteten Familiengeschichte der Analytiker in Verbindung. Bei der Analyse der affektiven Blockierung ei-

nes Auditoriums von Analytikern nach einem Vortrag 1979 spürte sie das Unansprechbare: »Es war offensichtlich, daß ich mit der bloßen Erwähnung der Person Hitlers ein Tabu berührt, einen Komplex von Gefühlen heraufbeschworen hatte, der mit tabuisierten Erlebnissen zusammenhängt.« (S. 225) Eindrucksvoll beschreibt sie, wie das erzwungene Schweigen in den Jahrzehnten nach dem Krieg in ihre »Gegenübertragung« auf das Auditorium eindrang: »Meine Kollegen vermittelten mir das Erlebnis der Wand, vor der sie selber gestanden waren, als sie in ihrer Kindheit Fragen stellen wollten, die an die tiefste Abwehr ihrer Eltern rührten.« (S. 226) Obwohl Alice Miller in ihrer radikalen Skepsis der Psychoanalyse gegenüber dieser seit Jahren kaum noch Chancen einräumt und damit aus der »Zitierfähigkeit« in analytischen Kreisen quasi herausgefallen ist, sollten ihre scharfsinnigen politisch-psychologischen Analysen nicht erneut tabuisiert werden.

Theoretischer Teil:
Psychoanalyse und Macht

I Dämonische Introjekte und
der therapeutische Umgang mit ihnen

Ist die Tiefenpsychologie auch eine politische Psychologie? Eine Szene in einer Gruppentherapie vor mehr als zehn Jahren ist mir lange in verwirrender und peinlicher Erinnerung geblieben: die älteste Teilnehmerin, noch vor dem Krieg geboren, brach in einer lähmenden Phase der Stagnation, in der verfolgerische Instanzen die Atmosphäre im Raum über Wochen bestimmten, verzweifelt in Wut und Weinen aus: in ihrer Kindheit sei Hitler eine zentrale Figur des Familienlebens gewesen. Betretenes Schweigen der jüngeren Mitglieder! Und ein Gefühl bei mir, ich sollte auf die Botschaft eingehen; ich wagte es aber nicht und blieb beim kleinfamilialen Modell der Deutung stehen: bei den Schrecken der bedrohlichen Symbiose mit einer machtvollen Mutterfigur, deren unbewußtes Bild die Gruppe zu lähmen schien, und gegen die der schwache Vater (der Therapeut) nichts auszurichten vermag.

Erst zehn Jahre später wagte ich mich in einem Rollenspiel mit einem Einzelpatienten an eine direkte Konfrontation mit Hitler, wie ich es in dem Text »Ein Enkel Hitlers« in dem Buch »Politik und seelischer Untergrund« (1993) beschrieben habe. Seither habe ich mehr therapeutische Erfahrungen gesammelt mit dem Nachhall der NS-Zeit in den Seelen mancher Patienten und möchte zunächst einige theoretische Überlegungen dazu mitteilen. Es geht um die Erforschung und den klinischen Umgang mit den Verwüstungen, die die entsetzlichen politischen Vorgänge in unserem Jahrhundert in vielen Menschen hinterlassen haben. Der Zugang zu ihnen ist nicht nur durch unerkanntes und durch viele Biographien mitgeschlepptes Leiden bedroht, sondern auch wichtig geworden durch die Folgen, die all dies für das Verständnis der Tiefenwirkung von Politik, von Angst, Terror, Verfolgung, von realisierter totalitärer Ideologie, aber auch von anderen Einwirkungen überpersonaler Mächte haben kann. Ich spreche vom psychischen Nachhall politischen Schreckens in den Seelen der Menschen, die ihrerseits wieder Politik und öffentliches Bewußtsein gestalten. Er kann große Teile der ganzen Psyche zerstören, ich beschränke mich zunächst einmal auf die Auswirkungen auf das Über-ich.

Die Schicksale des Überichs
Das klassische Überich ist eine durch Identifizierungen mit den Eltern, bei Freud vorwiegend mit dem Vater vermittelte persönliche Instanz, die im täglichen Leben gebietet und verbietet. Sie ist, in dieser holzschnittartigen Form, im Begriff, eine fast museale Einrichtung zu werden. Mit dieser provokativen Vereinfachung möchte ich einige Überlegungen einleiten, die sich vor allem mit den Folgen der ideologischen Diktaturen auseinandersetzen.
Ausgangspunkt sind die psychischen Nachwirkungen einer unzureichend bewältigten NS-Vergangenheit und die chaotischen Zerfallserscheinungen von Moral, Solidarität und Orientierung nach dem Zerbrechen des kommunistischen Blocks. Die Deutschen erleben sie besonders eindrucksvoll in den Problemen der Aufarbeitung von Stalinismus und Stasi-Angst in der ehemaligen DDR.
Da die Frauen als Vermittler von Überich in der frühen Psychoanalyse kaum zählten, waren es die patriarchalischen Väter, die für Freud auf dem Hintergrund der Kastrationsdrohung die Quelle der Gewissensbildung ausmachen. Therapieerfahrung und Forschung haben viel dazu beigetragen, daß auch Nutzen und Bedrückung eines früher gebildeten, mütterlichen Überichs verstehbar wurden. Aber obwohl in Deutschland während des Krieges und nach dem Krieg die Frauen weitgehend das Überleben gesichert haben, hat das männlich bestimmte Überich wieder im fanatisierten Durchhalte-Nationalsozialismus des Krieges noch im Wiederaufbau-Patriarchalismus der Nachkriegszeit viel von seiner

Dominanz verloren. Und dies trotz der Mitscherlichschen Diagnose der »vaterlosen Gesellschaft«, die der Autor vorwiegend auf das Verschwinden des sichtbaren Vaters im industriellen Produktionsprozeß zurückführte, nicht aber darauf, in welchem Ausmaß die Väter irrten und scheiterten und umkamen, als sie die Welt mit Terror und Verwüstung überzogen. Sie kehrten im besten Fall als Geschlagene aus dem Krieg zurück. Die Fragen zur Rolle der Mütter, die in dem Maße wuchs, wie die Männer abwesend, gefallen, vermißt oder später gebrochene oder durch Abspaltung der Vergangenheit schwer greifbare Figuren waren, möchte ich in diesem theoretischen Teil der Arbeit nicht vertiefen. Sie werden aber deutlich sichtbar in den Stundenberichten des klinischen Teils. Aber ich habe viel gelernt aus dem Buch von Gerda Szepansky, »›Blitzmädel‹, ›Heldenmutter‹, ›Kriegerwitwe‹. Frauenleben im Zweiten Weltkrieg« (Frankfurt am Main 1986), dem Band »TöchterFragen. NS-FrauenGeschichte« (Hrsg. L. Gravenhorst und C. Tatschmurat, Freiburg 1990, und dem Buch »Starke Mütter – ferne Väter. Töchter reflektieren ihre Kindheit im Nationalsozialismus und in der Nachkriegszeit« von Ulla Roberts (Frankfurt am Main 1994). Inzwischen sind eine ganze Reihe von Büchern zur Rolle der Frau in der NS-Zeit erschienen.

Ich betone zunächst einmal summarisch, daß an die Stelle der sichtbaren väterlichen Einzelautorität in den totalitären Diktaturen die autoritäre Aufladung der Väter durch Anlehnung an Macht, Parteien und Ideologie getreten war. Um dies zu verdeutlichen, vereinfache ich die sozialen und familiären Muster der Jahrzehnte von der Reichsgründung 1871 an in der bürgerlichen und der kleinbürgerlichen Familie. Sie gilt analog für ein relativ friedliches Europa, das seine aggressiven Kräfte in die Industrialisierung und die Erschließung und Ausbeutung der Kolonien setzte. Natürlich war die väterliche Autorität gesellschaftlich und auch ideologisch durch Thron, Altar und autoritäre Konvention abgesichert, aber nicht im Sinne einer reduzierenden Gleichschaltung, sondern eher stützend, die Vaterrolle hervorhebend. Es ging bildhaft patriarchalisch zu, wobei der Vater als Quelle und Sitz der Macht wie der Orientierung galt und bei pädagogischen und sonstigen familiären Entscheidungen das Sagen hatte. Dabei brauchte er sich in die Tumulte des Kinderzimmers gar nicht einzumischen, weil die Erziehungsziele mindestens der sogenannten Sekundärtugenden festlagen. Er war die Strafinstanz, oft auch für die Mutter, die der angeblich überichbildenden Kastrationsdrohung durch den Vater eine gewisse gesellschaftliche Plausibilität gab.

Angsthierarchien und Kleinfamilie
Die innerfamiliäre Macht- und Angsthierarchie bestimmte auch die Herausbildung der psychischen Instanzen bei Freud mit der liebevoll ausgemalten Prädominanz des Überichs. Schließlich lautet der Kernsatz Freuds nicht: Wo Überich war, soll Ich werden, sondern »Wo Es war, soll Ich werden«.
Die behandlungstechnischen Regeln der Psychoanalyse sind in ihrem familialistischen Modell nicht zu verstehen ohne den kleinen Kosmos überschaubarer Rollen und ihrer Autoritätsverteilung, die dazu noch weitgehend auf einer Kontinuität der Überich-Inhalte zwischen den Generationen beruhen, so daß schon für die Großeltern kaum eigene Repräsentanzen ausgeformt zu werden brauchen.
Dies alles ändert sich, natürlich nicht abrupt, und doch dramatisch, im 20. Jahrhundert, und zwar nicht nur durch die bloße Beschleunigung des sozialen Wandels, wie es ein ahistorisch-entpolitisierter Zweig der Soziologie nahelegt. Machtzentren werden Parteien mit starkem ideologischen Anspruch, der die tradierten Denk- und Fühlinhalte auswechseln will. Mit dem Sieg von Nationalsozialismus und Stalinismus verstärkt sich die Abtretung von Überichfunktionen an die Partei oder die obersten Führer. Die fast außermenschliche Macht, die ihnen zuerkannt wird, hatten sie vorher durch Brutalität mit ideologischer Fundierung an

sich gerissen. Das bedeutet aber, daß die Väter entweder mit Macht und Ideologie verschmelzen, sich rauschhaft erhöht fühlen, sich korrumpieren lassen oder aber daß sie selbst als Geängstigte und Gedemütigte erscheinen und von den Kindern oft auch so erlebt werden. Daß die Frauen und Mütter zum Teil begeistert mitschwingen, erhärtet nur die Tatsache, daß die Männer gehorsame und ausführende Organe werden, die von begeisterter Identifizierung oder von Angst gelenkt werden.
Erich Simenauer hat die Folgen für die psychoanalytische Praxis in seinem Vortrag 1980 in Bamberg über »Die zweite Generation – danach« (1993, S. 501) so zusammengefaßt:
»Die gegenwärtige soziale Wirklichkeit mit ihren ubiquitären, latenten Aspekten von Gewalt erlaubt es nicht mehr, den Generationenkonflikt ausschließlich vom Gesichtspunkt des Ödipuskomplexes zu begreifen und zu behandeln.«
Und Gottfried Appy hat dies nicht lange vor seinem Tod mit viel umfassenderer Bedeutung so ausgedrückt:
»Seit dem Nazi-Holocaust erscheint das Vertrauen der Menschheit in die Zuverlässigkeit des ödipalen Über-Ich, in die schützende Funktion der Gesetzestafeln erschüttert. Die Väter und Mütter hatten sich als bestechlich erwiesen, als Kollaborateure im Dienste eines omnipotenten destruktivnarzißtischen Führers. Man wird ihnen in Zukunft mißtrauen, wenn sie auf die alten Gesetze und deren Einhaltung verweisen, weil sie das Unvorstellbare nicht hatten aufhalten können und vorstellbar werden ließen.« (1992, S. 44)
Ein Teil der Instanzen, die das Erleben und die Handlungen leiten, rücken also außerhalb des Ichs. Sie sind durch den revolutionären Charakter der Umbrüche aus historisch-familiären Kontinuitäten herausgenommen. Ich- und Überich-Inhalte verändern sich beschleunigt unter fühlbarem politischen Druck, Propaganda, Demütigung, Massenrausch und Terror. Kinder erleben ihre Eltern, Lehrer und andere Auto-

ritäten unter dem Druck der totalitären Erziehung entweder als vorgestrig oder aber als von höheren Instanzen sichtbar gesteuert oder überwältigt; später, in den Schrecken von Verfolgung, Krieg, Flucht, Bombardierung als geschlagen und gebrochen oder ideologisch fixiert oder in hilfloses und verbittertes Schweigen versunken.
Der innerfamiliäre Machthaushalt wird in der NS-Zeit nach außen geöffnet. Selbst die Triebabfuhr und die Verwaltung der Gefühle wird außerfamiliär gesteuert, im Extrem wird zur Auflehnung oder zum Verrat an den Familienloyalitäten aufgerufen. Der große Kastrator hat den Vätern (wie den Müttern) die Kastrationsmacht entwunden und die seine damit erhöht, oder er beläßt sie den Vätern allenfalls in seinem Namen. Er hat mit ihr seine Schergen und Instanzen ausgestattet, und es wäre absolut unlogisch, wenn sich dies nicht niederschlagen würde in einem veränderten Aufbau der psychischen Repräsentanzen, vor allem der Elternbilder wie der Fragmente und der Gesamtform des Überichs. Klaus Theweleit hat dies in seinen »Männerphantasien« (1978) so formuliert, bezogen auf die Familienpolitik der »Faschisten«:
»Gestützt haben sie die formale Vatermacht (absoluter Gehorsam der Kinder) und die Mutterposition: große Gebärerin. Aber das Erziehungsrecht haben sie ihnen letztlich entzogen und die Kinder in ihren Jugendorganisationen HJ und BDM *direkt* dem Gehorsam zum Führer verpflichtet. Im Konfliktfall zwischen Führer und Familienanspruch wurde das Kind angehalten, Spitzel im Dienst des Führers gegen die Eltern zu sein.« (II, S. 249) »Indem der Familie so genommen wurde, was allein ihre menschliche Substanz ausmachen könnte, Ort von Beziehungen, Ort einer Kommunikation, Ort eines Schutzes zu sein, wurde sie zur Terrororganisation formaler Herrschaft.« (S. 252) Die terroristische Überich-Entwicklung wie seine Spaltung wird so organisiert:
»Der double-bind entsteht aus dem Verbot, die Familie öffentlich anzugreifen. ›Du sollst Vater und Mutter ehren‹

wird verstärkt gepredigt von seiten des Staates, der dabei ist, ihnen alles Verehrungswürdige vollkommen zu nehmen. Daß man die Eltern ehren soll, muß also wie die andern Teile des Panzers eingeprügelt werden. Kein einziges Kind mit dieser Art Ich liebt oder achtet seine Eltern wirklich.« (II, S. 252) Analoges gilt vermutlich für die »Liebe« zum Führer. In ihrer Auseinandersetzung mit dem »Vaterbild« Hitler (anhand von Eberhard Jäckels Buch »Hitlers Weltanschauung«, 1981) schreibt Dörte von Westernhagen:
»Überhaupt muß man, um unsere Eltern damals ganz zu sehen, Hitler immer in sie ›hineindenken‹; aber gerade diese affektive Verbundenheit ist heute am meisten tabuisiert. ›Es war vor allem, zumal im Kriege, eine geradezu kindliche Anhänglichkeit wie an einen geliebten Vater, die sich bis zum Mitleid steigern konnte.‹ (Jäckel, zit. nach Westernhagen, S. 76) Jäckel läßt m. E. in seiner freundlichen Formulierung weg, daß ein Mensch in seinem kindlichen Stande den Vater nicht nur zärtlich liebt, sondern ihn auch als grausame Gottheit fürchtet. Erst das Resultat aus beiden Komponenten ergibt die Anbetung, mit der wir es hier zu tun haben.« (S. 76) Obwohl die Autorin hier dem durchschnittlichen Vaterbild die »normale« dämonische Seite (»grausame Gottheit«), die er für das Kind hat, hinzufügt, glaube ich, daß es von den abgründigen Seiten des normalen Vaterbildes hin zu den dämonischen Instanzen, wie sie durch Hitler oder Stalin implantiert wurden, noch einen qualitativen Sprung ins fast Außermenschliche gibt.

Die Borderline-Struktur der Gesellschaft

Das parteilich oder revolutionär organisierte gesellschaftliche Überich bestimmt über Zugehörigkeit, Lebensrecht und Vernichtungsdrohung. Der Loyalitäts- und Angstdruck nimmt viel intensivere Formen an als in der patriarchalischen Idylle vor dem ersten Weltkrieg angesichts der entindividualisierenden Politisierung des Einzelnen wie der Familien. Für die Kinder macht es einen Unterschied, ob sie ihre

Eltern als Unterworfene oder als im Auftrag Unterwerfende oder sogar als Berauschte erleben. Sie erscheinen im Nationalsozialismus (oder anderen Totalitarismen) als *die tragend Getragenen* oder als die *kommandierten Kommandierer.* Später dann als die Gebrochenen oder Geächteten, während Überich-Inhalte durch Dekrete oder Parteirichtlinien zu bestimmten Stichtagen ausgewechselt werden.

Anita Eckstaedt bemerkt zwar die ganz andere Wucht des hierdurch erzeugten terroristischen Überichs, ohne jedoch das familialistische Modell zu verlassen. Deshalb schreibt sie:

»Für ihre während des Zweiten Weltkriegs geborenen Söhne war die je aktuelle Haltung der Väter innerhalb ihres Identifizierungsprozesses unumgänglich maßgeblich. Ein großer Teil der so einseitigen und damit überlasteten Identifizierung erklärt sich aus der Massivität des Überichs der Väter, das der Totalität der inneren Anhängerschaft an die Ideologie des ›Dritten Reiches‹ entspricht. Eine solche archaische Züge tragende, scharf zwischen gut und böse polarisierende Identifizierung ist sonst nur mit einem *frühen mütterlichen Überich* vergleichbar.« (Frankfurt am Main 1989, S. 139)

Mir scheint es, von heute aus gesehen, falsch, das terroristische Überich, das so durch und durch von Männern bestimmt wird, mit dem mütterlichen Überich zu vergleichen, auch wenn die Wirkungstiefe ähnlich sein mag.

Sowohl die angemaßte und geliehene Omnipotenz linientreuer Väter wie ihre Verunstaltung und Degradierung bei Verlust von parteilichem Wohlwollen oder nach dem Zusammenbruch ihres Systems muß den Kindern unbewußt als Teil eines ebenso bedrohlichen wie falschen Selbst erscheinen. Es erschwert die Orientierung an einem authentischen eigenen oder elterlichen Kern. Kommen dabei noch einander widersprechende Loyalitäten und Ängste ins Spiel, (etwa zwischen Schule und Elternhaus, religiöse Bindung und Hitlerjugend oder Partei, oder bedrohliche Spannung in der Familie), so ist die innere Fragmentierung vorprogrammiert.

Das Überich wird gleich mehrfach gesplittet, ohne das leitende Ideal einer lebensgeschichtlichen Vereinheitlichung. Diese wurde gar nie eingepflanzt als Ideal, außer als diktatorische Instanz eines allumfassenden Gehorsams, der aber das autonome Selbst quasi per Dekret abschafft. Die Borderline-Struktur ist, historisch und statistisch gesehen, vermutlich zunächst eine Struktur der politischen Verhältnisse, bevor sie sich ins Innere der Menschen einfrißt. Dem entspräche als Produkt eine Struktur, wie sie Marion M. Oliner beschreibt (in: Bergmann u. a., 1995, S. 310):
»Diese Erfahrung zeigt, daß Identität in einer Welt wie derjenigen, in der die Überlebenden lebten, zu einer Art Kleidungsstück wird, das man wechseln kann, wenn einem der Sinn danach steht: Je mehr Kleidungsstücke man besitzt, desto wahrscheinlicher ist das eigene Überleben.«
Die psychoanalytische Borderline-Forschung führte zunächst dazu, das Ausmaß zu erkunden, in dem das individuelle Selbst samt dem Überich fragmentiert sein kann, aber auch leer oder in künstlichem Halt oder schützendem Panzer erstarrt.

These I: *Das politisch beeinflußte und beschädigte Überich erscheint als Borderline-Struktur oder führt zu ihr.*

Die psychischen Vorgänge, aus denen Freud die Introjektion des Überichs abgeleitet hat, haben durch ihren familialen Charakter und die Übersichtlichkeit der Imperative, bei allem Schrecken und aller Zerrissenheit, die wir auch hier finden können, einen quasi privaten Charakter als Wirkung der elterlichen Repräsentanzen.
Durch die Wucht der die Familie überschwemmenden und transzendierenden Formen von Angst, Macht, Ideologie, Ansteckung, Todesnähe und Destruktivität, haben wir es mit Überich-Fragmenten, Golems und dämonischen Instanzen zu tun, die sich nicht mehr auf »private« Identifizierungen in der Familie zurückführen lassen. Sie wuchern auch

über die normalen unbewußten Phantasien hinaus und stiften ein heilloses Chaos zwischen innen und außen.

Das war natürlich auch Freud geläufig in seiner Massenpsychologie, die aber trotzdem noch auf einfachen Mechanismen der Identifizierung mit einem Führer und der Identifizierung untereinander beruhte, nicht aber auf einer durch Terror, Angst und Korruption erzwungenen Identifizierung. Und das Hauptbindungsmittel sind immer verschiedene Formen der Libido. Allenfalls ist vorsichtig von »Einschüchterung« die Rede. Aber zum Beispiel die Folter als Extremform der Interaktion überschreitet die bekannten Formen der Identifizierung und implantiert terroristische Instanzen, wobei noch die Identifizierungen mit dem Zerstörer der eigenen Person die Wucht dieser Mechanismen aufzeigen. Der Führer bleibt Vaterersatz, die Mitglieder sind psychodynamisch Brüder. Gewalt wird erst sichtbar, wenn jemand die Masse verlassen will: »Kirche und Heer sind künstliche Massen, das heißt, es wird ein gewisser äußerer Zwang aufgewendet, um sie vor der Auflösung zu bewahren und Veränderungen in ihrer Struktur hintanzuhalten...; der Versuch des Austrittes wird gewöhnlich verfolgt und streng bestraft...« (GW 13, S. 101/2) Sehr scharf hat Theweleit (1978) formuliert, ein Heer mit solchen psychischen Strukturen habe es in moderner Zeit nicht gegeben, schon durch die Psychodynamik der Ausbildungssituation für Rekruten:

Freud »entwarf ein komplettes ödipales Heer... und beschrieb dessen Funktionieren... Er hat dabei tatsächlich ein Freudsches Wunschheer... aus dem Hut gezaubert. Das Erscheinungsjahr 1921 zeigt eindrucksvoll, wie gut das Abdichtungssystem des Vaters der Psychoanalyse gegenüber der wirklichen Geschichte zu funktionieren imstande war.« (S. 175) Gemeint ist wohl der Verzicht auf die Analyse der nicht rein psychodynamischen Wirkkräfte zwischen den vielen einzelnen und dem Führer.

Die geheimen inneren Deponien des Schreckens
Wir können nicht mehr davon ausgehen, daß das Überich von Menschen in einer totalitären Diktatur, vor allem, wenn sie durch soziale Umbrüche, Terror oder Revolution zustande kam, einen geschlossenen personalen Container von Normen und Imperativen bildet. Sondern wir haben es mit schwer auffindbaren oder klassifizierbaren Deponien von Gehorsam, Idealisierung, Ichaufblähung und Ichauflösung, Panik, Straferinnerungen usw. zu tun. Sie können partiell untereinander abgeschottet bestehen, in sich widersprüchlich sein, unterschiedlich mächtig, aufbewahrt an vermutlich ganz unterschiedlichen Orten der Seele. Sie sind quasi geologisch geschichtet und durch politische Wenden noch einmal zerteilt. Sie sind weiter durch total unterschiedliche Phasen auch des erwachsenen Tuns und Erleidens zersplittert: durch Rausch, Begeisterung, Zweifel, Angst, Krieg, Verfolgung, Flucht, familiäre Veränderungen, Heimatverlust. Oder die Deponien sind nach dem Holocaust oder neuen Formen von Völkermord und ethnischen Säuberungen, durch Auslöschung ganzer Familien, gar nicht mehr in einem vitalen familialen Kern verankert.

Von der Blindheit des geschichtlichen Handelns
Die psychischen Katastrophen von Aufschwung, Unterwerfung und Absturz in der NS-Zeit, im Holocaust und Zweitem Weltkrieg konnten in der Zeit ihres Geschehens und in den Jahrzehnten danach noch gar nicht angemessen verstanden, geschweige denn therapeutisch angegangen werden. Erst in den Therapien von Kindern der Opfer und Täter, Mitläufer und sekundär Geschädigten können wir Zugang finden zu den psychischen Folgen der ideologischen Kriege und der realen Kriege, die sie nach sich zogen.
Dabei erweist sich auch, daß die bisher bekannten Formen der Introjektion von Überich nicht ausreichen, um die inneren Vorgänge zu erklären oder therapeutisch zu mildern. Um dies zu verdeutlichen, möchte ich nur einige neuere Be-

griffe nennen, mit denen die Folgen von Diktatur, Angst und Terror beschrieben werden. Da ist von Überwältigung die Rede, von Intropression, Implantation, Indoktrination, Ich-Auslöschung, toten seelischen Zonen, Gehirnwäsche, Umdrehen des Subjekts, Einschüchterung, Spaltung, Hörigkeit, Zwang zum Verrat und vieles mehr. Die solches erzwingenden Instanzen können nur noch begrenzt verinnerlicht werden im alten Sinne. Für ihren innerseelischen Niederschlag müssen wir andere Orte und Formen der Deponierung annehmen. So weit ich weiß, gibt es noch wenig Forschungen über die Tatsache, daß terroristische Überich-Instanzen *gleichzeitig* existieren als verinnerlichte wie als in der Außenwelt weiterwirkende. Am ehesten ist dies erhellt worden in Arbeiten über Bedingungen des psychoanalytischen Arbeitens in Diktaturen, etwa in Südamerika in den sechziger und siebziger Jahren.

Nun könnte man sich fragen, was uns das alles heute und hier angeht, wo wir zumindest im Westen einige Jahrzehnte eines relativ freien Lebens in einem demokratischen Staat und frei von dauerhaft ängstigender Repression leben konnten. Aber die anwachsende Literatur über Interviews oder Therapien mit Kriegskindern, Kindern von Holocaustopfern oder Täter- und Mitläuferkindern, also Angehörigen der zweiten und dritten Generation, darunter die Rechtsradikalen, macht uns deutlich, in welchem Ausmaß es unterirdische Traditionen von Gewalt, Panik, ideologischer Verbohrtheit und Einschüchterung gibt. Viele kennen die von Freud beschriebene Episode und ihre folgenreiche Einschätzung durch ihn, als er als Kind miterleben mußte, wie sein Vater von einem Arier, der ihm den Hut vom Kopf schlug, vom Bürgersteig gedrängt wurde. Noch war dieser Antisemitismus, eine Episode von Demütigung und Verfolgung, personifiziert in *einer* aggressiven rassistischen Person, freilich vor dem Hintergrund sehr realer Pogrome, vor allem in Rußland. Nun stellen wir uns vor, wie es auf Erwachsene, vor allem auf Kinder, wirkt, die sie lieben und bei ihnen Si-

cherheit, Halt und Idealisierung suchen, wenn die Eltern durch Gesetze, Partei, Gestapo, Polizei, Terror und Vertreibung in Panik versetzt und aller Macht und Selbstgewißheit beraubt werden. Von den Eltern (oder deren Imagines) geht kein Schutz mehr aus, sondern umgekehrt: Angst, Demütigung, Verfolgung, Gleichschaltung und Tod brechen über die Eltern herein, weil kollektive oder destruktive Verfolger sich als viel mächtiger erweisen.
Oder, auf das Erleben in deutschen Familien in Krieg und Nachkrieg bezogen: Welche Instanzen hinterlassen Eltern, die vielleicht in der NS-Zeit auf der Seite der Macht standen, aber durch Flucht und Bombenkrieg, Strafangst und Nachkriegsnot zusammenbrachen? Auf bewußte oder unbewußte Weise wurden Kinder Zeugen der Angst der Eltern wie ihres berauschten oder gedemütigten Gehorsams; und sie erleben Menschen, die, uniformiert oder durch Amt und Gewalt aufgebläht oder korrumpiert, fast beliebig Willkür und Schrecken verbreiten konnten. In dem Buch »Kinder der Opfer – Kinder der Täter. Psychoanalyse und Holocaust« (Hrsg. von Martin S. Bergmann, Milton E. Jucovy und Judith S. Kestenberg, Frankfurt am Main 1995) sind viele der Mechanismen beschrieben und gedeutet.

Die Symbolisierung von Schrecken und Macht
Wie wird von Kindern Macht und Schrecken symbolisiert? Wie wird der Glaube der Eltern an oder die Angst der Eltern vor der Macht oder die eigene Angst vor grausamen Personen oder Kollektiven innerlich verarbeitet? Wenn auch noch Scham über die Angst eine Rolle spielt, oder Scham über die Faszination, trotz allem Schrecken?
Im rein familialistischen Modell der Überich-Bildung »sieht« oder fühlt oder erlebt das Kind kaum, wie der tradierte Inhalt des Überichs in die Eltern hineingekommen ist. Es erlebt sie als dessen Repräsentanten, lange Zeit als Quelle der Macht und der Gesetze, wenn sie nicht Gott oder den Schwarzen Mann als pädagogische Hilfsinstrumente einfüh-

ren. Natürlich entgeht es der Beobachtungsschärfe der Kinder nicht, wie sich die Eltern in Anwesenheit der Großeltern verändern; wie sie sich verhalten, wenn sie beim Rektor der Schule vorsprechen müssen; wenn ein Polizist sie anschnauzt oder wenn ein Vorgesetzter zu Besuch kommt oder der Familie auf der Straße begegnet. Und sie mögen früher noch in vielen Fällen beobachtet haben, wie sich die Eltern in der Kirche, vor dem Pfarrer oder vor Gott verhalten. Sie hören die Eltern von mächtigen Menschen, von Politikern, Diktatoren, Arbeitgebern, Amtsleitern und vielen anderen reden. Sie beobachten heute die Eltern vor dem Bildschirm und wissen, was sie anstaunen und fürchten. Helmut Dahmer betont lapidar und zu Recht: »Familiale Deutungsmuster sind gesellschaftlichen Prozessen, politischen Ereignissen unangemessen. Sie verbiegen die soziale Welt, statt sie verständlich zu machen.« (1979, zitiert nach dem Abdruck in Lohmann, Hrsg., 1994)

Es gehört zur Geschichte unseres Jahrhunderts, daß Kinder direkt oder indirekt der drohenden oder vernichtenden Gewalt von überwältigend mächtigen Personen oder Kollektiven, ja sogar dämonischen Entitäten wie dem »Krieg«, der »Endlösung«, der »Vertreibung«, den Nazis, den Russen, der Flucht ausgesetzt waren, die über die Summe der beteiligten Menschen hinausgehen; oder sie haben zusammen mit Eltern überlebt, die selbst in Angst, Haß und Schrecken davor existierten, oder waren dem jahrzehntelangen Nachhall der Schrecken noch nach 1945 ausgeliefert. Das, was die Eltern anstaunen, mehr noch, das, wovor sie selbst Panik haben oder womit sie bis zur Selbstaufgabe verschmolzen sind, muß Introjekte hinterlassen, deren Formen nicht einfach reduzierbar sind auf bisher Vertrautes und deren therapeutische Zugänglichkeit nicht durch die vertrauten Techniken garantiert ist. Ein frühes Beispiel einer solchen dämonischen Instanz findet sich bei Bergmann und Jucovy (1982, in Bergmann u. a., 1995, S. 39). Es geht um einen Patienten, der als Heranwachsender ein KZ überlebte:

»Noch Monate später (nach dem Tod des Vaters, T. M.) suchten Jacob Träume heim, die von fremdartigen und angsteinflößenden Gestalten bevölkert waren. Als der Patient eine gewisse Schwierigkeit erkennen ließ, diese dämonischen Gestalten genauer zu identifizieren, fragte der Analytiker, ob sie vielleicht den Todesengel – er bezeichnete ihn mit dem hebräischen Begriff – repräsentierten. Mit einem flüchtigen Lächeln stimmte der Patient zu und sagte, er sei erfreut und ein wenig überrascht darüber, daß dem Analytiker diese Bezeichnung vertraut sei.«

Das große Schweigen in den Familien
Die Desorientierung durch das große Schweigen vor und nach dem Zusammenbruch kam noch hinzu, auch durch die Veränderungen der Eltern, den plötzlichen Verlust einer bestimmten Sprache, eines Elternteils, meist des Vaters, oder von Haus und Heimat. Und das aufgrund von Mächten, für die auch die Eltern oft Spielball oder Opfer waren, selbst wenn sie als Täter, Mittäter oder Mitläufer und begeisterte oder widerwillig gehorchende Parteigänger begonnen hatten.

These II: *Die Übertragung kann nicht der privilegierte oder gar der ausschließliche seelische Raum sein, in dem sich Introjekte und Einschreibungen der politischen oder militärischen Gewalten zeigen und behandeln lassen.*

Vereinfacht möchte ich so formulieren: Wenn die Eltern real oder in der Phantasie des Kindes ihre weiterzugebenden Überich-Inhalte *verantworten* und sie als ihre eigenen spüren lassen, dann taucht in der Wiederholung der Übertragung der Therapeut als der Träger dieser Eigenschaften, Projektionen und Phantasien auf. Der therapeutische Prozeß besteht dann darin, an diesen Übertragungen, den Ängsten, Konflikten und Hoffnungen hinter ihnen und am gegen sie aufgewandten Widerstand zu arbeiten. Der Analytiker bleibt in der Regel ein konturierter Mensch, der in die Masken der inneren Repräsentanzen schlüpft oder um den herum sich traumatisierende oder bergende Atmosphären entfalten können.

Aber wie tauchen die auf ganz andere Weise verinnerlichten, erinnerten oder abgespalteten Gewalten auf, die in, über oder hinter den Eltern wirkten und wirken oder als deren Teil oder Marionetten, Getriebene, fanatisierte Träger, Opfer oder Teilhaber die Eltern erschienen? Können wir erwarten, daß der Patient fähig ist, sie in die Übertragung einfließen zu lassen? Können wir vom Therapeuten annehmen, daß er sie fühlt, dechiffriert, erkennt, sich partiell wenigstens identifizieren kann und dennoch, auch inmitten lähmender Angst, das Arbeitsbündnis aufrechterhält? Daß er sich selbst in seiner Rolle ruhend und mit einem lebendigen Kern erlebt und gelassen präsent bleibt? Ich glaube nicht, und ich will versuchen, es zu begründen. Auf Anita Eckstaedts heroischen und leidvollen Versuch, diese Themen bei der Behandlung von Täterkindern in Übertragung und Gegenübertragung abzuhandeln, möchte ich hier schon hinweisen. (1989)

Ralf Zwiebel hat in seinem Buch »Der Schlaf des Psychoanalytikers« (1991) überzeugend gezeigt, wie schwer die frühen Störungen einzelner Patienten in Übertragung und Gegenübertragung die Hauptfunktionen des Analytikers angreifen können, ja, ihm in manchen Fällen gelassenes Arbeiten fast unmöglich machen. Dabei handelt es sich um Pathologien, bei denen Spaltung, projektive Identifizierung, Widerstand gegen die Übertragung, Bedürfnisse nach omnipotenter Symbiose, Abwehr von Bezogenheit, Auslöschung des Analytikers u. a. im Vordergrund stehen. Ich möchte Zwiebels Aufzählung um zwei Mechanismen ergänzen, von denen der erste eine Extrapolation von Zwiebels eigenen Erkenntnissen ist, nämlich die unbewußte Phantasie vom gemeinsamen Selbstmord; der zweite ist der Hauptmechanismus der Objektbeziehung, auf der Eckstaedts Deutung beruht, nämlich die »ichsynthone Objektmanipulation«. Bei

ihr droht der Analytiker in der Wiederholung unbewußter Erfahrungen das psychisch überwältigte Opfer des Patienten zu werden.
Beide Mechanismen bilden eine solide Brücke von der Psychologie privater innerfamiliärer Interaktionen zur Psychoanalyse von Machtverhältnissen, gespiegelt im Subjekt. Der geniale, nur in manchen Folgerungen fragwürdige Essay von Hans Magnus Enzensberger, »Aussichten auf den Bürgerkrieg« (Frankfurt am Main 1993), erscheint mir dabei als wuchtige Diagnose einer massenhaften Aushöhlung des lebendigen Selbst – Enzensberger spricht von einer bedrohlichen »Selbst-Losigkeit«: Ihr Kernsymptom wäre der Verlust von Einfühlung in sich selbst wie in andere wie in die Ganzheit der Natur; durch ihn können Zerstörung und Selbstzerstörung gleichermaßen beliebige oder miteinander verbundene Ziele werden.

Bedrohung und Schweigen
Zurück zum Patienten, in dessen individuellem und familiärem Untergrund die Folgen von politischer Gewalt sich niedergeschlagen haben. Das große Schweigen in den Familien hat ihn gelehrt, daß die Themen auch Jahre und Jahrzehnte nach den Ereignissen bei Strafe einer Familienkatastrophe nicht berührt werden dürfen. Die Aussagen über das innerfamiliäre Schweigen von NS-Familien wie den Familien von Verfolgten sind so übereinstimmend und überwältigend, daß ich mir die Rekapitulation der Ergebnisse erspare. Ich erwähne nur die Bücher von Gabriele von Arnim, »Das große Schweigen« (1986), Dörte von Westernhagen, »Die Kinder der Täter« (1987), Dan Bar-On, »Die Last des Schweigens« (1993), und von therapeutischen Kollegen wie Jürgen Müller-Hohagen »Verleugnet, verdrängt, verschwiegen« (1988) und »Geschichte in uns« (1994); und, von Barbara Heimannsberg und Christoph J. Schmidt herausgegeben, »Das kollektive Schweigen« (1992).
Mit der sozialpsychologisch zum Teil kontraproduktiven

Wirkung des Buches von Alexander und Margarete Mitscherlich, »Die Unfähigkeit zu trauern«, habe ich mich in zwei Arbeiten auseinandergesetzt, zuletzt in dem bereits erwähnten Buch »Politik und seelischer Untergrund« (1993). Dort versuche ich auch zu analysieren, warum die Psychoanalyse das große Schweigen mitgetragen hat. Das hängt mit der einseitigen Identifikation der deutschen Freudianer mit den Verfolgten zusammen, die einem selbstidealisierenden Familienroman gleicht; auch mit der Wucht des Mitscherlichschen Urteils über die zur Trauer unfähigen Deutschen, dessen moralische Reinheit einschüchternd wirkte; sowie mit dem allgemeinen politischen Klima. Wichtig vor allem, und dies steht im Zentrum meiner Thesen, waren die psychischen Schwierigkeiten der Analytiker, mit dem Komplex angemessen umzugehen, sowohl was die Behandlungstechnik angeht, als auch was die eigene Aufarbeitung der politischen und der Familiengeschichte betrifft. Das Ausmaß der Verdrängung des NS-Themas habe ich, wie die meisten Kollegen, lange genug am eigenen Leibe, besser an eigener Seele, erlebt.

Die politischen Angstinhalte und das therapeutische Setting
Wer als Analytiker und Psychotherapeut heute und seit einigen Jahren nicht mehr wegsehen will, wird bei vielen Patienten mit Geburtsjahrgängen bis in die frühen sechziger Jahre auf Spuren oder Trümmer von politisch verursachten Störungen stoßen, für die uns einige Kollegen die Augen geöffnet haben. Leider sind manche Vorträge, die 1982 auf der Tagung der Mitteleuropäischen Psychoanalytischen Vereinigung in Bamberg gehalten worden sind, aus Diskretionsgründen nur DPV-intern zugänglich gemacht worden. Das hat die Auseinandersetzung mit dem Thema gewiß verzögert.

Für den durchschnittlichen Analytiker, der in seiner Ausbildung oft nicht das geringste über das Problem gehört hat, ist es oft eine fast unlösbare Aufgabe, die dämonischen Introjekte mit seinem an Übertragung und Widerstand orientierten Instrumentarium anzugehen. Er müßte aus den zunächst höchstens atmosphärisch wahrnehmbaren Anzeichen – falls der Patient das Thema nicht selbst angeht, was selten ist – Hypothesen bilden, seine historischen Kenntnisse mobilisieren. Er müßte, obwohl viele Therapeuten das Thema in ihrer eigenen Lehranalyse kaum berührt haben und also ohne wirkliche Selbsterfahrung sind, die Anzeichen von Desorientierung, Widerstand, Angst, Leere, Panik und falschem Selbst richtig deuten und die möglichen Inhalte ansprechen. Aber es ist zermürbend, verunsichernd und ängstigend, in der Übertragung in die Position des intellektuell verabscheuten, psychisch aber weitgehend unbekannten kollektiven Bösen oder gar in die Rolle Hitlers, der Gestapo, der Stasi, aber auch der Bombenflugzeuge zu geraten oder umgekehrt in die Rolle der von Panik überwältigten, sich oft selbst anklammernden Eltern. Der Analytiker steht vor einer vielfachen Aufgabe: Er soll das Arbeitsbündnis aufrechterhalten, dem Patienten fremde oder ihn befremdende Hypothesen mitteilen, seine eigene Geschichte bedenken oder emotional präsent haben, historisches Wissen im Hintergrund mobilisieren, archaische Übertragungen auf sich wirken lassen oder ihre Ausblendungen erkennen. Er soll weiter das Unbehagen, ja die Angst aushalten, von einer Aura des Bösen oder Destruktiven umgeben zu sein oder in deren Zentrum zu stehen. Er soll die Dimensionen reflektieren, die das Thema in der Psyche des Patienten oder dem Untergrund der Familie einnimmt, was der Patient oft weder weiß noch wissen will. Das gleiche gilt vielfach auch für den Therapeuten. Den mühsamen inneren Prozeß, verbunden sogar mit Anfeindungen in der Kollegengruppe, den er hinter sich zu bringen hatte, schildert Jürgen Müller-Hohagen (1988) in exemplarischer Weise. Es war zuallererst ein Weg in das Erkennen und den Umgang mit den Verstrickungen der eigenen Familie.

Die Übertragungswiderstände des Patienten
Ich komme zum Übertragungspotential des Patienten: Es gibt archaische Ängste, analog denen bei einer psychotischen oder Borderline-Struktur ohne politischen Hintergrund, der Analytiker werde ausgelöscht, verwandle sich in ein Monster oder werde vom Monströsen verschluckt oder vernichtet, deformiert oder selbst zum Opfer (wie die Eltern). Dieses Opfer, oder der Opfer-Täter, müßte dann in bedrohlicher Parentifizierung vom Patienten selbst wieder getröstet, aufgefangen oder gerettet werden. Wenn gewaltsamer Tod im Untergrund der Familie eine Rolle spielt, bilden Todes- oder Vernichtungsängste die Kräfte des Widerstandes, falls man die von den Mitscherlichs diagnostizierte *Entwirklichung* überhaupt noch als Widerstand im klassischen Sinne bezeichnen kann. Die Dinge liegen noch komplizierter, wenn wir an die Patientenjahrgänge der Nachkriegskinder denken. Sie sind zum Teil geprägt vom Schicksal der Flucht, Ausbombung, Erstarrung der Eltern, Flüchtlingsdasein usw. Anita Eckstaedt weist mit Recht darauf hin, daß bei aller elementaren Gewalt des unterirdischen Fortwirkens der NS-Geschichte die analytische Dechiffrierung der Zusammenhänge immer schwieriger wird, und das bedeutet in der Regel auch: mehr Verwirrung im Analytiker. Das zentrale Wort bei Müller-Hohagen ist »der Nebel«, in dem sowohl Teile des Patienten wie des Therapeuten verschwinden. Andere Begriffe, die bei vielen Kollegen immer wiederkehren, sind: Desorientierung, Verwirrung, Leere, Sinnlosigkeit, Resignation, diffuse Angst, Bilderlosigkeit u. a. Was bedeutet dies alles für unsere therapeutische Technik? Unsere innere Haltung? Den Umgang mit unserer begrenzten seelischen Belastbarkeit?

Was heißt »Bewältigung« der Vergangenheit auf individueller wie auf kollektiver Ebene im psychoanalytischen Verständnis?

Ich beginne diesen Abschnitt mit der dritten These:
These III: *Der Analytiker muß Begleiter, Schutzengel und Regisseur, nicht Übertragungsfigur sein bei solchen Störungen. Deshalb inszeniert er die unbewußten Beziehungen des Patienten zu den dämonischen Figuren und Instanzen, anstatt sie in der Übertragung zu erleiden, zu verfehlen oder zu verfremden.*

Es gibt Konstellationen kumulativer oder terroristischer negativer Übertragung, bei denen der Analytiker *nicht* gleichzeitig haltende Figur, Garant des Arbeitsbündnisses und Übertragungsgestalt sein kann. Wird diese elementare Tatsache nicht berücksichtigt, so ist Leid für beide Partner des therapeutischen Dialogs die Folge. Es drohen eine Einschränkung des bearbeitbaren Konfliktfeldes, die affektive und theoretische Auflösung des Widerstandsbegriffs, der Verlust der historischen Dimension und eine gemeinsame Regression auf ein kleinfamiliales Modell unter Ausblendung der historischen Realität und der affektiven Gewalt ideologisch-politischer Instanzen und ihres Niederschlags in der Psyche. So wie der seelische Container der Eltern wie der Kinder überfordert war bei der Bewältigung von Angst und Schrecken, so ist der Container des klassischen Settings oft überfordert bei der Neuinszenierung und Aufarbeitung der vielschichtigen Traumatisierung von politisch in der Tiefenstruktur geschädigten Patienten.

Das klassische Setting bedeutet einen zu engen Flaschenhals, durch den die dicken Brocken der dämonischen Instanzen nicht hindurchpassen und also nicht bearbeitet werden können. Zwangsläufig werden sie dann entweder auf eine verstümmelnde und umdefinierende Weise zerkleinert oder ausgeblendet, oder sie führen zu Desorientierung, Unterwerfung unter flach vereinfachende Theorien, oder aber, und hier behalten die Mitscherlichs auf eine unerwartete und paradoxe Weise recht mit ihrer Hauptthese aus der »Unfähigkeit zu trauern« (1967): Sie werden auf der Couch erneut und vielleicht endgültig derealisiert. Dadurch wären sie aber für immer auf unterirdischen und unzugänglichen Deponien gelagert und würden einen schwelenden Energie- und Konfliktfundus bilden für alle möglichen Formen von ablenkendem, kompensatorischem oder destruktivem Agieren.

Die veränderte Rolle des Therapeuten*

Deshalb möchte ich Rolle und Funktion des Therapeuten im Setting einer tiefenpsychologisch wirksamen »Bewältigung der Vergangenheit« zum Teil neu bestimmen durch behandlungstechnische Variationen innerhalb der Arbeit mit der Übertragung:

1) Angst, Spaltung und Desorientierung angesichts der dämonischen und dämonisierten politisch-seelischen Instanzen sind so groß, daß sie einer exzentrischen Position des Analytikers außerhalb der Übertragungsverstrickung bedürfen. Dies erfordert eine explizite und dem Patienten erläuterte Neubestimmung der Rolle des Therapeuten.

2) Zu dieser Neubestimmung der Rolle gehört ein mit dem Patienten geteiltes politisch-historisches Bewußtsein und eine gemeinsame Haltung des Forschens gegenüber einer Vergangenheit, die nicht nur eine Eltern- und eine Kinderrolle impliziert, sondern einen gewissen Grad von (vielleicht geschwisterlicher) oder zeitgenössischer Solidarität *im Hinblick auf etwas Drittes*, nämlich die Wirkungen der NS- oder der stalinistischen Diktatur. Diese nur in die Übertragung zwischen zwei Personen bringen zu wollen, reduziert den therapeutischen Raum auf eine falsche Zweidimensio-

---

* Ein Teil dieser Gedankengänge ist in Vortragsform bereits publiziert in Karin Bell und Kurt Höhfeld (Hrsg.), »Psychoanalyse im Wandel«, Gießen 1995; gekürzt in C. J. Schmidt, Barbara Heimannsberg (Hrsg.), Macht und Machtmißbrauch in der Psychotherapie, Köln 1995

nalität, und damit auch auf eine falsche Zweipoligkeit des Dialogs.

3) Die Bezogenheit beider Partner auf eine mehr oder weniger gemeinsame entsetzliche Geschichte, vor der Eltern und Großeltern oft versuchten, sich im Schweigen unkenntlich zu machen, muß erhalten und sichtbar bleiben. Natürlich ist dies im herkömmlichen Setting durch Deklarationen und die wiederholte Charakterisierung des historisch-psychischen Raumes durch den Therapeuten in gewissem Umfang möglich. Aber nach meinen Erkundungen über den Grad der Thematisierung der NS-Vergangenheit in Analysen und Lehranalysen unserer gegenwärtig aktiven Analytikergenerationen scheint mir das nicht der Fall gewesen zu sein. Also gibt es auch kaum lehrbare Traditionen des Umgangs mit diesem Thema.

4) Die Rolle des Analytikers im Umgang mit der NS-Vergangenheit in der Psyche des Patienten ist die eines *szenisch erfahrenen* Begleiters, der die *Angst des Patienten, seiner Familie* oder seiner sozialen Gruppe vor der Konfrontation mit diesen Instanzen kennt und sie in dosierter Inszenierung und angemessener Hilfestellung zu thematisieren weiß.

Den sichernden Rahmen des im weitesten Sinne psychodramatischen Settings bilden auch hier Erklärungen, Regiehilfen, Ermutigungen, Angstdosierung, Schutzmaßnahmen, die von körperlichem Halt oder räumlicher Nähe bis zu symbolischen Formen von Schutzmauern, Verstecken, Tarnkappen usw. gehen können.

Der Therapeut ist in eindeutiger Form auch Lehrer: für den historischen Kontext wie für die Variationen des Settings, die ein auf klassische Analyse eingestellter Patient nicht kennt. Ein Vorteil des veränderten Settings ist aber auch die Umkehrungsmöglichkeit der Rollen bei Bedarf: Wenn der Analytiker den Rahmen des affektiven Forschens vorgegeben hat, kann der Patient sich hinsichtlich von Form und Inhalt der Szenen als wissender erweisen als der Therapeut, nicht nur, was politisch-psychologische Fakten angeht, sondern auch hinsichtlich der unendlichen Auffächerungen historischer Angstsituationen wie familiär-ideologischer Konstellationen. Dies mag für flexible Analytiker eine Selbstverständlichkeit bedeuten. Die Variation des Settings betont aber ausdrücklich die Eigenkompetenz des Patienten, schafft ihr im Dialog gebührenden Raum. Sie kompensiert damit auch die Verschiebung im Gleichgewicht von Aktivität und Kompetenz, die durch die Veränderung des Raumes und die größere Aktivität des Analytikers zustande kommt.

5) Die affektive Beziehung zwischen Therapeut und Patient verändert sich. Sie erfährt eine Anreicherung an gemeinsamer Realität, an Sichtbarkeit des Therapeuten, an Solidarität. Es findet eine szenische Triangulierung statt, die als dritten Pol die Geschichte umfaßt wie die Schwierigkeiten, ihr gemeinsam auf die Spur zu kommen. Der Raum der bipolaren Übertragung verengt sich dabei. Dies mag man als einen Verlust betrachten, dem aber auf der anderen Seite beträchtliche Gewinne gegenüberstehen. Der Verlust wird auch dadurch aufgewogen, daß sich die Übertragung, wie bereits angedeutet, als ein nur begrenzt brauchbarer und effizienter Raum erweist.

6) Alle personalen Übertragungen, die der Dimension und den Gesetzen der Eltern-Kind-Rollen unterliegen, bleiben aber erhalten und können in unterscheidbaren Phasen auch analysespezifisch aufgenommen werden. Um es noch einmal am innerfamiliären Modell zu illustrieren: Vater und heranwachsendes Kind gehen gemeinsam ins historische Theater, der Vater gibt angesichts des erschreckenden Bühnengeschehens Erklärungen und hilft bei der affektiven Begegnung mit den Gestalten auf der Bühne. Später, wieder zu Hause, spielen sich zwischen den beiden durchaus wieder die alltäglichen Konflikte ab. Selbstverständlich gibt es zwischen diesen beiden hier idealtypisch auseinandergezogenen Modellen des Settings viele gleitende Übergänge. Temperament, Ausbildung und spezifische Kreativität des Analytikers, sei-

ne »persönliche Gleichung« wie sein Wissensstand bilden die Grundlagen des Drehbuches für jede individuelle Therapie, die auf das Thema der psychischen Monster aus dem Raum der Geschichte stößt.

7) Um die explorative Funktion des gemeinsam zu findenden Drehbuchs solcher Inszenierungen zu verdeutlichen, füge ich einige Beispiele hinzu. Der Patient kann mit seinen Eltern oder Großeltern oder unbekannten, phantasierten Situationen auf leeren Stühlen sprechen. Er kann zu Personen oder Instanzen sprechen wie Hitler, einem Gauleiter, Parteisekretär oder anderen Figuren, die für die Eltern, aber auch noch für die NS- und Kriegskinder bedrohlich waren. Es kann hilfreich sein, die Relation der Eltern zu diesen Instanzen zu inszenieren, die auch abstrakter sein können wie »die Partei«, Gestapo oder Stasi, der »Feind«, der Krieg, die Bomber, die Vertreibenden, die Vergewaltiger, usw.

8) Im kleinfamilialen Übertragungsmodell kommt es zu folgender Deformation der unbewußten Zusammenhänge: Durch die Ausblendung der terroristischen Instanzen neigt der Patient dazu, die *Eltern* vorwiegend für seine Behinderungen verantwortlich zu machen, und die kleinfamilialen Deutungen verstärken diese Tendenz. Der Analytiker kann sie zwar mildern durch vorsichtige Konfrontationen nach dem Muster »Bedenken Sie einmal, was Ihre Eltern zu erleiden hatten oder wie es Ihren Eltern zumute war«, aber die Tendenz zur dominanten Verantwortlichkeit der Väter und Mütter scheint dem Setting fast immanent, so, als hätten sie die Welt ganz nach ihrem Willen und ihrer Willkür eingerichtet und überließen sich autonom ihren Charaktermängeln.

Die Woge der Mütterbeschuldigung, seit langem mit dem Fachausdruck *mother-hunting* belegt, ist mir nicht anders zu erklären als aus der Verschiebung des historischen Leids in die Verantwortung der Mütter (und natürlich auch der Väter). Diese tragische Dimension hervorzuheben ist wichtig; nicht zuletzt, weil ihre Verzerrungen mir noch mehr

Grund zu geben scheinen für den Paradigmenwechsel: *Inszenierung statt Übertragung*. Müller-Hohagen hat dies in seiner knappen Auseinandersetzung mit Alice Miller zu diesem Thema in ergreifender Weise deutlich gemacht. Er schreibt: »Alice Miller hat ... in ungewöhnlicher Einfühlsamkeit das Schicksal solcher (parentifizierter, T. M.) Kinder nachgezeichnet – doch die Eltern hat sie vernachlässigt.« Die Folge: viele Eltern fühlten sich beim Lesen »schuldig und erst recht hilflos«. (1988, S. 180) Und er fragt: »Was war denn bei den Eltern vorher gewesen, daß sie so bedürftig und als Folge so uneinfühlsam in ihre Kinder wurden? Die Ursachen kann man doch nicht ausschließlich ... immer wieder nur bis zu Adam und Eva hin bei den Eltern suchen. Wir leben in einem Jahrhundert extremen und massenhaften Schreckens, unvorstellbarer Ver-rücktheiten, ungezählter Entwurzelungen – und das alles soll Menschen nicht zutiefst durcheinandergebracht haben, auch im Umgang mit ihren Kindern?« (S. 180/81)

9) Meist in einem späten Stadium einer Therapie weise ich ältere Patienten darauf hin, daß unsere Arbeit nicht nur Umgang mit einer individuellen Neurose bedeutet, sondern daß sich in ihr auch die deutsche Geschichte mit all ihren Lasten und Schrecken, aber auch Chancen eingenistet hat. Dann weitet sich plötzlich der Blick. Die meisten nehmen, wenn wir die Spuren der Geschichte durch die Generationen verfolgen, den Gedanken dankbar auf (manchmal freilich auch mit Zorn über diese Abhängigkeit), daß wir ein kleines Stück Aufarbeitung von Geschichte geleistet haben und daß ein Stück überindividuelles Verhängnis und vielleicht Schuld abgetragen wurde. Die Patienten übernehmen ihre Neurose auch als ihren Teil der politischen Katastrophen des zwanzigsten Jahrhunderts, die aber weit zurückreichen ins neunzehnte.

Exkurs: Das unvermeidliche moralische Dilemma und die Borderline-Struktur des therapeutischen Nachdenkens über die Folgen von NS-Diktatur, Holocaust und Krieg

Von einem bestimmten Punkt an wurde mir das Schreiben über die Nachwirkungen der NS-Zeit in Therapien zur Qual, weil ich keinen Weg fand, über die Opfer des Holocaust und ihre Kinder und Enkel in der gleichen Weise zu sprechen wie über die Täter- und Mitläuferkinder, die Kriegs- und Nachkriegskinder mit ihrem gerade erst allmählich öffentlich beschreibbaren Leid. Ich hatte mich in die Rezensionen des Buches von Anita Eckstaedt mit ihren aggressiven Verdächtigungen des Antisemitismus wie der Schuldeinebnung vertieft; dann in die zum großen Teil hysterischen Reaktionen der Literaturkritik auf den Roman »Engel sind schwarz und weiß« von Ulla Berkéwicz, der die Sprache eines Hitlerjugendführers unkommentiert wiedergibt (»Literaturkritik als Hexenjagd«, München 1994), und hatte die wütende Kritik der »Psyche« (August 1993) auf meine Auseinandersetzung mit dem Buch der Mitscherlichs »Die Unfähigkeit zu trauern« wahrgenommen. Sprech-, Fühl- und Denktabus sowie ein ausgeprägtes Lagerdenken bestimmten bis vor kurzem die öffentliche Diskussion. Dies ist zum Teil verständlich, weil der neue Rechtsradikalismus mit der schamlosen Verwendung der NS-Symbole und die starke konservative Bewegung hin zu einem »Ende der Aufarbeitung« der NS-Geschichte samt einem in manchen Kreisen ungeniert ausgesprochenen Antisemitismus viele kritische Menschen hellhörig machen, ja in Angst versetzen. Und doch scheint es mir nicht mehr an der Zeit, Therapie, Diagnostik, Kollektivschuldfrage und politisches Lagerdenken zu vermengen. Es wurde mir auch deutlich, daß ich die verschiedenen inneren Einstellungen zu den unterschiedlichen Kategorien von Opfern, Formen des Leidens, von vollkommener Unschuld bis zur inhumanen Verstrickung, Verblendung oder Verführung in der zweiten und dritten Generation nicht integrieren und ineinanderdenken muß und kann.

Ich selbst bestehe aus verschiedenen biographischen Anteilen, mit denen ich auf die NS-Geschichte unterschiedlich reagiere, je nach innerem Alter, nach den mobilisierten Loyalitäten, nach den therapeutischen oder staatsbürgerlichen Fragmenten, die nicht immer übereinstimmen. Ich akzeptiere also, daß es einen über die rein subjektive Seite der eigenen Neurose hinausreichenden Borderline-Aspekt des Umgangs mit der NS-Zeit gibt: Sie mobilisiert zu viel in jedem von uns, als daß man nicht nur als Person einheitlich, sondern auch nach einheitlichen ethischen Kriterien zu reagieren vermöchte. Nicht nur die Struktur der Geschichte war zum Teil psychotisch oder hat objektive, massenpsychologisch wirksame Borderline-Zustände mit sich gebracht, sondern diese Phänomene wiederholen sich sogar beim intellektuellen oder therapeutischen Versuch der Aufarbeitung. Auch in als wissenschaftlich intendierten Diskussionen kommt es zu Haß, wahnhafter Verdächtigung, seelischer und geistiger Infektion. Und auch hier gehen objektive und subjektive Realität ineinander über. Die Leugnung von Auschwitz ist zugleich subjektiv wahnhaft wie politisch motiviert und für Rechtsradikale strategisch sinnvoll. Das Aufrechnen der Opfer von Auschwitz und Dresden hat stattgefunden, häufig in politisch-demagogischer Absicht, oder zur Entlastung von unerträglicher Scham. Deshalb *könnte* auch die therapeutische Beschäftigung mit Täter- und Kriegskindern aufrechnend und also als entlastend intendiert sein. Aber der generalisierende Verdacht macht seinerseits wieder blind für objektive Formen von verstümmelndem Leiden. Letztlich kommt es zu einer inneren Entscheidung nach einer Selbstprüfung: Wenn ich einem Hitlerjungen der letzten Kriegsmonate in seine Mischung aus früher Verblendung und späterem Leiden an Bomben, Flucht und Familienzerstörung folge, dann habe ich nicht das strategische Ziel der »Aufrechnung«, versuche nicht, den Holocaust zu »entwirklichen«.
Ich muß also darauf vertrauen, daß diese innere Sicherheit

allmählich Teil eines Konsenses der intellektuellen oder therapeutischen Öffentlichkeit wird. Je nach Biographie, erkenntnisleitendem Interesse und hilfesuchendem Patienten findet jeder Therapeut seinen eigenen Zugang zu den politisch induzierten Wunden, wegen denen Menschen heute zu uns kommen. Die Kämpfe um die Dignität der Opfer mögen in den vergangenen Jahrzehnten einen wenn auch beklemmenden Sinn gehabt haben, sie sind aber dabei, ihn zu verlieren. Wenn im Bereich der Psychotherapie das »Lagerdenken« bis in die dritte Generation hinein fortgesetzt wird, leistet diese Haltung eher einen Beitrag zur untergründigen Bewahrung von Antisemitismus.

Die historische Dimension des Mißbrauchsthemas
Nach diesem Exkurs zur Bestimmung der eigenen Haltung in der Mitte meines Nachdenkens über die Wiederkehr der NS-Zeit in Psychotherapien wende ich mich wieder dem Thema Übertragung versus Inszenierung im Rahmen des gegenwärtigen analytischen Forschens über »Politik und seelischen Untergrund« zu. Der früh begangene narzißtische, sexuelle oder anaklitische Mißbrauch des Kindes einer jungen Mutter aus christlich eingeengtem Milieu, die schon im ersten Ehejahr ihren Mann für acht Jahre an Krieg und Gefangenschaft verlor, und damit auch eine gerade erst geahnte emotionale und sexuelle Entfaltung, rückt wenigstens abschließend – also wenn ein Stück Durcharbeiten erfolgt ist – in eine andere Perspektive. Sie kann als eine um viel Leben betrogene Frau gesehen werden, für die der BDM oder analog die Hitlerjugend ursprünglich ein Aufbruch und die für sie höchste mögliche individuelle Entfaltung bedeutet hat. Ähnliches gilt für die ausgehungerten, trost- und verschmelzungsbedürftigen Heimkehrer-Väter, denen sich die Frauen entfremdet hatten, oder umgekehrt, und die in den einfühlsam parentifizierten Töchtern Ersatzpartner suchten. Ich hoffe, ich erschrecke den Leser nicht, wenn ich den zahlenmäßig viel häufigeren Mißbrauch von Mädchen durch ihre

Väter oder Stiefväter oder Verwandte nach dem Krieg – so wie er jetzt in den Therapien der mittleren Generation zum Vorschein kommt – mit NS-Zeit und Krieg in Verbindung bringe: Entbehrung, Gewalt und Betrug um sexuelle Reifung und eheliches Glück in einem so gigantischen Ausmaß müssen Folgen haben. Gesellschaftliche und politisch-ideologische Gewalt würden also durchschlagen bis in den Mißbrauch der Enkelgeneration.

Trotzdem hoffe ich, nicht mit dem Standardverdacht konfrontiert zu werden, daß ich die Deutschen zum Opfervolk umstilisieren möchte. Das Ausmaß der massenhaften Täter- und Mittäterschaft bleibt. Aber es darf auch gesehen und in der Geschichte aufgegriffen werden, was der Preis und die Strafe für die politischen Verirrungen und Verbrechen der Deutschen waren.

10) Konkret möchte ich ein Beispiel für die Überlastung der bipolaren Übertragungsbeziehung anführen aus einer von mir geleiteten Supervisionssitzung in einer gemischten Gruppe von ost- und westdeutschen Therapeuten. Das Thema war die Beunruhigung eines erfahrenen Analytikers über den unerwarteten Abbruch einer gerade eingeleiteten Therapie mit einem vom seelischen Zusammenbruch bedrohten ostdeutschen Ingenieur drei Jahre nach der Wende. Dabei wurde deutlich, daß der Abbruch mit der unbewußt vorausgeahnten kumulativ negativen Übertragungskonfusion zusammenhing, die in einem konventionellen Setting zu erwarten war. Ich greife dabei nur die Dimensionen der Vaterübertragung auf dem Hintergrund von politisch eingefärbten biographischen Lebensphasen heraus. An der Inszenierung waren in den verschiedenen Rollen fünfzehn Personen beteiligt. Die Rolle der Mutter veränderte sich ebenfalls rapide je nach dem politisch-juristisch-historischen »Zustand« des Vaters.

Der Patient wurde in der Gruppenszene konfrontiert mit mehreren Dimensionen seines Vaters: Der abwesende, idealisierte Soldat an der russischen Front, der mit konkreten Fragmenten eines blonden NS-Draufgängers aus kurzen Urlaubstagen vermischt war. Dann der gebrochen heimgekehrte Kriegsgefangene, der sich in der DDR mühsam eine Existenz aufbaute. Danach der wegen eines politischen Delikts verhaftete und verurteilte Vater, der einige Jahre im Zuchthaus saß. Und schließlich der aus dem Zuchthaus entlassene Vater, gebrochen und verbittert und todkrank, der noch ein Jahr in der Familie gepflegt wurde. Alle diese Phasen sind mit massiven Veränderungen des sozialen Umfelds und der Einbettung, bzw. Isolierung der Familie in der Gesellschaft verbunden, zum Teil mit Wohnungswechsel und Wechsel der ökonomischen Verhältnisse. *Zwischen* allen Zuständen gibt es natürlich die seelischen Konvulsionen der politisch erzwungenen Übergänge.

Der Patient (der Analytiker spielte seinen Patienten) erlebte mit heftigen Gefühlen diese divergierenden Fragmente des Vater-, Mutter- und Familienbildes: er erlebte die ebenfalls inszenierten Reaktionen der Mutter wie der Geschwister auf diese Brüche. Die Interaktionen zwischen allen Beteiligten waren so stark, daß die Gruppe nur schwer aus dem Spiel wieder herauszuholen war. Alle Kollegen hatten das Gefühl, ein Panorama erlebt zu haben, dessen angemessenes Bearbeiten in der Übertragung mit einer einzigen Person nahezu unmöglich erschien. Die Übertragungskonstellation würde zu kaum zu integrierenden Dissoziationen führen, andererseits zu den oben erwähnten, falsch personalisierenden Beschuldigungen, wenn die destruktiven Kräfte der Verzahnung von politischer und familiärer und individueller Geschichte in die Übertragung drängten. Dieser Gefahr der personifizierenden Beschuldigung war die Mutter bereits im realen Leben erlegen, als sie den aus den verschiedensten Gründen abwesenden oder kranken Vater vor den Kindern für ihr verpfuschtes Leben verantwortlich machte. Die politischen Instanzen, deren psychische Relikte im Familienuntergrund unthematisiert ihr zerstörerisches Unwesen trieben, blieben von den Affekten, die mit ihnen verknüpft waren, unbehelligt, solange Haß und Anklage nur gegen die

Eltern- oder Partnerfiguren gerichtet würden. Ein Gefühl für Gerechtigkeit und Angemessenheit der Affekte tritt erst ein, wenn die verfolgerischen Instanzen selbst konkretisiert und konfrontierend beschuldigt oder angegriffen werden können.

11) Das Thema verzweigt sich, sobald man sich darauf einläßt, noch viel weiter, zum Beispiel hin zur Dimension des sozialen Umgangs mit alten Menschen. Es fallen in Deutschland zwei Dinge zusammen: Die heutigen Bewohner von Alten- und Pflegeheimen sind die Eltern der anklagenden 68er-Generation. Sie sind gleichzeitig die erste Altersgeneration, für die die Ausgliederung aus der Familie statistisch zum Durchschnittsschicksal wird. Soziale Ausgliederung und eine mögliche latente Wut des Personals über die aktive Trägerschaft der NS-Zeit kommen also zusammen. Das wirkt sich oft generell als abwehrende Haltung zu Gesprächen mit den alten Menschen über ihr Leben aus. Auch die Geriatrie hat jahrzehntelang diese Zusammenhänge weitgehend ausgeklammert. Man müßte nämlich auch mit der NS-, Kriegs- und Nachkriegsgeschichte der alten Menschen umgehen, weil sonst ihre Erzählungen und oft verworrenen Erinnerungen unverständlich bleiben. Für wünschenswert würde ich halten, auch mit den manchmal desorientiert scheinenden Menschen über ihr Lebensschicksal und die »Last der Erinnerung« zu sprechen, von der sie vieles nicht verdaut haben. Auch hier stellt die Einbeziehung der historischen Dimension, statt einer Ausblendung der Geschichte zugunsten des Halts an der verlogenen Idylle der Nachkriegsjahrzehnte, ein Stück Würde wieder her. Allerdings treffen hier zwei »schweigende Generationen« aufeinander.

Das Beharren auf der Übertragung als ein Widerstand gegen das Thema

Der Frankfurter Psychoanalytiker Sammy Speier, selbst jüdischer Herkunft, überschreibt einen wichtigen Aufsatz zum NS-Thema in der Psychoanalyse mit dem Titel *»Der ge-*

s(ch)ichtslose Psychoanalytiker – die ges(ch)ichtslose Psychoanalyse« (1992). Er wirft den Analytikern vor, sich in die Verborgenheit hinter der Couch zu flüchten, ohne sich in der historischen Dimension zu erkennen zu geben. Er meint sogar: »Das ›Zweite Generations-Syndrom‹ ist im Nebel der Stunde-Null- und der Normalitäts-Phantasien verschwunden. Der Versuch, in Deutschland ›klassische‹ Psychoanalysen durchzuführen, ohne des geschichtlichen Raumes gewahr zu werden, in dem sich Patienten und Therapeuten bewegen, ist Symptom der ›Unfähigkeit zu trauern‹.« Das führe »bei den Psychoanalytikern im Prozeß der Ausbildung auch zu einer Identitätsdiffusion und zu den viel beklagten leeren, politikfreien Psychoanalysen. Die unerträgliche Realität löst einen Fluchtimpuls aus: Man möchte in der Erinnerung die schrecklichen Jahre ... überspringen und in die ›heile Welt‹ der Jahre vor 1933 zurückkehren.« (1992, S. 28) Er schreibt sogar, die Psychoanalytiker befänden sich bei dem Thema in einem Zustand von Narkotisierung. (S. 34) Die Analyse sei durch eine auf die Historie ausgedehnte »Abstinenzregel« geschützt. Speier fordert nicht nur zum aktiven Fragen auf, sondern er meint, der Analytiker müsse sich an seinem historischen Ort und in seiner Identität zu erkennen geben. Speier bleibt allerdings im Rahmen der Übertragungsanalyse. Ich versuche in diesem Text zu zeigen, daß reine Übertragungsanalyse selbst, trotz der Parameter des aktiven Fragens wie der Erkennbarkeit des Therapeuten hinsichtlich der Geschichte, eine Behinderung für die volle Entfaltung des Themas darstellt. Das Problem des Schweigepaktes zwischen Analytiker und Patient wird bereits 1982 (deutsch 1995) thematisiert von Martin S. Bergmann (Bergmann u. a., S. 267) in einer Arbeit mit dem Titel »Wiederkehrende Probleme in der Behandlung«:

»Eine überraschende Erkenntnis war die Entdeckung, daß häufig bereits die erste Anamnese die Information enthielt, daß der Patient entweder selbst Überlebender oder das Kind eines Überlebenden war, diese Tatsache aber im weiteren Verlauf nie wieder erwähnt wurde... Später erkannten wir, daß das Verschweigen des Holocaust, unter dem Blickwinkel des Patienten betrachtet, eine Übertragung des in seiner Familie befolgten Schweigepaktes auf die therapeutische Situation darstellte... Wir konnten beobachten, daß Holocaust-Material in den Träumen und Erinnerungen der Patienten aufzutauchen begann, nachdem ihr Fall vorgestellt (in der Forschungsgruppe, T. M.) und die durch ihn aufgeworfenen Probleme diskutiert worden waren, was die Vermutung nahelegt, daß die Patienten gewissermaßen auf ein Signal seitens des Therapeuten warteten, bevor sie diese Dinge zur Sprache bringen konnten.«

Wendet man diese Beobachtungen auf den Schweigepakt in den Täterfamilien an, so wird besonders deutlich, wie sehr eine abwartend-neutrale Haltung ein Mitagieren im Schweigepakt darstellt.

These IV: *Eine Psychoanalyse, die diese dämonischen Instanzen nicht thematisiert oder noch besser inszeniert, verrät das Individuum an eine undurchschaute Politik und neigt zur personalisierenden Beschuldigung der Eltern oder zu einer monokausalen oder zu wenig vieldimensionalen Ursachentheorie von Neurosen und Borderline-Störungen, vielleicht auch von Psychosen.*

Die Inszenierung als Paradigmenwechsel

Aufgrund dieser Öffnung einer dritten Dimension, nämlich die der Geschichte, die sich für unzählige Menschen in Form terrorisierender Instanzen meldet, und ihrer technisch-therapeutischen Einbeziehung in den Behandlungsprozeß, neige ich dazu, dieser Veränderung von der Übertragungsanalyse hin zur Inszenierung das Gewicht eines Paradigmenwechsels beizumessen, viel mehr als der Einbeziehung des realen Körpers in die klassische Psychoanalyse. Und dies, obwohl die Infragestellung der Triebtheorie und ihrer behandlungstechnischen Derivate Abstinenz, Nicht-Berührung, Verwörterung und die Universalität von Übertragung und Widerstand, die Orthodoxie viel massiver herauszufordern scheinen. Die kleinfamiliale Dramenwelt mit der reduzierten Komplexität des Dreipersonen-Ödipus – im besten Fall um ein paar Geschwisterprobleme bereichert –, Liebe und Haß, Begehren und Drohung, Angst und Eifersucht, bildet den Kosmos der klassischen Psychoanalyse. Wo sie nach Vertiefung rief, wurde ihr die ebenfalls weitgehend ahistorische Mythen- und Märchenwelt an die Seite gestellt, die von Terror und Propaganda, Arbeitslosigkeit und Not, Massentaumel und Erlösung durch Revolution, Völkervernichtung und Kollektivschuld, aber auch von den Gegenprozessen der Derealisierung und der Verleugnung wenig weiß. Erst spät ist all dies durch die Mechanismen der projektiven Identifizierung aus der Schule Melanie Kleins bereichert worden, die aber nicht ausreichen, um die politisch-dämonischen Instanzen zu orten.

Zur gegenwärtigen Situation der Psychoanalyse

In Westdeutschland steht die Psychoanalyse am Übergang von der Behandlung der zweiten zur Behandlung der dritten Generation der NS-Opfer, -täter und -mitläufer. Bei vielen Patienten ist der historische Hintergrund ihrer Störungen nahezu unkenntlich geworden, wenn man sie und sich nicht sensibilisiert für die unterirdischen Traditionen der Destruktivität. Durch den Zusammenbruch des Ostblocks wurde das Thema in Ostdeutschland auf ungeahnte Weise aktualisiert. Sehr viel gesichertes Wissen steht uns noch nicht zur Verfügung. Nur an einer gewissen Mitschuld der Psychoanalyse an der Ausblendung der Historie habe ich keinen Zweifel. Der Eid auf ein einziges Setting und die Dominanz der Übertragungsanalyse haben auf dem Feld des psychischen Erbes aus totalitärer Politik zu partieller Ausblendung und Stagnation geführt. Allerdings mehren sich die Zeichen, daß die politisch-historische Dimension vieler Störungen wieder mehr ins Bewußtsein rückt. Die Verwendung von *Inszenierung statt Übertragung* könnte helfen, den gefährlichen Engpaß zu beheben und der Psychoanalyse ihre politische Dimension in der deutschen Geschichte wiederzugeben.

II Erfahrungen in der klassischen Analyse mit Übertragung und Gegenübertragung

Je mehr ich mich einlas in die Erfahrungen von analytischen Therapeuten mit NS-Patienten im weitesten Sinne, desto dominanter wurden die Stimmen von Kollegen, die selbst von traumatischen Erfahrungen in der Rolle des Analytikers berichteten. Es scheint in der Phase der Entdeckung der bisher unbekannten Konflikte und Defekte und der im Therapeuten induzierten Affekte oft so gewesen zu sein, daß sich die Analytiker in einem Niemandsland bewegten, in dem ihre bisherige Orientierung, ihre Ausbildung wie ihre Diagnostik nicht trugen. Zu den affektiven Belastungen des Eintauchens in die Zonen des Schreckens gehörten also noch die Loyalitäts- und Identitätskonflikte zum Ausbildungsinstitut, zur eigenen Vereinigung, zu fest etablierten Denkrichtungen in der internationalen Psychoanalyse. Nicht zuletzt kam es immer wieder zu feindseligen Reaktionen von seiten von Kollegen, die mit dem Thema selbst noch gar nicht umgehen konnten oder aber tief identifiziert waren mit dem Familienroman von der allumfassenden Identität als Verfolgte aller freudianischen Analytiker.
Ich möchte zunächst noch einmal kurz die wichtigsten Erfahrungen und Einsichten von Anita Eckstaedt zusammenfassen, die mehr als zehn Jahre lang an diesem Schwerpunktthema gearbeitet hat und schließlich unter Kollegen selbst in die Rolle der Verfolgten und Ausgegrenzten geriet, weil sie die Psychopathologie von Mitläufer- und Täterkindern erforschte. Sie charakterisiert am präzisesten die psychischen »Taten« der Patienten am Therapeuten. Sie schreibt über die untergründigen intergenerativen Auswirkungen von NS- und Kriegserlebnissen auf deutscher Seite, von denen bekannt ist, in welchem Ausmaß sie dem großen Schweigen verfielen:
»Vieles wurde in seiner jeweiligen Bedeutung zwar gesehen, auf einer allgemeinen Ebene jedoch in fast unmerklicher

Weise verharmlost. Das war ... Ausdruck einer jeweils partiellen Verleugnung und hatte letzten Endes einen Bedeutungsentzug zum Ziel. Mit der Zeit wurde die unliebsame Erinnerung ganz offen abgewiesen. Diese verkleinernde Umbewertung und schließlich offene Abweisung wurden zu bevorzugten Abwehrmodalitäten der Elterngeneration.« (1989, S. 9/10) Das führt rasch ins Zentrum ihrer Hauptthese: Die Eltern erleben oder gestalten ihrerseits eine verzerrende politische Realität mit Deformationen von Ich und Überich. Sie reichen sie in verzerrender und deformierender Weise an ihre Kinder weiter, die es in ihrer Desorientierung und im Schweigen nicht angemessen verarbeiten. Im Gegenteil, vieles wird parasitär in sie hineingepreßt und muß also eingekapselt werden oder führt zu nicht reflektierbaren und also ichsynthonen Charakterdeformationen. Diese bringen sie als Patienten dann als agiertes Übertragungsmaterial in die Analyse und können nicht anders, als es mit seelischer Gewalt neu zu inszenieren, weil der Zusammenhang zwischen Erinnerung, Affekt, innerer und äußerer Geschichte verlorengegangen ist. »Was sich (in der Analyse, T. M.) hinter diesen komplexen Phänomenen verbarg, ließ sich wegen der mehrfachen Abwehren meist nur sehr schwer aufspüren – das Heranarbeiten scheiterte oft oder nahm Jahre in Anspruch.« (S. 10)

Sie spricht, ähnlich wie viele Kollegen, von »bisher unbekannten und unbehandelbar erscheinenden Pathologien« (S. 16), merkt aber an, daß ein Klima der »fehlenden Einfühlung, ja Einfühlungsverweigerung gegenüber den Deutschen, die den Krieg geführt und erlitten hatten«, die diagnostische Arbeit erschwere.

Inzwischen ist seit den ersten Formulierungen von Eckstaedt wieder fast ein Jahrzehnt vergangen, und die Psychotherapeuten heute, selbst wieder aus einer anderen Generation, sehen in ihren Praxen zwar noch viele Angehörige der zweiten Generation, aber ein weiterer Generationswechsel ist im Gang. Deshalb schreibt sie:

»Wenn die Herkunft dieser Verstörung... in der ›zweiten Generation‹ in Analysen noch klärbar ist, geschieht in der nächsten, der ›dritten Generation‹ eine weitere Entstellung im Sinne von Verzerrung, die ohne die Kenntnis der Motive und Konstellationen der davorliegenden Generationen nicht mehr zugänglich sind beziehungsweise verstanden werden können.« (S. 233)
Für die zweite Generation heißt es: »Ich stieß auf diese Problematik, als ich Einschwörungen beobachtete. In mir unheimlich werdenden Übertragungsformen, die ich nicht erwartet hatte und auch nicht kannte, näherte ich mich dieser Pathologie. Es schien, daß meine analytische Identität mir vom Analysanden genommen werden und ich zu seinem Komplizen umfunktioniert werden sollte. ... Ein Machthaber wohnte in diesen Strukturen. ... Den anderen in gleicher Weise zu behandeln, wie er behandelt worden war, war eine charaktereigen, ichsynthon gewordene Haltung.« (S. 17)
Erst eine lange Zeit des eigenen Erleidens der Angst um den Verlust der Identität, des Erlebens von Wirkungslosigkeit und Ausgesaugtwerden führt aus der Desorientierung heraus. Der Analytiker übernimmt nicht nur die Verwirrungen des falschen oder unwirklichen Selbst der Elterngeneration, sondern deren weitere Umformung. Schließlich hat er es zu tun mit dem falschen Selbst seiner eigenen unaufgearbeiteten NS-Geschichte wie mit dem falschen Selbst einer das ganze Thema tabuisierenden Ausbildung. Es braucht Rückhalt und viele stützende Gespräche, um sich in dieser nur durch Leid und Verwirrung erfahrbaren Individuation, die aber zuerst nur als Verirrung erscheint, zurechtzufinden. Wir haben es heute schon viel leichter, die Thematik der ›zweiten Generation‹ zu erkennen und uns auf sie vorzubereiten.
Für die tief verschütteten Angst- oder Bedrohungsphantasien der Patienten, die zum Teil bereits von den Eltern übernommene Berichte oder aber eigene Kindheitserlebnisse enthalten, greife ich eine kleine Episode heraus aus Eckstaedts

Buch. Die Szene ist nicht etwa erinnerbar, sondern wird erst in der Inszenierung zum ersten Mal Realität, obwohl sie untergründig vielleicht schon Jahrzehnte das Lebensskript bestimmt:

Der Patient »befand sich jetzt (in der Übertragung, T. M.) in einer Polarität zwischen Macht und Ohnmacht. Bis zu jener Zeit hatte er keine Ängste gekannt. Jetzt waren sie für ihn ganz elementar, konkret und überwältigend. Die Rettung konnte für ihn nur der *Kampf* sein. Er hatte Phantasien und wußte nicht, ob er sie früher je gehabt hatte, so aktuell fühlte er sich darin gefangen. Plötzlich sah er das Analysezimmer in einen Kampfplatz verwandelt, sich selbst hinter einem Vorhang mit einem Gewehr versteckt. An der Wand vorbei wollte er dann hinter einen anderen Vorhang ›in Deckung herüberrobben‹, um mir den einzig möglichen Fluchtweg, durchs Fenster, zu nehmen.« (S. 111)

Der seelische Aggregatzustand, in dem der Einbruch terroristischer Botschaften ins Individuum am besten gelingt, ist Panik und Demütigung. Die Kaskade der politischen Demütigungen und deren tiefgreifende Wirkung sind mir zuerst bei den ritualisierten Strafen der SED bei Abweichungen oder Vergehen aufgegangen, wenn Interviewte die brennende Scham einer selbst- oder miterlebten öffentlichen Degradierung noch einmal erlebten. Die Hintergrundsdrohung ist weniger Vernichtung oder Kastration als totale Isolierung und Entzug aller lebenswichtigen sozialen oder psychischen Unterstützung. Demütigung bedeutet oder realisiert aber auch die Aktivität eines Täters wie den Zustand eines Opfers, in dem die Übergabe von Missionen, Aufträgen, destruktiven Botschaften usw. am besten gelingt:

»Wie das ›Dritte Reich‹ gezeigt hat, ist es unter besonderen Umständen des Adressaten ... etwa seiner vorausgegangenen Demütigung, möglich, ihn ... auch als bereits geprägten Menschen unter großem Druck einer Verheißung oder einer Drohung zwingend zu verformen und ihn zu nötigen, etwas zu tun, was er unter anderen Umständen nicht getan hätte.«

(S. 20) Wenn solche Erlebnisse in die Übertragung drängen, ist die Abwehr nicht nur mehrschichtig, sondern verzweifelt, weil der Terror der Demütigung oder des ideologischen Rausches der Verheißung selbst wieder hochkommt. Dies ist die Wunde in der Wunde: die Demütigung; die Wunde selbst: die Schmach des absoluten Gehorsams, der aber, bei ideologischer Zustimmung oder gar Fanatisierung, damals als stimmig oder sogar als Glück erlebt wurde. Der Analytiker erscheint in der Rolle des Täuschers oder des Peinigers, des Demütigenden oder als der, der »eingedrungen« ist und eine Persönlichkeitsdeformation vorgenommen hat, deren Wirkweise aber unbekannt ist. Fühlbar sind nur Angst und Hilflosigkeit, Terror und die Bereitschaft, wenn möglich endlich selbst zurückzuschlagen, körperlich oder seelisch. Deswegen spricht Eckstaedt nicht nur vom falschen Selbst, sondern von einem in dieses noch eingelagerte zweite falsche Selbst als Abwehr. Wir haben es dann mit Kaskaden der Falschheit zu tun, wobei die eine Falschheit als die Zuflucht vor der anderen erlebt werden kann.

Politik und falsches Selbst
In der NS-Zeit wurde von vielen Menschen das begeisterte Mitläufertum angesichts des oft sehr eingeengten und falschen Selbst in den bürgerlichen oder christlich-puritanischen, erst recht in kleinbürgerlichen Familien als Befreiung, Erweiterung und damit Eroberung des Authentischen erlebt, obwohl wir den Inszenierungs-, ja manchmal den Theatercharakter des für viele faszinierenden Lebens in der Hitlerjugend und auch im späteren Alter heute rückblickend durchschauen. Damit wird auch verständlich, warum die Sehnsucht nach den Jahren des Aufschwungs, etwa von 1933 bis 1940, (die nach 1945 verschwiegen werden mußte), für viele Jugendliche und junge Erwachsene später so zäh erhalten blieb und zu einer Dauerspaltung des Nachkriegs-Alltagslebens führte, die latent gehalten werden mußte.

Doch zurück zur Not des Analytikers, der im klassischen Setting solche Übertragungen über lange Zeit anwachsen läßt. Eckstaedt schreibt:
»Meine Haltung war, mich eher still, abwartend und überlegend zu verhalten.« Doch dies kann der Patient als Zustimmung zu den verrückten Phantasien erleben, nicht als Angebot zur Arbeit. »Von dem absoluten, im Agieren des Patienten enthaltenen Entweder/Oder-Charakter, einem ständigen Ausüben von Druck, die archaischen Beziehungsformen auszutragen, war ich erschrocken, und gelähmt; denn es bedeutete, einer von uns mußte zum Opfer, der andere zum Mörder werden. Ich wehrte mich, Opfer zu sein und fühlen zu müssen, ich sei ein potentieller Mörder.«
Es gibt viele Formen, den Therapeuten auszulöschen, zum Teil verdeckte, die mit dem Zwang zum Unkenntlich-Machen der eigenen Geschichte oder der der Eltern zu tun haben. So geschieht es häufig, »daß der Analytiker mit seinem gesamten besten Wollen emotional und intellektuell ad absurdum geführt wird. Die Not des Patienten, die dahintersteht, zu verstehen, bedarf es größter emotionaler Anstrengung, weil ständige Umkehrungen zwischen den Personen ... notwendig sind.« (S. 310) Oder: »Indem der Analytiker die Destruktivität in der Beziehung als verführerische Nähe oder drohend distanzierende Entwertung zu lange erträgt, opfert er gerade das einzige heilsame Mittel: seine analytische Kompetenz.« (S. 313) Ein anderes Erleben ist Kaltstellen oder Einschläfern: »Ich fühlte mich in solchen Analysen ... schließlich gelangweilt bis dahin, daß ich Ungeduld und mein inneres Erwehren spürte. Ich wandte mich wie gegen ein Zuviel, ... und ganz besonders schließlich gegen eine ganz offensichtliche Erfolglosigkeit meiner Arbeit...« (S. 315) Das geht nicht ohne die sogenannte negative Diagnostik ab: »Der Patient mißbraucht den deutenden und bemühten Analytiker *hinterrücks* für diesen Zustand des Aufgehobenseins.« (S. 320)

Die übergeordneten Begriffe für die Charakterisierung der Mechanismen des Agierens sind: Entwertung bis zur Vernichtung und zum Auslöschen der Person des Analytikers: »Weitere Beispiele sind: Wartenlassen, nicht antworten, nicht verstehen, übergehen, nicht sehen, herunterspielen, verharmlosen, den anderen als Luft behandeln. Dazu gehört folglich auch, daß man sich niemals entschuldigt beim anderen; denn diese Strukturen sind in der Abwehr schuldfrei organisiert. Es besteht ... eine Entbindung von Einfühlung, Sorge und Fürsorge. Der andere wird irritiert oder schließlich irre gemacht. All das entspricht einer Annihilierung.« (S. 390)

Die unerträgliche Wucht der Projektionen
Als einer der ersten Analytiker hat Erich Simenauer, der 1957 aus dem Exil nach Berlin zurückkehrte, über Analysen mit Täter- und Mitläuferkindern berichtet. Auch er spricht von außergewöhnlichen Schwierigkeiten, wenn es um die nach Jahren stattfindende Wiederbelebung der NS-Relikte in der Übertragung ging, etwa bei drei noch in der Kriegs- und Vorkriegszeit geborenen Patienten:
»Während ich zunächst einen allmächtigen und fordernden Aggressor verkörpert hatte, wurde ich nun zur Imago eines respektierten Liebesobjekts...« Aber die Übertragung wogt in verwirrender Weise: »Mit jedem Wechsel ... wandelten sich die Widerstände und die Abwehrmechanismen, die der jeweils aktuellen Position entsprachen. Sobald positive Übertragungsgefühle ins Bewußtsein traten, riefen sie wieder eine feindselige Haltung hervor, die ihrerseits zu neuen Schuldgefühlen und einer masochistischen Unterwerfung führte. Auf diese Weise entstand ein Teufelskreis, der das Hin und Her in Gang hielt und perpetuierte. Die Durcharbeitung der spezifischen ... Prozesse, ... erforderte ungewöhnlich große und langwierige Anstrengungen, bevor die Patienten meine Deutungen annehmen konnten.« (S. 471) Simenauer reflektiert auch die besondere Belastung des jüdi-

schen Analytikers durch die Wiederbelebung der von den Eltern übernommenen NS-Fragmente:
»Nach der Lektüre von Solschenizyns ›Archipel Gulag‹ nahm mich einer meiner Analysanden als Stalin wahr und identifizierte sich unterwürfig mit dem Aggressor, während er bei anderen Gelegenheiten antisemitische Gefühle der schlimmsten Nazi-Art äußerte... Er nannte mich einen schmutzigen Juden, einen aus der berüchtigten Clique jüdischer Homosexueller, einen geldgierigen Shylock und Blutsauger. Nach solchen Ausbrüchen drängte es ihn, sich vor mir niederzuwerfen und mir die Füße zu küssen...« Dann sah er sich wieder »in einer seiner Phantasien als SS-Mann im Warschauer Ghetto, der die Gefangenen dort demütigte und schlug; er schwelgte in der Vorstellung, den langen Bart eines alten Juden abzusengen, der niemand anderes war als sein Analytiker.« (S. 472)
Da die Phantasien zum ersten Mal auftauchten und bis dahin unbearbeitet geblieben sind, nehmen sie eine wahnhafte Wirklichkeit im Analysezimmer an. Simenauer spricht von »halluzinatorischer Täuschung«, über die der »junge, intelligente Psychiater«, als er sich auf die Aufforderung des Analytikers umdrehte, selbst bestürzt war: er sah dessen glattrasiertes Gesicht.
1980 reflektiert Simenauer auf dem Bamberger Kongreß der Europäischen Psychoanalytischen Vereinigung (EPV) zum NS-Thema den Forschungsstand:
»Es bleibt noch übrig, der Frage nachzugehen, wie es kommt, daß nur wenige einschlägige Analysen vorliegen. Dabei spielen komplizierte *Gegenübertragungs*-Phänomene eine Rolle. Wenn unverhüllte Gewaltphantasien und extreme Entwertung dem Analytiker entgegentreten, kann es passieren, daß ihm die allgemein anerkannte und erwartete psychoanalytische Welt zusammenzubrechen droht, besonders wenn technische und theoretische Adaptierungen nicht vorhanden sind.« (S. 500) Hier ist das Fehlen spezifischer technisch-therapeutischer »Adaptierungen«, die das beiderseiti-

ge Leiden in der reinen Übertragungskonstellation mildern könnten, deutlich ausgesprochen.

Der Widerstand des Analytikers

Immerhin wird, mit zunehmender Rezeption der Theorien Melanie Kleins, das durch die Mütter vermittelte archaische NS-Überich erwähnt, das Rosenkötter zuerst ansprach. (1979) Es ist jetzt auch bei Simenauer vom Widerstand der Analytiker gegen das Thema die Rede: »Der Analytiker erlebt sicher häufig eine Abneigung, in seiner Deutungsarbeit dieses Material zu erforschen. Hier spielt die sogenannte Einfühlungsverweigerung eine verhängnisvolle Rolle. Hinter dieser verbirgt sich die nicht erinnerte Angst vor der Überflutung der sich bildenden, noch schwachen Ich-Kerne durch den archaischen Primärvorgang, mit der Gefahr der Psychose. Diese psychologischen Urwiderstände... verschmelzen mit der äußeren Gegenübertragungswirklichkeit...« (S. 501) Da Simenauer sich intensiv mit der Psychologie der 68er-Bewegung auseinandergesetzt hat und dem »großen Schweigen« in der westdeutschen Gesellschaft, kann damit nur der soziale Hintergrund der Tabuisierung des Themas gemeint sein, so daß also individuelle und soziale Widerstände sich kumulieren. Gleichsam die These von der »Therapeutischen Verschwörung« (Robert Langs) vorwegnehmend, schreibt Simenauer: »Ob wir es wollen oder nicht, die analytische Beziehung ist immer auch eine soziale. Je nach der individuellen Ausstattung (Struktur) des Analytikers muß es zu einer stillschweigenden Übereinkunft mit dem Analysanden kommen. In der unbewußten Abwehr werden gewisse Themen nicht berührt und durchgearbeitet, um schlafende Hunde nicht zu wecken, es kommt unweigerlich zum Verschweigen. – Sie können nicht anders, als in verschiedenen Graden der Umwelt sich anpassen: der Verschwörung des Schweigens.« (S. 501 f.)

In einem rückschauenden Kommentar zur Bamberger Tagung äußert sich der holländische Analytiker W. Goudsmit, der sehr viel Erfahrungen mit Straftätern gesammelt hat, so zu den Ausblendungen aufgrund einer noch unklaren Theorie und Technik beim Umgang mit dem NS-Thema (In: Henseler und Kuchenbuch, Hrsg., 1982):

»Daß in der Übertragung der Analytiker zum Henker wird, ist schwer zu ertragen, besonders dann, wenn der Analytiker selbst Verfolgter war. Mir sind viele Fälle bekannt, in denen Analytiker gerade an diesem Problem scheiterten und sich auf dogmatische Positionen des Ödipuskomplexes, der doch letztlich als der Alleinschuldige angesprochen wurde, zurückzogen. Daß man damit die schreckliche Aktualität des Leidens der Patienten auf eine nicht zu verantwortende Weise leugnet und die Patienten damit ihren schrecklichen Erfahrungen überläßt, dürfte wohl deutlich sein.« (1982, S. 83)

Aber Widerstand und Verleugnung des Themas sind nicht auf die Psychoanalyse begrenzt. Obwohl in Psychodrama, Familientherapie, vor allem in den sogenannten Familienrekonstruktionen unabweisbare Evidenzszenen auftauchten, berichtet der Wiener Psychoanalytiker und spätere Gestalttherapeut Richard Picker in einer imaginären Rede an seine Ausbilder vom Ausmaß der Verleugnung. Er schreibt (1992): »In den Jahren 1967 bis 1975 machte ich meine psychotherapeutische Ausbildung, durch die ich drei verschiedene Schulen kennenlernte: Gruppendynamik, Psychoanalyse und zuletzt Gestalttherapie... Allen gemeinsam blieb der ›private‹ Ort der Nazivergangenheit. Anfänglich habe ich das nicht wahrgenommen. Mir schien der Raum der Psychotherapie als ein Ort, der vor der Begegnung mit der Nazizeit Sicherheit bot.« (S. 177)

Das Ausmaß der Ausblendung

In dem Band »Die Bedeutung des Holocaust für nicht direkt Betroffene«, (Hrsg. R. Moses und F.-W. Eickhoff, 1993), der Referate und Diskussionen eines Kongresses in Jerusalem zusammenfaßt, wird von einer Reihe von Rednern und Diskutanten betont, daß ihre zum Teil schwer belasteten Pa-

tienten in oft mehreren voraufgegangenen Analysen das Thema nicht berührt, bzw. die Analytiker bestimmte Anzeichen und Widerstände gar nicht erkannt und angesprochen hätten. Ähnlich heißt es bei Bergmann u. a. (1995) zu der langen Zeit, in der Holocaust-Themen auch von jüdischen Analytikern in den USA nicht aufgegriffen wurden: »Dieses mangelnde Verständnis mag mit dafür verantwortlich sein, daß unnötig viele Therapien gescheitert sind.« (S. 52)
Mit der zunehmenden Rezeption der Theorien Melanie Kleins, an der Gottfried Appy in Deutschland führend beteiligt war, kommt nun auch begrifflich wie behandlungstechnisch ein neues Rüstzeug zum Tragen. Es verknüpft die Frühstadien seelischer Entwicklungen und ihre außerordentlichen Bedrohungen beim Entgleisen des Mutter-Kind-Dialogs mit den politischen Bedrohungen und dem Zusammenwirken innerer und äußerer Instanzen. Ich zitiere Appy, der als Vorsitzender der Deutschen Psychoanalytischen Vereinigung (DPV) 1986-1988 die Wiederkehr aggressiver Spaltungen im Zusammenhang mit der NS-Zeit bis zum Abbruch der inneren Dialogfähigkeit feststellte, deshalb etwas ausführlicher.
Für ihn ist, neben den bereits zitierten Widerständen, auch die Verwirrung zentral, die entsteht, wenn die Grenzen zwischen innen und außen, zwischen entsetzlicher Geschichte und entsetzlichem Erleben, unerkennbar zu werden drohen. Er schreibt:
»Wo der Historiker die Verknüpfung zweier widersprüchlicher Triebtendenzen als ideologischen Hintergrund eines sozialisierten Wahns benennt, ist er an den Erfordernissen äußerer Realität, an den Zielen von Vernunft orientiert. Der Analytiker will darüber hinaus erfahren, welche unbewußten Kräfte das vernünftige Denken und Handeln von Menschen einschränken und die selbstverständlich erscheinenden Ziele des Selbsterhaltungstriebes den gegenläufigen Tendenzen des Todestriebes unterwerfen. Ihm genügt es nicht, Identifizierungen mit den Idealen des Nazismus als

schuldhaft verdrängte und wiederkehrende, aber fluchbeladene ›Phantasmen‹ zu diagnostizieren. Er zweifelt und fragt nach ... den unbewußten Motiven.
Um Antwort zu erhalten, müssen wir uns auf die primärprozeßhaften Verwirrungen um symbiotische Sehnsüchte einerseits und narzißtische Größenideen andererseits einlassen, mit denen Ängste vor Ohnmacht und Abhängigkeit abgewehrt werden. In dem Verständnis für den äußersten Willen zur omnipotenten Beherrschung aller internalisierten Objekte können wir dann unsere und unserer Patienten Tendenz wiedererkennen, auch die äußeren Objekte um jeden Preis beeinflussen und lenken zu wollen. Damit müssen wir aber auch die ohnmächtige Verzweiflung und die Neigung zu alles vernichtender Destruktivität durchfühlen, durchdenken und benennen können... Wir müssen uns dem Einfluß omnipotenter destruktiv-narzißtischer Kräfte aussetzen und ihnen dennoch widerstehen.« (1993, S. 24)
In den außerordentlich großen Anforderungen an den Analytiker wie in der Diagnose der gewalttätigen Manipulationstendenz vieler Patienten sind sich Appy und Eckstaedt recht nahe. In seinen klinischen Beispielen geht Appy so weit, zu betonen, es gebe innere destruktive Instanzen von solcher Wucht, daß die Patienten, um mit ihren vernichtenden Wirkungen, im passiven wie im aktiven Sinne, überhaupt in Kontakt treten zu können, nun umgekehrt Auschwitz und andere »gewußte« und angelesene historische Schrecken zur Illustration ihrer Impulse verwenden. Auschwitz kann also auch zu einem nachträglichen Symbol und damit zu einer besonders »raffinierten« Abwehr werden. Dies muß den Analytiker nur noch mehr verwirren. So beschreibt Appy einen nicht selbst verfolgten Patienten:
»Edward hatte sich schon früh in eigene Vorstellungen eingesponnen, in denen er Konflikte selbstherrlich zu lösen vermochte. In dem Maße er sich narzißtisch überhöhend und zugleich selbstverachtend isolierte, wähnte er sich von dem Neid und der Geringschätzung anderer verfolgt. Langjähri-

ge Analysen hatten ihm vorübergehend Entlastung von sich selbst und seinen inneren Verfolgern ermöglicht. Er suchte nochmals analytische Hilfe, als er das Gefühl bekam, in persönlichen Beziehungen erneut zu erkalten. Psychoanalyse war ihm zwar ein sicherheitsversprechendes Ersatzobjekt geworden, hatte aber stets anonym bleiben müssen und durfte durch passive Bedürfnisse gegenüber anderen nie personalisiert werden.« (1993, S. 25) »Als Kind war er Zeuge von Judenverfolgungen geworden, hatte den Krieg erlebt und von den Schrecknissen des Holocaust erfahren.« (S. 27)
Der Zugang zu den eigenen frühen Konflikten war ihm versperrt und in den bisherigen Behandlungen nicht zugänglich geworden. Aber: »Die Destruktivität seiner im Traum sichtbar gewordenen Gemütsverfassung, die sich sowohl gegen ihn selbst als auch gegen den Analytiker richtete, schien ihn so erschreckt zu haben, daß er bei konkreten Erinnerungen seiner biographischen Vergangenheit Zuflucht suchte, um nicht in Verwirrung zu geraten.« (S. 25) Es schien »schuldhaft erlebte Identifizierungen mit dem Nazi-Terror zu geben«, die verdrängt waren. Auf den ersten Blick erscheinen sie dem Therapeuten plausibel, denn Auschwitz ist eine historische Realität, und folgt man den Forderungen der Mitscherlichs nach Trauer und Einfühlung, so könnte man das Vordringen zur vorübergehenden Identifizierung mit der Täterseite für ein zu begrüßendes Durchgangsstadium halten. Aber dem Analytiker muß die Verwirrung aufgefallen sein. Und so führt sein Weg zu der immer wieder auftauchenden Dialektik von Innen und Außen, wie man sie auch bei der Analyse von Kinderzeichnungen zur Atomrüstung findet. Das heißt: Auschwitz wird zu einer Metapher, über die der Patient Zugang findet zu inneren Gewaltphantasien, die er weder in der Erinnerung noch mit einer ihm eigenen Sprache erfassen kann. Aber die Dialektik ist noch komplizierter, denn es geht um ein Durcheinander von ›Innen‹ und ›Innen‹, also von frühen terroristischen Instanzen

mit den später verinnerlichten Bildern des Holocaust. Appy schreibt:
»›Auschwitz‹ ist zuallererst eine historische Realität. Erst sekundär erhebt sich die Frage, inwieweit diese Realität das Unbewußte der Realität bedient, um eigenen Konflikten zu begegnen.« Appy bringt das ursprüngliche Trauma, das sich um einen inneren Objektverlust drehen muß, nicht in Zusammenhang mit dem NS-Erleben der Eltern. Wichtig ist ihm vor allem das innere Durcheinander, die auch von Eckstaedt erwähnten »paranoiden Verwirrtheitszustände... Sie entstehen durch die gleitende Austauschbarkeit innerer und äußerer Objekte, durch Verwechslungen von Gegenwart und Vergangenheit.« (Frankfurt am Main 1989, S. 26-28) Appy verweist auf Herbert Rosenfelds Entdeckung innerhalb der psychotischen Traumwelt, »›die von einer sadistischen Figur dominiert wird‹« und die in der terroristischen Machtfülle Hitlers (oder Stalins) ein ihr im Grunde längst vertrautes äußeres Bild fände. Es kann einen schwindeln bei der Idee, daß diese potentiell psychotische Struktur in den Deutschen massenhaft angelegt war oder daß mindestens deren milde Kerne vom Nationalsozialismus verstärkt wurden. Dies würde weit über die Studien zum »autoritären Charakter« (Adorno) hinausführen. Liest man aber in Klaus Theweleits »Männerphantasien« nach über die Dressurrituale in den Kadettenanstalten bis hin zur Wehrmacht und ihre psychischen Folgen, so glaubt man an ein Ineinandergreifen von autoritären Charakteren mit narzißtischen Störungen und gefährlichen Leerstellen in der Psyche, die auf eine Heilung durch bedingungslose Unterwerfung und Identifizierung geradezu warteten, und auf den politischen Mißbrauch. Die Vernichtung aller störenden Affekte, also eine Einfühlungsverweigerung ins eigene lebendige Selbst wie in das des »Gegners« war das Ziel. Die Unterwerfung wurde belohnt durch die Größenvorstellungen und die Verschmelzung mit dem Ichideal in Form eines tyrannischen Idols.
Von einer anderen Patientin, aus »typisch deutschnationa-

ler, von christlich-pietistischen Grundsätzen geprägter Tradition« stammend, berichtet Appy, als sie auf die Stufe der Verwirrung zwischen Innen und Außen regredierte: »Zu dieser Zeit träumte sie sich mit vielen anderen Menschen in ein Vernichtungslager eingepfercht – in ›Auschwitz‹. Am Himmel erschien ein gläserner Helikopter, aus dem im Auftrag einer anonymen Macht wahllos in die Menge hineingeschossen wurde. Einige fielen leblos zu Boden, andere mußten qualvoll sterben. In panischem Entsetzen versteckte sie sich unter einem Gebüsch und erwachte mit dem Gefühl höchster Beglückung: Sie war noch mal davongekommen. Der Versuch, den Traum zu bearbeiten, erweckte blankes Entsetzen.« (S. 33) Denn es gab eine auf Fragmentierung und Vernichtung drängende Mehrfachidentifizierung, also auch eine mit dem Aggressor.

Die Vergiftung des Analytikers
Über die Position des Analytikers heißt es: »Der Analytiker schien unterdessen projektiv mit negativen Gefühlen vergiftet worden zu sein, die sie ausgegrenzt und in ihn hineingesteckt hatte. Für sie war er neidisch und verfolgend geworden, so daß sie ihm nicht mehr vertrauen und Deutungen nicht mehr als hilfreich annehmen konnte. Sie war nahe daran, in eine Totalidentifizierung mit den omnipotenten sado-masochistischen Vernichtungsimpulsen ihres Traumes abzugleiten und akut psychotisch zu werden.« (S. 33) Die Analyse versandet und endet mit dem Ende der Kassenleistungen.

»Der Analytiker vermochte diese Entwicklung (ins Paranoide, T. M.) nicht aufzuhalten, weil er in der Gegenübertragung einer unreflektierten Identifizierung mit ihrer Omnipotenz erlegen war und mit omnipotenten Deutungen gegenagierte, statt den ohnmächtigen Anteil aufzugreifen und zu stützen. Seine Identifizierung entsprang der eigenen Angstabwehr vor einem psychotischen Einbruch...« (S. 34) Wie weit muß also der Analytiker leiden und sich deformieren lassen, um zu verstehen und um helfen zu können? Das Thema wird noch ungleich schwieriger, wenn es sich um Kinder von extremtraumatisierten Eltern, Überlebenden von mehrjähriger KZ-Haft handelt. Ilse Grubrich-Simitis spricht in ihrem Aufsatz »Vom Konkretismus zur Metaphorik« (in: Bergmann, Jucovy, Kestenberg, 1995) davon, wie notwendig und wie schwierig es ist, die Patienten in die entsetzlichen Erinnerungen oder Phantasmen hinein bestätigend zu begleiten, und spricht von der »wechselseitigen therapeutischen« Wirkung der Anerkennung des Grauens in einer bestimmten Phase der Analyse. »Denn im Analytiker fördert sie den eigenen Trauerprozeß hinsichtlich der Tragödie des Holocaust.« (S. 375) Ich wage nicht zu beurteilen, in welchem Maß diese Arbeit durch die Konzentration auf Übertragung und Gegenübertragung erschwert wird. Aber Ilse Grubrich-Simitis schildert die Arbeit als so eingreifend in die Psyche des Therapeuten, daß es möglicherweise nicht verwunderlich wäre, »hätte ein Analytiker den Eindruck, nicht viele, vielleicht nicht einmal mehrere Analysanden aus dieser Patientengruppe behandeln, genauer gesagt, sich ihnen ... derart mit den eigenen Gefühlen zur Verfügung stellen zu können, wie es ihm in der Arbeit mit seinem ersten solchen Patienten möglich gewesen ist«. (S. 375)

Über die durchschnittliche Belastungsfähigkeit des Therapeuten

Ich habe diese Darstellungen deshalb so ausführlich zitiert, weil ich in den Überlegungen zur Behandlungstechnik bei solchen terroristischen inneren Instanzen noch einmal darauf zu sprechen kommen möchte. Es sei aber hier noch einmal angedeutet, daß ich, je mehr ich mich in die Position des Analytikers in einer reinen Übertragungs- und Gegenübertragungsanalyse eindachte und einlas, desto mehr das sichere Gefühl bekam, daß diese immensen Ansprüche vom durchschnittlichen Therapeuten nicht zu erfüllen und möglicherweise nur mit einer idolisierenden Idealisierung der Methode und einem Masochismus zu bewältigen sind, der vielleicht seinerseits in Zusammenhang steht mit einer Aufarbeitung von Schuld. Eine Reihe von Arbeiten aus dem Band von Bergmann, Jucovy und Kestenberg (1995) betonen übrigens, wie schwer es selbst für jüdische Analytiker in den USA gewesen sei, den im Innern der Patienten aufbewahrten Schrecken auszuhalten. Die meisten Fallberichte sprechen von vorausgegangenen Analysen, die das Holocaust-Thema bei Opferkindern nicht einmal berührt hätten. Das gleiche gilt für die von einigen Kollegen dokumentierten Täterkinder als Patienten.

Die Beispiele ließen sich beliebig vermehren. Bergmann und Jucovy berichten über ein Symposium auf dem Kopenhagener Kongreß 1967, bei dem die Pioniere der Therapie mit Opfern und Opferkindern berichteten:

»In der Diskussion der behandlungstechnischen Probleme vertraten die Teilnehmer unterschiedliche Standpunkte bezüglich der Bedeutung, die sie der Abreaktion, Einsicht, Rekonstruktion, Bewußtmachung von Kindheitserinnerungen sowie der Analyse der Übertragung beimaßen. Über die Frage, welche Behandlungsform und -modalität letztlich empfehlenswert sei, konnte im Grunde keine Einigung erzielt werden.« (1995, S. 30) Von enormen Problemen in der Übertragung und Gegenübertragung spricht auch James Herzog (im gleichen Band, S. 135): »Der Analytiker war der potentielle Zerstörer von Herrn P.s Lebhaftigkeit und Spontaneität, der ihm jede Aussicht, ein normales Leben zu führen, zunichte machte; und der Analytiker war tot, gefühllos. Er konnte und wollte nicht auf seinen Patienten eingehen.« Knapp faßte Yolanda Gampel die extreme Belastung des Arbeitsbündnisses zusammen: »Die Therapeutin weckte Angst, sie war eine Bedrohung und die Ursache des Leidens, zugleich ein schützendes Objekt.« (a.a.O., S. 154) Als Fazit der großen emotionalen Probleme, die nicht allein die Erlebnisse und die Folgen von Verfolgung, Krieg und vermutlich Täterschaft in der Familie für die Therapeuten der zweiten

Generation mit sich bringen, sondern auch deren Steigerung durch den engen Container des Übertragungs-Gegenübertragungsraumes, schreibt Martin S. Bergmann: »... daß die Behandlung Überlebender und ihrer Kinder den Therapeuten mit außergewöhnlichen emotionalen Anforderungen konfrontiert. Die Versuchung, einem Patienten, der so viel gelitten hat, als Retter gegenüberzutreten, ist in der Tat groß. Wenn der Therapeut diesem Druck nachgibt, wird sich die Übertragungsneurose, die zu einer Gleichsetzung von Therapeut und Nazibewacher führen muß, nicht entwickeln. Dies macht die Behandlung sowohl für den Patienten als auch für seinen Therapeuten einfacher, die für eine zukünftige Heilung unabdingbare negative Übertragungsphase jedoch wird verhindert.« (In: Bergmann u. a., S. 289) Das heißt aber: Die klassische Analyse sieht keinen anderen Weg, als das Entsetzliche dem Raum von Übertragung und Gegenübertragung voll aufzubürden und gleichzeitig der Versuchung zu widerstehen, ein alternatives, gutes Objekt zu sein, um die negative Übertragung nicht zu behindern. Aus eben dieser Aporie heraus plädiere ich für das Prinzip Inszenierung, nicht, um dem Patienten als Retter zu erscheinen, sondern um ihn sowohl mit den dämonischen Introjekten zu konfrontieren, wie um ihm dabei beizustehen. Denn Bergmann fährt bezeichnenderweise fort: »Das Material zeigt darüber hinaus, daß nur wenige Überlebende und ihre Kinder die strengen Regeln der klassischen analytischen Technik tolerieren können und insbesondere die Anonymität des Analytikers als unerträglich empfunden wird.« (S. 289) Eher heroisch an die klassische Form gebunden, äußert sich Barbara Vogt-Heyder: »Aus eigenen Erfahrungen mit solchen Patienten weiß ich, wie ungeheuer schwer es besonders für uns deutsche Analytiker ist, diesen Patienten zu ermöglichen, die Naziidentifikationen mit ihren Vätern aufzugeben... (so makaber dies 40 Jahre nach dem Ende der NS-Zeit klingen mag – aber es ist so). Erst wenn im Laufe des psychoanalytischen Prozesses es dem Patienten möglich

wird, mit Hilfe des Therapeuten auch seine sublimen Identifikationen mit seinem Nazivater als nicht mehr ichsynthon zu erleben, wird er es schaffen, sich davon zu trennen. Dies ist oft ein heftiges und sehr schwieriges Übertragungs- und Gegenübertragungsgeschehen. Es kann vom Patienten nahezu wie der Zusammenbruch des 3. Reiches für den Nazivater erlebt werden.« (1986, S. 893 f.) Was der Analytiker in der Gegenübertragung erlebt, wenn er zum Zerstörer eines unbewußten Weltbildes und zum Feind der Sicherheit gebenden Identifikationen wird, kann man sich vorstellen.
Eine Fülle von Fallberichten, die die extremen Belastungen des Arbeitsbündnisses zeigen, findet sich bei Brainin, Ligeti und Teicher (1993), bis hin zu aggressivem Gegenagieren aus der unerträglich werdenden Gegenübertragung heraus: »Eine Patientin äußerte ihre destruktiven Übertragungsphantasien in einer Metaphorik, die sie aus dem nationalsozialistischen Massenmord bezog. Ihre Lust an Machtkämpfen, ihre Vernichtungswünsche und ungeheure Wut machten dem Analytiker schließlich so zu schaffen, daß er seine eigene Aggressivität nur schwer kontrollieren konnte. Unbewußt rächte er sich durch eine erbarmungslose Haltung im Aufdecken der Verleugnung der Patientin ... Der Analytiker wurde in der paranoiden Übertragungsphantasie der Patientin zum jüdischen Verfolger und Rächer, bis er schließlich diesem projektiven Mechanismus, verführt durch seine eigenen Wut- und Ohnmachtsgefühle, nachgab.« (S. 27) Es sind auch diese Autoren, die zuerst von der »Deckidentität« von Analytikern gesprochen haben, die unter Umgehung ihrer eigenen Familiengeschichte in einer Verfolgten-Identität bei der Freudschen Psychoanalyse Zuflucht gesucht haben. Mahnend heißt es: »Sterile Orthodoxie scheint uns die unvermeidliche Begleiterscheinung einer ›Deckidentität‹ zu sein, wenn ursprüngliche Identifikationen nicht aufgelöst, aber auch nicht integriert werden können.« (S. 63/64). Dies wird explizit bereits formuliert in Brainin und Kaminer. (1982, S. 103)

Die Betonung der reinen Lehre
Trotzdem betonen nun aber Eckstaedt wie Appy und andere Analytiker, wie sehr es ihnen wichtig ist, daß der Charakter der »reinen« Analyse nicht nur bewahrt, sondern quasi gesteigert wird. In der Diskussion seines Vortrags etwa sagte Appy zur Therapie solcher Zustände:
»Die Zukunft der Psychoanalyse hängt ... meines Erachtens davon ab, ob wir in der Lage sein werden, psychotische Patienten auch mittels Psychoanalyse zu befreien, nicht nur durch Psychotherapie.« (S. 52) Die Idealisierung der reinen Psychoanalyse ist mit Händen zu greifen, ebenso die Entwertung all dessen, was »nur« Psychotherapie ist. Es könnte klingen, als sei die Rettung der Psychoanalyse wichtiger als die therapeutische Bewältigung der Traumen aus den »überlebensgroßen Ereignissen« (Stierlin, 1992) der deutschen Geschichte. Immerhin geht es seitdem nicht mehr um die Rettung des apolitischen Ödipuskomplexes, der in der deutschen Nachkriegspsychoanalyse wieder in seine universellen Rechte eingesetzt werden mußte, sehr zum Schaden der Bewältigung der politischen Vergangenheit.
Die Klammer der Abstinenzregel verknüpft, wie angedeutet, für Sammy Speier auf provozierende Weise die Tabuzonen der ödipalen Urszene mit den Urszenen des Holocaust:
»Die übliche Entgegnung auf die Frage eines Patienten nach der Lebensrealität seines Analytikers ist: ›Was fällt Ihnen dazu ein?‹ Diese Antwort besagt eigentlich: ›Was fällt Ihnen ein, mich etwas Persönliches zu fragen?‹ Allmählich wurde mir bewußt, daß hinter meiner Angst und der der Kollegen und Patienten, den Psychoanalytiker, die Psychoanalyse zu befragen, nicht die Angst steht, die Tür zum Elternschlafzimmer zu öffnen, deren ›Urszenen‹ ansichtig zu werden, sondern eher die Angst davor, die Tür zu den Gaskammern zu öffnen.« (S. 30) (In Analogie ist dabei immer auf der Täterseite zu denken: die Türe zu begangenen Verbrechen.)
Und weiter heißt es:
»Es ist einfacher, mit Psychoanalysepatienten über Schlaf-

zimmer zu sprechen als über Gaskammern. Doch die Formel ›das ist ödipal‹ bringt nicht die verleugnete Realität von ›Auschwitz‹ zum Verschwinden.« (S. 32) Gegen die »Verschwörung des Schweigens« hält Speier es deshalb für wichtig zu fragen: »Wo waren unsere Analytikerväter und -mütter, die uns die Psychoanalyse überliefert haben, während der Nazi-Zeit, was haben sie gewußt oder nicht gewußt, was haben sie getan oder nicht getan?« (S. 32)

Wir stehen also in bezug auf die psychoanalytische Aufarbeitung der NS-Zeit vor einer merkwürdigen Situation, die durch folgende Merkmale gekennzeichnet ist:
1. Die Jahrzehnte, die ohne gezielte und bewußte therapeutische Arbeit an den Problemen verstrichen sind, aus inneren (Abwehr) wie aus äußeren Gründen (politisches Klima, mangelnde Ausbildung der Analytiker), auch aus gruppendynamischen (Identifizierung der Freudianer mit den Verfolgten, Isolierungsgefühle in den therapeutischen Gruppen, vielleicht Schuldgefühle und Identifizierungsprobleme bei den Schultz-Henckianern).
2. Mangelndes theoretisches und behandlungstechnisches Rüstzeug, bei den Freudianern die Tendenz, erst einmal wieder Anschluß an die internationalen Standards zu finden, mit einem Theoriestand, der gerade das klassische Denken und den Ödipus zum zentralen Thema hatte. Es ging also um intensiven Nachholunterricht in einer Behandlungsform, die für die Nachwirkungen der NS-Zeit gar nicht geeignet war. Die millionenfache Vaterlosigkeit wurde therapeutisch kaum thematisiert.
3. Im Gefolge der internationalen Opferforschung haben auch deutsche Analytiker angefangen, mit Überlebenden, Verfolgten und deren Kindern zu arbeiten. Was da zutage kam, war so erschütternd, daß es, verstärkt durch die Identifikation mit den Verfolgten, nicht gerade ermutigte, sich auch den psychischen Folgen bei den Tätern, Mitläufern und deren Nachkommen zuzuwenden.

4. Die analytische Ausbildung sparte das Thema ebenfalls aus, so daß nur ganz wenige Analytiker mit ausreichender innerer und methodischer Vorbereitung an die Arbeit gehen konnten. Häufig gerieten sie in eine gewisse Isolierung, weil sie die Tabugrenzen der analytischen Gemeinschaft berührten.

5. Die Ausblendungen waren so stark, daß sie sogar therapeutische Schulen erfaßten, bei denen die Familiendynamik über die Generationen hinweg viel auffälliger hätte sein können. Ich meine die Familientherapie, die Gestalttherapie und das Psychodrama.

III Die Beschädigungen des Tätervolkes

Der Weg zur Entdeckung der entsetzlichen Nachwirkungen der NS-Zeit auch in der zweiten und dritten Generation führte über die Analyse der Opfer des Holocaust und ihrer Kinder und Enkel. Sie bestimmte bis Mitte der achtziger Jahre das Bild des fortwirkenden »seelischen Untergrundes«. Die therapeutische wie die theoretische Beschäftigung mit den Kindern von Tätern und Mitläufern, etwa in dem Buch von Anita Eckstaedt (1989), führte zu wütenden Verdächtigungen nicht nur des Antisemitismus, sondern auch der Tendenz der Schuldaufrechnung, ja des Wunsches, die Deutschen zum Opfervolk umzustilisieren. Ich bin der Rezeptionskatastrophe, soweit sie sich aus den wichtigsten Rezensionen ergibt, in einer Arbeit »Über die Nachwirkungen von Holocaust, Krieg und NS-Diktatur« (in: Moser, 1993) nachgegangen. Den Kriegs- und Nachkriegskindern in Deutschland den Status von »Opfern« oder »Traumatisierten« abzusprechen mit dem Argument, die Kinder der Opfer von Auschwitz und der Opfer des Kriegs dürften nicht in einen Topf geworfen oder unter den gleichen diagnostischen Kriterien beurteilt und behandelt werden, scheint inhuman angesichts unserer zunehmenden Informiertheit, auch wenn man, was ich tue, an der historischen Einzigartigkeit des Holocaust festhält. Das Argument würde, in abgewandelter Form, bedeuten, daß man in dreißig bis vierzig Jahren einen Unterschied machen würde zwischen den verstörten Kindern der Serben und der Bosnier, die dann erwachsen wären. Aber auch Sammy Speier, dem die kritischste Stellungnahme aus dem Freudschen »Lager« zu den Ausblendungen der Psychoanalyse zu verdanken ist, spricht nur von den Opfern (und Tätern, Mitläufern und Ermöglichern) des Holocaust, mit keinem Wort von der ebenso gewaltigen Ausblendung der Kriegsfolgen. Das beginnt sich zu ändern, ohne daß ein befürchteter »Revisionismus« in der Forschung zu erkennen wäre. Eine »Latenzzeit« von fünf Jahrzehnten scheint dem Thema etwas von der polarisierenden Schärfe und seiner ideologischen Einbettung zu nehmen. Man muß wohl davon ausgehen, daß es Therapeuten unterschiedlicher familiärer wie regionaler und schulischer Herkunft sind, die sich unterschiedlichen Schwerpunkten zuwenden. Ich werde später noch auf die Frage zurückkommen. Denkbar ist, daß es für ein und denselben Therapeuten schwierig ist, bei geringer eigener Durcharbeitung des persönlichen und familiären Schicksals gleichzeitig Holocaustopfer und Kinder von NS-verstrickten Eltern zu behandeln. Eine Reihe von jüdischen Therapeuten hat hier jedoch zum Teil fast Übermenschliches geleistet.

Nur ein Jahr vor Eckstaedts tief verdächtigtem Buch erschien Müller-Hohagens Pionierarbeit, in der er, spät erschrocken über vieles an der Struktur der NS-Herrschaft nicht Wahrgenommene, in geraffter Form die Schrecken der Nazi-Herrschaft noch einmal schildert, bevor er zu den therapeutischen Themen kommt. Er schreibt über den Hintergrund *seiner* Klientel:
»Für Millionen auch heute noch lebender Menschen verbindet sich mit dem Dritten Reich unendlich viel an Leid, Entwurzelung, Verwirrung, Schuldverstrickung, ohnmächtigem Ausgeliefertsein oder im nachhinein unbegreiflichem Mitmachen. Das alles sind Erfahrungen von überwältigendem Charakter.« (1988, S. 7) Die Tabuisierung des Themas, das Vergessen und Verschweigen waren so groß, daß eine Kriegs- oder NS-Traumatisierung kaum je als Leidens- oder gar Therapiemotiv von seinen Patienten genannt wurde. Er sagt sogar, es wäre ein Irrtum, »ich hätte es gehäuft mit Menschen zu tun gehabt, die in besonderem Maße von der Nazizeit gezeichnet sind. Es ist vielmehr bisher kein einziger Klient aus diesem Grund zu mir gekommen.« (S. 113) Die Flut der Zuschriften und Konsultationen nach dem Erscheinen des ersten Buches dokumentiert er in »Geschichte in

uns«. (1994) Dies mag nicht zuletzt an der Kluft zwischen »öffentlicher« Bewältigung der Vergangenheit mit ihren Sprech- und Wahrnehmungsregeln und der privaten Aufarbeitung in den Familien liegen, die ich bereits erwähnt habe. Aus eigener Erfahrung aber weiß ich, daß die Entdeckung der Zusammenhänge der eigenen Familien-Geschichte mit der NS-Zeit wie das Gewahr-Werden der eigenen therapeutischen Ausblendungen zu einem einige Jahre dauernden Prozeß führen. Während dieser Zeit weiß man nie genau, ob die Entdeckung der eigenen Geschichte oder die neuen Wahrnehmungen in den Symptomen und Zeichen der Patienten überwiegen. Man fühlt sich verunsichert, in wessen Interesse man plötzlich nachfragt und methodische Varianten einführt. Aber dies gehört wohl zwangsläufig zu dieser Zeit des Übergangs von der Verleugnung zum genaueren Hinsehen, zur allmählichen Verfestigung der Überzeugung, daß dadurch der Wahrheit, den Patienten, der Heilung wie der Verpflichtung zur Aufarbeitung von Geschichte mehr gedient ist als durch die Einhaltung »abstinenter« Standards, die in der konkreten und themenzentrierten Nachfrage bereits eine unzulässige Steuerung der Entwicklung des Patienten sehen wollen. Möglicherweise führt von dieser Stelle aus ein Weg zu einer ganz neuen *Ethik der Thematisierung wie der Solidarität,* die von der ursprünglichen analytischen Konzeption zweier Individuen, die idealtypischerweise keinerlei Einfluß aufeinander nehmen, weit weg führt. Exemplarisch formuliert Müller-Hohagen die Skrupel, die ihn beschäftigt haben, als er in den Bannkreis des Themas geriet: Natürlich hielt er es für einen »grundlegenden Punkt in unserem Berufsethos, daß wir uns bemühen, eigene Überzeugungen und Positionen dem Klienten nicht überzustülpen. Ich selber habe mir die Frage dieses Kapitels immer wieder gestellt, gerade während ich ... bei meinen Klienten zunehmend auf Themen aus der Nazizeit stieß. Manipulierte ich sie in diese Richtung? Oder kam jetzt allmählich das wirkliche Ausmaß unserer Verstrickung in der Nazizeit zum

Vorschein, und hatte ich in all den Jahren vorher eher in umgekehrter Weise manipuliert?« (1988, S. 140) Die Unsicherheit muß wohl ausgehalten werden. Die vorübergehend schwindende Fähigkeit, zwischen der Verstrickung des Patienten und der eigenen zu unterscheiden, ist die Schwelle zu einer neuen Fähigkeit, sich gemeinsam in bezug auf die Geschichte zu orten.
Hinter der Schwelle liegen erschütternde Entdeckungen bei Patienten, die oft genug erst die Tür zu wirklicher Veränderung aufstoßen. Die Transaktions-Analyse spricht vom Lebens-Skript, das es zu ergründen gilt, bevor tragende Veränderungen zustande kommen können. Müller-Hohagen nennt es »Identitätskerne«, die seine Patienten zu leben hatten als unbewußtes Programm, sei es als Opfer- wie als Täter- und Mitläuferkinder:
»Ich bin der, der seinen Eltern Leben gibt«, lautet so ein Skript; ein anderer: »Ich bin der, der nichts wissen darf.« Oder: »Ich bin der, der seinen Eltern über einen tiefen Verlust hinweghelfen muß.« Oder: »Ich bin der, der die Schuld tragen muß.« Oder: »Ich bin der, der die Ehre wiederherstellen muß.« Oder: »Ich bin der, der gnadenlos kämpft.« (S. 188/89) Ähnliche Imperative finden sich bei den Patienten von Eckstaedt und anderen. Dan Bar-On (1992) fügt, Dina Wardi (1992) zitierend, noch ein weiteres Skript hinzu: Man fand, »daß Familien von Holocaust-Überlebenden ein Kind als ›Gedenkkerze‹ auswählen. Dieses Kind trägt die emotionale Last, die die Eltern nicht durchgearbeitet haben, und es braucht und sucht für gewöhnlich Hilfe in einer Therapie, weil es mehr belastet ist als die anderen Kinder in der Familie.« (1992, S. 7) Yolanda Gampel, eine israelische Analytikerin, geht sogar so weit, über die Kinder von Holocaust-Überlebenden zu schreiben: »daß alle Kinder nach einem Drehbuch agieren, das sie selbst nicht kennen, ein Drehbuch, das nicht nur ihr eigenes, sondern in Wahrheit Teil der Geschichte ihrer Familien und insbesondere jener Angehörigen ist, die den Holocaust überlebt haben.« (In:

Bergmann u. a., S. 147) Dies kann bis zur Entfaltung einer Doppelidentität gehen, wie sie Judith S. Kestenberg in einer Fallgeschichte mitteilt über ein Kind eines Überlebenden. Es geht um ein streng gehütetes Geheimnis: »Sie fügte hinzu, daß ihr Vater nur über unwichtige Dinge spreche. Man dürfe ›sein Inneres nicht bloßlegen‹« ... Und die Patientin sagt: »›Manchmal glaube ich, daß ich Erinnerungen habe, über die ich besser nicht sprechen sollte – das bin gar nicht ich – er ist es.‹« (In: Bergmann u. a., S. 177/8) Und nun kommt, direkt anschließend, eine Stelle, die deutlich zeigt, wie Eltern und Kinder oder Patient und Analytiker den gleichen Dämonen gegenüberstehen können: »Sie träumte von Kannibalen, die ihre Analytikerin und sie selbst in einem Topf kochten, und sie begann, über den Tod zu sprechen.« (S. 178)

IV Politik, Familie und seelischer Untergrund*

Liest man mit dem heutigen Wissen etwa Horst-Eberhard Richters Buch »Patient Familie« (1970), so staunt man über die präzise und dennoch idealtypische Charakterisierung von Familien, die nach heutigem Wissen ohne die Schweigegebote und die Schrecken der Vergangenheit gar nicht zu verstehen sind. Dabei macht man die faszinierende Beobachtung, daß in der Familientherapie jene von der Psychoanalyse im letzten Jahrzehnt so schwer identifizierten neuen Mechanismen der unterirdischen Manipulation längst präzise beschrieben waren. Aber trotz der Doppelidentität als Analytiker und Familientherapeut der wichtigsten Forscher Richter, Stierlin und Sperling hat kaum eine Durchdringung und Befruchtung stattgefunden. Ich zitiere einige Beispiele für das, was damals bereits bewußtseinsnah vorhanden war, es hätte nur noch mit der Geschichte verknüpft zu werden brauchen. Die Vorarbeit war bereits in Richters »Eltern, Kind und Neurose« geschaffen. Bei der Definition der Charakterneurose, im Gegensatz zur Symptomneurose, bei der ein Familienmitglied zum Symptomträger ausersehen wird, heißt es: es ist »die *familiäre Charakterneurose* dadurch charakterisiert, daß sich unter dem Druck eines unbewältigten Konfliktes das ›Kollektiv-Ich‹ der Familie verändert. Die Familie baut sich eine neurotische Welt auf, oft unter Zuhilfenahme einer Ideologie, die geeignet ist, die innerfamiliäre neurotische Konfliktspannung irgendwie zu kompensieren.« (1970, S. 61) Man ist, mit dem späten heutigen Wissen versehen, eigentümlich berührt, wenn sich die Thematik wie in einem Suchspiel um eine zentrale Person in den untersuchten Familien zu drehen scheint, deren Biographie aber

---

* Die folgenden Gedanken zur Thematisierung der NS-Zeit in der Familientherapie wurden in Vortragsform zum Teil publiziert unter dem Titel »Politik, Familie und seelischer Untergrund« in der Zeitschrift *Psychosozial*, Heft 59, 1995, S. 31-42)

nicht vertieft wird: Während in der symptomneurotischen Familie oft ein schwaches Mitglied gewählt wird, heißt es für die als ganze erkrankte Familie:
»Entscheidendes Kennzeichen ... ist, daß keine Ausstoßung oder auch nur diskriminierende Abgrenzung eines Symptomträgers erfolgt...
Dieses Ensemble bleibt auch erhalten, ja steigert sogar unter Umständen noch seine Solidarität, wenn ein Familienmitglied manifest krank wird. Ein Symptomträger in einer charakterneurotischen Familie ist in der Regel kein Außenseiter oder gar ein von Ausstoßung bedrohter Angeklagter, sondern meist eher im Gegenteil ein steuerndes Zentrum der Familiengruppe. Die übrigen Familienmitglieder neigen dazu, mit ihm eine *Überidentifikation* zu vollziehen...
Die eigentliche Krankheit ... besteht darin, daß diese Familie *sich eine verrückte Welt baut.*« (S. 61/2) Diese Sätze könnten ohne weiteres zwanzig Jahre später wörtlich bei Eckstaedt oder Appy stehen, mit dem einzigen Unterschied, daß das, was in der familiären Interaktion von weiter außen stehenden Familientherapeuten beobachtet werden kann, in der Analyse in langen Jahren von beiden neu erlitten wird, bis der Analytiker oder der Patient aufgibt oder beide in qualvoller Arbeit die verrücktmachenden Übertragungen und Gegenübertragungen entflechten können.
Richter läßt auch keine Zweifel daran, daß angstneurotische Familien, und solche, denen er den Charakter einer »paranoiden Festung« zuschreibt, in den fünfziger und sechziger Jahren gehäuft vorkommen. Er spricht von der »beunruhigend hohen Quote angstneurotisch deformierter Familienstrukturen« (S. 84), und, das Vokabular noch einmal steigernd, davon: die Dynamik sei »somit zweifellos alles andere als ein Extremphänomen aus dem Raritätenkabinett des Psychotherapeuten, sondern ein Massenphänomen von bedeutendem gesellschaftlichem Einfluß«. (S. 87) Auch der aktuelle ursächliche Gesellschaftsbezug wird als feste Größe angenommen, nur die Vermittlung zur Vergangenheit fehlt.

Genau so wie bei Mitscherlichs »Vaterloser Gesellschaft« (1963) wird ein geradezu künstlicher soziologischer Gegenwartsbezug hergestellt, bei dem die enge Verbindung zwischen biographischer und politischer Geschichte abgeschnitten ist. So heißt es bei Richter:
»Vieles spricht ... dafür, daß die derzeitigen gesellschaftlichen Verhältnisse den Typ der angstneurotischen Familie begünstigen. Das heißt, viele Familien klammern sich mit Hilfe von Vermeidungs- und Verleugnungstaktiken an die Illusion einer friedlichen, guten, geordneten Welt, um sich die ängstigende Konfrontation mit den vorhandenen gesellschaftlichen Konflikten und Mißständen zu ersparen.« (S. 63) Für einen analytisch ausgebildeten und soziologisch interessierten Familientherapeuten ist es schon erstaunlich, wenn er den aktuellen Zustand der Familien mit den »derzeitigen gesellschaftlichen Verhältnissen« (d. h. die sechziger Jahre) begründet, also ohne die historisch-politische Dimension, die die Menschen zu dieser Lösung vorbereitet oder geprägt haben. Die persönliche Wertschätzung für Horst-Eberhard Richter erleichtert es mir, diese Quasi-Blindheit nicht als Vorwurf zu formulieren (mir ist es während zwei Jahrzehnten analytischer Tätigkeit später nicht anders gegangen), sondern als Hilfe zum Akzeptieren, wie ehern die Kräfte der Verleugnung und das Bedürfnis nach einer »Latenzperiode« waren. Auch wir werden bei unseren Nachfahren Verständnis für manches brauchen, was wir nicht erforscht oder aufgegriffen haben, obwohl es auf der Hand lag.
Ich bleibe noch einen Augenblick bei Richter, der die politische Dimension der Psychoanalyse später so vehement nachgeholt und vertieft hat, als sich, vielleicht angestoßen durch die 68er-Bewegung, der Blick zugleich geweitet und verengt, erhellt und verfinstert hatte. Vielleicht hören wir einmal auf das Vokabular, das Krieg und NS-Zeit wie hinter einem dünnen Vorhang verbirgt:
»Die angstneurotische Familie glaubt daran, die Welt sei so

etwas wie ein friedliches *Sanatorium*. Die paranoide Familie sieht alle Probleme nur noch gewissermaßen durch die Schießscharten ihrer imaginären Festung...« (S. 62/3) Die aktuellen sozialen Konflikte in den späten fünfziger und sechziger Jahren waren nicht so stark, daß sie aus sich heraus angstneurotische und paranoide Familien en masse hätten hervorbringen müssen. Das Ängstigende schlummerte im Untergrund, aber der konnte noch nicht angeschaut werden. In den Deponien schwelten noch die Brände bedrohlicher Erinnerung. Erst aus heutiger Sicht wissen wir auch, wie tief das Flüchtlingsschicksal, trotz oberflächlicher Eingliederung, das Wohnen in Barackensiedlungen und Ghettos, in die Identitätsbildung, die Überich-Struktur, in das Lebensskript der Kinder eingegangen ist. Der Begriff »Entwurzelungsneurose« ist eine späte Reaktion auf diesen Sachverhalt, auch wenn er sich mit den Folgen des Flüchtlingsschicksals nicht vollkommen deckt.

Auch Richter hat früh erkannt, daß es sich bei der angstneurotischen wie paranoiden Familie nicht um ödipale Konflikte, denen man damals in der Psychoanalyse noch absolute Priorität einräumte, handeln kann. Die Begriffe lauten: symbiotische Anlehnung, Trennungsangst, Isolierungsangst, Angst vor Unfällen, Gewaltverbrechen, kriegerischen Auseinandersetzungen und dergleichen. Wäre das alles nicht so tragisch, so könnte man von der *Gleichzeitigkeit des Enthüllens wie des Verhüllens* sprechen, von der Verdrängung von Zusammenhängen im Moment ihrer naheliegenden Analyse. Was in der Sprache längst da ist, fehlt noch im verknüpfenden Bewußtsein. So heißt es über die angstneurotischen Familien:

»...sie stecken voll von mangelhaft unterdrückten Erwartungen. Und so neigen sie ... dazu, jedwede Unternehmung zu vermeiden, bei der ihnen oder ihren Angehörigen etwas passieren könnte. Ja mehr noch ... viele ertragen nicht einmal Gespräche, Lektüre, Filme, in denen von irgendeinem Unheil die Rede ist, das sie in ihrer pessimistischen Verzagt-

heit ohnehin ständig hereinbrechen zu sehen erwarten...
diese Menschen müssen sich an die Illusion klammern, um
sie herum gäbe es nur Friedlichkeit, Harmonie, Gesundheit
und beschütztes Leben.« (S. 74-6)
Klarer kann man kaum charakterisieren, wie der Zorn der
68er über das große ängstliche Schweigen zustande kam.
Und es ist nicht schwer, hinter Richters Diagnose auf die in
diesem Druck »führende« Person die Väter oder Mütter zu
ahnen, die an Vergessen und Verdrängen ihrer Vergangenheit sich am meisten klammerten.
Noch drastischer werden die Formulierungen im Falle der
»Festungs«-Familie, bei der die von Eckstaedt beschriebenen parasitär-deformierenden Mechanismen alle vorweggenommen sind. Genügen der angstneurotischen Familie noch
»Verleugnungen und Vermeidungen«, so »gestaltet die paranoide Familie die Realität *wahnartig* um«. (S. 90)
»Das Paranoide bietet manchen Familien die letzte Chance
zu einer Solidarisierung, die meist wegen eines besonderen
Maßes an unbewältigter Aggression auf andere Weise nicht
mehr erreicht werden konnte.« (S. 90) Richters Diagnostik
begnügt sich bei den Ursachen mit »unerträglichen wechselseitigen feindseligen Impulsen« (S. 91) zwischen den Familienmitgliedern, die nach außen abgelenkt werden. Aber wo
diese Impulse »massenhaft« herkommen, wird gar nicht
hinterfragt. Ich fahre fort mit dem kaum verschleiernden
Vokabular: »Meistens fungiert ein Teil eines Ehepaares als
Kristallisationskern des wahnartigen Systems. In der Regel
ist dies der sthenischere, reizbarere, fanatischere Teil.« Er
fordert in seinem »Freund-Feind-Denken ... bedingungslose
Bundesgenossenschaft«, sonst bleibt nur Feindschaft. Richter spricht von der »einzigartigen Unheimlichkeit und Penetranz« des Solidarisierungs- und Deformierungsdrucks, dem
»suggestiven Sog« eines Systems, das »blitzableiterartig eine
Abfuhr aller bedrohlichen intraindividuellen beziehungsweise gruppeninternen Spannungen verheißt«. (S. 91)
Man ahnt in der Gewalt der Phänomene die von den Mit-

scherlichs bereits diagnostizierte Abwehr eines depressiven Zusammenbruchs nach dem Zusammenbruch 1945, denn, so heißt es über den Umgang einer solchen Familie mit ihren Kindern bei Richter:

»Mit fast barbarischer Härte werden sie gezwungen, starke, mutige, überlegene Kinder nach außen darzustellen, innerhalb der Familie selbst indessen sich als mehr oder weniger willenlose Manipulationsobjekte herzugeben.« (S. 94) Es ist von »Willen brechen« und von der »Unterwerfung unter das elterliche Regime« die Rede. (S. 95) Allerdings wird hier noch kaum unterschieden zwischen den Schicksalen der Söhne und der Töchter, die die Aufträge der Eltern oft in sehr verschiedener Weise erhielten und aufnahmen. Den auf eine Familie gemünzten Satz könnte man auch als eine völkerpsychologische Aussage lesen, die den Seelenhaushalt einer Generation, die weder trauern noch sich »normal« von den kollektiven Größenphantasien der NS-Zeit trennen konnte, charakterisiert:

»Die gemeinsam entwickelten und immer hartnäckiger verfochtenen Größenphantasien erweisen sich somit als eine vorübergehende Zuflucht aus der Gefahr wechselseitiger Zerstörung.« (S. 94) Daß es gelegentlich die Mütter sind, die den rassistischen Überlegenheitswahn in gruppendynamisches Elite- oder Herrendenken fortsetzen, wird ebenfalls deutlich: es »verbleibt der alternden Mutter nur noch ein verbindender Themenkreis: Autosuggestion der Idee von der eigenen Herrlichkeit, ohne die geringste Zutat von selbstkritischen Zweifeln.« (S. 97)

Von hier aus führt ein direkter Zusammenhang zu der vielfach verbürgten Tatsache, daß es meistens nur ein Kind einer NS-gezeichneten Familie ist, das sich aus einer solchen Umklammerung der Sprachlosigkeit wie der paranoiden Solidarisierung lösen kann: zuerst durch Fragen, dann durch Anklagen, bei den 68ern durch eine zum Teil gegenfanatisierte Kollektivhaltung, vor allem bei den späteren K-Gruppen. Der Ausstieg kann aber auch durch ein »wiedergutmachendes« Leben im weitesten Sinn erfolgen, durch Psychotherapie, Forschung, Heirat eines Mitglieds der Besatzungstruppen, eines Juden, usw. Meine These in der Auseinandersetzung mit der Wirkung der »Unfähigkeit zu trauern«, daß die moralistische Diagnostik zu einer Verhärtung der Fronten geführt habe, findet sich in gewisser Weise durch Richters Charakterisierung dieser Familienstrukturen bestätigt, die auf Kritik paranoid oder durch Erstarrung reagieren. Dabei wird auch deutlich, wie die individualisierende und gleichzeitig kollektive Deutung »der Deutschen« eine ganze Dimension übersah: die der festzurrenden Einbettung der Deutschen in Kleingruppen des familialen Überlebens; sie mußte dies vielleicht übersehen, weil das Denken in Gruppen und Familiendynamik noch unterentwickelt war und sich im Grunde auf Freuds »Massenpsychologie und Ichanalyse« beschränkte. Richter schreibt 1970 über die Aussichten der noch in den Anfängen steckenden Familientherapie angesichts der massenhaften Pathologien:

»Indessen sollte man seine Kräfte hier nicht überschätzen. Paranoide Familien verfügen bei der Verteidigung ihrer paranoiden Position vielfach über enorme Energien. Und sobald sie erst merken, daß man sie etwas überlisten will und es mit der anfänglich angebotenen Anteilnahme an dem paranoiden Konzept nicht wirklich ernst nimmt, verschließen sie sich, und alle sonst wirksamen Waffen der psychoanalytischen Technik erweisen sich als stumpf gegenüber dieser Panzerung.« (S. 225) Das kriegerische Vokabular des Therapeuten ist unüberhörbar, der vor doppelten Festungsmauern steht: vor denen der paranoiden Familie, aber auch vor denen des Zeitgeistes wie der eigenen historisch-diagnostischen Kategorien.

Die Entwicklung der Familientherapie in den siebziger und achtziger Jahren bringt neue Dimensionen unbewußter Bindungen und Traditionen zum Vorschein und bereitet vermutlich den Boden vor für den veränderten therapeutischen Umgang mit der NS-Zeit. Aber auch in diesem Bereich läßt sich verständlicherweise, wie bei der Psychoanalyse, eine enorme Abhängigkeit von der angelsächsischen Forschung feststellen. Es ging darum, die internationalen Standards sich anzueignen, und dort kam das NS-Thema begreiflicherweise kaum vor.

Dennoch liegt hier ein Paradox verborgen: die Kluft zwischen politischer Reedukation und autonomer wissenschaftlich-therapeutischer Forschung. Vielleicht läßt sich sagen, daß weder bei Siegern noch Besiegten, weder bei Opfern noch Tätern noch Mitläufern noch außenstehenden Beobachtern angesichts der NS-Schrecken gelassene Forschung möglich war. Trotzdem bleibt es erstaunlich, daß die Lehrer und Missionare der Internationalen Psychoanalytischen Vereinigung, die zur Hilfe beim Wiederanschluß an die verlorenen Standards nach Westdeutschland kamen, das NS- und Kriegsthema ebenfalls ausblendeten, bis in den siebziger und frühen achtziger Jahren die internationale Holocaustopfer-Forschung begann. Selbst in den Lehranalysen, zu denen deutsche Kollegen nach Amsterdam oder London fuhren, scheint das Thema kaum berührt worden zu sein. Unterwerfungsbereitschaft, die Sehnsucht nach der »richtigen Seite« und der Glaube an etwas »Unzerstörtes« oder »Heil-Gebliebenes« führten zu einer Überanpassung an die ahistorische internationale Psychoanalyse.

Richter (1986) gebraucht starke Worte zur Charakterisierung der psychoanalytischen Nachkriegszeit:

»Die Lehrmeinung, stellvertretend für den verstorbenen Sigmund Freud von seiner Tochter gehütet, war ebenso geheiligt wie die in der Internationalen Vereinigung gültigen Ausbildungsnormen. Bereits damals entwickelte sich unter uns die Phantasie von einer unsere Ausbildung überwachenden geheimnisvollen Zentrale... Die Vorstellung, die Internationale Psychoanalytische Vereinigung könnte uns irgendeiner Abweichung oder eines Ungenügens überführen, war schlechthin unerträglich.« (1986, S. 107)

Regine Lockot (1985) rechnet aber einen Teil der einseitigen

Rezeption auch der Haltung der »Missionare« zu und der Stimmung des Kalten Krieges, der um die Erbfolge der Vorkriegspsychoanalyse entbrannte:

»Die Internationale Psychoanalytische Vereinigung verhielt sich damit (mit der Ablehnung Schultz-Henckes, T. M.) ebenso wie die Siegermächte: So wie in einem geteilten Deutschland die Vergangenheitsbewältigung durch den faktischen und psychischen Mechanismus der Spaltung verhindert wurde, neigten auch die psychoanalytischen Gesellschaften (DPV und DPG) dazu, bedrohliche und unliebsame Aspekte der eigenen Geschichte dem jeweils anderen Teil der Gesellschaft zuzuschreiben und damit einer integrierenden Aufarbeitung auszuweichen.« (S. 316) Ähnlich wie im Kalten Krieg schien es immer gleich um Sein oder Nicht-Sein zu gehen: »Metaphorische Äußerungen wie ›Zerstörung‹ der Psychoanalyse, ›Rettung‹ der Psychoanalyse etc. scheinen allerdings mehr zu verhüllen als zu klären.« (Lockot, S. 21) Das Lagerdenken war vielleicht überall zu universell entwickelt, als daß Abgrenzungen ohne entlastende Feindbilder möglich gewesen wären. Man ist nur immer wieder erstaunt, wie tiefgreifend die Mechanismen auch bei Vereinen wirken, die sich ausdrücklich der Aufklärung und der Überwindung von Feindbildern verpflichtet fühlen.

Die Mehrgenerationen-Familientherapie
Bei der wiederholten Lektüre eines anderen frühen Klassikers, nämlich der »Mehrgenerationen-Familientherapie« von E. Sperling und anderen (1982), läßt sich noch das gleiche Pendeln zwischen Bewußtheit und erneutem Untergang des NS-Themas feststellen. Keine einzige Fallgeschichte entfaltet das Thema, obwohl es programmatisch heißt:

»Die Mehrgenerationen-Familientherapie, die die Großelterngeneration mit in die Behandlung ... einbezieht, bedeutet die bewußte Einführung einer überschaubaren, real erlebten *geschichtlichen Dimension...*« (S. 19) Und nun scheint sich ein Fenster zu öffnen zur Täter- oder mindestens

Mitläufer- und Opferperspektive, aber das kollektive Opfergefühl wird nicht thematisiert:
»In ihrer historischen Sicht betrachtet die Mehrgenerationen-Familientherapie die Menschen mehr als Opfer der jeweiligen Umstände, als es andere therapeutische Ansätze tun. Viele Beteiligten erleben sich auch selber häufig und realistischerweise mehr als Opfer ihrer Zeit denn als selbständige, autonom handelnde Menschen.
Auf der anderen Seite besteht jedoch die Tendenz, aus Schuld- und Schamgefühlen heraus frühere familiäre Konstellationen verdreht darzustellen oder ganz zu verschweigen. Dieses Verleugnen der Wirklichkeit, das unter Umständen über Generationen tradiert wird, resultiert ... aus schweren Ängsten, die die Betroffenen durchmachen, sei es, weil sie wirklich Verfehlungen begingen, sei es, daß sie es meinten.« (S. 19)
Alle notwendigen Kategorien sind also vorhanden, aber das Thema erscheint nicht, sondern die NS-Zeit ist eine unter mehreren zeitgeschichtlichen Phasen, unter denen man gelitten hat. Auch das ethische Paradox, die vollkommene Unsicherheit vieler Menschen, ob sie nun »Verfehlungen« begingen oder nur meinen, gefehlt zu haben, ist präzise angesprochen. Judenverfolgung und Holocaust sind überhaupt kein Thema; Krieg und Kriegsfolgen ebenfalls nur in einzelnen Bemerkungen. Immerhin ist wiederholt vom »Herunterspielen des Schlimmen« und von der »Angst vor der Entschleierung« (S. 22 f.) die Rede, und es heißt:
»Und da in den heutigen Familienbiographien häufig auch Kriegstote mit dabei waren, gehört die Überwindung der individuellen Resignation gegenüber den politischen Mächten, die in Kriegen und autoritären Systemen Menschen für ihre Zwecke einsetzen und verschwinden lassen, mit zu den Bemühungen, sich mit den eigenen Einstellungen wirklich auseinanderzusetzen, d. h., zu an der bewußten eigenen Geschichte überprüften wirklichen Überzeugungen zu gelangen, die sich nur teilweise mit Gruppenüberzeugungen dek-

ken.« (S. 23 f.) Ich nehme an, daß mit den Gruppenüberzeugungen die generelle soziale Abwehr des NS-Themas mindestens mit gemeint ist.

Sperling u. a. betonen zwar unter dem »Problem der Deutlichkeit in der Psychotherapie« (S. 52), wie wichtig es im Mehrgenerationensetting ist, »daß eine gemeinsam erlebte Geschichte von verschiedenen Seiten beleuchtet werden kann« (S. 53), kommen aber für die Forschungssituation 1982 zu dem resignierten Schluß:

»Auf das Durcharbeiten der Probleme, zu dem u. E. die Begleitumstände, die historischen Dimensionen gehören, wird – zumindest in der theoretischen Darstellung dieser Ansätze – verzichtet. Die psychosoziale Umwelt und die Problematik der Werte und deren Veränderung bleiben weitgehend ausgeklammert.« (S. 53) Das ist damals immerhin die dezidierte Entscheidung des Forscherteams.

Resignativ wirkt auch die Feststellung hinsichtlich der familientherapeutischen Klientel: »In Deutschland bereitet die Bearbeitung des jeweiligen Verhaltens in den 12 Jahren des Hitler-Regimes besondere Schwierigkeiten.« (S. 94) Man spürt, wie die Autoren mit der noch unübersehbaren Größe des Problems ringen und fast verzagen. Stierlins »überlebensgroße Ereignisse« hallen in ihren psychischen Folgen auch hier nach und führen zu einer Haltung der Resignation, sicher auch angesichts der Dimensionen möglicher Schuld, der massenhaften Verstrickung wie der millionenhaften Kriegsopfer:

»Wir werden aber auch mit der Frage konfrontiert, ob es nicht menschliche Verstrickungen gibt, die nicht lösbar sind. Die Schwere der bisweilen zutage tretenden Konflikte übersteigt unter bestimmten Umständen auf jeden Fall die Toleranzgrenze einzelner Familienmitglieder, weil diese unterschiedlich ist.« (S. 94) Wir dürfen heute beruhigt zugeben, daß wohl auch die Ausbildung wie die Toleranzgrenze der Therapeuten noch nicht ausreichend waren, ebenso wie eine tragende Gruppensolidarität, um das »Zuviel«, wie Anita

Eckstaedt es nennt, anzugehen. Die Pionierleistungen der Kollegen, die sich über Jahre mit Holocaust-Opfern und deren Kindern, wie etwas später mit den Verstrickungen der Täter- und Mitläuferkinder beschäftigt haben, sind dann auch leichter zu würdigen. Die »praktizierte Unwirklichkeit zwischen den Generationen«, eine von den Autoren selbst als Zitat verwendete Überschrift (S. 100), ist erst in den achtziger Jahren in vielen Familien aufgebrochen; in die therapeutischen Verbände hält sie erst in jüngster Zeit Einzug und rüttelt an vielen Konventionen.

V Kriegskinder und Kriegsfamilien

Seit Anfang der neunziger Jahre werden nun von einzelnen Forschern ohne Einbettung in die Dimension der (kollektiven) Schuld die Schicksale von Kriegskindern thematisiert, sei es von Psychotherapeuten oder von akademischen Wissenschaftlern. Doch auch hier ist der Weg zur Thematik vorgezeichnet von einem sehr individuellen Werdegang und einer innere Prozesse erfordernden Auseinandersetzung mit der eigenen Familiengeschichte oder der langen eigenen Verleugnung und dem mühsamen Gang durch den »Nebel« der Zusammenhänge. Dabei lassen sich mehrere Stränge unterscheiden: einerseits die vertiefte Wahrnehmung der Zusammenhänge in Psychotherapien, andererseits die soziologische und sozialpsychologische Verwissenschaftlichung der Lebenslaufforschung, die durch bestimmte Perspektiven enorm befruchtet wurde, so durch die NS-Frauen-Forschung mit dem Schwergewicht auf weiblicher Identität und ihrer Tradierung; schließlich die (meist soziologische) Biographieforschung über mehrere Generationen, bei der, zugunsten einer größeren »Objektivität« und Überprüfbarkeit, eine Abkehr von der »klinisch-therapeutischen« Forschung zu beobachten ist. Am deutlichsten drückt dies der israelische Psychotherapeut und akademische Forscher Dan Bar-On aus (1992), wenn er über die »*Bedeutung der Analyse von Lebensgeschichten im Vergleich zur Analyse von klinischen Berichten*« und über seine Interviews außerhalb eines therapeutischen Settings schreibt:
»So konnten wir uns einer Population nähern, die nicht zur Psychotherapie erscheint, und versuchen, herauszufinden, wie sie die schwierigen Probleme der Vergangenheit bewerkstelligt; welches die intergenerationellen Wirkungen in diesen Familien sind. Wir waren damit offen dafür, ihre Narrationen zu verstehen, ohne intendiert oder nicht-intendiert in einen psychopathologischen Diskurs zu

gleiten, der klinischen Berichten für gewöhnlich anhaftet.« (S. 20)
Als ein wichtiges Mittel der Forschung kristallisieren sich, angesichts der Wucht des »Schweigegebots«, immer wieder Gruppendiskussionen mit gleichermaßen Betroffenen heraus, die in der wachsenden Solidarität plötzlich Raum finden für das nie Gesagte. Dabei kann es zu einer Umkehrung der Gründe für das Schweigen zwischen den Generationen kommen: während die Täter und Mitläufer der ersten Generation eher schwiegen aus Angst vor äußeren Angriffen, Vorwürfen und möglichen Strafen, schwiegen die Kinder eher aus Scham und übernommener Schuld:
»Die Gruppengespräche zeigten, wie sehr die Kinder darunter gelitten haben, wie sehr sie sich selbst, anstelle der Väter, geschämt und schuldig gefühlt haben. In einer Art generationeller Transmission verkörperten sie den moralischen Anteil der Väter, der von ihnen in bezug auf die NS-Verbrechen (keineswegs generell) fehlte oder verleugnet wurde...« (Hardtmann, 1992a, S. 50) Gertrud Hardtmann beschreibt auch sehr klar einen Aspekt der Parentifizierung, der am besten mit der Projektion eines unbewußten Schuldanteils auf die Kinder zu charakterisieren ist:
»Wie die Zitate (S. 46-49) belegen, war die Verleugnung manchmal so grotesk, daß sich das normale Eltern-Kind-Verhältnis komplett umkehrte: Die Täter benahmen sich wie kleine Kinder, die ein schlechtes Gewissen gegenüber ihren ›Eltern‹ (Kindern) haben.« (1992, S. 50) Von hier führt ein psychodynamischer Pfad nicht nur zu H.-E. Richters angstneurotischen Familien, sondern auch zur weitverbreiteten aggressiven Gehemmtheit in der Generation der heute ca. Fünfzig- bis Sechzigjährigen:
»Ähnlich wie in den Familien der Verfolgten, ist auch in den Familien der Verfolger eine große Angst vor der altersgemäßen Aggression der Kinder spürbar. Diese Kinder haben es als Erwachsene meist sehr schwer, im Umgang mit ihren Aggressionen das richtige Maß zu finden.« (Westernhagen,

1989, Heft 36, S. 36) Doch keiner der Forscher scheint ohne höchst persönlichen Zugang zum Thema zu forschen oder zu schreiben. Viele reflektieren ihre spezifische Fragestellung ausdrücklich, weil sie meist in einem langen Prozeß der inneren Wandlung zustande kam. So schildert Gabriele von Arnim ihren Weg von der anklagenden und Reue und Scham fordernden 68erin zu einer neuen Haltung von Einfühlung, die Entsetzen und Schuld nicht vergißt. Dörte von Westernhagen erkennt auf die insistierenden Fragen von Interviewpartnern: »Wozu machen wir das? Was ist das Ziel, wozu führt das alles...?« bei sich selbst »ein Bündel persönlicher Motive«:
»Es geht darum, Rache und Haß unterzubringen. Indem ich wie ein Blut- und Spürhund, wie ein Detektiv oder Staatsanwalt die Spuren nach rückwärts verfolge, zu den Tatsachen, die Schuld begründen, zu den Schicksalen und Verhaltensweisen, aus denen Verführung, Verblendung, später Scham, Verletztheit und Schweigen entstanden, verbindet sich das Rachemotiv mit der Wahrheitssuche. Indem ich Antworten auf die Fragen ›Wie-War-Es‹, ›Wie-Waren-Sie‹, ›Wie-Konnte-Es-Kommen‹ finde, neutralisieren sich Haß und Rache. An ihre Stelle tritt einerseits größeres historisches Verständnis, gleichzeitig rücken die Angst vor der perfiden Verführungskraft des Systems und das Grauen vor seinen Verbrechen näher.« (1987, S. 194)
Das ist das Gegenteil des »sine ira et studio« des abgeklärten Historikers, aber die »privaten« Motive, deren es viele geben mag, sind der Motor für den Gang »in die Unterwelt« des Verschwiegenen. Auch der Psychotherapeut braucht sich einer sehr persönlichen Mischung aus verworrenen Affekten und Motiven der Wahrheitssuche nicht schämen, wichtig ist nur, daß er sich bemüht, den eigenen Weg zu den aufsteigenden Fragen zu bedenken.
Dörte von Westernhagen, deren Vater als SS-Offizier gefallen ist, gibt auch die andere Seite der Motive preis:

»Es geht außerdem darum, die Liebe zu den Eltern, wie belastet sie immer waren, möglich zu machen. Indem ich in ihre Geschichte eintauche, begegnet mir etwas, das ich ihnen nie zubilligen konnte. Ich sehe sie als Liebende, als Verlobte; ein Foto des Paares auf dem Berliner Sportfeld... Darüber hinaus führt die uneingelöste Sehnsucht nach einer Liebe, die nicht todbringend ist. Durch das Mitleid für das Scheitern der Eltern, in der Distanzierung von der verlogenen Familienidylle entstand ansatzweise auch Dankbarkeit, denn ohne ihre Liebe gäbe es mich nicht.« (1987, S. 196)
Doch zurück zu den therapeutischen Entdeckungen an Patienten, die »nur« Kriegskinder waren und nicht die Dignität von Holocaust-Opfern hatten und nicht direkt vom Grauen der Täter- oder Mittäterschaft in der Familie gekennzeichnet waren. Es ist meine Überzeugung, daß, wenn ihr Leid gesehen werden darf ohne den Verdacht, hier sollte Leid gegen Leid aufgerechnet werden auf der Suche nach Entlastung der Deutschen oder Verfolgung gegen Verstrickung und Kriegsnot aufgewogen werden, ein innerer Raum entsteht auch für Trauer um die Vernichteten. Zu oft hören wir aus Fallberichten, wie sehr in vielen Patientenbiographien »nicht betrauerte« Verluste in der unmittelbar eigenen Familie das seelische Leben blockiert haben. Bedenkt man dann noch weiter, daß in den fanatisierten letzten Kriegsjahren in Deutschland Trauer um Gefallene verboten war, dann steht man wieder vor der entsetzlichen Überlagerung von subjektiven wie objektiven Faktoren der Vertiefung von seelischem Leid und der Unfähigkeit zur Einfühlung in das Leid der Opfer von Verfolgung durch die Nazis.
Einem im Frühjahr 1994 erschienenen kleinen Buch möchte ich besondere Aufmerksamkeit zuwenden, weil es nicht nur Einblick gibt in die späte Wiederkehr von kindlichen Kriegstraumen (die zu oft fürchterlichen Lebensskripten geführt haben), sondern auch in die inneren Vorgänge im Therapeuten, genauer, in die Varianten der Gegenübertragung, die herausführen aus dem familialistischen Modell einer im

ödipalen Denken befangenen konservativen Psychoanalyse. Peter Heinl beschreibt in seinem Buch »›Maikäfer flieg, dein Vater ist im Krieg...‹ Seelische Wunden aus der Kriegskindheit« (1994), ebenfalls seinen langwierigen Weg zur vollen Wahrnehmung der fortwirkenden seelischen Realität früher Kriegstraumen:

»Was mir aus den Gesichtern, den Augen, den Händen, Körpern und den Tränen erwachsener Menschen entgegenblickte, waren nicht selten plötzlich aus jahrzehntelanger Verschüttung auftauchende, unbewußte, unverstandene und unbetrauerte Traumen, die Menschen als Kinder im Gefolge von Krieg und Nachkriegszeit erlebt und erlitten hatten. Und dies sogar bis weit in die Zeit des Wirtschaftswunders hinein, wenn sie als Kinder kriegstraumatisierter Eltern auf die Welt gekommen waren.« Und:

»Was ich anfänglich skeptisch, aber dann mit zunehmender Gewißheit sah, war eine Dimension an Leid, das um so erschreckender war, weil es oft genug Menschen schon in der Frühzeit ihrer Entwicklung überfallen und beeinträchtigt hatte. In vielen Fällen war es unbewußt und unverarbeitet geblieben, nicht zuletzt deshalb, weil das Thema des Krieges bislang eine randständige Existenz innerhalb der Psychotherapie geführt hat.« (S. 10)*

Ein erstes Fallbeispiel, in dem eine Tochter das unverarbeitete Grauen der Mutter als Jungerwachsene im klinischen Bild einer Epilepsie von Arzt zu Arzt schleppt, führt ihn zu folgender Bemerkung, die eine Verbindung schafft zu meiner Diagnose der »politisch-dämonischen Instanzen« in Gefolge

---

* Der Erfolg der Jungschen Tiefenpsychologie könnte unter anderem damit zusammenhängen, daß mit einzelnen Archetypen auch die als dämonisch erscheinenden politischen Gewalten angesprochen sind, die die menschlich-interaktive Welt transzendieren. Die politische Verführbarkeit angesichts einer »Dämonologie« der Politik kommt erschreckend deutlich zum Ausdruck nicht nur in Jungs Anbiederung an die NS-Ideologie und die Übernahme repräsentativer Ämter, sondern auch in der Nähe vom Archetyp »Wotan« und dem Führer. (Vgl. hierzu auch Renate Höfer, Die Hiobsbotschaft C. G. Jungs, Lüneburg 1993)

von NS-Diktatur und Krieg, die den Rahmen einer Übertragungsanalyse zu sprengen drohen:
»Aber es war noch eine andere Dimension, der ich durch das Leiden zweier direkt und indirekt betroffener Frauen ins Auge geblickt hatte: das Grauen des Krieges und der mit ihm verbundenen dämonischen Mächte.« (Heinl, S. 16) Dieser Begriff der »dämonischen Mächte« wäre auf vielfältige Weise, historisch, politologisch, ideologiekritisch usw. zu hinterfragen, und das innere Ohr hört unschwer die Verdächtigungen der »Mystifizierung, Mythologisierung, Entschuldung, Vernebelung, Abkehr vom in Menschen und Regimen lokalisierbaren historischen Bösen«, usw. Doch ich möchte aus dem unklar definierten Begriff eines diagnostisch hellsichtigen, politisch-historisch wenig reflektierten Therapeuten nicht eine neue Verdachtstheorie begründen, sondern rücke die »dämonischen Mächte« auf die Seite des Erlebens, die zum Niederschlag in Repräsentanzen führt. Denn die Erleidenden verinnerlichen oder deponieren die Traumen nicht geordnet nach unserem politischen Wissen, sondern im Entsetzen des Augenblicks und der partiellen Verarbeitung nach subjektiven und archaischen Mustern. Erst in einem späten Stadium der Therapie lassen sich die ursprünglichen Ereignisse wie die Traumatisierung mit dem historischen Wissen in Verbindung setzen. In ebendiesem Punkt steckt vielleicht der zentrale Mangel des Mitscherlichschen Versuchs in der »Unfähigkeit zu trauern« (1967), psychoanalytische Diagnostik in einen direkten Bezug zu politischer Schuld und ihrer inneren Anerkennung zu setzen.
Mag man es also als einen Mangel ansehen, daß bei Heinl die Kategorien für politische Schuld, Judenvernichtung, Angriffskrieg, Terror und historische Verbrechen gar nicht diskutiert werden, so steckt die therapeutische Genialität in einer fast medial zu nennenden seelischen Öffnung für die verdichteten Bilder von traumatisierenden Ereignissen oder ganzen Lebensepochen. Es ist zweifelhaft, ob man Heinls mediale Einfühlung noch als Gegenübertragung im engeren

Sinne bezeichnen soll: Der Begriff impliziert innere Rollenbilder oder induzierte Affekte auf der zwischenmenschlichen Ebene. Der Autor macht aber deutlich, daß es sich um quasi außermenschliche Affekte, verursacht durch als dämonisch erlebte Gewalten, handelt, zu denen auch Hunger und Kälte, Panik, Entwurzelung usw. gehören können. Der Therapeut überläßt sich inneren Visionen des Schreckens, die er, gestützt auf künstlerische Ausdrucksfähigkeit, Einfühlung, Nacherleben, Bannung im Bild oder sogar im partiellen Nach-Agieren, mit dem Patienten teilt. Heinl geht davon aus, daß man an viele Traumen nur mit Hilfe der »sprachlosen Kommunikation« herankommt. Ein Beispiel: Heinl exploriert eine Frau mit einer rätselhaften Depression, an der viele Therapieversuche gescheitert waren. »Ich wäre als nächstes zur Befragung ihrer familiären Geschichte übergegangen, wenn mir nicht unerwartet ein seltsames Bild in den Sinn gekommen wäre. Plötzlich schien die in der sommerlichen Wärme vor mit sitzende, knapp fünfzigjährige Frau vor meinem inneren Auge wie ausgetauscht. An ihrer Stelle sah ich ein kleines Mädchen vor mir, das mutterseelenallein, halbverfroren und hilflos im eisigen Wind im Schnee kauerte. Ihr Körper, die Hände, die Nasenspitze, ja sogar ihre Sprache schienen wie eingefroren...« (S. 32) Er teilt sein Bild mit, und es öffnen sich Zustände und Bilder, die von entsetzlicher eigener Kälteerfahrung bis zum in Sibirien gefangenen Vater reichen, von der Monate dauernden winterlichen Flucht bis zur emotionalen Kälte der Mutter. Heinl entschied sich, »in der Krankenakte die Diagnose einer kälteinduzierten Depression als Folge kriegsbedingter Kältetraumatisierung einzutragen...«, wie er überhaupt vorschlägt, die therapeutische Diagnostik um kriegsspezifische Traumen zu erweitern. (Eine ähnliche Diskussion fand seit den siebziger Jahren in der amerikanischen Psychoanalyse statt, die sich mit dem Spezifischen der Holocaust-Traumatisierung beschäftigt hatte. Eine solche Erweiterung der Diagnostik hat im Bereich der Erforschung der intergenerativen Folgen des Holocaust bereits längst stattgefunden.*

Ein anderes Beispiel: ein Mann, der wegen eines Schwindelanfalls Hilfe suchte, wird samt einem Arztbrief von einem Therapeuten an ihn überwiesen.

»Beim Durchlesen des Überweisungsbriefes beeindruckten mich die Transparenz der Darstellung und die Formulierung des Problems, die im Sinne der Freudschen Lehre ungelöste Konflikte zwischen dem Patienten und seinen elterlichen Bezugspersonen darlegte. Trotzdem beschlich mich ... ein seltsames Gefühl, daß etwas an dem Brief nicht stimmte.« (S. 25) Als der Mann dann selbst erschien, im Herbst 1945 geboren, regt sich, inmitten der Exploration, das Gefühl, »ihn ›füttern‹ zu müssen«. Der Patient reagiert stark auf die Mitteilung. »Noch während ich ihn ansah, fiel mir nochmals sein für mein Symmetrieempfinden zu großer Schädel auf. Noch während ich ihn ansah, schoben sich die Bilder hungernder Kinder ... vor meinen inneren Wahrnehmungsschirm. Es waren Bilder abgemagerter Kinder mit großen Schädeln und aus tiefen Höhlen schauenden, unendlich traurigen Augen.« »Im gleichen Augenblick wurde mir bewußt, daß sich inzwischen eine Indizienkette aufgereiht hatte, die aus den Elementen Geburtsdatum, meiner Wahrnehmung des Fütterns und der Schädelgröße bestand und auf eine frühkindliche Traumatisierung durch kriegs- und nachkriegsbedingtes Hungern hindeutete.« (S. 27)

Ob die medialen Bilder Peter Heinls »lehrbar« sind, so wie bei sensiblen Therapeuten durch geduldige Supervision der

---

* Natürlich ließen sich diese empathischen Verdichtungen, um die familialistische Diagnostik der Psychoanalyse zu retten, auch mit Eltern, die nicht schützend zur Stelle waren, in Verbindung bringen. Aber auch dann steht man vor den ungelösten Rätseln, wie Kinder Traumen verarbeiten, vor denen die Eltern, falls sie anwesend sind, sich als absolut hilflos oder mittraumatisiert erweisen. Die Abwesenheit protektiver Elternbilder ist nur ein anderer Aspekt der Überwältigung durch den »Dämon« Hunger, der vermutlich Fragmente spezieller Introjekte hinterläßt, die den Rahmen von psychischer Interaktion und der Introjektion von Elternimagines sprengen.

Umgang mit den Gegenübertragungsgefühlen, scheint mir offen, aber wahrscheinlich. Eine selektive Durchlässigkeit für das Grauen des Krieges ist wohl die Voraussetzung, so wie bei den Forschern, die sich den Nachwirkungen des Holocaust widmen, eine selektive Bereitschaft und Fähigkeit die Voraussetzung ist, sich auf die Nachwirkungen der KZ-Situation, der Vernichtungsdrohung oder der Vernichtung der Familie einzulassen. Ich plädiere damit nicht für eine Trennung der Erfahrungshintergründe. Sie werden sich partiell auch überlappen, viele Therapeuten mögen auch mit den Schrecken beider Erlebensstränge umzugehen in der Lage sein. Peter Heinl geht in seinen Vignetten auch nicht auf mögliche NS-Verstrickungen der Eltern seiner Patienten ein. Ich vermute sogar, daß bestimmte intellektuelle oder historische Ausblendungen wiederum die Voraussetzung dafür sind, sich auf die quasi archetypischen Bilder und Traumen der Kriegsszenen medial einzulassen. Das würde bedeuten, daß kein Therapeut die ganze Wahrheit der Wiederkehr der NS-induzierten Traumen umfassen und integrieren kann. Dies könnte auch die ideologischen Versatzstücke erklären, die polemischen Angriffe oder die therapeutischen Leerstellen und Brüche, die sowohl in der Diskussion wie in den Behandlungsberichten wie auch den Behandlungsbilanzen bei vielen Forschern und Therapeuten sichtbar werden.

Zurück zu Peter Heinl und den Überlegungen zur Lehrbarkeit der medialen Bilder, mit denen er Zugang zu unerkannten Traumen findet. Er schreibt zunächst über sein eigenes Gefühl, ein kaum bearbeitetes reales Thema, die Kriegstraumen, anzugehen:

»Es kann kein Zufall sein, daß die Beschäftigung mit dem Thema der Kriegskindheit ein historisch lange vernachlässigtes (therapeutisches, T. M.) Thema ist. In einer Kultur, in der noch im Zweiten Weltkrieg 14jährige in den Krieg und Tod geschickt wurden, müssen massive Verdrängungsmechanismen am Werke sein, die davon abhalten, den Einfluß des Krieges auf Kinder zu begreifen.« (S. 63)

Aber selbst wenn es ein klares Begreifen gegeben hätte, heißt es zu Recht bei Heinl: »Es ist wohl kein Geheimnis, daß von adäquater, professioneller Hilfe und Behandlung für Kinder während der (Nach-)Kriegszeit kaum die Rede sein kann, nicht nur, weil das Fach Kinderpsychiatrie und -psychotherapie damals selbst in den Anfängen war, sondern auch in Anbetracht der überaus großen Zahl von Betroffenen, deren angemessene Betreuung einer entsprechend großen Zahl professionellen Personals bedurft hätte.« (S. 75) Rechnet man noch hinzu, daß ein Teil der deutschen Psychiatrie in das Euthanasie-Programm auch für behinderte Kinder verstrickt war, dann kann man sich vorstellen, wie »hellsichtig« die Vertreter des Faches, aber auch die Psychologen, deren Professionalisierung überhaupt erst durch die NS-Zeit zustande kam, nach dem Krieg wohl gewesen waren. In einem Teil der Kinderpsychologie beginnt nach dem Krieg die große Zeit der technisierten Enuresisbekämpfung (und anderer Symptome). Hierzu indirekt Heinl:
»Es führt auch zu einer Komplikation unerkannter und unbehandelter Traumen aus der (Nach-)Kriegszeit, die ich mit dem Begriff des ›doppelten Leides‹ beschreibe. Damit meine ich, daß das ursprüngliche Trauma, sofern dessen Ursache und Auswirkungen nicht korrekt erkannt werden, fälschlicherweise als makelhafter Persönlichkeitszug abgewertet wird, was zu dem ursprünglichen unerkannten und unbewußten Leid noch das Leid der diskriminierenden Abwertung hinzufügt. Dies kann zu einem Teufelskreis führen, der nur schwer zu durchbrechen ist, wenn der/die Betroffene ... die diskriminierende Zuschreibung übernommen und internalisiert hat.« (S. 76) Ein Teil der deutschen Jugendkriminalpsychiatrie nach dem Krieg dürfte von diesem Geist der falschen Zuordnung der Verwahrlosung (aufgrund direkter oder tradierter Kriegstraumen) an die biologistische Psychiatrie geprägt sein. (Vgl. Moser, »Repressive Kriminalpsychiatrie«, 1971)
Bei Heinl fällt die Nicht-Erwähnung des Holocaust doch

immer wieder auf – aber seine stille Weigerung, wenn ich mir diese Vorform einer Deutung erlaube, könnte mit der langen Zeit einer so einseitigen Zentrierung auf die Holocaust-Opferforschung zusammenhängen.

Zusammenfassend schreibt Heinl über seine Beobachtungen der Klienten mit kindlichen Kriegstraumen: Die Summe vieler psychosomatischer und depressiver oder Borderline-Störungen in der »zweiten Generation« können »allesamt als Echo früher, unfaßbarer, unbegreiflicher, unsäglicher, grausamer und sinnloser Verluste nachklingen, von Verlusten, die bis heute unbewußt und unbetrauert geblieben sind«.

Noch weiter erstreckt sich die Palette psychischer Auswirkungen früher (Nach-)Kriegstraumatisierungen: Sich-alleine-, Verlassen- und Verloren-Fühlen; Gefühle der Hoffnungslosigkeit, Sinnlosigkeit und Verzweiflung, der Entwurzelung, der Fremdheit und Wurzellosigkeit und eine ruhelose Suche nach der eigenen Identität, eine unstillbare Sehnsucht nach Ruhe und Geborgenheit, ohne diese jemals zu finden...« (S. 93/4)

Und weiter heißt es:

»Es ist eine Geißel, deren schleichende Gifte wie die einer generationsübergreifenden Krankheit ... weiterwirken, auch wenn die Waffen schon längst schweigen. Das Merkwürdige ist nur, daß ihr Name in den medizinischen und psychotherapeutischen Lehrbüchern kaum auftaucht.« (S. 80) Man könnte also auch hier von einem jahrzehntelangen Verleugnen der historischen Ursachen massiver Störungen sprechen, einer Art Blindflug von Diagnostik und Therapie, einer Dissoziation von Ursache und Wirkung, die zu einem *falschen Selbst von ganzen Wissenschaftszweigen* führen mußte, wenn man die Begriffe einmal auf solche komplexen Gebilde anwenden will. Das Ausmaß möglicher Verstörungen und Traumatisierungen durch Kriegserlebnisse von Kindern lassen sich aus zwei nichttherapeutischen Büchern erahnen: einmal »Kindheit und Krieg«, herausgegeben von Christine Lipp, die schriftliche Zeugnisse gesam-

melt hat; sie schreibt in der Einleitung: »In meinen Gesprächen mit den Autorinnen und Autoren bekam ich Eindrücke von der Bewegung und Erschütterung, die das Verfassen der Texte ausgelöst hat. Es brauchte oft viel Mut, die Dinge so zu erzählen, wie sie erlebt worden sind. Mancher bricht hier zum erstenmal sein Schweigen.
Bei einigen bewirkt der Terror des Hitlerreiches noch heute, daß ihnen Berichte über damals als Verrat erscheinen.« (S. 9 f.) Literarische Zeugnisse unter dem Thema »KindheitsVerluste« haben Fienhold, Schmidt-Mâcon und Seide (1993) gesammelt. Auch in ihnen ist vieles an überwältigender Trauer, Schmerz, aber auch Erstarrung und innerer Zerrissenheit zu spüren.
Durch eine kleine Vignette von Heinl gelingt auch die Verbindung eines furchtbaren Lebensskripts mit einer von Stierlin beschriebenen Variante von Bindung und Ausstoßung via Delegation: Stierlin spricht von einer »Aussendung ohne Auftrag«, die durch den Bindungsverlust zu einer aktiven Verstoßung wird. Heinl schreibt: »Als sich mir kürzlich eine Frau vorstellte, die nicht nur eine Flucht, gefolgt von einem dreijährigen Lagerleben, in der Kindheit zu überstehen hatte, sondern zudem noch von Geburt an von ihrer Mutter abgelehnt worden war, fiel es mir schwer, in ihrer Geschichte einen Lichtschimmer zu entdecken.« (S. 90) Der Schritt vom Einzelfall der Ausstoßung oder Ablehnung zum Massenschicksal erschöpfter, ausgelaugter, vertriebener oder vergewaltigter Frauen nach dem Krieg ist wahrlich nicht schwer. Mir war es auch erst allmählich möglich, den Gefühlen einer Patientin zu glauben, ihre Mutter habe sie gehaßt und als Kind vielleicht umbringen wollen, weil einem dies in relativ saturierten Friedenszeiten, von Horror-Einzelfällen abgesehen, unwahrscheinlich vorkommen will. Doch wenn man sich in die Flucht- und Hungerzeit einfühlt, in vielleicht wahllos oder in Panik oder Untergangsstimmung oder durch Vergewaltigung zustande gekommene Schwangerschaften, während der Mann oder Bräutigam oder Jugendfreund an

der Front oder gefangen oder verschollen oder gefallen war, dann wird eine Häufung solcher Totalabbrüche von lebenspendender Bindung doch schon plausibler.

Auf jeden Fall ist Heinl zuzustimmen, wenn er schreibt: »Eine wichtige und geradezu unabdingbare Voraussetzung für das Erfassen der Wertigkeit (von Kriegstraumatisierungen, T. M.) scheint mir die Fähigkeit des Therapeuten, sich in Kontakt mit den eigenen gespeicherten, früheren Erfahrungsschichten zu bringen.« (S. 78f.) Der Autor läßt keinen Zweifel daran, daß die frühen Zustände wesentlich über szenische oder Körpersignale kommuniziert werden:

»Menschliche Kommunikation ist zutiefst mit dem Organismus vernetzt, der sie erzeugt, so daß sich von einem Kommunikationskörper sprechen läßt... Ich halte es daher für denkbar, daß Kindheitserfahrungen in die Struktur und Funktion dieses Kommunikationskörpers verwoben werden und dann ›mitschwingen‹. Solche verschlüsselt mitschwingenden Botschaften mögen dem kommunizierenden Menschen selbst nicht bewußt sein, können jedoch von den ›Antennen‹ eines sensibilisierten Beobachters aufgefangen werden.« (S. 85f.)

Die klaffende Lücke, in der bei Heinl sowohl der Holocaust wie die Täter- und Mitläuferverstrickung verschwunden sind, möchte ich zum Schluß meines Überblicks über sein Buch, das ich in exemplarischer Ausführlichkeit diskutiert habe, noch einmal erwähnen, sie aber nicht nur subjektiver Abschottung, Blindheit oder einseitiger Bindung zuschreiben, sondern den Gedanken wiederholen, daß wir heute mit der kooperativen Zusammensetzung der Zustandsbilder aus allen Schreckensbereichen von NS-Zeit und Krieg rechnen dürfen. Vieles aus der Holocaust-Opfer-Forschung scheint übertragbar auf die zweite und dritte Generation der Täter- und Mitläuferfamilien wie auf die »reinen« Kriegsopfer, die es vielleicht nur idealtypisch gibt, weil das Regime zuletzt nicht nur die massenhaft fanatisierten oder opportunistisch zustimmenden Deutschen, sondern *fast alle* in seinen Dienst und seinen Untergang gezwungen hat. Ich verweise noch einmal auf das noch unausgefüllte Stichwort der »Borderline-Situation« der Forschung über die NS-Folgen, die durch Spaltungen und Kontroversen durchzogen und zum Teil auch gelähmt ist.

VI Der Verdacht der Entlastung der Täter

Viele, vor allem jüdische Holocaust-Forscher werden es vielleicht schwer erträglich finden, daß ihre Ergebnisse am Übergang von der zweiten zur dritten Generation auch den Nachkommen der Täter »zugute kommen« oder den Kriegsfolgen-Forschungen integriert werden. Wie dringlich aber diese Integrationsarbeit ist, zeigt schon das Literaturverzeichnis von Heinl: Der Leser findet dort viel sonst unerwähnte Kriegsfolgenliteratur, während von der psychoanalytischen Holocaust-Opfer-Forschung fast jede Spur fehlt. Die Einseitigkeit wirkt provokativ, sie dürfte zudem vom anti-analytischen Affekt des Autors mit bestimmt sein. Durch das Buch »Kinder der Opfer – Kinder der Täter. Psychoanalyse und Holocaust« (englisch New York 1982, deutsch Frankfurt am Main 1995), das Fallgeschichten zu Angehörigen der zweiten Generation aus Opfer- und Täterfamilien vereint, dürfte eine wichtige Brücke geschlagen sein. Doch gibt es immer noch Denkschulen, die im Vergleich der psychischen Mechanismen bei Opfer- und Täterkindern quasi ein Sakrileg sehen; oder die die verstehende biographische Annäherung an NS-Väter oder NS-Mütter durch Angehörige der zweiten Generation für einen verdammenswerten Irrweg halten.

So ließen sich die Bücher von Dörte von Westernhagen (»Die Kinder der Täter«, 1987) oder Peter Sichrovsky (»Schuldig geboren«, 1986) als Versuche einer persönlichen Bewältigung verstehen, die sich nicht mißversteht als »umfassende« oder abschließende politische Bewältigung. Dörte von Westernhagens Wunsch, auf dem Weg des Erkennens der eigenen Fähigkeit zum Bösen den Vater nicht total innerlich vernichten zu müssen, sondern zu einer Zuneigung zu finden, die sich mit der Abscheu in unaufhebbarer Ambivalenz zu einer schwierigen Erbschaft verbindet, habe ich bereits zitiert. Vertreter der politisch-ethisch-radikalen Rein-

heit finden aber gerade diese Lösung bedrohlich, ihr wird eher die ihrerseits sadistische Vernichtung des Vaterbildes durch N. Frank, dem Sohn des NS-Generalgouverneurs in Polen, zum Vorbild. So schreiben Hans und Sophinette Bekker im Verdächtigungston und mit gebührender Verachtung von Dörte von Westernhagens Lösung:
»Einem Klischee von Psychoanalyse entsprechend, entdeckt sie nach anfänglichem Haß auch Liebe und Dankbarkeit gegenüber dem Vater (bzw. den Eltern), die Spaltung wird erfolgreich überwunden durch das ›verstehende Nachvollziehen‹. (Der Leser staunt gelegentlich über eine gezielte Verkürzung und Verdrehung der Zitate. T. M.) Auf den ersten Blick scheint es überzeugend, ›das Böse‹ in sich selbst zu entdecken, auch wenn die kalte Vernichtung doch sehr verharmlost wird, wenn sie auf eine Stufe mit der ›Lust des Verbotenen, der Sünde‹ gerät. Das scheinbar Aufgeklärt-Bewältigende des fehlenden Trennungsstrichs (der Vater war *auch* gut, man selber ist *auch* böse) entlarvt sich schließlich als der alte Wunsch, Täter und Opfer gleichzumachen.« ...
»Hier wird deutlich, wie eine streckenweise sehr produktive Auseinandersetzung dann doch wieder in den Dienst der Abwehr gerät. Letztlich hinterläßt das Buch die fatale, aber beruhigende Botschaft: ›Seitdem ich den Nazi in mir entdeckt habe, habe ich mich ein Stück weit mit meinem Vater versöhnt.‹ ›Der Nazi in mir‹ scheint fast so etwas ›letztlich Sympathisches wie der sogenannte ›innere Schweinehund‹ zu sein.« (1988/9, S. 45) Diese sehr einseitige Deutung postuliert implizit, daß es auch zwischen Tochter und Vater, den sie zu verstehen sucht, beim ausschließlichen Haß bleiben müßte.
Ich zitiere deshalb noch das Lob des Buches aus der Feder des Frank-Sohnes durch Becker und Becker: »Am Schluß des Buches steht keine Versöhnung, kein Verzeihen, keine ›gelungene‹ Integration von Liebe und Haß, sondern die Unentrinnbarkeit gegenüber dem Vater bei vollem Bewußtsein, d. h. die Widerlegung von der Legende der ›Bewältigung‹.« (S. 46)

Schon die Gleichsetzung eines der größten Kriegsverbrecher mit der Figur des gefallenen SS-Offiziers, dessen liebevoll privates, allerdings nur von der Mutter vermitteltes Bild die Autorin mit dem schaurigen Bild des Täters zu verbinden sucht, mit dem sie sich auseinandersetzt, zeigt, daß es den Autoren nicht so sehr um die innere Arbeit geht, sondern um ein allgemeines Prinzip der Verdammung. Die unzureichende juristische und politische Aufarbeitung des Dritten Reiches würde nun den Angehörigen der zweiten oder dritten Generation auferlegt durch eine generelle Verpflichtung zu Haß und Verachtung.

Diese Denkform gerät in die Gefahr, therapeutische Ansätze, die nach dem Nazi-Schatten auch im Patienten suchen und ihn integrieren wollen, der politischen Verharmlosung zu verdächtigen. Das Therapie-Ergebnis, Hitler oder SS-Aspekte in sich selbst zu entdecken, wird aber nirgendwo gleichgesetzt mit dem Anspruch, den Nationalsozialismus bewältigt zu haben: es geht um eine innere Wandlung Einzelner; man kann sie als private Lösung einer privaten Auseinandersetzung abtun. Und doch macht ein solcher Prozeß auch immun gegen undurchschaute Wiederholung oder eine aggressive Dauerrebellion mit holzschnittartigem Feindbild.

Der von mir hochgeschätzte Jürgen Müller-Hohagen hat sich, wie mir scheint, in der Beurteilung des Ansatzes von Thea Bauriedl selbst in ein Feindbild verrannt, indem er sie schlicht der Komplizenschaft mit dem Nationalsozialismus verdächtigt, etwa aufgrund folgender Passage von ihr: »Deshalb hat die Wahrheit über die Taten oft erst eine Chance, ans Licht zu kommen, wenn die Wahrheit über die eigenen Gefühle hergestellt ist. Erst die Wahrheit über die Geschichte der eigenen Gefühle ermöglicht ein wirkliches Verständnis für das, was geschehen ist.« Müller-Hohagen antwortet: »Das wäre die Beseitigung jeder Geschichtswissenschaft, sicherlich von Vorteil für ungestörte Komplizenschaft.« (1993, S. 51) Ich glaube nicht, daß Bauriedl meint, über die eigenen Affekte die ganze historisch-politische Wahrheit über den Nationalsozialismus zu erkennen. Aber daß die Erhellung der eigenen Affekte den Weg öffnet für ein umfassenderes Erkennen, das weiß ich von mir selbst. Trotzdem halte ich Müller-Hohagens Konzept der generationsübergreifenden Komplizenschaft für fruchtbar. Etwas anderes als Erhellung kann ich auch bei Anita Eckstaedt nicht erkennen, deren Buch (1989) er für »tückisch« hält.

Der generalisierte Verdacht, es laufe schließlich bei den wichtigsten Interview-Büchern der späten achtziger Jahre doch alles auf Relativierung und Entlastung hinaus, richtet sich auch gegen den jüdischen Autor Sichrovsky. Notfalls wird das Unbewußte bemüht (wie bei der Verurteilung von Anita Eckstaedt als Antisemitin), das hinter der aufklärerischen Absicht der Autoren sich durchsetzte. So heißt es über das Interview Sichrovskys mit dem Enkel Baldur von Schirachs, des Reichsjugendführers, und den Satz des interviewten Enkels: »Ich wäre nicht in der Lage, meinen Großvater zu kritisieren«, höchstens in »ganz speziellen Punkten«, bei Becker und Becker apodiktisch:

»Falls dies als repräsentativ für die dritte Generation anzusehen ist (was Sichrovsky nicht behauptet, T. M.), erweist sich Sichrovskys Hoffnung als trügerisch: Aufgrund der mangelnden Konfrontation und Auseinandersetzung mit der Realität werden wir es in Zukunft auf der manifesten Ebene mit Legendenbildungen und Scheinversachlichungen und auf der latenten Ebene mit Identifizierungen und Idealisierungen zu tun haben.« (S. 49) Dies scheint zwar für die heutigen Rechtsradikalen der dritten Generation zu stimmen, aber die Wege der Tradierung müssen erforscht werden. Doch in der Generalisierung steckt bereits der Ton der moralischen Dauerempörung und das Entlarvungspathos des »negativen Nationalismus«, der sich nicht genug tun kann an der globalisierenden Beschuldigung des Charakters der Deutschen und dem jede Differenzierung schon wie Verrat erscheint. Die wechselseitigen Verdächtigungen der um

Aufklärung Bemühten, die Fahndung nach der letztendlich doch falschen Gesinnung der Forscher oder dem komplizenhaften Irrtum sind manchmal schmerzlich zu sehen; ebenso aber auch die wissenschaftlich eingekleidete oder psychoanalytisch unterfütterte Dauerbeschimpfung, fünfundzwanzig Jahre nach der »Unfähigkeit zu trauern«:
»Dieser bedingungslose Gehorsam muß attraktiv gewesen sein, da niemand dazu gezwungen wurde. Die Attraktion des Gehorsams, die Lust an der Unterwerfung unter einen anderen Willen (und dazu gehört *auch* das erhebend-orgiastische Überwältigende des Arschkriechens) scheint uns ein besonders verpönter und deshalb besonders unbewußt gewordener Teil der Beteiligung am Nationalsozialismus gewesen zu sein.« (S. 51) Wie sehr der moralische Anspruch auf die allein richtige Gesinnung und Technik auch im therapeutischen Umgang mit der NS-Zeit noch im Vordergrund stehen kann, zeigt der Aufsatz von Ellen Reinke »Zwischen Apologetik und Erinnern«. (1992) Wer nicht so denkt wie sie, verfällt dem Verdikt: »Das Geschäftigsein mit der Erinnerung dient so der Abwehr des zu Erinnernden – auch wenn auf Psychoanalyse Rekurs genommen wird.« (S. 87) Letztlich findet sie ständig »Komplizenschaft« und »Entschuldigung der Elterngeneration«. Ein Buch wie »Die Kinder der Täter« von Dörte von Westernhagen wirkt auf sie geradezu gemeingefährlich: »Das Moment von Abwehr verbirgt sich vielmehr hinter der Unterwerfung unter die Forderung, sich zu erinnern... Zwar beschäftigt man sich mit den ›schmutzigen Dingen‹, jedoch mit dem Ziel, sie zu beherrschen, mit ihnen zu hantieren und sie danach auf dem analen Weg wieder auszuscheiden.« (S. 90) Mit einer knappen Triebdeutung wird die Seelenarbeit von Jahren vom Tisch gefegt. Und natürlich wieder die mit Verdächtigung aufgeladene Frage an den, der sich verstehend einer solchen Biographie nähere, »aus welchem Interesse heraus die ›Kinder der Täter‹ eben diese Täter zu Nicht-Tätern machen möchten«. (S. 93) Das Gegenteil ist wahr. Dörte von We-

sternhagen versucht alles, um herauszufinden, was ihr Vater getan haben könnte. Sie schildert ihr verzweifeltes Schwanken zwischen Liebe und Bewunderung und dem Entsetzen über die Kehrseite seines Wesens. Bei Ellen Reinke wird daraufhin die Warnung ausgesprochen: »Aus ›Verstehen‹ wird ›Verständnis‹, die Psychoanalyse zu einer Dienstmagd...« (S. 93), weil angeblich alles Verbrecherische den als »objektiv gedachten Verhältnissen« zugeschrieben werde. Die falsche Psychoanalyse löse alle Verantwortung auf. »Hier wird Psychoanalyse verwendet, um individuelle Lebensgeschichte als Naturgeschichte darzustellen.« (S. 94) Dabei ist die Arbeit des Buches gerade, herauszufinden, welches Maß von Schuld der Vater auf sich geladen hat, auch wenn die erklärenden Zuflüsse aus Familie, Biographie, Propaganda usw. herausgearbeitet werden. Zuletzt, so Reinke, existiere gar kein Subjekt mehr, »dem Schuld zugerechnet werden kann, dem Verantwortung zu übernehmen abverlangt werden kann«. (S. 94) Das Fazit über das Buch von Dörte von Westernhagen, die einige Jahre auf der verzweifelten Suche war, die auseinanderklaffenden Bilder des Vaters für sich verstehbar zu machen: »Dieses Beispiel zeigt in konzentrierter Form die Montage psychoanalytischer Begriffe im Rahmen des Entlastungsmythos.« (S. 95) Auch ihre langwierige Forschung in den Archiven wird nicht zu einem individuellen, der Annäherung an Wirklichkeit dienenden Weg (so wie es viele Wege geben man, sich der Familiengeschichte zu nähern), sondern zu einem einzigen Abwehrmanöver. Auch für Reinke gibt es nur den alleinseligmachenden Weg in der analytischen Übertragung, selbst wenn sie wiederholt betont, daß der Schrecken dort kaum auszuhalten ist. Deshalb ihr herbes Urteil: viele analytische Drückeberger gehen gar nicht an das Thema heran, es gibt nur eine kleine Elite, die es aushält, sich dem Entsetzen zu stellen: »Man könnte, man müßte verrückt werden, und diese unbewußt bleibende Angst wirkt der bewußten Aufklärungsarbeit entgegen.« (S. 96)

Genau diese drohende Verrücktheit ist es, die mich dazu führt, für die Variation der Inszenierung zu plädieren, weil ich die Grenzen dessen, was in Übertragung und Gegenübertragung zu leisten ist, respektiere. Es gibt zu viele Patienten mit einer unverarbeiteten NS-Geschichte, als daß man sie verweisen könnte an die Kollegen, für die es immer wieder nur den einzigen hochidealisierten Weg der Übertragung gibt, von dem aber immer wieder deutlich gemacht wird, daß er nur einer Elite von Therapeuten zugänglich ist.
Ausgezeichnet stellt Hans-Jürgen Wirth die therapeutische Sackgasse noch einmal dar, ohne freilich behandlungstechnische Konsequenzen zu ziehen, außer vielleicht die implizite Mahnung: Strengt euch mehr an in der Übertragungs-Gegenübertragungsdyade. Wirth schreibt:
»Sehr viel schwieriger wird die Einfühlung, wenn Täter und Tat verabscheuungswürdig sind. Dann scheitert oft das einfühlende Verstehen von vornherein: Das Über-Ich sträubt sich gegen den Versuch einer teilweisen Identifikation mit dem Täter, da allein schon das Gedankenspiel als Gefahr für die Identität erfahren wird. In psychoanalytischen Fallberichten hört man immer wieder Fälle, in denen die Nazi-Vergangenheit der Eltern oder auch das Verfolgten-Schicksal der Eltern für den Patienten eine wichtige Rolle spielen. Dabei ist mit großer Regelmäßigkeit zu beobachten, daß Patient und Therapeut sich unbewußt darauf einigen, den Patienten nur in der Opfer-Rolle zu sehen. Dazu gehört als Pendant, daß die Übertragungen des Patienten, die den Therapeuten in eine Täter-Rolle bringen würden, ausgeblendet werden müssen. Das Ergebnis ist, daß aggressive, sadistische Impulse aus der Therapie ausgeschlossen bleiben und sich der Bearbeitung entziehen. Es stellt sich eine Scheinharmonie zwischen Patient und Therapeut her. Man geht verständnisvoll miteinander um und vermeidet es, Konfrontationen, Ärger, aggressive Auseinandersetzungen usw. auszudrücken. Der therapeutische Prozeß stagniert.« (1989, S. 59) Dieser Passus wird der Ausgangspunkt für meinen klinischen Teil sein.

VII Spätfolgen bei Opfer- und Täterkindern*

Stehen Kinder ohnehin unter einem enormen Druck, Anschauungen, Affekte und Konflikte der Eltern zu übernehmen oder in modifizierter Form unbewußt zu inszenieren, so ist dies um so stärker der Fall, wenn die Eltern selbst durch politisch-ideologische Umstände unter starkem, das Ich bedrohendem Überlebensdruck stehen. Sie können dann nicht anders, als diesen Druck mit massiveren Mitteln zu implantieren, um nicht selbst zu erkranken oder in eine unerträgliche Isolierung zu geraten. Horst-Eberhard Richter hat die Mechanismen in seinem jüngsten Buch »Bedenken gegen Anpassung« (1995) noch einmal in hervorragender Verdichtung dargestellt:

»Das Kind entwickelt allmählich ein ›falsches Selbst‹. Es liebt und haßt, ohne daß die Motive aus ihm selbst kommen, kämpft um Dinge, die ihm fremd sind, strebt nach Zielen, die fern von seinen eigenen Bedürfnissen und Fähigkeiten liegen. Stärkere Kinder können sich wehren. Nicht selten sind Neurosen, psychosoziale und psychosomatische Störungen Ausdruck solcher Kämpfe um Rettung von Autonomie. Schwächere Kinder oder solche, die exzessivem elterlichem Rollenzwang ausgesetzt sind, erleben Freude, Enttäuschung, Scham regelrecht als Teil ihres Vaters oder ihrer Mutter. Sie freuen sich, leiden, schämen sich nicht für sich selbst, sondern für diese ... Sie verunglücken in der Erfüllung mütterlicher Ängste, hassen sich für ihnen selbst projektiv zugeteilte Eigenschaften, die sie gar nicht haben, oder genießen Erfolge nicht etwa als eigene Genugtuung, sondern stellvertretend als Balsam auf die narzißtischen Wunden des Vaters oder der Mutter. Die Opferbereitschaft zur Rettung der Elternfigur, Vorform des heroisch verklärten Opfermythos – wird hier vorgeformt.« (S. 144)

* Diesem Kapitel liegt ein Vortrag im Jüdischen Museum in Wien zugrunde.

Aber noch immer wenig geklärt ist die Form und die Wirkung, mit der jene die Eltern bedrohenden terroristischen oder verfolgerischen Gewalten von den Kindern in dämonische Introjekte verwandelt werden. Auch Richter verharrt hier meines Erachtens noch zu sehr beim familialistischen Beeinflussungsmodell, in dem die Eltern als Akteure, die Kinder als Container und Verwandler des elterlichen Seelenmülls erscheinen. Mich interessiert besonders die Frage, in welcher Weise beide terroristischen Gewalten unterliegen und in welcher Form der exogene Druck weitergegeben und verarbeitet wird und wie diese terroristischen Instanzen in der Therapie erkannt und bearbeitet werden können, damit sie gerade nicht in entpolitisierender Form den Eltern als deren nicht hinterfragte Störung »in die Schuhe geschoben« werden. Hier sehe ich sogar eine große Gefahr für eine apolitische Tendenz der Psychotherapie und Psychoanalyse, wie sie Horst-Eberhard Richter in vielen anderen Bereichen diagnostiziert. Er analysiert auch als Zeitzeuge, in welchem Ausmaß die Psychoanalyse nach 1945 den Kanon der Theorie wie der Methoden der Internationalen Psychoanalyse rezipiert hat, ohne aus dem Ghetto einer unpolitischen und unhistorischen Betrachtung herauszutreten.

Ebenso faszinierend wie bedrückend ist hier eine Wendung im Denken von Anna Freud, die Richter in Kapitel 10, »Vorläufiger oder definitiver Pessimismus«, in seinem Buch »Bedenken gegen Anpassung« untersucht. In einem Moment, wo sich erste Ahnungen bildeten für das Ausmaß der Traumatisierung von Menschen durch NS-Zeit, Holocaust und Krieg, kehrte sie 1954 zurück zu den endogenen, triebhaften Faktoren der Neurose. »Kurz gesagt: Die Umwelt spiele als Ursache für seelische Störungen nur eine untergeordnete Rolle. Die Neurosen kämen von innen oder zumindest ganz überwiegend aus durchschnittlichen und unvermeidbaren sozialen Situationen. Erzieherische Besonderheiten seien ebenso zu vernachlässigen wie spezifische belastende gesellschaftliche Konstellationen. Man denke: Dies wurde in ei-

nem Moment zu einer quasi offiziellen Lehrmeinung, da viele Kinder durch Verfolgung und andere traumatische Kriegseindrücke tiefgreifend geschädigt worden waren, wie sich später herausstellte. Auch die Erfahrungen in Täterfamilien hatten in Kindern pathogene Spuren hinterlassen.« (Richter, 1995, S. 84f.) Ich zitiere dies deshalb, weil ich es riskiere, eine vorsichtige Deutung der intellektuellen Situation Anna Freuds zu verbinden mit folgender Beobachtung: Viele Patienten reagieren, neben der Scham, zunächst auch mit Wut, wenn sie realisieren, in welchem Ausmaß Hitler (als Symbol des Terrors der NS-Zeit wie des Kriegs) in ihnen haust und ihre seelische Struktur (über die Deformationen der Eltern) prägt. Es kommt eine elementare Auflehnung gegen diese späte Abhängigkeit vom Dritten Reich zum Ausdruck, wie ich sie auch bei mir selbst feststellte. Einen ähnlichen Widerstand gegen das Ausmaß der verheerenden psychischen Folgen der NS-Herrschaft könnte man bei Anna Freud vermuten.
Neben meinem eigenen Erkenntnis- und Arbeitsprozeß über meine Identität als Mitläuferkind und Angehöriger der »zweiten Generation« hat mich immer wieder die Frage beschäftigt: Kann ein Tätervolk in den Dimensionen der deutschen Verbrechen psychisch so »ungestraft« davonkommen, wie es das vordergründige Erfolgs- und Verdrängungsbild der Deutschen in den ersten Jahrzehnten nach dem Krieg vermuten ließ. Nicht nur hatte ich nie, außer in einigen wenigen schriftlichen Zeugnissen – unter anderen die Erinnerungen von Albert Speer –, mit Menschen zu tun gehabt, die ein psychisches Leiden mit ihrem Engagement oder ihren Taten in der NS-Zeit in Verbindung brachten. Sondern mir wurde auch durch die Umstände des Auschwitz-Prozesses klar, wie sehr die Schuldabwehr bei den Angeklagten dominierte und wie schwer sich die deutsche Justiz tat mit der prozessualen Aufarbeitung der Schuld. Ralph Giordanos Buch »Die zweite Schuld der Deutschen« öffnete mir die Augen über das Ausmaß der Verdrängung auch lange Jahre

nach dem Erscheinen des Buches der Mitscherlichs über »Die Unfähigkeit zu trauern«.
Es wollte mir auch als ein Skandal von riesigen Dimensionen vorkommen, daß Taten und Verstrickungen dieses Ausmaßes so wenig psychisches Leid zu hinterlassen schienen.
Allmählich wurde mir aber deutlich, daß es eine Kluft gibt zwischen der öffentlichen politischen Bewältigung des Themas und dem untergründig schwelenden Leid in den Familien, das durch den öffentlichen Diskurs kaum berührt wurde. Schon in einer früheren Arbeit über das Buch »Die Unfähigkeit zu trauern« (1992) hatte ich vermutet, daß die jahrzehntelang nach dem Krieg gestellte Diagnose »vegetative Dystonie« ein Sammelbecken von Störungen enthielt, deren partiell ursächliche Verbindung zur NS-Geschichte niemand wissen wollte; daß weiter das stiefmütterliche Schicksal der Psychosomatik an den Universitäten bis vor wenigen Jahren etwas mit dem Verdrängungsprozeß zu tun haben müßte. Schließlich öffnete mir das Buch von Judith L. Herman »Die Narben der Gewalt. Traumatische Erfahrungen verstehen und überwinden«, Stuttgart (1993) die Augen auch für die Verwüstungen im Inneren des Täters, auch wenn diese nicht nach außen sichtbar und in vielen Fällen nur ertragen werden durch die mißbräuchliche Weitergabe der Traumen an die nächste Generation. Dieser Vorgang der parasitären Nutzung der folgenden Generation ist ja auch das zentrale Thema von Anita Eckstaedts Buch (1989).
Ein Vortrag im Jüdischen Museum in Wien zum Thema eines Vergleichs der seelischen Störungen in der zweiten Generation, also von Opfer- und Täterkindern, bot dann den Anlaß, das Thema neu zu durchdenken und das offensichtliche Skandalon eines scheinbaren Nicht-Leidens der Deutschen als Tätervolk neu zu umreißen. Deshalb stelle ich den Text dieses Vortrages den Fallgeschichten voran, um sie zu orten innerhalb der Frage: Wo blieb das zu erwartende Leid der Deutschen? Stimmt die These, daß ein ganzes Volk quasi un-

behelligt geblieben ist von dem, was es angerichtet hat? Was bedeutet es, wenn die Täter- und Mitläufergeneration nicht sichtbar gelitten hat – und wenn ja, dann eher an körperlichen Kriegsschäden, an Verlusten von Angehörigen, oder durch die Ehefrauen und Familien, also durch Weitergabe, durch die Erzwingung von parentifizierter Übernahme von Leid. Was bedeutet es für eine historische moralische Gerechtigkeit, daß es unerkanntes seelisches Leiden gibt, das erst ein oder zwei Generationen später sichtbar, beschreibbar und partiell therapeutisch aufzuarbeiten ist, während es in der ersten Generation verdeckt bleibt durch Rechtfertigung, Verdrängung, Umkehr der Beschuldigung, Entwirklichung der Verstrickung? Hier also der Text des Vortrags:

Seelische Spätfolgen von Diktatur, Holocaust und Krieg
Bis vor wenigen Jahren gab es ein stillschweigend eingehaltenes Tabu: über die Spätfolgen der NS-Zeit beim Tätervolk wird nicht öffentlich geredet. Als Anita Eckstaedt unter dem Titel »Nationalsozialismus in der ›zweiten Generation‹« (1989) einige Fallgeschichten veröffentlichte, wurde sie des latenten Antisemitismus und der kaum verhüllten Schuldaufrechnung geziehen. Eine Einfühlung in das Schicksal der Täter- und Mitläuferkinder galt als Verstoß gegen ein Gesetz des öffentlichen Diskurses: Erstens führe zu viel Verstehen unweigerlich zu einer Entlastung der Tätergeneration, und zweitens bedeute ein Vergleich der seelischen Spätfolgen von Krieg und Holocaust bei Täter- und Opferkindern auch eine Relativierung der Schuld der Deutschen, ja, sei schon mit diesem untergründigen Ziel so angelegt. Mir scheint, die Wucht dieses Verdachts hatte schon vor dem Erscheinen des Buches dazu geführt, daß wir lange Zeit kaum etwas wußten über innerfamiliäre Schicksale der Täter- und Mitläufergeneration, während die Opferforschung immer neue, niederdrückende Ergebnisse zutage förderte.
In »Kinder der Opfer – Kinder der Täter. Psychoanalyse und Holocaust« von Bergmann u. a. (1995) kennzeichnet

M. Donald Coleman, einer der Autoren, darin die Situation der Forschung über Täterkinder so: »Die Kinder der Menschen, die den Holocaust als Verfolger mitverantwortet haben, tragen ein Erbe, das ihr Leben und ihre Entwicklung in vielerlei Hinsicht beeinflußt haben muß. Wir wissen über diese Gruppe nur sehr wenig, weil publiziertes Fallmaterial bislang nahezu völlig fehlte – wenngleich damit zu rechnen ist, daß zahlreiche Kinder von Verfolgern ihren Weg in die analytische oder psychotherapeutische Behandlung gefunden haben.« (S. 217) Inzwischen wissen wir sehr viel mehr, nicht zuletzt dank israelischer Autoren wie Dan Bar-On mit seinem Buch »Die Last des Schweigens«, das seine Interviews mit Täterkindern wiedergibt und analysiert.
Ich möchte nun nicht einfach Forschungsergebnisse zu den »Spätfolgen von Diktatur, Holocaust und Krieg« vortragen, sondern das Gewicht legen auf die komplizierte dialektische Einbettung des Themas in die allgemeine politische Diskussion. Ein Schweigen über brisante Themen, das wissen wir inzwischen gut genug aus den Jahrzehnten der Nachkriegsgeschichte, hat Folgen. Die Wucht des Ver- oder Beschwiegenen drängt in entstellter Form sowohl in die einzelnen Seelen wie in das soziale Unbewußte der Völker.
Zum besseren Verständnis dessen, was ich meine, zunächst ein paar persönliche Bemerkungen über meinen Weg der Annäherung an das furchtbare Thema der Nachwirkungen in der zweiten und dritten Generation: Ich konnte lange nicht wirklich fühlen, was die Deutschen durch Holocaust und Krieg angerichtet hatten, obwohl ich einige Monate als Korrespondent den großen Frankfurter Auschwitz-Prozeß verfolgte; ich vermochte aber auch nicht genügend wahrzunehmen, was an Leid auf die Deutschen in Krieg und Nachkrieg hereingebrochen war. Es hielten sich in meinem Innern, und in dem vieler meiner Bekannten, mehrere Tendenzen die Waage. Auf der einen Seite ein verschwommenes Akzeptieren einer kollektiven Schuld und Scham, aber noch ohne wirklich mitfühlendes Wissen um das Ausmaß und die

seelischen Auswirkungen der Verbrechen. Auf der anderen Seite eine instinktive Gegenwehr gegen das larmoyante Betonen des eigenen Leids der Deutschen, aber auch dies noch ohne Einfühlung: es war so leicht und bei den Einheimischen durchaus üblich, die Flüchtlinge und Ausgebombten aus der Sicherheit des heil gebliebenen Schwarzwalddorfes zu schmähen, auch wenn die Eltern eine helfende Zuwendung zu deren Leid vorlebten. Mir wurde deutlich, daß es im Unbewußten verschiedene Schichten gab: während der aufgeklärte Verstand sich zunehmend Orientierung verschaffte und manche Gefühle wie Schrecken und Entsetzen da waren, weigerten sich andere Gefühle anzuerkennen, daß die Schuld untilgbar ist. Und es war schwer, sich unter dem Druck des öffentlichen Diskurses zu Scham und Schuld einzugestehen, daß gerade die Größe der Schuld widerspenstig, ja sogar latent antisemitisch machte. In diesem Diskurs war immer nur global von der braunen Barbarei die Rede; und es sollte ja noch beim 50. Jahrestag des Kriegsendes die Sprachregelung durchgesetzt werden, alle Deutschen hätten ihn ausschließlich als den Tag der Befreiung zu feiern.
Wie im Vorgriff auf die Befreiung-Zusammenbruchs-Diskussion um den fünfzigsten Jahrestag des Kriegsendes herum schreiben Rolf-Dieter Müller und Gerd R. Ueberschär bereits 1994: »Nicht wenige dagegen begriffen die Ereignisse des Kriegsendes als ›Katastrophe‹, als tragisch empfundenen ›Untergang‹ einer vertrauten, vergangenen Welt, von der die Trennung schmerzlich war... Nur wenige dürften das Gefühl der ›Befreiung‹ von der nationalsozialistischen Gewaltherrschaft gehabt haben – Hunderttausende aber wohl doch, die das Nazi-Regime abgelehnt hatten. Die Befreiung wurde also nicht im politischen Sinne verstanden, sondern als Befreiung von der unerträglich gewordenen Last des Krieges.« (S. 143) Das würde auch erklären, warum weder Hitler betrauert wurde noch dessen Opfer.

Krieg, Zusammenbruch, Bombardierung und Vertreibung als archaische Strafe

Das bittere jüdische Wort: »Auschwitz, das werden uns die Deutschen nie verzeihen« hatte ich lange Zeit als schlechten Witz angesehen, bis ich allmählich verstand, daß gerade die Größe eines Verbrechens es unmöglich machen kann, den Opfern angemessen zu begegnen.

Und es dauerte auch lange, bis ich begriff, daß Bombardierung, Hunger und Teilung von den Deutschen kollektiv als archaische Strafe aufgefaßt wurden, die für viele über das hinausging, was sie mitverschuldet zu haben glaubten. Übersteigt aber die Strafe das subjektive Gefühl für die Schuld, dann produziert sie Trotz. Und so glaube ich, daß in Deutschland erst eine wirkliche Annahme von Krieg und Holocaust als geschichtlicher Schuld möglich wurde, seit die Folgen der Strafe aufgehoben sind. Der Erfolg und der Wohlstand, zum Teil Folge der Verdrängung von Krieg und Schuld, sind heute im Vergleich etwa mit Rußland so gewaltig, daß am 50. Jahrestag des Kriegsendes oft die Frage auftauchte, ob wir nicht auf die Seite der Sieger gehören. Gleichzeitig wird aber seit zwei Jahren offen darüber gesprochen, wie die archaische Strafe konkret aussah. Das heißt, nicht nur ressentimenterfüllte ewig Gestrige, sondern angesehene Zeitzeugen und Wissenschaftler haben Bombenkrieg und Kriegsende erforscht oder aus der Perspektive ihres Erlebens geschildert. Sie taten dies, ohne das zu vergessen, was dem allem vorausging an deutschen Verbrechen. Durch die Medien wurden diese Erlebnisse und Erkenntnisse in den Jahren um den 50. Jahrestag des Kriegsendes in bis dahin unbekannter Weise präsent gemacht.

Meine These lautet denn auch, daß erst die Würdigung der Strafe und der durch sie verursachten Leiden viele Deutsche auf einer breiten Basis fähig macht, das zu begreifen, was von ihnen selbst verbrochen wurde.

Unterschwellig waren sehr viele Deutsche also mit der Verarbeitung oder dem Ungeschehen-Machen ihrer Strafe be-

schäftigt, nicht so sehr mit ihrer Schuld. Oder, mit den Worten von Ulla Roberts, aus ihrem Buch »Starke Mütter – ferne Väter« (1994):
»Gleich dem Wiederaufbau der kaputten Städte durch Überbauen der Ruinen mit neuen Häusern, in denen neues Leben die Zerstörung vergessen machen sollte, bestand der Wunsch nach einer ebensolchen Heilung der erschütterten Seelen, der beraubten Lebensideale und der untergegangenen Lebenswelten durch Vergessen.« (S. 55)
Dies hat ja zu den erbitterten und auch fassungslosen Urteilen über die seelische Erstarrung der Deutschen und ihre »Unfähigkeit zu trauern« von Hannah Arendt oder Alexander und Margarete Mitscherlich geführt. Ich betrachte meine eigene lange Unfähigkeit, die Folgen und Spätfolgen der NS-Herrschaft zu sehen, als einen Teil dieser Erstarrung, über den ich mich heute schäme. Aber die lange Latenz, den fehlenden Mut zur Wahrheit können wir heute nicht mehr nur moralisch sehen. Sie scheinen etwas mit der Größe der Katastrophe zu tun zu haben, die der Aufarbeitung und dem Gedenken vielleicht sogar anthropologische Grenzen setzt durch den Widerstand gegen die Erinnerung. Selbst die Psychoanalyse, die die biographische Wahrheit zum obersten Ziel hat, verschloß lange die Augen vor dem Ausmaß der Spätfolgen der Geschichte bei ihren Patienten. Erst die Holocaust-Opfer-Forschungen in den siebziger und achtziger Jahren, vorwiegend in den USA und Israel, haben uns langsam die Augen geöffnet für die Folgen des Terrors durch die Generationen.
Vor diesem Hintergrund wage ich es heute, trotz der Gefahr eines tiefen Mißverständnisses, über die auch von der Psychotherapie vernachlässigten oder verdrängten Folgen in den Seelen des Tätervolkes zu sprechen. Ich habe bisher keine jüdischen Patienten behandelt, deshalb fehlt es mir hier an selbst erarbeiteter Kompetenz. Aber aufgrund meiner Erfahrungen mit Täter- und Mitläuferkindern glaube ich, daß die Wahrnehmung der Spätfolgen in ihren Familien vielfach

auch erst den seelischen Raum öffnete für die Einfühlung in die Opfer. Der Vergleich dieser Folgen, der vor wenigen Jahren noch als Sakrileg galt, schafft meiner Meinung nach einen neuen Zugang für die Betrachtung der Schrecken der Geschichte.

Ich konnte es selbst nie recht fassen, in welchem Ausmaß die Wirklichkeit der NS-Zeit und ihrer innerseelischen Folgen für die Deutschen »entwirklicht« sein sollte. Aber während meiner ganzen psychoanalytischen Ausbildung habe ich nichts gehört über NS-spezifische Deformationen bei den Patienten der zweiten Generation. Erst jetzt mehren sich die Publikationen über die seelischen Leiden und Verbiegungen in den deutschen Familien, über das Ausmaß der lange Zeit unerkannten Folgen von Verstrickung und Schuld im seelischen Untergrund der Patienten. Das Ergebnis ist folgendes: Das Täter- und Mitläufervolk ist nicht so unberührt und erstarrt aus der Schuld hervorgegangen, wie man es ihm lange vorgeworfen hat angesichts der Erstarrung und scheinbaren Ungerührtheit der ersten Generation. Die psychischen und psychosomatischen »Strafen« wurden oft nicht erkannt und benannt; teils aus grober Unkenntnis, wohl auch aus Angst, das Thema sei nicht zu bewältigen oder führe, wie noch die Mitscherlichs es befürchtet hatten, zum unerträglichen Aufrechnungs- und Entlastungsdenken. Und in der Tat ist es offensichtlich erst vier bis fünf Jahrzehnte nach dem Schrecken möglich, seine Folgen in den Familien des Tätervolkes zu benennen, ohne das Selbstmitleid und das pervers erscheinende Opferdenken vieler Täter und Mitläufer allzusehr zu stimulieren.

Dreizehn Jahre sind seit der Publikation der amerikanischen Ausgabe des Buches »Kinder der Opfer – Kinder der Täter. Psychoanalyse und Holocaust« vergangen. Nun ist es auf deutsch erschienen, und man kann die Verzögerung bedauern. Aber die unzähligen Gedenktage zum Kriegsende, die Reden, Dokumentationen, Diskussionen, Filme und Veranstaltungen haben das Klima verändert. Sie haben bei vielen der lange als verstockt geltenden Deutschen doch noch ein Fenster zur Geschichte geöffnet. Die paradoxe, umgekehrte Reihenfolge der Gedenktage: erst die Bombardierungen, dann die Filme über die Befreiung der Konzentrationslager, hat dennoch Einsicht in historische Abfolgen und Kausalitäten erzeugt.

Ein zweites Moment ist für die heute breite Rezeption des genannten Buches wichtig: nämlich das Rätsel und vielleicht das Ärgernis der Angleichung der psychischen Folgen in der zweiten und dritten Generation. Gut zwei Drittel des Buches handeln von den Kindern der Opfer, ein knappes Drittel von den Kindern der Täter. Der »Pakt des Schweigens« über das Erlittene, Geschehene und Mitverbrochene hat in allen diesen Familien Leerstellen hinterlassen, die von bedrohlichen Phantasien und seelischen Verbiegungen ausgefüllt wurden. Zu Recht betonen einige Autoren, daß das jahrelange Ausharren unter willkürlichster Demütigung und ständiger Todesdrohung in den KZs und der Verlust oft sämtlicher Familienangehöriger keinerlei Äquivalent habe bei den Tätern und Mitläufern. Das ist richtig. Und doch haben beide Seiten später oft ihre Kinder in extremer Weise gebraucht und auch mißbraucht, um mit dem Unsagbaren, das sie erlitten oder angerichtet hatten, fertigzuwerden. Aus dieser zunächst fast unerträglichen Verwandtschaft destruktiver Überlebensmechanismen erwächst ja gerade die Hoffnung, daß es beim Übergang von der zweiten zur dritten Generation zu einem Prozeß der Würdigung des Leidens beider Seiten kommen könnte. Immer wieder muß man betonen, daß nicht Einebnung und Aufrechnung das Ziel sein kann, sondern ein Verstehen, das die Wahrheit des Anderen aushält.

Die Wahrheit des Holocaust war so entsetzlich, daß sich selbst jüdische Analytiker in den USA oft nicht an die Wiederholung im erzählenden Erleben mit ihren Patienten herantrauten. Judith Kestenberg, eine der Initiatorinnen einer Forschungsgruppe über die seelischen Folgen des Holocaust spricht von der notwendigen Latenz, bevor die Wahrheit

ausgehalten werden konnte. Die Latenz währte sehr lange in Deutschland, trotz der anklagenden Herausforderung durch die 68er-Generation.
Alle Autoren betonen die Belastungen der Therapeuten, die mit ihren Patienten in die Welt des Grauens eintreten und in den notwendigen Übertragungen selbst ins Lager der Verfolger phantasiert werden. In ergreifender Weise schildert Ilse Grubrich-Simitis, wie der Therapeut selbst eintaucht in seine eigene Seelenarbeit am Schrecken und an der Trauer. Er muß seine Gefühle und sein Wissen dem Patienten leihen, der sich oftmals psychisch mit dem Glauben über Wasser hält, es handle sich bei dem, was die Eltern erlebten, vielleicht doch nur um einen Alptraum, der nicht wirklich ist. Erst wenn der Therapeut erklärt, daß alles entsetzlich wirklich war, läßt die schützende Entwirklichung nach.
Die meisten Kinder von Überlebenden, vor allem die Erstgeborenen nach der Befreiung, fanden schwer zu einem eigenen Leben, weil sie einen oder unzählige Toten in sich zu ersetzen oder wiederzubeleben hatten. Oft erhielten sie die Namen von toten Angehörigen, oft sollten sie ermordete Halbgeschwister aus erster Ehe eines überlebenden Elternteils ersetzen. Und diese toten Kinder erschienen den Nachgeborenen als die geliebteren, so daß sie sie nicht nur ersetzen sollten, sondern sich in einer tragischen Rivalität befanden: »Wäre ich tot, so würde ich mehr geliebt.«
Für die tiefenpsychologische Diagnostik führen solche bis dahin wenig bekannten Erscheinungen totaler Identifizierung mit Ermordeten, mit verschwiegenem Leid oder verschwiegenen Taten der Eltern zu erheblicher Verwirrung: Was wie Verrücktheit aussah, waren oft nur schwer verständliche fragmentarische Identifikationen mit Erlebnissen der Eltern oder Großeltern. Die zweite Generation konnte ihr seelisches Erbe oft gar nicht anders als in befremdlich erscheinenden, sozusagen »entlehnten« Lebensläufen darstellen. Dies gilt eben auch für die Kinder der Täter und Mitläufer, die die »wirkliche Wirklichkeit« nie zu hören und

zu verstehen bekamen und die sie dennoch in sich aufnahmen.

Das Buch »Kinder der Opfer – Kinder der Täter« vermittelt außerdem indirekt einen Einblick in das Ausmaß des Ahistorischen, dem viele Therapieformen nach Holocaust und Krieg verfallen sind. Dieses ahistorische Denken läßt sich auch nachweisen an der elenden Praxis der psychiatrischen Begutachtung von Holocaust-Opfern in Deutschland: die massive Leugnung der Traumatisierung durch die Erlebnisse bei Verfolgung, Lagerhaft und Verlust der Familie. Hier könnte man von einer aggressiven, gegen die Opfer gerichteten Latenz der Erkenntnis sprechen. Die meisten deutschen Psychiater hätten, abgesehen von ihrer Fixierung auf eine biologische Psychiatrie, Scham und Schuld nicht ertragen, die ihnen eine gerechte Würdigung der Folgeschäden bereitet hätte. Horst-Eberhard Richter (1995, S. 187) charakterisiert den Sachverhalt so: »Also klingt die Deutung plausibel, daß sie sich insgeheim sträubten, sich von dem Grauen berühren zu lassen, das sich ihnen aus den Geschichten der Verfolgungskranken aufdrängte. Die Vergangenheit, die sie in sich unterdrückten, durfte nicht so schlimm sein, wie die Patienten ihnen vermitteln wollten. Wenn sie die Verfolgungswirkung verneinen, entlasteten sie sich selbst.« Daß selbst amerikanische Psychiater oft Mühe hatten, sich in den »psychotischen Kosmos« der KZs einzufühlen, stimmt nachträglich eine Spur milder gegenüber der grausamen Borniertheit vieler deutscher Gutachter, mindert aber nicht das Unrecht, das vielen Opfern bei der erneuten Traumatisierung durch das oft jahrelange Antragsverfahren angetan wurde.

Die seelischen Spätfolgen bei den nichtjüdischen Deutschen
Ich vertrete die These, daß die Geschichte sich an den Deutschen noch in der zweiten und dritten Generation rächt, und zwar durch das Ausmaß des lange Zeit unerkannten psychischen Leidens. Durch die Blindheit von Psychotherapie und

Psychosomatik ist dieses Leiden bis vor wenigen Jahren nicht dechiffriert worden, sondern mit Psychopharmaka und einem riesigen Kurwesen zugedeckt worden. Erst heute werden wir gewahr, mit welcher Gewalt das NS-Erbe weiterhin in vielen Familien haust.
Es sind meist nicht alle Kinder einer NS-verstrickten Familie, die sich in die Katakomben der Erinnerung getraut haben. Es handelt sich oft um Einzelne, die in stellvertretender Schuld und Scham einen grausamen Untergrund langsam und oft spät in ihrem Leben in bewußtseinsfähiges Leiden verwandeln. Manche Therapeuten sprechen von »entlehnter« oder stellvertretender Schuld. Bei vielen Kindern, in denen kein Bewußtsein der Zusammenhänge entstehen durfte, stoßen wir auf Biographien, die einem merkwürdigen Drehbuch zu folgen scheinen, in dem sich Erfolg und Unglück auf undurchschaubare Weise mischen: so, als ob ein ununterbrochener Kampf zwischen Schuld und Abwehr stattfinde. Für andere Völker, vor allem für die Opfer, mag es oft schwer erträglich sein, hinter der sozialen und staatlichen Erfolgsfassade der Deutschen so wenig Leid wahrzunehmen. Nach meiner Überzeugung handelt es sich jedoch um eine Spaltung zwischen nach außen gezeigtem Erfolg und unerkanntem seelischen Elend, das inzwischen immer deutlicher sichtbar wird.
Ich greife ein kurzes Beispiel heraus aus dem bereits erwähnten Buch »Kinder der Opfer – Kinder der Täter«: M. Donald Coleman berichtet über die Behandlung einer 1939 geborenen Patientin, deren Stiefvater SS-Offizier gewesen war und deren Mutter nach dem Krieg auswanderte. Die Patientin kam wegen Angstanfällen und Depression in die Behandlung. In einer Krise der Therapie, die die Patientin immer wieder zu sabotieren versuchte, kam es zu folgender Zuspitzung:
»Eine sehr alte Phantasie, eine Verbrecherin zu sein, jemanden umzubringen und ungeschoren davonzukommen, tauchte plötzlich wieder auf, nun aber bereitete ihr diese

Vorstellung kein Vergnügen mehr, sondern weckte Schuldgefühle. Erneut kam sie auf die SS-Mitgliedschaft ihres Stiefvaters zu sprechen... An diesem Punkt sagte der Analytiker zu ihr, daß sie die Schuld, die auf ihrem Stiefvater laste, auf sich genommen und sich selbst bestraft habe, indem sie sich wie eine Verbrecherin behandelt und zuweilen auch wie eine Verbrecherin verhalten habe.« (S. 232) Diese Deutung enthält natürlich nicht die ganze Wahrheit, aber sie zeigt, wie eine Biographie unbewußt durchdrungen sein kann von einem beschwiegenen verstörenden Erbe. Selbst wenn die Ehefrauen der verstrickten oder schuldigen Väter Stillschweigen bewahrt haben, ja sogar ein idealisiertes und gereinigtes Bild ihrer Männer zu vermitteln suchten, setzt sich das unbewußte Wissen von Schuld und Zerrissenheit bis ins dritte und vierte Glied durch. Erst die Witwen können häufig, nachdem sich die Gattenloyalität und die für die Kinder verabredete bereinigte Version gelockert haben, mehr von der »wirklichen« Familiengeschichte erzählen. Dies geschieht zunehmend häufig.
Ich zitiere nun aus einem Brief einer 1940 geborenen, mir unbekannten Frau, die sich nach einem Rundfunkvortrag über die Spätfolgen der NS-Zeit meldete. Sie schreibt:
»Ich gehöre auch zu den Leuten, deren Familie durch die NS-Zeit belastet ist. Auch bei uns hat nie jemand darüber gesprochen – und ich habe nie gefragt. Ich bin durch lähmende Angstzustände und Alpträume darauf gestoßen worden... (Lange Jahre) habe ich immer wieder geglaubt, ich sei schlichtweg verrückt, verbunden mit Scham- und Minderwertigkeitsgefühlen...« In einer ersten Psychoanalyse wurde der NS-Untergrund nicht zum Thema. Sie schreibt weiter:
»Kurz vor Abschluß der Analyse hatte ich eine Serie von sich wiederholenden Alpträumen; ich habe sie mir mit dem Abschied von der Analytikerin erklärt.« Sie bleibt damit innerhalb des ahistorischen, kleinfamilialen Familienmodells. Aber die gleichen Träume tauchen zwanzig Jahre später wie-

der auf, und sie ging noch einmal zur selben Analytikerin, die inzwischen wohl auch weiter gereift war und ihr besser helfen konnte. Ein Traum lautet:
»Ich bin zusammen mit Freundinnen auf einer Wanderung... Einziger Wanderweg ist die Autobahn ohne Autos... Ich habe als einzigste kniehohe, knallgelbe Gummistiefel an, das ist mir peinlich. Wir sind schon eine weite Strecke gegangen, da bricht plötzlich die Autobahn vor uns auf und heraus quellen fast verweste und beinahe frische Leichen und versperren uns den Weg. Jetzt sind meine Gummistiefel praktisch, ich werde vorausgeschickt, aber ich rutsche auf einer glitschigen Leiche aus und kann mich gerade noch an einem herausragenden Sargdeckel festhalten. Da bin ich aufgewacht.«
Ein anderer Traum führt noch deutlicher ins eigene Elternhaus: »... ich stehe als fünfjähriges Mädchen vor dem Kellereingang... Die Türe wird von einer Art lebendigem Leichnam blockiert. Er sitzt da und rührt sich nicht, aber er kontrolliert das ganze Haus. Er sagt mir, was ich tun soll und teilt mir gleichzeitig mit, daß ich das nie schaffen werde. Ich darf nicht weggehen, es sei denn, ich mache, was der hagere Mann befiehlt...« Und sie fährt fort mit einem Bericht über die Ausweitung des Traums ins Alltagsbewußtsein, das nahezu psychotisch wird:
»Alles in allem bin ich über zwei Jahre vor dem Keller gestanden. Ich habe den Traum wieder und wieder geträumt und dabei blieb es nicht. Ich habe den Mann auch am Tag gesehen: Er saß, ein lebendes Phantom, morgens vor meiner Zimmertür, er blockierte die Küche und grinste mich vor der Garage an, wenn ich am Abend nach Hause kam.«
Die Frau ist Lehrerin und war nahe daran, berufsunfähig zu werden. Und nun kommt etwas, was ich einen Lebenslauf der unbewußten Wiedergutmachung nenne:
»Die Schule – und da eigentlich auch nur mein Klassenzimmer – war von da an der einzige angstfreie Raum. Ich unterrichte unsere Flüchtlingskinder, schon seit Jahren bin ich

Mitglied im Arbeitskreis Asyl.« Sie identifiziert sich mit den Kindern der Opfer neuer politischer Gewalt. Als 1992 Ausweisungen infolge der Verschärfung der Asylregelung drohen, kommt es zu einer Zuspitzung, bei der sie Vergangenheit und Gegenwart kaum noch auseinanderzuhalten vermag. Dies ist ein Phänomen, das viele Analytiker bei Angehörigen der zweiten Generation von Holocaust-Überlebenden diagnostizieren. Die Frau schreibt, nachdem sie einen Film über die Hinrichtung von Männern durch die SS gesehen hatte, die in den letzten Kriegstagen versuchten, ihr Dorf Brettheim durch friedliche Übergabe an die Amerikaner zu retten:
»Bei mir hatte sich alles vermischt: Tagsüber Halluzinationen, begleitet von lähmenden Angstzuständen; Politikeraussagen zur Asylfrage, dahinter brennende Unterkünfte: Erinnerungen an Familientreffen: Stolz auf die eigene Herkunft; ... die ausgewiesenen Kinder aus meiner Klasse, daneben das grinsende Phantom. Nachts eine innere Rastlosigkeit, die mich kaum schlafen ließ, dann grauenhafte Alpträume, die tagsüber in Ausschnitten als Halluzinationen wiederkamen.«
Schließlich tauchen, aus langjähriger Erinnerungslosigkeit, Erinnerungen an die letzten Kriegstage auf, an die Reaktionen auf den Tod eines Bruders der Mutter, den der Vater so kommentierte: »Vielleicht ist es besser so!« Es war der einzige verdeckte Hinweis auf seine Tätigkeit beim Sicherheitsdienst in einem KZ. Spät fängt die Frau an zu forschen und findet schließlich seine Gestapo-Dienstnummer heraus. Danach bessern sich die Angstanfälle. Ein Vetter, der Sohn des gefallenen Onkels, so schreibt sie, verbrachte Jahre in einem religiösen Wahn.
Sie schreibt weiter über die Zeit, als sie anfängt, die Zusammenhänge zu durchschauen:
»Ich hätte nur noch schreien können! Meiner Familie ins Gesicht schreien, was sie mit ihrem dumpfen Schweigen angerichtet hat.« Auch ihre Psychodrama-Ausbildungsgruppe

ist dem Thema, das sie nun einbringen will, noch nicht gewachsen.
»Ich bin von manchen Leuten in einer Weise ausgegrenzt und angegangen worden, die ich nicht für möglich gehalten hatte. Ich war aufs neue irritiert, habe mich schrecklich geschämt und nichts mehr gesagt.«
Danach gab sie seelisch auf und ging in eine Klinik. Dort konnte sie bei der Arbeit mit dem Medium Ton in tagelanger Mühe eine KZ-Vision darstellen und bannen. Seitdem seien die Alpträume verschwunden, aber durch die Häufung der Sendungen zum Jahrestag des Kriegsendes kam erneut das Gefühl:
»Ich stehe noch immer am Abgrund.« Zuletzt gelang es ihr, durch Forschen und Schreiben ihre Gefühle unter Kontrolle zu halten.

In diesem überall zu findenden Schweigen der Familien geschehen zum Teil grausame Dinge: Das seelische Potential der Kinder wird mißbraucht, um die Eltern von der Last des Wissens und der Schuld zu entlasten. Auf seiten der Opfer-Kinder wie der Täter-Kinder wird die folgende Generation oft benutzt, um das Überleben zu garantieren. Anita Eckstaedt spricht von parasitärem Gebrauch der Kinder, Gertrud Hardtmann, eine im therapeutischen Umgang mit Täterkindern erfahrene Berliner Analytikerin, wählt noch ein stärkeres Wort. Sie schreibt, ebenfalls in dem Band »Kinder der Opfer – Kinder der Täter«: »Wenn wir von Menschenfressern sprechen, denken wir an Märchen und Kinderphantasien. Wir sind als Psychoanalytiker gewohnt, dies als kindliche Projektionen zu deuten. Aber es gibt tatsächlich einen ›psychischen Kannibalismus‹, wenn Eltern eine parasitäre Beziehung zu ihren Kindern unterhalten, sich auf ihre Kosten entfalten...« (S. 240) Und sie fährt fort über Täterkinder: »Diese Patienten erlebten sich selbst als die ›Juden‹ ihrer Eltern, als Verfolgte und Gejagte.« (S. 242) Im selben Band schildern mehrere Therapeuten jüdischer Opferkinder,

daß diese ihren Eltern als »kleine Hitlers« erschienen, wenn sie sich auflehnen wollten und Aggressionen zeigten. In der zweiten Generation kann es also auf beiden Seiten eine meist unbewußte Umkehr der seelischen oder der projektiven Fronten geben. Anfangs stand Hardtmann vor dem gleichen unerträglichen Sachverhalt: »Auch in einer anderen Weise unterscheiden sich Täter und Opfer: Während sich die Opfer ihres Schattens nicht entledigen können, scheinen die Täter damit kaum Probleme zu haben.« (1992, S. 251) Aber zusammenfassend schreibt die Autorin dann über diejenigen ihrer Patienten, die Täterkinder waren:
»Psychologisch wiesen sie Ähnlichkeiten mit den von William G. Niederland beschriebenen Opfern der Verfolgung auf. Sie litten unter psychosomatischen Beschwerden, Schlafstörungen, Alpträumen, Konzentrationsunfähigkeit und anderen Störungen der Ichfunktionen, waren reizbar, depressiv und unruhig, weil sie unfähig waren, sich selbst und andere realistisch einzuschätzen. Sie fühlten sich wie ›Fremde im eigenen Haus‹, fremd in ihrer Seele und ihrem Körper, oder erlebten sich nur als ›Haut und Knochengerüst‹, ohne innere Substanz und Kern des Selbst.« (S. 242 f.)
Für die Autoren des Bandes »Kinder der Opfer – Kinder der Täter« (deutsch 1995) stellte sich das Problem noch so dar:
»Der Holocaust ist nicht nur Teil der jüdischen, sondern auch der deutschen Geschichte... Ein Teil dieses Buches enthält Beiträge über die Kinder von Nazi-Eltern, weil wir verstehen wollten, welche Auswirkungen das Nazi-Erbe für die Kinder der Verfolgten hat. Dieses Anliegen weckte ein solches Maß an Empörung, als grenze es an ein Sakrileg, jene beiden Gruppen miteinander zu vergleichen... Unterschiede bleiben zweifellos bestehen, gleichwohl aber traten verblüffende – und häufig völlig unvermutete – Ähnlichkeiten zutage. So lernten wir die Fallgeschichte der Tochter eines Nazis kennen, die aus Protest gegen ihre antisemitischen

Verwandten einen Juden geheiratet hatte. Die Härte und der Sadismus ihres Ehemannes aber kamen der typischen Nazi-Persönlichkeit sehr nahe. Es stellte sich heraus, daß die junge Frau gegen ihren Vater rebelliert hatte, um ihn dann in ihrer ehelichen Beziehung wiederzufinden.« (S. 54) Dies auch ein prägnantes Beispiel für das »Agieren« unbewußter Bindungen im Lebenslauf.
Bei der Arbeit an diesem Vortrag für ein großenteils jüdisches Publikum hatte ich häufig Angst, ich könnte mich unkorrigierbar bloßstellen als jemand, der noch immer nicht die Einmaligkeit des Holocaust begriffen hat und der aus dunklen Motiven heraus über die Ähnlichkeit der Störungen bei den Kindern und Kindeskindern von Verfolgten und Tätern spricht, als wollte ich sie einebnend oder rechtfertigend in einen Topf werfen und das Böse nur gleichmäßig verteilen. Die Verdächtigungen, denen Anita Eckstaedt nach ihrem Buch »Nationalsozialismus in der ›zweiten Generation‹« ausgesetzt war, hatten sich auch bei mir tief eingegraben. Ich habe in einem Kapitel meines Buches »Politik und seelischer Untergrund« versucht, die Welle der feindseligen Rezensionen zu ihrem Buch zu analysieren. Sie stammen zum Teil aus einer recht einseitigen Identifikation mit den Opfern des Holocaust, also aus dem generationsübergreifenden Prozeß, wo die Kinder der Täter und Mitläufer sich global mit den Opfern ihrer Eltern identifizieren. Das führt mitunter zu einem Philosemitismus, vor dem vielen Juden zu Recht graut. Sie spüren, daß totale Identifizierung mit den Opfern auch ein Nicht-Aushalten des Gewesenen in der eigenen Familie darstellt.
Ich möchte Sie aber bitten zu glauben, daß die therapeutische Arbeit an einer seelischen SS-Erbschaft, zum Beispiel mit analytischen Kollegen, die das in ihrer Lehranalyse noch nicht thematisieren konnten, eine Arbeit an der Bewältigung der NS-Vergangenheit ist. Jeder kann auf diesem Feld nur einen kleinen Beitrag leisten. Und niemand hat etwas davon, wenn die Proklamation der richtigen Gesinnung zum vorge-

schriebenen öffentlichen Diskurs wird, gegen die es doch einen tiefen und kaum mitteilbaren Trotz gibt. Zumindest im therapeutischen Raum lassen sich Gesinnungen nicht vorschreiben. Ich unterscheide deshalb stark zwischen der Funktion des staatlich gestützten öffentlichen Diskurses, der die Schrecken und die Schuld der Deutschen unmißverständlich betont. Aber im Raum der Therapie geht es um das Leiden. Und von dort stammt meine Überzeugung, daß, auch wenn dies öffentlich kaum sichtbar wird, die Naziverbrechen in weit größerem Maß gesühnt werden als bisher angenommen. Doch dies war kaum erkennbar, aus mehreren Gründen. Ich fasse noch einmal zusammen: 1. waren die Zusammenhänge der Störungen der Patienten mit ihrer NS-Erbschaft höchst unklar, 2. gab es kaum Forschung, 3. durften die Zusammenhänge auch lange nicht öffentlich diskutiert werden, und 4. blieben vielfach die Verstörungen eben eines einzigen Familienmitglieds der zweiten Generation undurchschaut, weil der Rest der Familie »normal« schien. Sichtbar war nur die glatte Fassade des Wiederaufbaus und der sicher oft demonstrativ betonte Erfolg. All dies macht die Opfer des Holocaust nicht wieder lebendig, auch nicht die Millionen Kriegstoten in den überfallenen Ländern. Ich möchte auch nicht, daß Sie meine Ausführungen so verstehen: Seht doch endlich auch das deutsche Leid! Das wäre absurd. Ich fühle mich nicht larmoyant und nicht als Opfer, trotz einer typischen Neurose als Mitläuferkind. Ich will nicht, wie häufig der Verdacht geäußert wird, die Täter-Opfer-Situation verwischen oder gar umdrehen. Ich versuche nur in meiner Arbeit zu verstehen, warum die Fähigkeit zu Trauer, Schuld und Scham nach dem Krieg in diesem Ausmaß verschüttet war; ich versuche zu sehen, wie sie sich nach fünfzig Jahren, gleichsam in einer zweiten Chance, neu einstellt. Die Voraussetzung ist aber, daß die Verstörungen bei Kindern und Kindeskindern des Tätervolkes auch gesehen werden können und dürfen. Und zwar deshalb, weil aus diesem erlebten, therapeutisch aufgehellten Leiden ein neuer

Zugang erfolgt zu dem, was die Deutschen angerichtet haben. Ein Patient, der versteht, wie seine Eltern oder Großeltern hineingeraten sind in den NS-Taumel und in das mörderische Mitmachen, erhält mehr inneren Raum für die Einfühlung in die Opfer, als wenn er sich aus erschreckter Abkehr von seinen Eltern überidentifiziert mit den Opfern und sich seinem proklamatorischen Abscheu überläßt. Bei manchen Tätern und Tätergruppen mag totale Distanzierung und Abscheu angebracht sein. Im Extrem hat dies der Sohn von Hans Frank, dem ehemaligen Generalgouverneur in Polen, in seinem Buch über seinen Vater vorgeführt. Der Leser spürt aber, daß es sich um den Versuch einer Ausscheidung in Form von Konvulsionen handelt, bei der auch eigene Seelensubstanz auf der Strecke bleibt. Der Horror setzt sich gewissermaßen fort in der rachsüchtigen literarischen Verstümmelung oder Liquidierung eines Täters.

Über die Kinder des Tätervolkes zu sprechen bedeutet nicht ein Programm der Nivellierung der Schuld. Um diesen Verdacht noch einmal zu verdeutlichen, zitiere ich aus einer der vielen Rezensionen zu Eckstaedts Buch von Christian Schneider (in: Psyche, April 1991), die noch relativ milde formuliert ist:

»Der Rekurs auf die äußere (kriegsbedingt, T. M.) – in vielen Fällen unzweifelhaft leidvolle – Realität, in der ihre Patienten aufwuchsen, macht es möglich, die ›zweite Generation‹ gleichsam als internationale Leidensgemeinschaft zu konstituieren, in der folgerichtig die Differenz von Tätern und Opfern in der vorigen Generation tendenziell hinfällig wird. Im Bereich der psychischen Realität ist, Eckstaedt zufolge, die zweite Generation ohnehin immer beides: Täter und Opfer. Die Frage wäre ernsthaft zu prüfen, ob auf diesem Wege nicht so etwas wie ein sekundärer Entlastungsmythos geschaffen wird.« (S. 175)

Ich weiß, wie sehr in manchen Gruppen Entlastungsmythen gesucht und aufgebaut wurden und werden. Das kann aber nicht bedeuten, daß es der psychoanalytischen Wissenschaft quasi untersagt sein soll, über das Fortwirken des Bösen in den Kindern der Täter und Mitläufer zu forschen und über die Bedeutung der Ähnlichkeit der Störungen in der zweiten und dritten Generation nachzudenken.

Die Patienten, die ich begleiten konnte auf ihrem mühsamen Weg heraus aus einer solchen Verstrickung, scheinen mir danach aus freien Stücken ihren Anteil an der deutschen Schuld auf sich genommen zu haben. Ich selbst habe diesen Weg des Erkennens erst spät betreten, weil ich das Erschrekken früher noch nicht ausgehalten habe oder dabei auch von einer einseitig festgelegten Psychoanalyse kaum Hilfe erhielt. Ich hatte den braunen Untergrund in meiner Familie noch vor mir und anderen zu verstecken.

Vielleicht ist es allein an den jüdischen Mitbürgern zu entscheiden, ob sie in der therapeutischen Aufarbeitung von NS-Verstrickungen bei Kindern des Tätervolkes einen kleinen Schritt zur Erarbeitung von Erinnerung und Trauer zu sehen vermögen. Es handelt sich um eine sehr langsame Annäherung, aber einer solchen, die aus verstandenem eigenen Leid erfolgt. Das würde auch ermöglichen, vom zerstörerischen Selbstmitleid Abschied zu nehmen, das Wahrhaftigkeit noch gar nicht kennt.

Klinischer Teil:
Stundenprotokolle

I Kurze Einführung

Die im klinischen Teil dargestellten und kommentierten Stundenprotokolle von Therapiesitzungen mit Patienten, die sich intensiv mit der NS-Geschichte ihrer Familie auseinandersetzen, sind durch zwei besondere Umstände zustande gekommen: einmal dadurch, daß psychotherapeutische Kollegen, nach einer oder mehreren Lehranalysen, sich an mich wandten, um etwas nicht Durchgearbeitetes mit einer anderen Therapieform als der klassischen Analyse anzugehen; zum anderen durch ihre Bereitschaft, bzw. ihren Wunsch, die Sitzungen auf Tonband aufzunehmen, um sich im wiederholten Abhören der Inhalte zu vergewissern. Die Bänder sind Eigentum der Patienten, sie haben mir einzelne Protokolle als »Leihgaben« überlassen in dem Wissen, daß ich sie zu Forschungs- und Publikationszwecken verwenden würde. Die Texte sind den Patienten bekannt, an einzelnen Stellen nach ihren Wünschen leicht verändert. Ein wichtiges Anliegen der Stundenprotokolle ist das folgende: es sollen mögliche behandlungstechnische Varianten zur klassisch-psychoanalytischen Arbeit an der Übertragung aufgezeigt werden. Alle drei Patienten, aus deren Therapie ausgewählte Stunden dargestellt und kommentiert werden, sind psychoanalytisch orientierte Kollegen, die bereits eine oder mehrere lange Psychoanalysen hinter sich hatten. Es wäre sowohl ihnen wie mir absurd erschienen, von neuem abzuwarten, bis sich die unverarbeiteten NS-Introjekte in der Übertragung zeigen würden. Die Behandlungen waren zum Teil fokal angelegt. Sie sind in ihrem Beruf ausgezeichnet arbeitende Personen, die nicht noch einmal den langen Prozeß einer Übertragungsanalyse durchlaufen wollten. Trotzdem ist die Kraft und die Wucht der Übertragung immer wieder spürbar, manchmal als angedeutete Möglichkeit, manchmal als Ausbruch einer fast wahnhaft anmutenden Projektion auf den Therapeuten. Nicht immer gelingt es, und nicht immer ist es auch therapeutisch angemessen, die Übertragung in einer Inszenierung aufzufangen und anzugehen: denn diese radikale Tendenz, wie sie durchaus einige neuere Therapieformen postulieren, führt, zunächst unbemerkt, beim Patienten zur Überzeugung, der Therapeut halte den Umgang mit den inneren Objekten und Introjekten nicht aus und dränge ihn deshalb in die Inszenierung. Diese unbewußte Überzeugung mag ihrerseits wieder eine Übertragung sein, produziert durch enttäuschende Erlebnisse beim Versuch, über das Erlebte zu sprechen; andererseits hat sie einen realen Kern, weil der psychische Container des Therapeuten in der Tat immer wieder überfordert sein kann. Deshalb scheint es mir unumgänglich, daß jeder Therapeut *sein* psychohygienisches Gleichgewicht findet, das ihn arbeitsfähig erhält, ein Gleichgewicht auch zwischen dem notwendigen Mit-Leiden, dem Forschungsinteresse wie dem Versuch, mit seiner eigenen Psyche wenigstens partiell auf einem Festland des strukturierenden Überblicks über den Behandlungsverlauf zu bleiben. Je früher der Einbruch der dämonischen Introjekte in das Seelenleben des Patienten erfolgt, desto verwirrender werden auch die unausweichlichen Verstrickungen des Therapeuten sein. Sie lassen sich aber durch die Variationen der Inszenierung mildern, die Arbeitsfähigkeit läßt sich rascher wiederherstellen.

Die Form der Kommentierung

Die ausgewählten Tonbänder sind von der Psychologin Frau H. abgetippt worden. Ich hatte sie gebeten, die Sitzungen zunächst einmal als Ganzes anzuhören und dann, nach dem späteren Schreiben, ihre affektiven Reaktionen und Beobachtungen hinzuzufügen. Diese Kommentare von Frau H., einer Angehörigen der »dritten Generation«, sind kursiv eingefügt. Meine eigenen Kommentare stehen – im Verlauf des Textes – in Normalschrift in Klammern. Die folgende, erste Sitzung ist aufgezeichnet etwa zwei Jahre nach Beginn der zunächst einstündigen, nach einem halben Jahr zweistündig geführten Therapie.

II Goebbels als archaisches Introjekt

Die etwa 60jährige Patientin, Frau P., Kollegin, kommt zwei Jahre nach Behandlungsbeginn wie sehr oft in einer Art Minizeremoniell herein: Bruchteile einer Sekunde blitzen mich ihre Augen an, dann schaut sie weg, konzentriert sich auf das Schließen der Doppeltür, verwischt den Eindruck, als hätten wir uns je angesehen, geht zur Couch und setzt sich dort, parallel zu mir, so daß wir beide zur gegenüberliegenden Wand schauen. (Erst sehr viel später klärt sich die Blickvermeidung, die einen tragischen Hintergrund hat. Vor dessen Aufklärung, und als Deutungen nicht weiterführten, machte ich manche ermunternden Versuche, sie möge mich doch anschauen. Ich fühlte mich dazu ermutigt durch Erfahrungen mit der »Kontaktarbeit« der Gestalttherapie, die oft erfolgreich mit Ermunterungen zu Blickkontakt arbeitet. Inzwischen weiß ich, daß eine zu starke Aufforderung unbewußte Phantasien überspringen kann, die unbedingt thematisiert werden sollten. Sonst kann auch hier, bei einer Arbeit, die Authentizität und Wahrhaftigkeit zum Ziel hat, mitten drin ein falsches Selbst entstehen, wenn die unbewußten Phantasien übergangen werden. Es gibt also eine zutiefst *falsche Authentizität*, ähnlich derjenigen, die entsteht, wenn man, etwa in der NS-Zeit, aber auch schon früher und noch später in meiner Jugend, Kinder oder Jugendliche dazu erzieht, die Erwachsenen mit »klarem Blick« anzuschauen. Sie müssen also »in der Klarheit« lügen lernen, auch wenn es etwas zu verbergen gilt.)
Als die Patientin sitzt, schweigen wir, ich bemerke aber, wie sie mich aus den Augenwinkeln beobachtet. Ich muß lachen.
P Warum lachen Sie?
T Ich dachte gerade, daß es die Chamäleons besser haben, die können die Augen nämlich ein bißchen ausfahren und dann zur Seite drehen. (Sie fühlt sich liebevoll und mit Hilfe eines zoologischen Bildes ertappt und lacht.)

P (lacht freundlich, scherzend, fast ein wenig flirtend) Ja, das habe ich gelernt. Immerhin besser als gar nichts, oder? Aller Anfang ist schwer.
Pause
(Sie ist spürbar mit ihrer Beziehung zu mir beschäftigt.)
Gestern nachmittag habe ich im Garten gelegen und die Sonne genossen. Die Rosen blühen gerade so schön, die ich selber gepflanzt habe. Ich hätte Ihnen furchtbar gern eine Rose aus meinem Garten mitgebracht, ich hatte eine ganz bestimmte im Auge. Da ist alles übrige verdorrt, nur die ist geblieben. Ich fand das so symbolisch. (Sie lacht freundlich, doch es gibt einen versteckten düsteren Beiklang, sonst wäre es grotesk, über das Verdorrte nur zu lachen.) Die Rose steht jetzt noch da, bis sie verblüht.
Bis zu diesem Zeitpunkt macht die Patientin trotz des doch sehr persönlichen Themas einen lockeren, fröhlichen und dem Therapeuten zugewandten Eindruck.
T Sie schildern die Rose so schön, daß ich den Duft spüre. Was hätte ihre Lehranalytikerin dazu gesagt?
P Die hätte sich wohl auch darüber gefreut. Ob sie allerdings damit einverstanden gewesen wäre, Ihnen eine Rose mitzubringen, das ist eine andere Frage.
Die Patientin lacht etwas, freundlich herausfordernd, wirkt insgesamt in diesen ersten Minuten sehr offen und gelöst.
Pause (Als ob sie einen Anlauf nähme, bestimmend:)
P Ich möchte jetzt gerne das machen, was ich eigentlich vorhatte. In der letzten Stunde lief es darauf hinaus, daß Sie sagten, ich suchte immer Prominenz und wie es wäre, wenn ich mich mit etwas mehr Bescheidenheit begnügen würde. Das haben Sie mir ja schon öfter gesagt, es klingt immer ein bißchen vorwurfsvoll ... *zögernd, anklagend.*
(Das Thema Prominenz ist schmerzhaft, mit Qual und Neid und falschem Selbst und verzehrendem Ehrgeiz verbunden. Auf einer bestimmten Ebene falle ich auch wieder unter »Prominenz«, mit der Folge, daß sie sich oft klein oder wertlos fühlt.

Ich ergänze ihre Erinnerung an meine Deutung: als Zentrum war, neben dem Verzicht auf Prominenz als äußerliche Rettung des Selbstwerts, gemeint: das eigene Selbst finden. Darauf bezieht sich der nächste Satz:)
T Oder einfach Sie selbst sein.
P Daher wohl auch die hohen Anforderungen an mich selbst. Ich wollte dann ja einen Brief an Hitler schreiben, um meine Kindergefühle ihm gegenüber einmal auszudrücken. Doch Sie meinten, daß mir Goebbels wohl näher wäre. Aber noch näher ist mir Helga Goebbels, eine Tochter von ihm, denn die habe ich ja wirklich in meiner Schulklasse erlebt. Ich habe mich dann mit ihr und mit meiner Situation damals beschäftigt. Ich stelle das hier mal auf, damit ich nicht wieder abstrakt rede.
Dieser Selbst-Vorwurf wird von der Patientin auch in einer anderen Stunde wiederholt, alles sei zu abstrakt vorgetragen, zu »verwörtert«.
Frau P. beginnt, die Sitzkissen aufzustellen, auf die sie verschiedene Personen plazieren wird. Sie ist für ihre Verhältnisse zielstrebig und initiativ, was ich würdige:
T Ich finde Ihre Initiative toll. Sie bewegen sich auch schon ganz frei im Raum (nach oft lähmender Befangenheit, u. a. wegen einer mit Scham umhüllten leichten körperlichen Behinderung. Bei ihrer Auseinandersetzung mit Goebbels spielt es eine große Rolle, daß er einen Klumpfuß hatte und leicht hinkte.)
Die Patientin lacht, verlegen-geschmeichelt.
P Ganz klein neben Goebbels (den sie durch einen Turm aus Sitzsäcken darstellt) steht Helga, die ist eigentlich wie nichts. So habe ich mich auch gefühlt.
T Weiß war sie gekleidet, haben Sie mal gesagt.
P (sehr erstaunt) Das wissen Sie noch? Ich habe jetzt ganz automatisch ein weißes Kissen genommen.
(Inzwischen habe ich, in einem Film über Erwin Rommel, die ganze Familie Goebbels lebendig im Garten ihrer Villa gesehen, die weißgekleideten Mädchen, Magda Goebbels,

die ideal arrangierte Idylle mit dem Panzerführer als Gast, wie in einem Bühnenbild.)
Als die Tagebücher rauskamen, war im »SPIEGEL« ein Photo von den fünf toten Kindern, die da am Boden lagen. Auch in Weiß. Ich fand das erschütternd...
Ich habe festgestellt, daß sich hier im Raum, unabhängig vom Politischen, etwas abspielt. Es ist wie eine Spaltung. (Die Stimme klingt zunächst affektiv unberührt, sehr demonstrativ. Die Patientin spricht flüssig, fast klingt es wie auswendig gelernt; sie erklärt es später damit, daß sie sich schon wochenlang mit dem Thema beschäftigt hatte. Sie wendet sich jetzt an ihre Schulfreundin Helga Goebbels:)
Noch heute möchte ich damit angeben, daß ich bei dir in der Klasse war. Ich gebe dann mit deinem Vater an. Ich wiederhole bis heute unüberlegt das Spiel, in dem du gefangen warst. (Zu mir gewandt, erklärend:) Ich wiederhole diese Situation ständig, ohne mich mit ihr auseinanderzusetzen und sie zu zerpflücken. (Wieder zur Goebbelstochter:)
Ich werde dir damit nicht gerecht, ich werde mir nicht gerecht, ich werde der Situation nicht gerecht. Ich habe etwas in mir, das eingekapselt ist, und davon kann ich mich nicht lösen. Wenn ich mit dir angebe, dann meine ich wahrscheinlich etwas ganz anderes. Ich müßte herausfinden, was ich eigentlich wirklich meine. Vielleicht finde ich sogar heraus, ob es Signale von dir gibt, die ich nie verstanden habe und die wenigstens heute nach deinem Tod verstanden werden sollten. Ich tue dir dann einen Gefallen und mir selbst auch.
(Sie fühlt in sich offensichtlich einen frühen Auftrag: all dies festzuhalten, zu entwirren, den untergegangenen Personen eine nur von ihr gefühlte Realität zu verleihen. Sie ist das Medium, in dem sich das Ungeheuerliche sammelt und formt. Weiter zu Helga Goebbels sprechend:)
Ich stellte fest, daß wir beide im Grunde genommen große Ähnlichkeit miteinander haben. Du bist an einen riesengroßen Vater angelehnt. Dahinten steht mein Vater, der von mir getrennt ist. Das Ganze geschah etwa zwei Jahre nach sei-

nem Tod. Ich bin also alleine. Ich habe jetzt auch niemanden drumherumgestellt, weil ich niemanden hatte, mit dem ich hätte reden können. Meine Pflegeeltern waren ja eher NS-feindlich, das haben sie mir ungeniert gezeigt. Wenn ich mich da mal verplappert hätte! Das wäre lebensbedrohlich gewesen.

T Ich werde diese beiden Stühle jetzt weiter weg stellen, aber so, daß man noch denken kann, es sind Ihre Pflegeeltern während der Schulzeit. Ich weiß nicht, wie nahe die zueinander stehen oder wie abgewandt von Ihnen. Aber ich habe verstanden, daß sie keinen starken Schutz boten.

P Wenn man dieses Bild so sieht, dann denke ich, daß es so gewesen sein könnte: Ich fühle mich völlig alleine, ich fühle mich schutzlos. Ich bin aber von meinem Vater abhängig, der nicht mehr da ist. *Trotz eines sehr ergreifenden Themas klingt die Stimme der Patientin eher distanziert, wie die einer neutralen Beobachterin.* (Wieder zur Goebbels-Tochter:)

Du bist alleine und schutzlos, aber du hast noch den riesigen Vater, von dem du auch abhängig bist. Mein Traum ist: ich möchte Helga Goebbels sein, ohne jetzt an das anschließende Schicksal zu denken, vom Vater ermordet zu werden. Entsetzlich. Ich möchte dann, wenn ich, vor dem Ende, seine Macht spüre, an deiner Stelle sein, damals wie ich so verloren war. (Diese frühe neidvolle Identifizierung macht im Unbewußten Schuldgefühle und Todesschrecken: väterlicher Schutz ist verbunden mit Tod, entweder des eigenen Vaters oder später mit dem Tod der Goebbelskinder. Auch in der Übertragung ist immer Tod im Raum, wenn sich die Beziehung zu mir verdichtet: ihr Tod, mein Tod, der Tod ihres Mannes, ihrer Mutter. Sie ruft in solchen Zeiten oft an, um zu hören, daß ich noch lebe.)

(Wieder zu Helga Goebbels gewandt:) Wenn ich so wie du wäre, dann ginge es mir gut. Ich brauchte mein Leben, so wie ich es jetzt führe, nicht zu erleben. Es war Bewunderung, es war Neid, es war der Wunsch nach Schutz, Nähe,

Geborgenheit, Anerkennung. Es war auch wichtig, in der menschlichen Gesellschaft überhaupt eine Rolle zu spielen. Ich habe ja keinen Auftrag, ich liege völlig alleine da.
Die eben noch so distanziert klingende Stimme verändert sich, schwankt zwischen Monotonie, Anklage und Weinerlichkeit. Dieser Hinweis auf den fehlenden Auftrag bzw. der Wunsch nach einem solchen, taucht auf mehreren Bändern der Patientin auf. (Frau P. schreibt später an den Rand: Die Nazipropaganda hat uns ja eingetrommelt, daß alle Deutschen einen riesigen geschichtlichen Auftrag haben.)
Pause
Ich überlege, ob ich jetzt spontan meinen Wunsch erfüllen soll, indem ich die Kissen einfach vertausche ... also mich an ihre Stelle setze. (Ich selbst bin überrascht von dem Handlungsvorschlag und denke nach. Es kommt mir, selbst in der psychodramatischen Spielszene, noch frivol vor, sich an Helga Goebbels' Stelle zu setzen, von deren Ermordung sie eben sprach.)
T Entweder die Kissen vertauschen oder sich an die Position der Kissen setzen. (Dann erschrecke ich über den geplanten Rollentausch und schlage ihr eine mehr von außen die Szene betrachtende Position vor:)
Oder sich erstmal hinter ihr Kissen setzen, um sich das von da noch einmal anzugucken. Einfach die Körpergefühle etwas vertiefen.
P (sehr leise Stimme, ergriffen, dankbar und ein wenig schamvoll:) Das war jetzt lieb von Ihnen. *Sie lacht, atmet tief und erleichtert, wirkt »gestärkt«.* Mir geht's besser. (Patientin stellt die Kissen um:) Doch noch weiter weg. (Sie atmet tief, gemeint ist: von der direkten Identifizierung mit der ermordeten Tochter, zu der sie dann wieder spricht:)
Zunächst einmal machst du mir meine Situation klar. Ich erfahre durch dich, was mir fehlt. Dadurch, daß du jeden Tag mit mir zusammen bist, kann ich mir vorstellen, was wäre, wenn ich noch einen Vater hätte, der mich gegen die Lehrerin verteidigen könnte. Das hätte er todsicher gemacht. Er

hätte mich beschützt. Er hätte mir eine gewisse Identität in der Schule gegeben. (Der Traum vom schützenden, Identität gebenden Riesen-Vater, gebildet nach der Erinnerung an das ungeheure öffentliche Bild der Goebbelsfamilie und der Wirkung auf die Lehrerin, wenn Helga Goebbels sagte, sie seien beim Führer zum Tee gewesen.)
Jeder wußte, wer du warst, jeder kannte eure Familie. Aber du warst nicht nur angesehen, sondern trugst auch an einer Last, denn ihr habt eine heile Familie vorgespielt. Ob die nun wirklich so war, wußte ja keiner. Du warst für mich Teil einer riesigen Propaganda: »Das ist die heile Familie, das ist eine deutsche Familie, so muß ein Kind sein, mit einem Vater, mit einer Mutter, alles ist wunderbar.« Damit wurde mir täglich vor Augen geführt, was ich nicht hatte. Es wurde mir ständig meine eigene Winzigkeit und mein Verlust eingebleut. Es wurde mir auch dokumentiert, daß ein einzelner in einer Gesellschaft gar nichts ist, wenn er nicht Halt durch eine große Familie oder durch Macht hat. Sonst ist das Kind schutzlos der Schule und den Lehrern ausgeliefert.
Gerechtigkeit gibt's überhaupt nicht. Ich habe wenig Erinnerung an dich, aber an eine Sache erinnere ich mich sehr deutlich: Du hattest keine Hausaufgaben gemacht, und ich wußte, daß ich dafür hätte nachsitzen müssen. Bei mir hat sich nämlich keiner um die Hausaufgaben gekümmert. Du hast gesagt: »Ich konnte keine Hausaufgaben machen, weil wir zum Tee bei Adolf Hitler waren.« Das war die Bombe, von da ab war die Stunde gelaufen. Du hast erzählt, alle haben andächtig zugehört. Du hast es als Kind geschafft, die Klasse und die Lehrerin in den Griff zu kriegen und dadurch Strafe abzuwenden. Du hast Schutz und Zuneigung bekommen für das, wofür ich bestraft worden wäre. Ich habe erlebt, daß man bestraft wird, wenn man keinen Vater mehr hat. Man hat dann keinen Schutz und die Menschen sind mir gegenüber rücksichtslos. Wenn man aber einen berühmten Vater hat, kann man sich als Kind alles erlauben. Also eine falsche Gesellschaft. Ich war damals sechs Jahre alt,

und schon damals wurde mir das in der Schule eingebleut. Was hätte ich dir zum Ausgleich entgegenhalten können, um mich geschützt und geborgen fühlen zu können?

Obwohl die Patientin in diesem Abschnitt von sehr persönlichen und leidvollen Erfahrungen auf eine durchaus nachvollziehbare Art und Weise berichtet, wirkt ihre Stimme eigenartig monoton und distanziert, der Text wird wie auswendig gelernt vorgetragen, fast so, als bestehe keine innere Beteiligung. (Die Psychologin, die während der Arbeit an diesen Stundentexten selbst auf die in der Familie beschwiegene Existenz eines Gestapo-Großvaters stößt, scheint immer dann besonders »streng«, wenn die Patientin die Gefühle nicht mit wuchtiger Beteiligung ausdrückt. Später erklärt Frau P., daß sie in der Zeit zwischen den Stunden oft am Thema weiterarbeitet und solche szenischen Dialoge spricht. Mein Ohr und das Ohr des Mikrofons sind dann Zeugen des allein Erarbeiteten, auf das sie stolz ist.)

T Ihr Neid und Ihre Bewunderung sind einfühlbar. Gab es konkrete Zeichen von Sympathie? Gab es erkennende Zuneigung?

P Ich kann mich nur schlecht daran erinnern. Es ist alles so verquickt wie in einem Traum. Es gibt allerdings eine Begegnung, die mich durch das ganze Leben begleitet: Nach der großen Pause kam sie auf mich zu, gab mir ihre Hand, und wir gingen ganz still und andächtig in die Klasse. Ich fragte mich auf diesem Weg die ganze Zeit: Warum gerade ich? Mich hat das so sprachlos gemacht. Ich hatte das Gefühl, daß du mich da gesucht hast. Es war Sympathie, aber es war nur in dieser einen Szene; mehr habe ich nicht in Erinnerung. Mit deiner Schwester habe ich einmal im Treppenhaus rumgetollt. Sie war jünger als du, sie war auch viel lustiger.

(Das Thema scheint emotional zu verflachen, deshalb frage ich:)

T Gut. Ist das der Moment, um aufzuhören? (Sehr zögernd und vorsichtig:) Oder wollen Sie das noch vertiefen? (Sie

überhört die Frage, wendet sich wieder an Helga Goebbels:)
P Ich habe ein Buch, in dem ein Photo von dir ist. Ich bin über dieses Bild erschrocken. Ich habe von dir kein Gesicht in Erinnerung. Ich erinnere mich nur an die Geste, wie du auf mich zukommst und mir die Hand gibst. Außerdem erinnere ich mich noch daran, wie du dir in einer typischen Schulkindsituation aus der Patsche helfen konntest. Vielleicht hätte ich dich auf dem Photo nicht einmal wiedererkannt. Ich habe nur deine Kleider, dein Äußeres, dein Gehabe – du durftest oft mit einer kleinen Kutsche in die Schule fahren – in Erinnerung. Du warst eingepackt in ein Theater, und da drin war eigentlich nichts.
T Jetzt sind Sie ein bißchen von Ihrem inneren Kind weggegangen. Die Veränderung der Stimme wird besonders in dem Moment deutlich, in dem Sie in Ihren Schutzpanzer gehen. Vielleicht um das Ergriffensein wegzuhalten?
P Wenn ich es genau nehme, dann weiß ich nicht, warum. Vielleicht hat sich in der Klasse viel mehr abgespielt, als ich in Erinnerung habe. Warum habe ich das vergessen? Es könnte ja auch sein, daß du zu mir kränkend warst, daß wir uns gezankt haben. Irgendwie warst du wie ein Double von mir. Du liefst eigentlich neben mir her. Ich habe mich immer mit dir verglichen. Immer liefst du in mir herum. Wie so eine Art Wunsch-Zwilling. Das konnte durch nichts zerstört werden. Ich war auch von deinem Tod nicht erschüttert. Du warst wie etwas, was sich in mir selbständig gemacht hat. Als ich von deinem Tod hörte, erlebte ich so etwas wie Triumph. Ich dachte: Das hast du jetzt davon. Das ist die Strafe für dein Glück. Also ganz fiese Gefühle von mir. Das hast du nun von so einem großen Vater. Am Ende bringt er dich um. Ich spürte keine Trauer oder Mitgefühl. Das kommt erst jetzt. Deswegen möchte ich jetzt auch gar nicht tauschen, denn dann lehne ich mich an einen Mann an, der dein Vater war und dich umgebracht hat. Das will ich nicht. Ich habe ja überlebt und danach noch ein Leben geführt. Du nicht.

Ich möchte gar nicht dein Leben führen. So enden möchte ich nämlich auch nicht. Es ist ein zu hoher Preis.
Zum ersten Mal drückt die Stimme der Patientin wirkliche Ergriffenheit aus, sie wird leiser, einfühlender, scheint mehr zu sich selbst zu sprechen.
T Ich mache mal einen Sprung, auf den Sie nicht eingehen müssen, wenn es nicht stimmt. (Zurückhaltender Vorschlag einer szenischen Veränderung:) Jetzt schaut sie, Helga, da links oben verklärt aus dem Jenseits herab.
Pause
(Die Patientin stellt sich darauf ein, atmet tief.)
P Ich habe das Gefühl, daß ich für dich weitergelebt habe oder daß ich so eine Verpflichtung habe, deiner Leere eine Fülle zu geben, denn du warst ja leer. (Hier wieder das Ansprechen eines Auftrags, ein Wunsch, der bei der Patientin allgegenwärtig zu sein scheint.)
Irgendwo war etwas versteckt in dir, was überhaupt nicht zum Leben gekommen ist, das sieht man deinem Gesicht an. Du warst eigentlich schon tot, als du mir begegnet bist. Du bist ein Kind, das nie gelebt hat. Bei allem Reichtum und Glanz hast du nie die Chance gehabt zu leben. Vor allen Dingen durftest du nicht überleben. Dein Vater gibt dir nicht einmal die Chance zu überleben. Ich habe mich immer gefragt, warum er dich nicht ins Ausland gebracht hat. Er hatte doch die Möglichkeiten. Ihr hättet doch in die Schweiz oder nach Brasilien gehen können. Das Schlimmste, was dir hätte passieren können, bestand vielleicht darin, daß du deinen Vater durchschaut hättest, später, daß du erkannt hättest, was alles los war. *Eigentlich hättest du dann deinen Vater umbringen müssen.* Schlimm wäre gewesen, wenn du deinen Vater durchschaut hättest und ihn dann hättest verachten müssen. Dein Vater hat dir diese Chance genommen.
(Patientin atmet tief.)
Du warst so sehr sein eigen, daß du nicht mal leben durftest, um ihn zu erkennen. Das ist doch erschütternd.

Bei diesen letzten Sätzen wird die Stimme der Patientin ganz plötzlich leiser, eine scheinbar für sie selbst überraschende Trauer scheint sie überfallen zu haben.
Und ich mache das jetzt für dich... *sehr leise Stimme.*
Pause
Es ist ja so, daß du auch heute noch tot bist. Man kennt dein Grab nicht. Du wirst immer mit deinem Vater in einen Topf geworfen. Es ist die Goebbels-Familie, und diese Familie bestand aus Verbrechern. Im nachhinein macht man dir gemeinsam mit deinem Vater den Prozeß. Man holt dich also nicht aus dieser Familie heraus, um dir das Recht zu geben, ein eigenes Leben zu haben, das nicht mit dem Vater zusammenhängt. Du wirst in allen Büchern mit ihm in einen Topf geworfen. Das ist noch mal eine Verurteilung. Du hast eigentlich ein Recht darauf, daß dir Gerechtigkeit widerfährt. Denn du warst ja unschuldig. Das ist dann jetzt die andere Gerechtigkeit. Die, die ich in der Schule nicht erfahren habe, aber die du brauchtest. Daß man dich als Kind herausholt und als etwas Eigenes sieht. (Hier spricht sie für mein Gefühl zunehmend auch von sich selbst.) Als Kind, das ja keine Schuld hat. Du bist ja eher ein Opfer. Du bist auch ein Nazi-Opfer. Du wirst aber nicht in den Topf mit den Nazi-Opfern geworfen. Du bist ein stilles Opfer, das keiner erkennt, das keiner aus seiner Anonymität herausholt. Darüber müßte man aber mal reden. Das wäre auch Gerechtigkeit, die du brauchtest, die wir auch brauchen, die ich dir verschaffen müßte. (Sie erlebt die Mühsal und Wucht ihrer eigenen Individuation auf dem Umweg der Identifikation mit Helga G.)
Pause
Was mit dem Thema Vergangenheitsbewältigung abläuft, ist alles so klischeehaft. Das wäre jetzt mal wieder eine Differenzierung, ein einzelnes Schicksal, vertieft.
Pause
Das wäre: »Die Macht und Höhe deines Vaters brechen«, wenn du dir später ein Bild von ihm gemacht hättest...

(Die Patientin beginnt, die Kissen zu verstellen, sie baut den Goebbelsturm ab.)
Das mache ich jetzt, ich trage das mal ab.
Mir kommt jetzt die Idee – ich habe dich jetzt von deinem Vater getrennt und denke jetzt mal wieder an mich. Dein Vater hat keine Vorsorge getroffen. Er hat entweder deinen Tod von Anfang an einkalkuliert, oder er hat sich bis zum Schluß Illusionen gemacht. Aber dazu war er wohl zu gescheit. Auch da haben wir wieder Ähnlichkeit. Mein Vater hat auch keine Vorsorge getroffen. Er hat nicht für mich gesorgt. Er hat nichts für mich hinterlassen. Wenn ich so todkrank daliegen würde wie mein Vater, dann hätte ich meinen Kindern doch irgend etwas als Andenken hinterlassen. Ich hätte mich vielleicht auch noch von den Kindern verabschiedet. Wenn ich außerdem noch im Versicherungsgeschäft wie mein Vater tätig gewesen wäre, hätte ich auch noch eine Versicherung für die Kinder abgeschlossen, so daß ihr Leben auch finanziell abgesichert gewesen wäre. Ich hätte also auch konkrete Maßnahmen getroffen. (Sie wendet sich jetzt an ihren früh gestorbenen Vater:)
Du hast deinen Tod nicht bedacht und mir einen Abschied auch nicht ermöglicht. Ich habe nichts Konkretes von dir nach deinem Tod, woran ich mich hätte festhalten können. Später waren wir immer die armen Schweine, die auf die Hilfe von Pflegemüttern angewiesen waren. Auch in der Schule waren wir die armen Witwen-Kinder. Du hast uns auch eine gewisse Würde genommen. Du hast uns den Schutz genommen. Du hast gedacht: Ich sterbe und dann stirbt wahrscheinlich alles. (Wie Hitler und Goebbels!) Du hast nicht daran gedacht, daß wir ja weiterleben müssen. Du hast auch nichts dazu getan, du bist einfach aus dem Leben herausgegangen. Was ging da eigentlich in dir vor? Ich kann das nicht nachvollziehen. Ich würde da anders handeln.
Pause
(Im Bild haben wir jetzt beide Väter:) Ihr sterbt, danach gibt es nichts mehr. Ihr habt nicht das Gefühl der Verantwortung

für die Kinder, vielleicht auch deshalb nicht, weil wir Mädchen waren. Dieses Gefühl: Wir müssen ja auch noch unseren Rückzug aus dem Leben gestalten und noch an die Lebenden denken – fehlt euch. Als ob ich ein Anhängsel von dir gewesen wäre, was auch sterben kann. Ich war dann ja auch nach deinem Tod todkrank. Als ob das dazugehörte. So, als ob ich eigentlich nur dann eine Identität habe, wenn ich tot bin, ebenso wie du. (Sie trägt in sich einen toten Teil, der mit dem Vater »gegangen« ist und den wir später bei der szenischen Arbeit am Totenbett und am Grab verdeutlichen und zurückholen.) Da sind wir beide uns wieder gleich. Der Goebbels war nur noch etwas konsequenter, der hat sie nämlich gleich umgebracht. Du hast es auf eine etwas andere Weise gemacht. Ihr Väter seid da ganz schön gleich!
(Durch die aggressive Totenrede auf die Väter ist sie ihrer Freundin Helga plötzlich wieder näher, für die sie eine Zeugin darstellt.)
T Welche Kraft können Sie von ihr übernehmen? Was werden Sie für sie tun? (Ich denke an den »Auftrag« an sie; die Patientin hat viele Personen in ihrer Familie, die »öffentlich« wirken; sie sucht ihrerseits ein Stück Öffentlichkeit mit ihrem Aufschreiben, scheint ihrer selbst darin ganz sicher; aber immer wieder wirkt dies Ziel auch als gegen die Therapie gerichtet. Es wird dann unsicher, was das Therapieziel ist: ein Stück Heilung oder aber die Fähigkeit, öffentlich Zeugnis abzulegen für das, was sie in der NS-Zeit erlebt hat oder beides, weil es verknüpft ist.)
P Ich habe heute ja sehr viel für sie getan.
T Das stimmt, aber es geht jetzt noch um die Sichtbarkeit, um die Öffentlichkeit. Es kann natürlich auch sein, daß Sie ›nein‹ sagen und diese Art von Öffentlichkeit nicht suchen.
P Ich möchte das schon aufschreiben. (Wieder an Helga Goebbels gewandt:)
Du warst ja eine öffentliche Figur, und ich bin als Kind mit dir in Berührung gekommen. Mich hat das nie wieder losge-

lassen und meine ganze politische Aktivität hängt vielleicht auch damit zusammen. Ich habe über die Politik auch die Öffentlichkeit gesucht (in einem früheren großen Engagement für eine Partei). Die Öffentlichkeit ist das, was mir angst macht, und das, was mich anzieht. Ich stelle mir vor, daß ich so etwas auch wirklich veröffentlichen möchte, wenn ich könnte und wenn ich den Mut dazu hätte. Ich fühle es sogar als Verantwortung, dich in dein Recht zu setzen. Aber mich auch. Es vor allen Dingen sichtbar machen.
Pause
Denn wir beide haben damals gelebt, du bist verschwunden. Mit mir geht die Erinnerung an dich weg. Ich bin die letzte, die das noch weiß. Ich bin sozusagen fast ein Sachwalter. Ein Testamentsvollstrecker. Zeuge und Verwalter alter Geschichten. *Bei diesem letzten Satz verändert sich die Stimme der Patientin sehr stark, sie klingt plötzlich stolz und selbstbewußt.*
Ich bin Notar. (Patientin atmet tief.)
T Notar stimmt nicht.
P Nein, es geht ja nicht um Grundstücke. (Sie lacht.) Außerdem zu pingelig. Wir müssen aufhören. (Die Stunde ist zu Ende.)

Abschließender persönlicher Kommentar der Psychologin:
Teilweise erschien es fast unmöglich, dieses Band zu tippen, ohne Wut und Widerwillen zu empfinden, deren schamvolles Unterdrücken mir immer unmöglicher wurde.
Es mögen mehrere Gründe gleichzeitig gewesen sein. Zum einen war es schwierig, den intensiven Größenwahn der Patientin zu ertragen. Damit verknüpft war die Tatsache, daß die Patientin m. E. größtenteils ohne innere Beteiligung sprach. So drängte sich automatisch der Eindruck auf, daß viele Situationen dieser Stunde lediglich dazu dienten, dem Größenwahn der Patientin »Nahrung zu geben«. Besonders deutlich traten bei mir diese Gefühle nach den Momenten auf, in denen die Patientin wirklich innerlich berührt war.

Dann veränderte sich die Stimme der Patientin grundlegend – im Sinne emotionaler Tiefe –, daß es im folgenden noch schwieriger wurde, ihre unbeteiligt vorgetragenen Rekonstruktionen objektiv und ohne Wut anzuhören. Gefühle des »An-der-Nase-herumgeführt-Werdens« stellten sich ebenso ein wie das Gefühl, in einem peinlichen, leicht durchschaubaren Spiel mitmachen zu müssen. Obwohl mich diese Eindrücke zutiefst beschämten, gelang es mir fast nie – trotz redlicher Bemühungen – eine gewisse »tippende Neutralität« wiederzuerlangen.

Mein Kommentar nach dem Lesen dieses Kommentars:
Die Größenphantasie war wirklich wuchtig, kam aus großer Tiefe, mit viel Scham umhüllt, aber eben tonlos, weil zum Selbstschutz der Affekt zunächst weg war. Die Erwachsene wie das Kind ahnen, daß da etwas ans Licht kommt, was nur als tief unbewußte Phantasie überlebt hatte, eine kompensatorische Größenphantasie, um mit den extremen Kleinheitsgefühlen der damaligen Situation fertig zu werden: Vater gestorben, Familie aufgelöst, Verpflanzung mit fünf Jahren in eine fast fremde Familie an fremdem Ort. Die starke Reaktion der transkribierenden Psychologin ist wie eine Fernwirkung der extremen Verhältnisse, die von niemandem ohne Hilfe angemessen verarbeitet werden konnten. Die junge Psychologin aus der dritten Generation erliegt vermutlich u. a. einer Hoffnung, die Patientin könnte, vielleicht stellvertretend für ihre Eltern, frei und mit viel Gefühl von der NS-Zeit sprechen. Jedenfalls ist deutlich, daß eine massive Übertragung stattfindet, mit dem zentralen Gefühl von Wut und Enttäuschung.

Nachträglicher Kommentar bei der Schlußredaktion:
Das Pompöse der NS-Zeit, der Show-Charakter wird spürbar bis in die Seelenfalten des Kindes hinein, das geblendet wird durch Szenen in der Klasse: sie sieht die Lehrerin erblassen oder erröten oder sich verändern, wenn die kleine

Tochter von Goebbels sagt, sie sei mit ihrer Familie zum Tee beim »Onkel Führer« gewesen. Die nahe, wenn auch indirekte Gegenwart eines NS-Gewaltigen führt zu Überlegungen, wie der Geist der NS-Zeit, verdichtet in Personen, zur Bildung von Introjekten führen kann, die am Ende des Dritten Reiches in ihrer realen Existenz plötzlich verschwinden, im Inneren aber als erratische Blöcke in verschiedenen strukturellen Funktionen ein undurchschaubares Dasein führen. Mit den unterschiedlichen Funktionen ist u. a. gemeint: als ›Überich-Fragment‹, als dämonische Figur, als archaische Elternbilder, die aber die konkreten Eltern wie deren inneren Bilder so weit transzendieren, daß diese als klein und zerstörbar erscheinen. Die Stunde enthüllt Größenphantasien, die noch aus der Substanz der Selbstinszenierung der Nazis geformt wurden, zum Teil bis in die Wortwahl hinein: Auftrag, geschichtliche Mission, Rettung vor dem Untergang, todgeweiht, usw. Die NS-Zeit war in der langen Lehranalyse der Kollegin nicht thematisiert worden. Die Größenphantasie des historischen Auftrags der Patientin: die einzige zu sein, die der Goebbelstochter ein dokumentarisches Überleben in eigener personaler Würde sichert, scheint direkt mit dem Ausmaß von Einsamkeit in diesem Lebensalter zusammenzuhängen, die zu einer frühen Zwillings-Übertragung führte. Die Patientin durfte in ihrer Familie kein Sterbenswörtchen von ihrer kindlichen Faszination vor den Nazi-Größen erkennen lassen, wollte sie nicht verhöhnt werden. Das Thema: »an der Nase herumführen«, das die Psychologin aufgreift, wird vielfach in der Therapie inszeniert: als Umkehrung eines frühen Ausgeliefert-Seins an lügnerische erwachsene Informanten; als vollkommene Unsicherheit, wo persönliche und echte Identität bei anderen Menschen und in der eigenen Person zu finden sei; als extreme Ungewißheit, ob den Worten der Erwachsenen und der Mächtigen zu trauen sei.
Wenn in der Zeit vor dieser Stunde dämonische Introjekte in der Übertragungssituation auftraten, so waren es zunächst

die ihre frühe kindliche Identität am meisten bedrohenden Frauen: die Äbtissin des Internatsklosters, in dem die Patientin, obwohl protestantisch, später als Kind den Krieg überlebt hatte; die Nazi-Lehrerin und die ferne Mutter, die sie eines Tages wie drei bedrohliche Schicksalsfiguren in einer Reihe aufgestellt hatte. Diese Szene hatte uns, im Gegensatz zur Übertragungskonfusion, wieder einigen »Spielraum« und Klarheit verschafft und uns einige unverständliche Übertragungen, zu denen auch Haß und Lähmung gehörten, verstehen helfen. Denn ich erschien ihr, meist unvorhersehbar, immer wieder in der Maske einer dieser »drei Parzen«. Die Nazi-Lehrerin der externen Schule tyrannisierte das Kind, weil sie wußte, daß es im »Kloster« lebte; die Mutter, die sie gelegentlich besuchen durfte, fühlte sich mit ihrem neuen Freund und ihrem Beruf durch ihre Anwesenheit oft gestört und verhielt sich, nach dem Erleben der Schutz suchenden Tochter, manchmal recht unempathisch. Aber alle drei verlangten ihre Loyalität, die nur durch Brücken über die inneren Abgründe zu simulieren war.

Kommentar von Frau P. nach der Lektüre des Stundenberichts:
Der Text dieser Stunde löste heftige Reaktionen bei mir aus, die im Zorn beinahe zum Abbruch der Beziehung zu T. führten. Ich erlebte die Wut der Psychologin als überraschend und sehr kränkend und wollte den Text zunächst nicht veröffentlicht wissen. Ich fühlte mich völlig mißverstanden.
Die eingeschobenen Kommentare von T. erlebte ich als zu distanziert und kalt. Sie isolieren mich und geben mir noch mehr das Gefühl, allein und ausgesetzt zu sein. Mir kommen die Kommentare der beiden vor wie die von Verbündeten, die mich ausgrenzen, weil sie mich nicht verstehen können. Ich fraß die Wut aber in mich hinein, verwüstete lieber das Manuskript durch viele Streichungen und eigene Randbemerkungen. Ich kam mir wie eine Tote vor, die nun öffent-

lich seziert wird. Es war nicht nur die Lähmung, die mich überfällt, wenn ich wieder mit der Nazi- und Kriegszeit konfrontiert werde, und die mich dann sprachlos macht; es war auch eine Loyalität gegenüber T., den ich nicht kränken wollte, was natürlich dann doch geschah durch meine Rachephantasien. Inzwischen fanden einige Sitzungen statt, die mir die Sprachfähigkeit wiedergegeben haben.
Ich habe mich in den letzten Jahren sehr intensiv mit meiner Kindheit im Dritten Reich auseinandergesetzt, viel gelesen, selbst geschrieben. Die Stunden mit T. wurden phasenweise immer mehr zu einem Kampf und einem Ringen um ein Stück gemeinsamen Boden, einen Konsens, in dem wir uns nicht mit Haß und Wut begegnen mußten.
Die Gefühle und Erinnerungen wie seine Reaktionen überschwemmten mich oft, ich fühlte mich hilflos, sprachlos, unverstanden und warf T. immer wieder vor, er verstehe mich nicht, er sei noch zu jung und zu behütet aufgewachsen. Ich überzog ihn mit vielen Übertragungen und erlebte ihn oft mehr als Feind und Verfolger denn als hilfreichen Begleiter. Wir haben uns gegenseitig verletzt und tragen noch die Narben der Wunden, die immer wieder aufbrechen können, so wie jetzt auch. Innerhalb dieses Krieges zwischen uns hatten solche Stunden ihren Platz.
Ich habe mich besonders in die Geschichte der Familie Goebbels vertieft, weil ich sie und mich durchschauen wollte. Ich möchte an einer kleinen eingeschobenen Bemerkung von T. kurz schildern, wie gravierend das Mißverständnis sein kann. T. schreibt als meinen Text: »...wenn Helga Goebbels sagte, sie seien beim Führer zum Tee gewesen...« Das ist Erwachsenensprache. Es gab dort Schokolade und Kuchen! Die Goebbelskinder freuten sich immer auf diese Einladungen vom »Onkel Führer« und wurden später auch mit dem Versprechen von Schokolade und Kuchen in den Führerbunker gelockt zum Familienselbstmord. Sie sollen dann ja auch mit Gift in Süßigkeiten eingeschläfert worden sein, so ganz wurde das wohl nie geklärt.

Helga erzählte von diesen Einladungen zu Beginn des Krieges. Wir anderen Kinder mußten uns gerade an die Lebensmittelkarten gewöhnen, und Süßigkeiten waren rationiert. Ich erinnere mich an meinen ersten Kriegsgeburtstag, an dem wir Kinder betroffen vor einem trockenen Napfkuchen saßen. Hitler hatte hier, über Helga Goebbels, die reichgedeckte Tafel angeboten, Nahrung im Überfluß für »dazugehörende« Kinder zur Zeit des beginnenden Mangels. Auch Helga Goebbels wurde, was das Essen betrifft, im Elternhaus knapp gehalten. Ihr Vater lebte ja fast nur von Kaffee, Zigaretten und trockenem Brot. Gäste mußten vorher essen, weil sie bei ihm nie satt wurden. Dabei wirkte er, mit seinem kleinen Wuchs, den großen Augen im zu großen Kopf, unterernährt. Hitler war ja auch für ihn zum Brotgeber geworden, dem er seinen Reichtum und seine Macht zu verdanken hatte.

Da aber der mächtige Hitler bei uns in der Familie sowohl belächelt wie gefürchtet war, wurden auch meine oralen Wünsche an Hitler unter ein Verbot gestellt und wucherten heimlich und unerkannt bei mir weiter, vor allem, da meine Familie den Mangel ja nicht mildern konnte.

Vielleicht ist die Stunde so besser zu verstehen und für mich auch eher annehmbar mit allen Reaktionen. Ich verbünde mich nicht nur mit der Geltung von Helga G., sondern auch mit ihren Wünschen nach Schokolade und Kuchen, die sie, weil sie diese Beziehung hatte, befriedigt bekam. Ich fühle mich selbst wie ein hungerndes Baby, das nach Essen, Schutz und Ansehen schreit, aber nicht beachtet wird, und benutze dazu die Sprachschablonen der Kindheit im Dritten Reich.

III Bombenkeller und späte haltende Hand

Die Stunde mit Frau P., die hier transkribiert wird, fand einige Zeit früher statt. Sie zeichnet sich durch folgende Merkmale aus: Durch eine Verstauchung des Steißbeins mußte ich, wollte ich nicht für mehr als zwei Monate die Therapiestunden ausfallen lassen, im Liegen auf meiner Couch arbeiten. Die Patienten stellten ihren Stuhl neben die Couch, oder sie saßen auf dem Boden. Dies war nur anfangs etwas mühsam, der Reichtum der Übertragungsvariationen entschädigte aber für alle Mühen: Krankheit und Tod wichtiger Personen der Kindheit wurden erinnert. Ich war geistig und seelisch wohlauf, sah nur »äußerlich« krank oder bettlägerig aus, und doch wurden viele Parentifizierungen der Patienten abgerufen.

Die Patientin erinnerte sich an Szenen, in denen sie am Bett des langsam an einem Nierenleiden sterbenden Vaters saß. Sie setzte sich meist mit dem Rücken ans Fußende der Couch, so daß sie mich nicht sehen konnte oder mußte, außer wenn sie ganz schnell einmal den Kopf wandte. Sie schien auch ein Gespür dafür zu haben, wann ich die Augen schloß; dann konnte sie mich kurz scheu beobachten.

In dieser Zeit hatte sie sich viel Material über ihre Schulzeit in den Jahren 1942/43 besorgt und viele Erinnerungen aufgeschrieben. Manchmal versank sie ganz in dieser Arbeit, konnte sie nicht mehr dosieren, schien für ihren Mann nicht mehr erreichbar. Sie kommt etwas atemlos an zu dieser Stunde.

P Also, ich habe diese Nacht einen ganz furchtbaren Traum gehabt, und ich bin schreiend aufgewacht. Mein Mann saß neben mir und hatte mich geweckt. Er kam vom Nachbarzimmer rüber, so laut habe ich geschrien. Und ich war völlig fertig. Ich hab geträumt, ich habe an der Schreibmaschine gesessen und getippt. Und dann wird's plötzlich langsam ganz dunkel, und ich sage: ach, die Hauptsicherung ist ka-

putt. Ich wußte aber, die Hauptsicherung ist nicht in dem
Haus, wo ich bin, sondern in einem anderen Haus. Ich mußte mich also durch das Dunkel hindurchtasten zur Tür. Und
dann hab ich die Tür geöffnet, und mir kam durch die Tür
noch etwas Schwärzeres entgegen. Ich hab eine furchtbare
Angst gekriegt. Das war wirklich schrecklich. Und dann hab
ich immer wieder versucht, die Tür zuzukriegen, damit es
nicht reinkommt. Das war ein Kampf, ich hab geschrien und
gekeucht, was mein Mann dann gehört hat. Und ich bin
schweißgebadet aufgewacht. Der Traum war unheimlich, er
geht mir noch die ganze Zeit durch den Kopf. Es ging mir
in der Woche sehr schlecht, ich hatte Sie ja mal angerufen.
Und ich hatte mir ja an sich vorgenommen, in den Ferien etwas zu schreiben. Und dann –
T Moment, jetzt weiß ich nicht, wo's langgeht, Traum,
Realität?
P Das hängt alles zusammen. Weil nämlich die Schreibmaschine eine Rolle spielt, ich hab ja immer an der Schreibmaschine gesessen und getippt. Ich hatte lange nicht mehr
daran gearbeitet – mir dann aber mal wieder die Schulzeit
vorgenommen. Und vor allen Dingen die Zeit in K. Das war
1942/43 im katholischen Internat, und das endete mit dem
Großangriff auf K., wo wir ausgebombt wurden. Die Nonnen durften das Internat aber eigentlich nicht mehr leiten,
wegen der Nazis. Sie haben sich in Zivil verkleidet, und wir
durften das niemandem erzählen. Ich ging dann in die normale Volksschule, das war zwei Straßen weiter, und in der
Volksschule war eine ganz schlimme Nazi-Lehrerin. Und ich
stand damals zwischen diesen –
T Häusern?
P Ja, zwischen den Fronten. In der Klasse wurde ich von der
Nazi-Lehrerin so behandelt, als ob ich der letzte Dreck wäre. Sie hat sich auch später – nach dem Krieg hab ich sie mal
getroffen in K. – bei mir sogar entschuldigt und gesagt, sie
hätte nicht anders können. – Ins Internat durfte ich aber nie
eine Freundin mitnehmen. Es durfte von der Schule niemand

wissen, wie ich im Internat lebe, das waren also zwei völlig getrennte Welten, die überhaupt nicht miteinander in Kontakt kommen durften.
Und dann kam dazu noch meine Mutter, die ja in der gleichen Stadt wohnte. Und –
T Und die einen Freund hatte, und Sie waren sich auch unsicher, ob Sie willkommen sind, am Wochenende.
P Ja, ja. Und dann wurde ich so depressiv, daß ich das alles nicht mehr vor Augen haben wollte, da habe ich Sie angerufen. Sie haben mir ja geraten aufzuhören, was ich natürlich nicht getan hab, denn ich kann einfach nicht die Erinnerung – das konnte ich nicht mehr aufhalten, ich war so aufgedreht, das konnte ich nicht stoppen. Und dann bin ich einen Tag lang richtig durchgedreht. Ich hab im Garten gelegen, bin plötzlich aufgestanden, in die Praxis gefahren. Da hab ich einen Teil meiner Notizen aus den Büchern rausgerissen und in den Kachelofen geschmissen und angebrannt – anverbrannt, war furchtbar aufgeregt und hatte Wut im Bauch, richtigen Haß. Irgendwo hatte ich dann doch noch ein bißchen was im Kopf, so daß ich nicht alles verbrannt hab, ich hatte das Gefühl, es ist alles Mist und nicht echt. Und es ging mir dann – und das ist das, was ich nicht beschreiben kann. Ich hab immer überlegt, wie mache ich Ihnen das klar? Und genau das ist wieder das Problem. Wenn ich diese drei Welten, in denen ich da lebte, Nazischule, Kloster und meine Mutter, wenn ich Ihnen das irgendwie klar machen möchte, dann müßte ich die da aufstellen, diese drei Säcke da. Und – ja, und dann bin ich ja eigentlich dreigeteilt, aufgeteilt, ich bin drei Leute! Ich hab drei Identitäten. Und es müßte doch etwas dazwischen sein, also etwas Eigenes. Also etwas –
T Das kann ich Ihnen sagen: die Panik und das Leergefühl. Die Verbindung bei solchen Fragmentierungen ist oft die Panik.
P Die hab ich die Nacht geträumt. Und ich meine, daß dieser Traum eigentlich die Antwort war auf das, was ich gesucht

hab. – Und ich hab dann auch so das Gefühl gehabt, aber das ist auch nicht in Worte zu fassen, denn wenn ich eine Sprache benutze, dann benutze ich die Sprache derer, die mich zerstört haben. Also entweder die der Nonnen, die der Nazis, die meiner Mutter. Ich zerfalle in verschiedene Sprachbereiche, bin nie beim Eigentlichen, zerfalle in verschiedene Identitäten und bin dann ausgeschlossen von den anderen. Und in der Mitte, wo ich eigentlich bin, da hab ich überhaupt nichts erreicht.
T Und jetzt, was wollen wir denn dagegen machen?
P Aber ich hatte diesen einen Punkt erreicht, jetzt weiß ich vielleicht endlich mal, was ich überhaupt will. Die Lehranalyse hat das ja nicht erfaßt, da hab ich mich immer in diesen verschiedenen Teilgebieten aufgehalten und bin nur rumgehüpft. Und auf das Eigentliche bin ich nicht gekommen, die Leere, das Schwarze, die Panik... Der Traum war schlimm.
T Ich brachte ihn auch noch mit Berlin in Zusammenhang. Das haben Sie ja mehrfach erlebt, solche Wechsel, Abbrüche, unvereinbare Milieus... die sechs Monate im Krankenhaus, die Evakuierung.
P Ja, in Berlin fing's an, nach dem Tod meines Vaters. Ich hab einen Artikel gelesen und bin auf das Wort »Entwurzelungsneurose« gestoßen, ein Arzt in Jerusalem hat es für die Immigranten gebraucht. Das wäre eigentlich das Wort für mich. Es ist die Situation, in der man im Grunde keine Sprache mehr hat, um das ausdrücken zu können, auch keinen Kontakt. Ich wüßte jetzt keinen Menschen, mit dem ich darüber in eine Beziehung treten könnte. Da ist eine absolute Dunkelheit und – und – Beziehungslosigkeit.
T Also, da gehen Sie jetzt mal rein.
P Wie? (Erstaunt, erschrocken.)
T Indem Sie da liegen, an einen Sitzsack gelehnt, auf dem Boden, mit dem Schaffell. Und hier halten wir Kontakt. (Ich strecke meinen Arm in ihre Richtung aus. Ich habe ein Bild: sie wird an meiner Hand in das Grauen gehen, und ich

möchte, daß sie bequem »gelagert« ist. Sie versucht noch auszuweichen:)
P Ich möcht mich lieber wieder da unten hinsetzen.
T Was verbinden Sie damit?
P Ja, wie – ich hab das mit dem Liegen nicht genau –
T Wenn Sie den Sack auf den Boden hier stellen und sich anlehnen. Dann –
P Ach so. (Der Sitzsack wird herumgeschoben.)
T So halb liegend. – So, ja. Gut. Und jetzt noch ein Kissen unter den Oberarm. – So. Und dann den Arm hierher strecken und sich festhalten an mir, aber spüren, ob es bequem ist. (Ich bin recht direktiv, weil ich ahne, wo sie hineingeht.)
P Ja. So. – Ja, so geht's. (Sie lacht.)
T Das stimmt aber noch nicht. So, ja, daß der Arm richtig aufliegt. – Und jetzt sich diesem Dunklen überlassen, oder einfach warten, was kommt. (Ihre Hand auf meinem Arm ist sehr unruhig.)
T Das ist jetzt vorgegriffen, damit Sie wissen, wie ich's mir vorstelle. (Sie richtet sich allmählich ein, hält sich fest, kehrt sofort zum Traum zurück.)
P Also, ich bin aufgewacht und hab einen Lachanfall gekriegt. Ich hab ganz hysterisch gelacht. Das hab ich immer im Krieg – das hab ich immer im Luftschutzkeller bei Angriffen gehabt. (Die Stimme verändert sich.)
T Ja. Jetzt mehr auf das Brüchige der Stimme achten!
P Ich – also, da hab ich in der – ich hab da einmal – (Sie gerät ins Stammeln, bricht ab.)
T Sie brauchen nicht zu sprechen.
P Ich hab da einmal – ja, wir hatten Luftschutzbetten, mit so ähnlichen Säcken wie hier, Strohsäcke. Und an der Tür sitzt Mutter R., die Nonne, und betet, glaub ich, den Rosenkranz. Und – (atmet tief durch) ich weiß nicht mehr – (sie hört auf zu atmen).
T Atmen! Greifen Sie mal zu, als wenn Sie sich festkrallen würden. Ja, daß Sie spüren – Sie können sich einkrallen.

P Und – irgendwie sausen die Bomben und – Flak und – es ist (Gestammel in Panik) äh – ja, und – äh – äh – (Hört wieder auf zu atmen.)
T Atmen!
P Und jeder liegt auf seinem Strohsack, und es herrscht diese Totenstille. Kein Mensch sagt was, es ist nur das Murmeln der Nonne beim Beten zu hören, alles ist still, und draußen kracht's. Und jeden Moment weiß man, es ist jetzt aus. Und dann krieg ich diesen Lachanfall. Ich lache ganz laut (gequältes Ausatmen) und – dann hört's auf, die Bomben, und ich lach und ich kann's nicht mehr stoppen. Es ist eine völlig irre Situation, und es bleibt still. Keiner reagiert, keiner (stotternd) tröstet mich, meine Schwester hat neben mir gelegen, ich weiß es aber gar nicht mehr genau. Ich lach und lach und lache und wenn ich – aber auch die Nonne betet weiter, also, es ist so, als ob – es ist ganz verrückt...
T Atmen. Ausatmen. – – – Atmen, sonst gehen die Gefühle weg.
P (Sie atmet aus.) Ja, irgendwie ist es kaum auszudrücken, das – wenn ich alleine bin, dann entrück ich das gleichzeitig, als ob ich dann von mir selbst Abstand nähme, es wird dann so nüchtern auf einmal, wie im Theater, es ist gar nicht wirklich echt. – (Ein Zeichen, daß die Gefühle abgespalten wurden, aber noch »besichtigt« werden konnten.)
T Einfach mal richtig durchatmen und die Bilder angucken.
P Ich hab immer vor mir diese weißgekalkten Mauerwände, neben dem Strohsack.
T Sie müssen's mir nicht unbedingt erzählen. Es ist einfach wichtig, daß ich dabei bin, wenn Sie die Bilder anschauen – (Schweigen)
P Ja, ich guck mir selbst zu, also, ich hab das Gefühl, ich liege da, und ich stehe über mir und guck auf mich runter. – Ja, und da bin ich selbst, das ist heute und mein Verstand und – und – und – (sie weint). Pause.
T Ja, können Sie mal zu der Kleinen sprechen: Ich seh, wie du da liegst

P Ja. Ich seh – ich finde dich – ich finde das schockierend, wie allein du bist. Es wäre doch eigentlich naheliegend, daß alle zusammenkriechen, daß keiner allein im Bett liegt, daß wir alle zusammenkriechen. Diese blöde Kuh von Nonne, die da sitzt und betet, so'n Quatsch. Was soll das denn? Die hätte doch auf uns zugehen können, die hätte sagen können, jetzt kommen wir alle zusammen und jetzt halten wir uns bei der Hand oder wir nehmen uns gegenseitig in die Arme oder wir halten uns fest oder – – sie hätte uns übern Kopf streicheln können und sagen: jetzt beruhige dich, es wird doch, es wird doch nicht so schlimm, und wir haben bis jetzt alles überlebt, das wird ja auch wieder so gehen. Aber nein, da sitzt sie da und betet, anstatt (stottert) anstatt – das sind doch alles Kinder um sie herum und alles Kinder, deren Mütter weit weg sind, oder draußen, und Väter und – und die vielleicht in dem Moment umkommen und – und – meine Mutter ist mehrere Straßen weiter und stirbt vielleicht in dem Moment, das Haus wird getroffen und diese Kälte und diese Leere um einen und diese Beziehungslosigkeit. Wir durften ja nicht mal zusammen in die Betten gehen. Wenn jetzt ein Mädchen zu mir ins Bett gekommen wäre, eine andere, dann hätte das sofort geheißen: das schickt sich nicht, das ist unanständig, das tut man doch nicht, da ist immer diese Angst vor dem Körper. Oder vor der Sexualität oder den Lesben usw. Wir mußten uns ja immer voneinander getrennt halten, immer diese Angst, und da konnte man umkommen im Krieg, und dennoch wurden diese blöden Scheißregeln aufrechterhalten, Abstand, Distanz und – und wenn da eine Luftmine draufgefallen wäre, auf das Haus, dann wären wir alle krepiert, aber wir hätten uns nie vorher an die Hand genommen oder uns angefaßt oder uns getröstet. Das ist ja eine Entfremdung des Körpers bis in den Tod hinein. Das ist furchtbar und erschütternd. (Gequältes Durchatmen, Schlucken.) Aber auch meine Schwester versteh ich nicht, die war ja nun älter, die hätte doch zu mir kommen können, hätte mir helfen können. Aber die lag ge-

nauso erstarrt irgendwo da und – und – ja, und eigentlich hatte ich mich danebenbenommen. Alle waren peinlich berührt, ich auch, ich war die einzige, die die Fassung nicht bewahrt hat, die irgendwas geäußert hat, die anderen haben alle – die haben sich zusammengenommen. Was in denen vorgeht, weiß ich nicht, keine hat geschrien, keine hat geweint, keine hat sich gerührt. Die Totenstille und immer das Horchen auf den Einschlag: kommt der jetzt näher und ist es jetzt über uns oder geht es jetzt weiter und kommt jetzt dann wieder der nächste und – und ist es schon weiter entfernt? Und dann – aber keine sagt was, es ist einfach diese wahnsinnige Stille, hab ich in Erinnerung, diese Kälte und dieses Murmeln der Nonne. – Ich weiß nicht, warum ich gelacht hab, ich weiß eigentlich nicht, warum lacht man in so einer Situation, also ich hätte eigentlich –. Ich war ja die Kleinste, ich war die Jüngste, die waren alle älter. Ich war die einzige, die in der Grundschule war, die anderen waren alle schon im Gymnasium. Insofern durfte ich's mir ja auch erlauben, ich war die Labilste. Aber –
T Was ist mit der Hand, wie fühlt sich das an? (Ihre Hand zuckt auf meinem Arm. Sie atmet gequält aus.)
Stimmt irgendwas nicht, oder diese Bewegung – hat die eine Bedeutung? (Die Hand schwankt zwischen leblosem Loslassen und Anklammerung.)
P Was ich jetzt hier mache?
T Ja.
P Ich weiß es nicht.
T Dann fühlen Sie mal rein.
P Ja, es ist – also es ist so etwas wie – etwas spüren. Also, es ist so – ich hab was in der Hand, das ist nicht so – so – tot. Hab ich Ihnen wehgetan?
T Nein, haben Sie nicht wirklich. Was spüren Sie im Moment, ich muß das eben mal zurechtrücken, Arm und Hand – (Ich gebe ihr meine Hand.) Ja.
P Ja. Ja, das jetzt, in diesem Moment ist es das, was ich nie gehabt habe! Kann sein, daß ich davor jetzt auch Angst

kriege..., was sich bei mir dagegen jetzt sperrt. – Ich glaub, das muß ich erst verarbeiten, daß da eine Hand ist, das kommt bei mir immer erst im nachhinein, das wirkliche Fühlen.

T Ja, dann ziehen Sie mal ihre Hand zurück und bleiben eine Weile bei sich, um das Pendeln zu spüren: zwischen etwas noch nicht ganz Faßbarem und dem Wieder-für-sich-Sein.

P Ja, ich hab mir gedacht, – daß im Grunde genommen die Beziehung, überhaupt jede menschliche Beziehung den Prüfstein des Krieges erleben müßte, wenn ich den Menschen akzeptieren soll. Also, wie verhält sich ein Mensch mit mir und bei mir und neben mir in einer Kriegssituation? Da bewährt sich für mich der Mensch. Alles andere gilt eigentlich nicht. Also, wie verhält sich jemand neben mir, wenn er die gleiche Angst hat wie ich? Und weiß, er kann jeden Moment sterben oder verwundet werden. Und gleichzeitig ist es nicht sein Zuhause bei den Eltern, sondern in einer fremden Umgebung. (Weint) – Ich kann das überhaupt nicht verstehen, daß meine Mutter das zugelassen hat. Also, wenn ich jetzt – ja – also wenn – (bricht ab).

T Können Sie mal zur Mutter reden, wie wenn sie da drüben auf der anderen Couch säße? (Zögert einen Moment, schaut hinüber, läßt die Mutter langsam wirklich werden.)

P Also, ich hätte meine Kinder nicht weggegeben an Deiner Stelle. Das hätt ich überhaupt nicht gemacht, ich hätte in der Gefahr – gegluckt. Ich hätte keine Nacht ohne meine Kinder verbracht.

Was geht eigentlich in einer Mutter vor, was ging in dir eigentlich vor, als du deine Kinder in ein Internat gabst im Krieg, wo fast jede Nacht Bombenangriffe waren. Und K. war ja damals Ruhrpott, das war ja dort überall mit den Angriffen! Das ist für mich überhaupt nicht nachvollziehbar, wie du das zulassen konntest! Du hast doch Geld genug gehabt, du hättest doch eine Erzieherin oder weiß der Himmel was, irgendein Mädchen nehmen können für uns tagsüber, aber ich hätte doch im Krieg (hustet, würgt) meine Kinder

nicht weggegeben. – Ich glaub, ich wär durch einen Bombenangriff – auf freier Strecke wär ich durch alle Straßen gerannt, das wär mir völlig egal gewesen, und wäre bis zu den Kindern gelaufen. – Und wenn ich dabei umgekommen wäre, ich glaub, das hätt ich gemacht. – – (Schweigen. Sie sitzt vor der Mutter wie fassungslos.)
T Wollen Sie ihr sagen, daß sie schwer gestört ist?
P Sie selbst?
T Ja, die Mutter. (Sie schüttelt den Kopf.)
P Da tue ich ihr ja was Gutes an!
T Weil Sie sie entschuldigen, mit einer Störung?
P Ja. Dann entschuldige ich's ja sogar noch.
T Was sagen Ihre Gefühle denn?
P Ich glaube, daß in mir ein furchtbarer Haß und eine schreckliche Wut ist... Mir fällt gerade ein, es war noch was in dieser Woche, was mich so – ich konnte zwei Tage lang kaum richtig reden, so hat mich das umgehauen. Sogar mein Mann, dem hab ich das erzählt, sagte: Das ist aber ein Ding! (Schaut wie nach innen in schlimme Bilder.) Ich war wegen diesen verschiedenen Welten, Nazi-Lehrerin und Kloster – so verwirrt, daß ich nicht mehr lernfähig war. Ich war total schlecht in der Schule. Und bin dann immer – die Lehrerin hat meine Hefte hochgezeigt: Und guckt mal her, was die wieder gemacht hat! Und dann kam ich mit diesen Heften und den Fehlern ins Internat, und die Mutter R., die Nonne – hat mich zu meiner Mutter geschickt, mit den Heften und den Fehlern. Dort sollte ich mir meine Kritik einholen. Kein Mensch hat kapiert, was da eigentlich lief. Was das eigentlich bedeutete, warum ich da nicht lernen konnte...
Pause
(Sie taucht auf aus der Erinnerung, spricht zu mir.) – dann hab ich gestöbert in einem Buch über die Berliner Schule in der Nazizeit, wo ich vorher war, 39 bis 42, da war ein Artikel aus dem Völkischen Beobachter: wie die ganzen linken Lehrer langsam eingesackt wurden von den Nazis, in die Lager, in die die mußten usw. Ich hab mir diesen Hintergrund

verschafft, um das verstehen zu können, wie die Lehrerschaft dann war in der Nazizeit und warum sie so sein mußte. Welchen Repressalien sie ja auch ausgesetzt war. Und dann hab ich auch über die Sonderschule gelesen, daß die Kinder (schluckt) – in den Hilfsschulen sterilisiert und zum großen Teil dann vergast wurden –. Und da weiß ich noch, daß ich damals in K. eine panische Angst hatte, daß ich in die Hilfsschule müßte, weil ich so schlecht geworden war. Und dann ist mir jetzt gekommen – ob nicht überhaupt die Nazi-Lehrerin mich dahin treiben wollte..., daß das sogar von der Schule aus sozusagen eine gezielte Aussonderung war... (weint) und mir das hätte blühen können, daß die... das systematisch betreiben konnten. Und da ist mir auf einmal aufgegangen, in was für einer Gefahr ich geschwebt bin, damals. (Sie scheint in Todesangst; da öffnet sich wieder wie leblos ihre Hand, der Körperkontakt bricht ab.)
T Ja. Probieren Sie wieder die Hand aus, festhalten! (Sie faßt sie wieder.)
P Also, da ist mir schockartig aufgegangen, daß es unter Umständen sogar die Politik war in der Schule. Weil die ja doch ahnten, wo ich lebte..., daß da ein Exempel statuiert werden sollte, daß katholische und solche in Klöstern – Kinder – in klösterlichen Internaten, und dazu noch behindert, keine Chance haben sollten in öffentlichen Schulen. Und daß mich der Bombenangriff vielleicht sogar davon befreit hat. Denn wir sind ja dann weggezogen, als K. zerbombt war.... Ich also wie in einem Rausch, als alles gebrannt hat... ich sehe vor mir die Schule, wie die brennt, wie die – das war ein – also, die hat unwahrscheinlich gebrannt... wie das alles in sich zusammenkrachte ... das war ein Feuer ... die Schule war ja ganz in der Nähe von uns ... also, diese Wonne, Traum eines jeden Kindes, zu erleben, daß die Schule verbrennt! Als hätte mans gewünscht, ... vielleicht hat mir das das Leben gerettet. Wie ich das gelesen habe in alten Lehrerzeitschriften, Hilfsschulen hießen Sterilisierungsanstalten bei den Lehrern, da sind ja Sachen gelaufen, die heu-

te noch gar nicht an die Öffentlichkeit gekommen sind, das liegt ja noch im Dunkeln. Es stand auch da, wie viele Kinder über die Hilfsschule sterilisiert wurden und in die – ins KZ kamen oder in diese – eben nach der Weißenau oder wie die alle hießen, wo sie dann nur per Urne zurückkamen. – Also das hätte mir blühen können. Kein Mensch hat es gemerkt, hat es geahnt, und wenn das wirklich passiert wäre, hätte mir kein Mensch weitergeholfen... (Hält inne wie vor einer noch schlimmeren Aussage.)
Also – meine Mutter hätte es nicht gekümmert, die hätte keinen Finger krumm gemacht, die hätte das bis zum bitteren Ende zugelassen, nicht für mich gekämpft. Und die Nonnen hätten es auch nicht gemacht, aus lauter Angst, sie würden sich verraten. Denn sie waren ja praktisch nicht existent, sie mußten sich ja verstecken... ich war da zwischen zwei Welten, die – jeder kroch nicht aus seinem Loch und setzte sich für mich ein und überließ denen das Feld. (Schweigen. Sie hat wieder meine Hand verloren.)
T Können Sie mal zehn Zentimeter zurückrücken. Irgendwas stimmt mit der Hand nicht, wir werden es rauskriegen, aber da ist irgendein Rätsel.
P Ja, ich achte da nicht drauf. (Lacht.)
T Schieben Sie sich mal zurück mit den Füßen, jetzt einfach zehn Zentimeter weiter, ja. Weil ich das hier nicht kann, ja. Und jetzt probieren Sie mal mit der Hand in meiner Hand...
P Ja, ich bin so – ja. (Verwirrt) – – Ja. Was für eine Hand ist das jetzt? Die meiner Mutter, die einer Nonne oder die einer Lehrerin? Die von Frau Z. (der Lehranalytikerin)?
T Nein, meine! Das ist trotzdem richtig zu fragen, was für eine Hand das ist. Wenn Sie sie noch nicht mit mir in Verbindung bringen können, nehmen wir an – sagen wir: nur eine Hand, die in Ihre Einsamkeit reinragt. Also, es ist die Vorform einer Hand, die zu einem Menschen gehört, der Halt bedeutet. (Wenn ein Patient in seiner Ur-Einsamkeit noch gar nicht fassen kann, daß ein haltgebender Mensch da ist,

beginnt er mit einem Teilobjekt: die Hand, die der Patient spürt, als einem Ansatzpunkt für das innere Bild einer späteren ganzen Person.)
P Das ist ganz komisch, als ich alles – nicht alles, aber einen Teil meiner Papiere verbrannte, und das knisterte im Kamin, da hab ich mich wieder hingesetzt, an die Schreibmaschine, um mich zu beruhigen und wieder einen klaren Kopf zu kriegen. Das war wie eine Notmaßnahme, um mich wieder zu disziplinieren und mich nicht zu verlieren. Und da hab ich versucht, das zu definieren, was nicht zu definieren, ins Wort zu bringen ist. Und dann hab ich es mit »du« angeredet zum Schluß. Ich hab einfach reingeschrieben, was mir so einfiel: »Wie soll ich mit dir sprechen?... – kann ich meine Hand an deine Hand legen?« Merkwürdig. Das hab ich geschrieben, vor ein paar Tagen...
(Als hätte sie, mitten in der Verwirrung und Panik, meine Hand vorausshalluziniert.)
T Ja, dann probieren wir das mal.
P Was passiert?
T Nur anlegen, die Hand, an meine.
P Aber genau das passiert jetzt, das ist das Merkwürdige. – Ich hab ja noch den Satz erweitert, ... aber das kann ich nicht. Das dauert noch eine Weile: »Und dir in die Augen sehen«, habe ich noch dazugesetzt – »meine Hand an deine legen und dir in die Augen sehen.« Aber das In-die-Augen-Sehen, das ist noch lange nicht möglich! Ich hatte mir das aber so vorgestellt in meiner Phantasie – so. Wie Kinder das machen, wenn sie die Hand an die Hand des Vaters oder der Mutter halten, so, ist sie größer oder kleiner?
Dieses Handfläche-an-Handfläche (sie probiert es mit ihrer Hand und meiner aus), ich finde das andere jetzt schöner, fest umschlossen – Ja, ich hab auch noch weitergedacht. Ich glaube, daß das, was ich »die schwarze Mitte« nenne, – so versuch ich's zu definieren – also, wenn ich hier mit meiner Hand auf Ihre zugehe, dann ist das so was Wirkliches, so was zum Festhalten. Also, ich kriege durch meine Finger-

spitzen das Gefühl, hier ist was Reales. Ich träume nicht, es ist da. Und ich glaube, daß dieses Gefühl – ja, die Leere – ich kann es nicht anders ausdrücken, eine Sogwirkung auf mich hat. (Pesso nennt es *negative nurturance,* negative Nahrung: wenn das Identitätsgefühl mit Schmerz oder Panik oder Leere verknüpft ist und deshalb immer wieder gesucht werden muß.) Und daß ich dann so, in diesen Situationen, irgendwas erreichen muß, daß ich mich spüre... ich kenne das ja von Jugendlichen, habe das schon miterlebt, die fangen ja dann an, sich mit Rasierklingen zu schneiden und ähnliches. Sind ja auch so in Unwirklichkeitsgefühlen. Sie müssen sich verletzen, um sich zu spüren. Und da hab ich das Gefühl: wenn ich in solche Gefühle hier reinkomme, fangen wir bisher an, uns zu streiten. Also daß ich dann – sozusagen um die Spannung zu spüren – Sie haben das ja mal so ausgedrückt: »Minenfelder legen«; daß ich dann praktisch den Krieg mitbringe. Ich weiß nicht, ob Sie verstehen, was ich meine. Oder daß ich dann meinem Mann wie absichtlich auf den Wecker gehe. Ich kann das gut, Streit provozieren. Dann ist wenigstens die Leere weg.
T Ich glaube, ich verstehe. Einen Gegner suchen, um sich zu spüren.
P Ich habe mir das mal aufgeschrieben, man ist ja auch so furchtbar im Krieg diesen Bomben ausgeliefert. Man kann sich überhaupt nicht wehren. Man ist völlig wehrlos. Man kriegt das Ding auf den Kopf oder nicht, hat Glück gehabt oder nicht. Und man weiß nicht, ob man die nächste Stunde noch überlebt oder die nächste Minute oder überhaupt noch ein ganzes Leben. (Sie scheint zu verstehen, daß sie in ihrem Leben zu jeder Zeit die Möglichkeit hat, Krieg zu provozieren. Dann erlebt sie gleichzeitig extreme Ohnmacht, kurz vorher aber die Macht, ihn auszulösen. Es ist, als wäre sie auf den Kriegszustand fixiert geblieben: das war das wirklichste Gefühl in ihrem Leben, neben der Einsamkeit.)
Und später waren wir mal ziemlich nah hinter der Front, in der Stadt, wohin wir evakuiert wurden. Dann bin ich immer

mit dem Fahrrad über die Rheinebene gefahren und habe die Tiefflieger regelrecht rausgefordert. Das war lebensgefährlich, über diese Straßen zu fahren in der ungeschützten Ebene. In letzter Minute habe ich dann noch eine Scheune erwischt... ich bin bei Tieffliegerangriffen durch die Straße, an Häuserwänden entlanggegangen, verrückte Sachen – ja, nur um mich zu fühlen. – Ich glaube, die Stunde geht zu Ende, ja?
T Mhm (bestätigend). – Mit einer gewissen Beruhigung, für mein Gefühl.
P Ja.
T Entwarnung.
P Ja (lacht vorsichtig). – Ich muß überhaupt meine Augen wieder aufmachen. (Steht etwas mühsam vom Boden auf.)

IV Die Bomberflotte in der eigenen Seele

Dieser Stunde mit derselben Patientin, Frau P., geht das länger anhaltende Gefühl voraus, die Therapie stagniere, eine enorme und schwer faßbare Kraft lege alle Fortschritte lahm. Manchmal fragte ich mich, ob ich überhaupt eine Chance haben würde, wenn sie sich mit den inneren Dämonen gegen mich verbündete, obwohl wir doch einige dieser gefährlichen Introjekte schon mehrfach externalisiert haben und sie sich mit ihnen auseinandergesetzt hat.
Eindrucksvoll war eine kürzlich vorangegangene Stunde, in der sie die drei sie am meisten in ihrer Identität bedrohenden Frauen: die Äbtissin, die NS-Lehrerin und die Mutter wie drei Schicksalsfiguren in einer Reihe aufstellte. Wir hatten beide den Eindruck, daß damit eine Phase von Übertragungsverwirrung beendet sei.
Als sie sich auf ihren Platz parallel zu mir, im Abstand von gut zwei Metern, auf einen Sitzsack am Fußende der Couch gesetzt hat, entsteht ein vertrautes Gefühl von feindseliger Lähmung, in der ich mir böse und sie mir mächtig vorkommt. Deshalb frage ich, in der Hoffnung, diese Lähmung abzufangen und ihr auf den Grund zu kommen, relativ rasch, solange ich noch »guter Dinge« bin:
T Welcher Feind aus dem Sortiment bin ich gerade?
P Ihr eigener!
(Herausfordernd; die angespannt-gekränkte Stimmung der Patientin ist bereits bei diesem ersten Satz deutlich spürbar; sie kann schwer fassen, daß ihre Introjekte mich tatsächlich bedrohen und ich mich oft klein fühle.)
T Wo paßt das am besten hin? Über wen könnten Sie das auch so sagen? (Ich gehe nicht auf die Stimmung ein, sondern versuche, sie bei der Mitarbeit, bei der Suche nach der Übertragung zu halten.)
P Sie haben am Anfang der letzten Stunde zu mir gesagt, daß Sie nicht untergehen wollen in dem Scheiß meines Lebens.

Ich frage mich, wie Sie mich weiter behandeln wollen und wie ich hier überhaupt noch heil herauskomme, wenn Sie das auch nicht aushalten? (Leise, aber anklagende Stimme. Sie fordert ganz selbstverständlich, daß ich die Stimmungen aushalte, auch wenn sie noch so verwirrend und bedrohlich sind. »Wenn nicht, gebe ich auch alle Hoffnung auf.«)
T Ist das die Hauptbilanz aus dieser Stunde?
P Für mich schon, ja.
T Daß Sie hier auch wieder das Opfer sind, das keiner aushält?
P So nicht, aber ich sollte diese Sache wenigstens mal ansprechen. Ich fühlte mich wieder einmal furchtbar gekränkt. Es ist doch klar, daß ich dann nicht offen herkomme und sehr deprimiert bin. Ich denke: Er hält mich nicht aus. Muß ich jetzt auch noch ihn aushalten, damit ich mich aushalten kann? Meine Kräfte reichen nicht für zwei. Wie soll ich dabei noch Hoffnung für die Zukunft finden? Es geht ja nicht nur um die Vergangenheit. Was kann ich mir noch von der Zukunft erhoffen? Ich kann das nicht so einfach wegstecken, ich bin schrecklich deprimiert und habe mir gedacht, daß es sich immer wiederholen wird: Du gehst jetzt deprimiert hin und dann wirds noch schlimmer. *Anklagend, fast ein trotziger Tonfall.* (Da ich ahne, daß wir einem wuchtigen, aber noch unbekannten Introjekt auf der Spur sind, beharre ich auf der Suche, aber nicht in der Übertragung, weil ich eine unklare Angst vor einer Verstrickung habe.)
T Gehen wir doch mal weg von mir, so daß Sie mir nicht eine neue Windung der Verstrickung anhängen. Wer konnte Sie nicht aushalten und hat das so signalisiert?
(Die Einladung zur Verstrickung und zum Streit ist groß, ich will aber einen klaren Kopf behalten und mit ihr zusammen das ursprüngliche Objekt finden, dem ihr Groll gilt. Ich bin relativ autoritär, glaube aber zum Schutz des Settings und in Abschätzung meiner begrenzten Kräfte in Übertragung und Gegenübertragung in bestimmten Situationen bei dieser Patientin dazu berechtigt zu sein. Frau P. kämpft oft mit großer

Energie darum, nicht aus der Übertragung aussteigen zu müssen. In der wiederholenden Inszenierung der Übertragung fühlt sie sich sicher, außerdem beherrscht sie dann die Szene, wenn sie mit einem mächtigen Introjekt identifiziert ist.)
P Eigentlich alle, die ich kenne, dachten so.
T Ja, eben. Und ich habe gesagt, daß ich eine neue Rolle spielen möchte in Ihrem Leben und daß Sie mich nicht in die endlose Kette der Wiederholungen einreihen sollen. Und auch Ihre Macht nicht benutzen sollen, um mich in ein altes Muster zu drängen, sondern daß Sie sich die Chance geben, mit mir andere Erfahrungen zu machen. (Freundlich, aber bestimmt.)
P Ja, aber wenn dann wieder solche Stunden entstehen wie beim letzten Mal, falle ich in ein derart tiefes Loch, daß ich mir sage: »Wenn ich mich da herausgerappelt habe und mit Ihnen wieder klarkomme, wie lange wird das überhaupt halten? Wie oft soll ich mich denn noch aufrappeln?« *Stimme der Patientin klingt klagend, vorwurfsvoll, verzweifelt.*
T Haben Sie also jetzt in Ihrem Erleben mit mir den nächsten Sadisten gefunden, der sie quält und sie gleichzeitig nicht ertragen kann?
P Ja, so kommt mir das wirklich vor!
T Könnten Sie nicht mal was Neues mit mir versuchen? Ihre zweite unausgesprochene Frage war: »Darf das denn überhaupt sein? Was wäre, wenns dir gutginge?« In solch einer Situation tauchen neue Gefahren auf, vor denen Sie Angst haben.
P Wenn es mir hier gutgeht, kommen danach prompt wieder Stunden, in denen es mir nicht gutgeht. Eine ständige heißkalte Dusche, dazu habe ich allmählich auch keine Lust mehr.
(Dieser Satz enthält sowohl die Einsicht in die Wiederholung, wie die Anklage, als ob ich ihr das bewußt oder aus Schwäche oder Inkompetenz antue. Immerhin macht mir der Satz etwas Hoffnung.)

Was würde ich provozieren, wenn ich herkäme und wir beide würden gemeinsam etwas schaffen, so daß ich froh und heiter ins Wochenende ginge? Und dann sage ich in der nächsten Stunde irgendeinen Satz, und alles ist wieder kaputt!
T *Ist gereizt, ungeduldig, ein bißchen so, als spräche er zu einem kleinen Kind.* Das haben wir doch schon oft gehört, daß Sie bereits unterwegs davon überzeugt sind, die Stunde geht schief. Aber Sie haben ja sogar öfter mal gesagt: »Ich spüre, daß ich Sie provozieren oder Macht ausüben möchte.« (Das scheint wieder verlorengegangen, aber ich hoffe, wir können es wieder ausgraben.) Wir könnten ermitteln, wer die Macht hat, alles kaputtzumachen. Aber für Sie ist es bequemer, mich zu beschuldigen: »Sie machen immer wieder alles kaputt.« Es kann gut sein, daß ich Fehler mache, aber so, wie Sie das darstellen, daß Sie in mir einfach den nächsten Tyrannen gefunden haben, so kann das doch nicht stimmen.
P Ich möchte das jetzt mal dahingestellt sein lassen. (Vorsichtig einlenkend.) Ich nehme an, daß das eine Mischung aus mehreren Faktoren ist. Ich glaube, daß Sie in einer bestimmten Verfassung sind und daß ich in einer bestimmten Verfassung bin. Gerade vor unseren Stunden morgens um 8 Uhr denke ich: Na ja, vielleicht hat er in der Nacht schlecht geschlafen, oder er hat beim Frühstück mit der Familie Krach gehabt und bringt jetzt noch den Ehekrach mit. Sie sind ja auch in einer bestimmten Verfassung... (Ich merke, daß ich wütend werde über die drastische Anklage: Er hängt mir jetzt auch noch sein privates Elend an, das ich dann mittragen muß!)
T Ich kann das schon verstehen. Aber diese negative Vorwegnahme und Grundüberzeugung: Jetzt bekomme ich dessen Elend ab – die muß doch irgendwoher kommen?
Pause
P Ich denke oft daran, daß wir hier den Krieg inszenieren und daß wir die Nazizeit, mit all den Figuren, die dazu gehö-

ren, heraufbeschworen haben... *jetzt im Ton sehr überlegen, aber unglücklich anklagend:* Im Unterschied zu Ihnen habe ich die NS-Zeit und die Bombenangriffe erlebt! Sie dagegen erzählen in einem Vortrag (zum Jahrestag der Bombardierung Freiburgs, den sie sich angehört hat), daß Sie sich später die Bilder von den Trümmern angeguckt haben. Wenn ich das höre, denke ich *sehr vorwurfsvoll:* Ich habe das erlebt! Er muß sich Bücher angucken, um es zu wissen. So groß ist unser Unterschied! *Die Stimme ist fast verächtlich.* Ich trage etwas an Zeitgeschichte und Erleben in mir rum, was ich gar nicht den Menschen, die das nicht erlebt haben, vermitteln kann. Vermutlich wehren sich die Menschen auch dagegen, es wäre eine ganz gesunde Reaktion und ihr gutes Recht. (Sie spricht jetzt wie manche Holocaust-Opfer, die sich mit Recht beklagen, daß ihr Los niemanden mehr interessiert.) *In der Stimme schwingt eine Mischung aus distanziert-triumphierender Überlegenheit und großer Verzweiflung mit. Während des Anhörens des Bandes kann man sich der lähmend-vorwurfsvollen Atmosphäre kaum entziehen.*
T Wie soll ich denn Ihrer Meinung nach reagieren? *Etwas vorwurfsvoll.* Ich erlebe doch mit Ihnen, was die NS-Zeit für Verwüstungen angerichtet hat. Ich will Ihnen helfen, das zu fühlen und vielleicht zu Papier zu bringen, und ich ermutige Sie auch, wenn die Geschichte Sie verschluckt und Sie den Rückweg in die Gegenwart kaum mehr finden.
Pause
Aber was wird in Ihnen ausgelöst, wenn Sie hören, daß ich einen Vortrag über dieses Thema halte? Sollte ich nicht darüber sprechen? Sollte ich sagen: Fragen Sie Frau P.? Sollte ich mit Ihnen üben, Ihre Geschichte jemandem mitzuteilen? (Ich reagiere heftig, weil sie mir ziemlich direkt das Recht abspricht, über die NS-Zeit zu reden. Wir kämpfen sozusagen um die Berechtigung, darüber zu sprechen. Ich spüre aber auch den Neid, vermag jedoch in dieser Stunde noch nicht damit umzugehen. Für sie ist das Lesen und Schreiben

über die NS-Zeit parallel zur Therapie aber ein sehr elementarer Weg, um zu ihrer Wahrheit zu finden, ihre Lebensberechtigung zu erkämpfen. Für sie ist das verknüpft mit Sprechen-Lernen. Da ich schon sprechen kann, fühlt sie sich bedroht und fast enteignet durch meine Sprache. Zur Erinnerung: die Mutter ist anerkannte Künstlerin, ihr Mann war lange in einer sehr sichtbaren öffentlichen Stellung tätig.)

P Ich erlebe doch, daß ich es nicht mitteilen kann, sondern daß ich eher provozierend, mächtig oder niederschmetternd wirke. Ich trage eine negative Welle vor mir her, die Sie zu überschwemmen droht. (Sie ist verzweifelt, weil sie meint, ihr Erleben trage mich weg, ich sei ihrer Wucht nicht gewachsen. Das würde bedeuten, daß sie ihr Leben ohne ihre Wahrheit beenden würde.) *Der Tonfall der Patientin klingt sehr beharrlich, fast beschwörend. Es scheint, als ob sie ihre gramvoll-anklagende Position nicht aufgeben kann.*

T Das muß ja irgend etwas bedeuten. Habe ich etwas unzureichend gewürdigt? Sind Sie mit Ihrem Skript (des Leidens, der Unterlegenheit) verheiratet? Haben wir eine Chance, da auszusteigen? Was wäre, wenn es hier gutginge?

Pause

P Es waren sieben Jahre meines Lebens, wo in jeder Minute alles zertrümmert sein konnte! Das Leben war durchsetzt von Trennungen, bei mir sowieso. Eine andauernde Lebensbedrohung. (Jetzt wird mir deutlicher, daß sie nicht so sehr Kampf sucht, als vielmehr einen Ort für ihre Wahrheit, einen Zeugen oder einen Raum, in dem die Wahrheit voll herauskommen darf.)

T Das glaube ich Ihnen auch. Die Frage ist allerdings, ob Sie sich bis an Ihr Lebensende darauf berufen wollen. Soweit es mir möglich ist, habe ich vieles verstanden. Das Normale wäre jetzt, Sie öfter körperlich zu halten, damit manches von den schlimmen Gefühlen herauskommen kann. Sie spüren dann, daß ich präsent bleibe.

P Das ist bei mir noch nicht rausgekommen. Ich fühle das alles noch gar nicht (ebenso verzweifelt wie anklagend).

T Genau! Aber sich dort hinten verbarrikadieren und mir sagen: »Sie sind nur der nächste Sadist!« Wie soll sich da etwas ändern? Ich könnte respektieren, daß es nicht gehen soll und daß Sie mit der Größenphantasie verbunden bleiben wollen: »Mein Leben ist durch eine Häufung von Ungeheuerlichkeiten geprägt, da kommt kein Therapeut heran.«
P Das ist das, was ich aufschreiben möchte, die Häufung des Schreckens. Aber im Moment schreibe ich überhaupt nicht mehr, mir fällt gar nichts mehr ein, oder: ich kann es wieder nicht ausdrücken. Wenn ich Bücher über das Dritte Reich lese, dann ist das eine Zusammensetzung von Fakten. Ich habe bisher noch nicht erlebt, daß jemand die Gefühle geschildert hat. Es ist wie eine Aneinanderreihung von Tatsachen. Vielleicht ist das für die meisten Leute die einzige Möglichkeit, die Ereignisse mal loszuwerden. Ich denke immer, daß man anders vorgehen sollte, daß erst die Gefühle dargestellt werden müßten. Die Tatsachen sind ja bekannt. Das ist es, was ich möchte. (Ich ahne, daß sie auf omnipotenten archaischen Gefühlen sitzt, die jeden klaren Blick auf die Vergangenheit verstellen.) Gleichzeitig weiß ich jedoch, daß ich das nicht kann, da ich nicht an die Gefühle herankomme. Ich habe auch niemanden, bei dem ich das lesen könnte. Vielleicht ist das ein Schutz. Vielleicht kämpfe ich die ganze Zeit um die Vermeidung dieser Gefühle, die ich nicht aushalten könnte, wenn sie wirklich hochkämen.
Pause. (Atmosphärisch verdichtet sich etwas, sie scheint einem Geständnis nahe.)
Ich habe Ihnen vor zwei Stunden gesagt, daß ich mich ständig vor dem Impuls retten mußte, alle Sachen zu verbrennen und die Asche herzubringen. Sie haben sofort gefragt: »Warum diese Inszenierung?«
Aber das war kein Theater, das war die tägliche Bedrohung. Alles, was man hatte – und was man selbst war – konnte von einer Minute auf die andere in Flammen aufgehen. (Sie hat recht, ich hatte unempathisch auf ihre phantasierte Inszenierung reagiert. Dabei war es wie ein verzweifeltes

Nachspielen von Zerstörung und Feuersturm, in dem immer alles unterzugehen drohte. Man kann über diese vom Therapeuten intuitiv herbeigeführten Inszenierungen eindrucksvolle Beschreibungen lesen in Peter Heinls Buch »Maikäfer flieg, dein Vater ist im Krieg...« (München 1994)
Man lebte immer in diesem Bewußtsein, das man wahrscheinlich abspaltete, um überhaupt leben zu können. Der Alltag lief zwar ab, aber im Hinterkopf war ständig diese Bedrohung: Schon in einer Stunde kann alles zertrümmert sein.
Nun war neulich das Erdbeben in Japan (Kobe, Februar 95), alle Kinder erzählten mir ganz aufgeregt davon und sagten: »Du meine Güte, wenn das bei uns wäre.« Das war genau die Situation, in der ich als Kind täglich gelebt habe: nämlich mit den potentiellen Trümmerfeldern. Alles, was man hat, wird vernichtet.
Sehr lange Pause
Beim Hören des Bandes ist man gebannt von der Qual, in der sie steckt.
T Was ist das für ein Gefühl, wenn Sie mit diesen beängstigenden Erinnerungen leben und die anderen können die Qual nicht ermessen?
P (Ihr scheint es wie Schuppen vor den Augen zu fallen.) Mir geht durch den Kopf: die Identifikation mit den Angreifern, den Siegern. Ich möchte Sie in diese elende Position bringen und in Ihnen diese Gefühle auslösen, die ich beim Bombenalarm hatte, und ich möchte mich mit den Gefühlen der Sieger identifizieren. Sie sitzen unten im Keller, ich bin oben in der Luft. Ich könnte allen Schrecken verursachen, ich bin in der Höhe, ich bin mächtig, allmächtig über Leben und Tod. Ich kann Sie vernichten. Sie sollen an meiner Stelle die ganzen Gefühle erleben. Ich bin dann mal der andere. Ich war damals noch ein Kind, und diese Erfahrungen werden dann zu einem Bestandteil der Person. Ich glaube, daß ich die ganze Aggressivität des Krieges und der Angreifer in mich aufgenommen habe. Ein Teil davon ist sogar schon meine Persönlichkeit. Ich will so vernichtend zuschlagen wie die Engländer. Ich habe

es nie geschafft, nach England zu fahren. Ich würde es auch heute nicht schaffen. Für mich sind die Engländer immer noch die Feinde. Ich habe das nie abtragen können, obwohl ich ganz logisch weiß, daß alles vorbei ist. Ich käme nie auf die Idee, eine Ferienfahrt nach England zu machen!
Pause
Wenn ich Angriffe, egal welcher Art, erlebe, wird dieser Mechanismus bei mir ausgelöst, und ich schlage zurück mit Fliegeralarm.
Wieder relativ affektneutrale Atmosphäre, unberührt; Patientin wirkt intellektuell-distanziert und trotzdem echt.
T Bis hierher ist es Psychoanalyse, Sie reden darüber und verstricken mich hinein. Wie könnten Sie denn reingehen in die Gefühle? Als Kind haben Sie vielleicht Bomber gespielt; jetzt sind Sie oft ein stummer Bomber im Gewand des Opfers, der immer betont: »Ich bin hier nur das Opfer.« Es wäre denkbar, daß Sie das mit Geräuschen probieren oder daß Sie mal die Pistolen vom Tisch nehmen. (Ein Patient hat mir einmal zwei echt aussehende Spielzeug-Colts mitgebracht, die bei manchen Patienten, wenn ich sie ihnen gebe, sehr viel auslösen.)
Pause
(Angespannte Stille, sie schwankt zwischen Faszination und Angst.)
Die Patientin spricht sehr schnell, ohne einmal überlegend innehalten zu müssen. Der Tonfall ist einerseits emotionslos, gleichzeitig entsteht beim Hören des Bandes aber auch der atmosphärische Eindruck, daß die Patientin eine große Angst vor plötzlich aufkommenden, zu wuchtigen Gefühlen verspürt.
Sie können es zuerst auch mal ausphantasieren.
Pause
P Ich bin süchtig nach alten Wochenschauen. Vor allen Dingen, wenn Fliegeralarm kommt und wenn ich englische Wochenschauen sehe. Dann sitze ich im Flugzeug und sehe, wie die Piloten die Bomben ausklinken und wie unten ein Feuerteppich entsteht. Ich denke: Du bist jetzt hier oben. Was da

unten passiert, geht dich nichts an. Ich mache das ganz cool, das ist mein Job. Ich bringe ohne Gefühle Tausende von Menschen um. Das geht mich nichts an, das sind sowieso Ratten. Ihr seid alle Nazis. Ich räche mich dafür, daß ihr uns angreift. Ihr seid da unten auf der Erde. Ich bin hier oben. Ich töte euch und habe nichts damit zu tun. Ich kenne niemanden da unten, es interessiert mich nicht, es geht mich auch nichts an. Ihr könnt alle verrecken, das ist mir doch egal. Ich sitze hier im sicheren Flugzeug, fliege nachher wieder nach Hause und trinke Kaffee und spiele mit meinen Kindern. Ich brauche nur auf einen Knopf zu drücken, schon seid ihr alle vernichtet. Ich drehe dann ab und fahre nach Hause.
(Ich habe den Eindruck, sie ist ihren Gefühlen nähergekommen, aber das Formulieren hält sie vom elementaren Ausdruck ab. Deshalb schlage ich vor:)
T Jetzt mal nur mit Lauten, ohne Worte!
Pause
P (Anfangs noch etwas verschämt, dann zunehmend im affektiven Sog der Laute) Zack! Klick! Bumm! Wieder eine runter! Klick! Klick!
Klick! Klick! Klick! Klick! Immer weiter auf den Knopf drücken! Klick! Klick! Klick! Zack! Zack! Das funktioniert! Klick! Klick! Nicht denken! Nichts tun! Nur schmeißen! (Wie in einem Rausch.)
Pause
T Das Motorengeräusch?
P Rrrrrrrrrrrrr! Klick! Rrrrrrrrrrrrrrrr! Aufpassen, die Flak! Rrrrrrrrrrr! Klick! Klick! Zack! Rrrrrrrrrrrrrrrr! ... (Bricht plötzlich ab; sehr leise Stimme, erschrocken aus dem Rausch kommend.) Oh, nein! Das kann doch nicht! Das ist schrecklich! (Atmet sehr tief, gequält.)
T Holen Sie sich mal so eine Pistole vom Schreibtisch. (Freundlich, aber auch fordernd.)
P Nein, bitte nicht. (Verzweifelte, kindlich-naive Stimme.) Nein, das will ich nicht. Die haben das ja auch nicht mit Pistolen gemacht, die haben das doch mit ihrer Mechanik

gemacht, die haben nicht mal einen Abzug gehabt, die haben nur auf einen Knopf drücken müssen. Das war auch viel einfacher, denn eine Pistole ist wesentlich direkter.
T Dann schmeißen Sie mal Kissen auf dieses Planquadrat auf dem Teppich.
Pause
Vielleicht ist es verharmlosend, aber ich glaube, daß man das so rituell machen kann, daß man spürt: Jetzt schmeiße ich! Mit zwei Händen vielleicht.
P Nur so tun, als ob?
T Einfach fallenlassen.
P Nein, das ist zu schwierig, das kann man gar nicht. Man müßte die Handbewegung machen. Vielleicht so auf den Knopf drücken, neben dem Steuer. Klack! Klack! Klack! Klack! Klack! Klack! Das geht ja heute wieder gut! Klack! Klack! Das funktioniert ja wieder prima! Klack! Klack! Klack! Die Hälfte der Bomben habe ich schon los! Klack! Klack! Weiter! Weiter! Aufpassen! Klack! Klack! Rrrrrrrrrrrrrrrr! Klack! Klack!
(Patientin spricht erst zögernd, dann immer schneller, lauter, bricht erneut unvermittelt ab.)
Lange Pause
Das kann ja berauschend sein.
(Sehr leise Stimme, so, als wolle sie die verspürten Gefühle und Erkenntnisse nicht wahrhaben. Nach einer weiteren Pause voller Entsetzen:)
Ich stelle fest, daß das ein Rauschgefühl auslöst. Es löst auch sexuelle Gefühle aus. Ein sexueller Rausch. Ich entfache ein Feuerwerk. Einfach auf den Knopf zu drücken und...
(bricht ab, fassungslos).
Ich kann mir gar nicht vorstellen, wie ein Pilot danach noch normalen Sexualverkehr haben kann. Das ist ja wie ein riesiger Orgasmus. Der muß sich ja als Gott fühlen, die ganze Erde ist ihm untertan. Alles in Brand stecken!
Sie atmet tief, das Erschrecken und die Angst bei diesen Gedankengängen sind auch beim Abschreiben des Bandes fast

körperlich spürbar, die Atmosphäre scheint angefüllt mit immer größer werdendem Entsetzen.
Ich kann alle Frauen der Welt zerstören. Die Erde, die Welt. Verbrennen, zerstören!
Pause
Ich muß da wieder rauskommen. (Sehr leise, hilflose Kinderstimme.)
Ich muß landen. Die Erde zurückholen.
Sehr lange Pause
(Ich spüre, daß sie gegen Ende der Stunde Hilfe braucht, um aus dem Bombenrausch auszusteigen.)
T Sie können ja mal rumgehen.
P Darf ich mich die letzten paar Minuten zu Ihnen hinsetzen? *Weiche bittende Stimme, ein bißchen zaghaft und voller Scham.*
T Ja. Aber drehen Sie vielleicht doch mal eine Runde im Gehen, auf festem Grund.
P Nein, ich gehe nicht vor Ihnen her! (Patzig, als hätte ich eine Demütigung ausgesprochen, wie gegenüber einem abgestürzten Piloten, denke ich zunächst.)
T Ich kann ja auch aus dem Fenster schauen oder die Augen zumachen. (Ich drehe mich zum Fenster.)
(P atmet mehrmals sehr tief, geht im Raum herum.)
Pause
Ich drehe mich jetzt zurück.
P Kann ich mich da einen Moment hinsetzen zu Ihnen? (Weinend) (Gemeint ist: vor meinen Sessel, in meinen Schutz, zwischen meine Beine, und mit ihren Schultern in meinen Händen.)
T Ja. (Sie setzt sich in meinen Schutz. Meine Beine geben Seitenhalt.)
Sehr lange Pause
(Vielleicht um meine eigene Ergriffenheit unter Kontrolle zu kriegen, rede ich wie zu einer Kollegin.)
Ich dachte gerade an das Mitteilen. Was erleben wir? Was finden wir raus? Einerseits bin ich bei Ihnen, andererseits

denke ich an meine eigenen früheren und an viele anderen Analysen. Die Überschrift wäre: Warum ist die Analyse so eng beim Familienmodell geblieben? Warum hat sie keine Form entwickelt, um da besser ranzukommen?
P Ich weiß nicht, ob ich das, was ich gerade erlebt habe, genau vermittelt habe. Ich habe wirklich da oben im Flugzeug gesessen. Ich habe es als Bild ganz klar vor mir gehabt. Ich kenne es ja auch aus den Wochenschauen. Ich weiß nicht, ob Sie das nachvollziehen konnten, das ist auch gar nicht so wichtig. *Deutlicher atmosphärischer Unterschied im Vergleich zu den letzten Sequenzen, da die Patientin nun wieder affektneutral, distanziert spricht.*
T Ich müßte ja sehr bescheuert sein. Oder wie lautet die Botschaft? (Ironisch, etwas ungeduldig, aber nicht unfreundlich; ich war so intensiv dabei, daß ich es kaum fassen kann, wenn sie fragt, ob ich es nachvollziehen kann. Erst später begreife ich, daß ihre Frage aus der tiefen Einsamkeit der damaligen Erlebnisse kommt.)
P Ich meine, weil ich so in mich vertieft war. Ich habe gar nicht mehr daran gedacht, ob Sie mitgehen. Das war mir in dem Moment nicht mehr wichtig. Ich war in so einer Szene drin, vermutlich in einer Phantasie von mir. Ich war zu sehr mit mir selbst beschäftigt.
T Wenn ich Sie einlade und ermutige, so etwas in einer Szene zu probieren, dann nehme ich doch an, daß ein Mitschwingen vorhanden ist...
Ist es Ihnen noch ein bißchen unheimlich, daß Sie so alleine waren und mich nicht mehr wahrgenommen oder vergessen haben?
P Nein, das nicht. Es war für mich einfach nur eine Erfahrung. (Ich bin noch immer etwas gekränkt, daß sie meinte, ich sei vielleicht gar nicht mitgegangen, dabei habe ich ihr ermutigend das Setting zur Verfügung gestellt, sie zu den Lauten ermutigt! Aber ich fange mich, als ich verstehe: das Erleben bringt ihre Ur-Einsamkeit herauf.)
Ende der Stunde

Nachträglicher Kommentar
Mir wurde erst allmählich deutlich, in welchem Ausmaß das Introjekt Bomberflotte, mit dem sie identifiziert war, wirksam war. Es rückte im Lauf der »Inszenierung des Krieges und der NS-Geschichte« zwischen uns an einen psychischen Ort, von wo aus es seine auslöschende Kraft unerkannt gegen die Therapie oder gegen mich als das zu Zerstörende richtete. Spürbar gewesen war es nur in meiner Verzweiflung über die Stagnation der Therapie, mein Vernichtet-Sein in meiner menschlichen und analytischen Potenz.
Ich kann mir kaum vorstellen, wie man ein solches Introjekt nur in der Übertragung packen soll: nicht nur als Erkenntnis, sondern als wirksame Kraft mit der ganzen affektiven Wucht, die zu seiner Bildung führte. Zwischen einem symbolischen, rein sprachlich-affektiven Erfassen und der leibseelischen Inszenierung mit einer Annäherung an den ursprünglichen Affekt klafft eine tiefe Kluft. Es ist ein dissoziiertes Introjekt an unbekanntem Ort, und vielfach geschützt, verfremdet, entstellt oder sogar zur Tarnung in sein passives Gegenteil verkehrt. Nur die Intensität der Opfer-Haltung könnte einen auf die Spur führen, das destruktive Gegenteil als seelisch wirksam anzunehmen.
Die Nutzung der Pistolen hat mir zu mancher radikalen Umkehr von Opfer- in Täteridentifikationen bei einigen Patienten verholfen. Aber die Patientin lehnt die Waffe der zwischenmenschlichen Vernichtung »auf Sicht« und durch die Kugel instinktiv ab. Sie wirkt, als ich sie vorschlage, fast deplaziert idyllisch, und ich schäme mich fast für den Vorschlag während der Stunde, bekenne mich aber dazu, daß das dämonische Introjekt »Bomberflotte« mich auch erschreckte und ich vorübergehend Zuflucht suchte im »humanen Mord« mit der Pistole.

V Der Werwolf und der Warner vor neuem Nazi-Unheil

Der Patient (der »Enkel Adolf Hitlers« aus »Politik und seelischer Untergrund«, 1993, und aus dem Kapitel »Mars und Ödipus« aus dem »Stundenbuch«, 1992) ist selbst ein erfahrener Analytiker. Er ist immer wieder auf mehrfache Weise mit dem NS-Thema beschäftigt:
1. Patienten führen ihn zu dem Problem hin;
2. er hält inzwischen selbst Vorträge über Rechtsradikalismus;
3. die eigene Geschichte in der Therapie.

Die folgende Stunde ist dadurch bestimmt, daß eine Art Supervision über eine seiner schwierigen Patienten mit einer NS-Geschichte ihn zu eigenen Problemen führt.

P Ich hatte neulich eine Stunde mit einer Patientin, die sich auch sehr mit der Nazi-Vergangenheit ihrer Familie rumquält. Sie ist Journalistin, das heißt, daß sie das Recherchieren perfekt beherrscht. In der Art, wie sie lange Zeit bemüht war, der Vergangenheit kriminalistisch nachzuspüren, liegt ein Stück Identifikation mit ihrem Vater, der Richter war; aber auch ein Stück Suche nach seiner Schuld. Lange Zeit spielte die Wahrheit eine große Rolle für sie, unabhängig davon, was sie bedeuten könnte. Wir arbeiten schon seit längerer Zeit an diesem Thema, aber jetzt brach es noch einmal auf, weil, so ihre neueste »Ermittlung«, die Legenden der Familie weitgehend nicht stimmten. Der Vater war doch bei der SS und wurde als Jurist bei Wehrmachtsgerichten in Frankreich eingesetzt. Seine Tochter weiß jedoch nicht, ob er irgendwelche »Schweinereien« angestellt hat oder nicht. Ich bin der Ansicht, daß man in einer solchen Position nur von einem eher unwahrscheinlichen Glück reden könnte, wenn man keinen Prozeß führen mußte ohne schlimme Urteile. (Diese Hoffnung, die mir der Therapeut für die Patientin zu übernehmen scheint, kommt mir illusorisch vor.

Außerdem hat der Vater seine Kriegsgerichtsrolle wohl nicht umsonst total verschwiegen. Deshalb sage ich:)
T Das konnte kaum passieren.
P Vor kurzem starb dann ein naher Freund ihres Vaters, zu dem sie noch vor einem halben Jahr Kontakt aufnehmen wollte. Die Ehefrau wimmelte sie damals jedoch ab, alle waren darum bemüht zu mauern.
Durch die Therapie hat die Patientin mittlerweile ein ganz anderes Gefühl zu diesen Ereignissen bekommen. Sie legt jetzt keinen Wert mehr auf Verfolgung, sondern sie wollte nur wissen: »Machte euch damals die Zerstörung Spaß?« (Eine merkwürdige Frage, in der mir die ganze Ambivalenz mitzuschwingen scheint: das Verfolgerische wie eine verhüllte Bereitschaft, sich in »lustvolles« [?] Mitmachen einzufühlen.) Sie wollte »die Wahrheit wissen« und wirklich »an den Vater rankommen«. Andererseits verspürte sie auch den Wunsch, ihm zu sagen, daß sie ihn nicht mehr verurteile und ihn nicht mehr verfolge: daß sie sich nicht mehr moralisch über ihn stelle.
Als der Freund des Vaters starb, teilte man ihr mit, daß es noch eine Nachricht für sie gebe. Die Patientin ging dann zur Beerdigung, weil sie auch für ihren Vater ein Zeichen setzen wollte: »Ich bin keine Verfolgerin mehr, es geht mir nahe, ich will mich verabschieden.«
Ihr wurde dann ein Brief überreicht. In dem stand, daß der Vater zwar bei der SS gewesen sei – das war mittlerweile nicht mehr zu leugnen –, aber niemals freiwillig, und daß ihr Vater nur ein ganz kleiner SS-Mann gewesen sei. Außerdem solle sie mit ihren Verfolgungen aufhören.
Die Patientin bekam sofort das Gefühl, daß jetzt schon wieder eine Legende aufgebaut wird. Sie hatte inzwischen ein Photo des Gebäudes gefunden, in dem das Kriegsgericht untergebracht war. Die Patientin ahnte: es konnte gar nicht sein, daß ihr Vater als kleiner SS-Mann in so einer Prachtvilla untergebracht war. Sie verspürte »Wut auf diese ganze Clique«, die versucht, alles unter der Decke zu halten.

Ich habe sie dann mit dem SS-Vater konfrontiert (sie mit ihm sprechen lassen auf dem leeren Stuhl), was zur Folge hatte, daß einige Tage später in einem Traum der Vater still bei ihr am Bett saß. Der Patientin wurde daraufhin bewußt, daß bei einer möglichen Begegnung mit dem Vater das Versöhnliche fehlen würde. Sie hätte ihm noch mal bestätigen müssen, daß sie ihn nicht mehr verfolgt. Sie fühlt sich zwar betrogen, aber sie kann es in gewisser Weise heute verstehen, daß die Menschen nicht fähig zur Wahrheit waren und sich später für ihre Untaten geschämt haben. (Sie hält Schweigen für Scham, was ja immer noch sehr wohlwollend ist. Es kann auch trotziges oder verstocktes Schweigen sein, oder ein Schweigen eben aus Angst vor dem anfangs juristischen, später moralischen Verfolgungsdruck.)
Wir verblieben dann so, daß sie ihrem Vater einen Brief schreiben solle und daß wir diesen Brief dann zusammen verbrennen.
Ich kam auf die Idee, weil ich deinen Aufsatz über die fehlenden Rituale bei Trennung und Scheidung gelesen hatte (in: »Vorsicht Berührung«, Frankfurt am Main 1992). Ich dachte, es sei einfach nötig, daß man diesen Vorgang auch als Ritual vollzieht und durch ein Zeichen deutlich macht, daß die Verfolgung jetzt vorbei ist.
Ich hatte schon phantasiert, ob ich mit ihr auf den Friedhof gehen solle. Natürlich kann man das Ganze auch symbolisch machen – ich könnte das Grab in die Praxis holen. Das Entscheidende wäre jedoch, ganz massiv deutlich zu machen, daß man einen rituellen Aufwand tätigt und noch mal alles zusammenbringt. Da löst sich der Bann vielleicht auf, und dann ist es gut. (Der Therapeut ist sehr engagiert und sogar bereit, mit der Patientin auf den Friedhof zu gehen, um den Abschied zu inszenieren. Das Thema scheint ihn zu bedrängen, vielleicht sogar überwältigen zu wollen. Auf jeden Fall kommt mir hier die Modifikation der Therapie, die er ins Auge faßt, zunächst zu groß vor, ich spüre in der Gegenübertragung auf den zum »Agieren« bereiten Therapeu-

ten den Druck, der von der Vergangenheit in der Familie der Patientin ausgeht: seine Wucht drängt bis in die Supervision.)
T Ich glaube, daß man das auch im Praxisraum machen kann.
P Das meine ich eigentlich auch. Allerdings muß ich sagen, daß dieser Gedanke mit dem Friedhof als Bühne des therapeutischen Handelns auch ein eigenes Anliegen widerspiegelt: so als würde ich selber ein Stück NS-Geschichte miterledigen. (Hier kommt er selbst auf die Durchmischung der Ziele zu sprechen: die eigenen wie die von der Patientin übernommenen.)
Pause
Es scheint so, als ob man sogar beim Hören des Bandes das intensive Nachdenken des Patienten noch spüre.
Ich habe noch nie so dichte Bilder erlebt wie gerade eben. Ich weiß ja viel über diese Dinge, da ich mich schon lange damit beschäftige. Aber es erschüttert mich, daß das immer noch dichter hochkommen kann, daß es noch tiefer sitzt.
Pause
Der Patient wirkt erschüttert und gleichzeitig auch erstaunt.
Ich merke ganz massiv, wie stark es mich gepackt hatte und immer noch in mir sitzt.
Pause
Jetzt wieder mit gefaßter Stimme. Allerdings ersetzen Rituale nicht die Auseinandersetzung. Genau das ist ja nach dem Krieg durch die Entnazifizierung versucht worden. Ich denke, daß es eine Hilfe geben muß, um es den Menschen sinnlich erfahrbar zu machen, daß die Zeit des Dritten Reiches nun abgeschlossen sein kann.
T Ich finde die Idee mit dem Ritual auf dem Friedhof sehr gut, obwohl natürlich auch sehr viel Eigenes bei dir hochkommt. Es ist auch denkbar, daß es eine große Solidarität zwischen dir und der Patientin schafft.
Man spürt in seiner Stimme nun viel innere Ruhe und auch Befriedigung.

P Es hat mir sehr gut getan – fast war ich ein bißchen stolz –, wie sicher die Patientin in dem Gefühl war, daß sie nun nicht mehr verfolgen würde, sondern nur noch verstehen und sich mitteilen möchte. Sie war sehr verletzt, weil die anderen Familienmitglieder und Freunde des Vaters ihr das Verfolgen immer noch unterstellen. Sie können sich nicht vorstellen, daß jemand solche Geschehnisse tatsächlich verarbeitet. (Durch sein Bedrängtsein hindurch spüre ich, daß die Anstrengungen der Patientin vielleicht ebenso wenig vom Therapeuten gewürdigt wurden, wie seine Leistung von mir. Deshalb sage ich:)
T Ich habe noch einen anderen Gedanken: Die Patientin hat in der Therapie ja etwas zustande gebracht, was vielleicht als Dokument über sie hinausweist (gemeint ist ihr posthumer Brief an den Vater innerhalb der Therapie, von dem der Therapeut früher schon sagte, daß er ihn sehr beeindruckt habe als ein Dokument innerer Arbeit).
Vom »publizistischen« Standpunkt frage ich mich, ob er nicht anonym für andere Betroffene eine Hilfe sein könnte. Ich halte auch die gemeinsame Leistung für wichtig. (Gemeint ist: in der Therapie; damit wären beide gewürdigt, und der Druck des Patienten wäre vielleicht nicht mehr so groß.)
P Das ist eine gute Idee, zumal ich auch denke, daß die Therapie jetzt zu Ende geht. Es gibt zwar noch Bereiche, in denen sie nicht stabil ist, aber das, was ich mit ihr erreichen konnte, haben wir geschafft. Als ich ihr vorschlug, den Brief zu verbrennen, war sie zuerst schockiert. Daran merkte ich, daß der Abschied noch ein Thema ist, das gestaltet werden muß. Es sollte auch einen Weg geben, Abschied zu nehmen, indem man losläßt. Dann ist es wirklich erledigt.
Deinen Gedanken, daß noch etwas als Dokument übrigbleiben muß, finde ich gut. Das wäre dann aber nicht mehr der Brief an ihren Vater, sondern es ist die Dokumentierung ihres Weges und ihrer Leistung.
Pause

An der Art des angespannten Schweigens spürt man, daß der Patient selber sehr stark mit diesem Thema beschäftigt ist.
Der Gedanke, als eigene Person, das heißt mit meiner NS-Geschichte, vor das Auditorium (eines geplanten Vortrages über Rechtsradikalismus vor katholischen Jugendleitern und Sozialarbeitern, T. M.) zu treten – mit den verschiedenen Versionen meiner Entwicklung, exemplarisch für das, was das Thema ist –, hat mich gepackt. Ich will das noch mal für mich durchdenken. (Er ist manchmal er selbst, manchmal fast verschwunden in der Patientin.)
Er scheint intensiv nachzudenken, aber wie in einer inneren Hektik, denn er spricht schnell und springt von einem Einfall zum nächsten, so daß es manchmal schwierig ist, ihm zu folgen.
Es gibt ja auch noch andere Versionen, z. B. die Version desjenigen, der sich mit den 68ern einfach anlegt und ganz was anderes will (nämlich nicht wütende Anklage, T. M.). Das ist dann die letzte Phase, dazwischen gibt es noch viele Zwischenstufen; z. B. den jungen Vater, der es spürt, aber dem es nicht bewußt ist, wieviel er von den Nazis übernommen hat, etwa im Erziehungsstil. (Dabei spricht er auch von sich und seiner Trauer darüber, wie streng er manchmal seine inzwischen erwachsenen Kinder früher behandelt hat.)
Pause
Bei mir kommt jetzt auch die Phase, wo ich anfange, meine Eltern nicht mehr zu verfolgen und zu verurteilen. (Hier bekennt der Patient, daß er einen Entwicklungsschritt nachgeholt hat, bei dem er seine Patientin bereits begleitet hat. Bei der NS-Geschichte dürfte das häufiger vorkommen: unter dem Druck des Themas, das durch einen oder mehrere Patienten »fällig« ist, wird auch die eigene Familiengeschichte des Therapeuten angestoßen. Dieser Patient war ja – zu einer dritten Analyse – zu mir gekommen, weil u. a. die NS-Geschichte in seinen Lehranalysen nicht vorgekommen war.)

Pause
Der Patient holt Luft, man spürt, daß nun etwas Persönliches kommen wird, das ihm nahegeht.
Trotzdem bin ich heute noch in der Versuchung, Leute, die andere Menschen systematisch indoktriniert haben, als persönliche Feinde zu betrachten: Fachleute, die im Grunde wissen, was sie machen. Die ihr Wissen dazu benutzen, um ideologisch irgendwas durchzusetzen, unabhängig davon, was das mit den Menschen macht. Da kann ich hassen ...
Sehr leise Stimme, der Patient wirkt bewegt und erschrocken über seine eigenen Gefühlsregungen.
Ob das Psychiater sind, die im Dienste irgendeiner Ideologie tätig werden; oder Lehrer; oder Pfarrer. Das kann ja alles gelogen sein, – *erregt, wütend.*
T Der kleine Junge in dir hat gesprochen zu dem Auditorium hier, und der junge Pädagoge, der einmal alles ganz anders machen wollte (er war früher einige Jahre Lehrer). Vielleicht kann auch der heutige Erwachsene etwas zu seiner Position sagen.
Pause
(Er atmet tief, so als müsse er erst noch Mut für diese Aufgabe sammeln. Er wendet sich jetzt, sitzend, abwechselnd zu mir und zu einem imaginären Publikum, vor dem er den Vortrag halten wird: das war ein Vorschlag von mir.)
P Der Junge ist ja mit dabei gewesen, das macht die Betroffenheit aus. Ich stehe jetzt vor Ihnen und erlebe mich selber als Beispiel für das, was ich hier sagen will: was mit Menschen gemacht wird oder gemacht worden ist. (Gemeint ist: die NS-Indoktrination, aber auch kirchliche Indoktrination, der er sich nach dem Krieg intensiv ausgesetzt hat.) Ich sehe, welche Kraftanstrengung nötig ist, um da wieder rauszufinden. Sehr viele schaffen das einfach nicht und brauchen Hilfe dabei ...
Pause
T Nimm doch noch ein kleines rituelles Moment dazu: Mach dir mit dieser Stuhllehne eine Rednertribüne! (Er steht

auf und tritt hinter einen Stuhl mit hoher Lehne, greift sich die Lehne wie ein Rednerpult.)
P Das Gefühl, das ich jetzt habe, ist eine eigenartige Mischung aus Scham, Verletztheit, Zorn und Engagement... Ich merke, daß ich in eigener Sache rede, aber ich will auch so zu Ihnen sprechen, daß Sie verstehen, daß es hier um ein für uns alle lebenswichtiges Problem geht. Ich erlebe mich als lebendes Beispiel für das, was passiert, was passieren kann. Ich denke, daß ich besondere Hilfen und Chancen hatte, die viele andere Menschen in der Regel nicht hatten. Ich spüre die Gefahr, in der ich gesteckt habe. (Gemeint ist: in der NS-Ideologie fanatisch zu verharren. In der Kindheit, während sein Vater noch in Gefangenschaft war, war er durchdrungen von halbverstandenen Werwolf-Bildern des einsamen Heldenkindes, das die nach Deutschland eingedrungenen Feinde auch nach der Kapitulation noch bekämpfen will. Er gerät im folgenden wieder in eine Kampfbereitschaft, diesmal mit umgekehrtem Vorzeichen: Kampf gegen Terror und Indoktrination und deren Folgen im seelischen Untergrund.)
Ich ahne, daß das eine Gefahr ist, in der wir heute noch alle stecken. Diese Gefahr kann fürchterlich werden, wenn wir – die drüber nachdenken können und die das Glück haben, nicht so darin verstrickt zu sein, daß wir nicht mehr rausfinden – nicht begreifen, daß wir etwas machen müssen. Das ist wie eine Krankheit, was uns da seit Generationen in den Knochen steckt. Deswegen muß es auch wie eine Krankheit behandelt werden. Wir müssen dafür sorgen, daß es sich nicht weiterverbreitet, daß es eingedämmt wird. Das geschieht mit den Mitteln unseres Staates, unserer Administration, unserer Justiz, der Sozialarbeit, der Pädagogik!
In drängendem, ja beschwörendem Predigtton gesprochen.
Wir müssen sehen, daß wir – wie im Verlauf einer seelischen Erkrankung – die verdrängten und verborgenen Komplexe aufdecken, fühlen und aussprechen. Wir müssen sehen, daß

wir die Prozesse der Verdrängung durchbrechen, indem die Dinge ausgesprochen und veröffentlicht, also ins Bewusstsein gebracht werden. Damit wird dann die Auseinandersetzung in Gang gebracht, die bisher systematisch vermieden worden ist. Wir müssen außerdem Hilfen für den Einzelnen finden, der davon betroffen ist, indem wir uns auch in ihn einfühlen. (Das Bedrängende wird verständlicher durch eine spätere Information, die aber zu dieser Zeit schon wirksam ist: An den Bäumen in der Nähe seiner Wohnung findet er mehrmals rechtsradikale Parolen angeschlagen, zum Teil auch mit obszönen antisemitischen Zeichnungen. Er ist erschüttert, weil »es« »heute wieder« in seinen Lebensraum eindringt. Es scheint mir aber auch eine Rede der Selbstermahnung: mit der harten Arbeit an den Familienerinnerungen fortzufahren.)
Das Schreckliche an dieser Krankheit sind nicht eingeschlagene Scheiben oder verletzte Menschen – so fürchterlich sich das jetzt auch anhören mag –, sondern schrecklich ist, daß die Menschen, die von dieser Krankheit befallen sind, systematisch von ihrem Selbst getrennt, innerlich leer sind und den Kontakt zu ihren Gefühlen verlieren. Sie sind dadurch unfähig, wirkliche menschliche Beziehungen zu anderen aufzunehmen.
In der Stimme schwingt deutlich die Angst mit, sich nicht verständlich machen zu können. Fast flehentlich und beschwörend redet er zu dem imaginierten Publikum.
Das macht sie anfällig, das macht sie verführbar, das macht sie in den Händen von Verführern, die solche Menschen brauchen, um ihre Ideologien einzupflanzen, zu Monstern. Es müssen gar nicht immer Nazis sein, sondern es kann sehr viel subtilere Formen annehmen, die uns auf den ersten Blick überhaupt nicht auffallen, die sich unter dem verstecken, was wir im allgemeinen als durchaus erstrebenswerte Verhaltensweisen betrachten. Darin liegt die eigentliche Gefahr dieser Krawalle, und nicht in der Abwehr allein. Viel problematischer ist es, die Erscheinungsformen abzuweh-

ren, die intelligenter und differenzierter sind und die unser Leben vergiften.
Er atmet tief, sein Engagement und seine tiefe persönliche Verstrickung mit diesem Thema werden in dieser Rede überdeutlich, man kann sich kaum dem Bann seiner Sätze entziehen. Er wird sich dessen jetzt bewußt:
Das ist richtig ein Plädoyer geworden!
T Es ist gut, diese beschwörende, drängende Seite, die in dir arbeitet, erst einmal zuzulassen. Ich glaube, daß man für den Vortrag manches noch rausfiltern sollte.
P Es war die Beschwörung, die mir wichtig war! Die hat sich dann mit Argumenten gefüllt. Ich wollte mich eigentlich hinstellen und sagen: »Ich bin betroffen. Ich möchte, daß Sie diese Betroffenheit spüren.« (Er spricht es aus, als hätte er sagen wollen: Ich brenne vor Scham und Eifer.)
T Das finde ich gut, allerdings solltest du nicht zuviel moralischen Druck verwenden, sondern vielleicht mehr Angebote zum Verstehen anbieten, so wie man sich das in Therapien vorstellen könnte... Du hast gesagt, daß du noch nicht weißt, wie du sie affektiv ereichen kannst.
P (wieder im imaginären Vortrag) Ja, da ist das Problem. Ich möchte, daß Sie diese Betroffenheit spüren, daß Sie selber betroffen sind. Aber ich möchte mich natürlich auch sachlich mit dem Problem auseinandersetzen. Es ist wichtig, daß wir das nicht nur als moralisches Problem behandeln, sondern daß wir uns überlegen, was man konkret tun kann. Sie alle, in den Heimen und bei den Beratungsstellen, in denen Sie arbeiten, ich in meiner Praxis. Wir haben es mit einzelnen Menschen zu tun, die Hilfe brauchen. Und wir sind die Fachleute.
Die Stimme wird immer leiser, trauriger, er scheint an sich selber und seine Vergangenheit zu denken, auch ein Hauch von Resignation schwingt mit:
Mein Problem ist, die Betroffenheit zu zeigen und trotzdem sachlich zu bleiben. Und hier nicht Missionar spielen zu wollen.

T Deshalb würde ich das Autobiographische an den Anfang stellen, dann haben sie ein Bild von dir: wie du mit dem Thema ringst.

P Ich habe auch am Anfang die Betroffenheit durch das, was ich sagen will, ganz stark drin, weil ich mich zuerst beschreibend auf Zeitungsberichte eingelassen habe. Dann fange ich an und entwickle das in mehreren Schritten immer tiefergehend als sozialpsychologisches Phänomen. Dann schließlich tiefenpsychologisch, dann greife ich das Modell von Arno Gruen raus, der ja von der Ich-Entleerung spricht. Für mich sind das Stufen, die immer mehr ans wissenschaftliche Verständnis dieser Vorgänge gehen. Zum Schluß nehme ich dieses Beispiel aus der Diplomarbeit über die Haarer, was das für das Erleben der Säuglinge bedeuten kann. (Eine Arbeit über das Buch »Die deutsche Mutter und ihr erstes Kind« von Johanna Haarer, der großen Nazi-Pädagogin, die in vielen Auflagen während der NS-Zeit präsent war, als Standard-Geschenk bei Geburten. Leicht gereinigte Auflagen kamen auch noch nach 1945 unter die Leute. Tenor: Konsequenz und Härte, auch dem Säugling und Kleinkind gegenüber.)
Im letzten Abschnitt werde ich mir überlegen, was man dagegen unternehmen kann.

T Das ist sicher sehr gut. Den 30- bis 40jährigen liegt es heute allerdings noch ferner zu denken, daß in der eigenen Familie etwas los gewesen sein könnte.

P Das greife ich auch auf und bringe Beispiele. Ich denke, wenn ich am Anfang meine persönliche Betroffenheit darstelle, werde ich auch meine Art schildern, wie ich mit meinen Kindern umgegangen bin. Genau diese Generation sitzt nämlich da, und deren Eltern werden es nicht anders gemacht haben, weil sie es nämlich nicht anders konnten. Ich war später immerhin in der Lage, alles zu durchdenken.
Ich werde schon darauf hinweisen, daß sie selbst auch betroffen sind. Sie müssen in ihrem eigenen Alltag entdecken, wo das sitzt. Auch da, wo es vielleicht auf den ersten Blick

überhaupt nicht erkennbar ist. Es kann ja auch in diesen Verklärungen erscheinen, wie du das ja mehrfach beschrieben hast...
Neulich rief mich eine Kunsttherapeutin an. Es stellte sich heraus, daß sie Jüdin ist. Da sie in Argentinien geboren wurde, war ihre Familie allerdings nicht direkt betroffen. Sie ist erst sehr viel später hierhergekommen. Erst in den letzten Jahren in Europa begann sie ihre Identität als Jüdin zu kultivieren, auch ihre religiöse Identität wiederzufinden. Für mich war dieses Gespräch sehr wichtig, weil ich bewußt noch nie mit einem Juden geredet habe. Ich spüre sofort Befangenheit und kann nur schwer natürlich sein. Und das, obwohl sie ja nicht direkt von den Nazis verfolgt wurde, sondern sogar selbst Schwierigkeiten mit den Juden hatte. Die jüdische Gemeinde in meiner Stadt schickte ihr z. B. keine Patienten, weil sie kein Gemeindemitglied war.
Ich habe mit ihr dann über die Frage gesprochen, die mich bewegte: »Was ist eigentlich ein Jude?« Ich weiß gar nicht, was das ist. Das mit der Rasse stimmt nicht, denn es gibt auch schwarzhäutige Juden. Es ist auch keine kulturelle Identität. Daran habe ich dann einfach gemerkt, daß das etwas ist, was mir auch noch nicht klar ist. So ein Stück Befangenheit oder Unsicherheit im Umgang mit ihnen, als ob ich mich dauernd falsch benehmen oder erneut schuldig werden könnte. Das hebt sich absolut ab vom Umgang mit allen anderen Menschen. Ich habe keinerlei Einübung darin. Ich kenne auch niemanden näher, der Jude ist.
Der Patient spricht fast wie ein Kind, voller Erstaunen, Verwunderung und Ungläubigkeit.
Als ich das vor Kollegen äußerte, stellte sich plötzlich raus, daß der Mann einer Kollegin Jude ist. Ich frage mich auch, warum das nie gesagt worden ist. Dann fiel mir ein, daß mein Untermieter russischer Jude ist. Als ich ihn ganz erstaunt fragte, wie er es denn fertigbekommen habe, hier eine Arbeitserlaubnis zu erhalten, antwortete er: »Na ja, manchmal ist es auch ganz praktisch, Jude zu sein.« Als er nach

Deutschland wollte, hatte er rausgefunden, daß seine Mutter Jüdin war. Nach hebräischem Recht ist es so, daß jeder, der von einer jüdischen Mutter geboren ist, auch Jude ist. Ich habe noch nie mit einem Juden in meinem Alter ganz normal gesprochen. Ich frage mich, wer das eigentlich getan hat?
Lange Pause
(Es ist, als ob er sich besinne, wohin er sich verlaufen hat, dabei scheint alles schlüssig, was er sagt.)
T Bleib nochmal bei dem Publikum. Das Publikum hat in der Verdichtung eine Zeugenfunktion für deine Identitätsfindung, für den Weg, den du bis jetzt gegangen bist.
Pause
(Er kommt wieder in den drängenden Predigerton:)
P Es geht mir darum, deutlich zu machen, daß ich zu Menschen rede, die genau wie ich betroffen sind, wenn vielleicht auch in einer anderen Version, weil sie jünger sind. Wir beschäftigen uns mit einem Thema, das uns alle angeht, weil wir damit zu tun haben, weil wir davon persönlich betroffen sind!
T Jetzt kann ich es deutlicher fassen. Probier' doch mal die Variante: »Wie ich mir wünsche, daß ihr mich seht.« (Das Denkmodell dabei stammt von Albert Pesso: Ich schlage ein »ideales« Publikum vor, das seinem Ringen mit der Vergangenheit wohlwollend und ermutigend gegenübersteht und ihm Kraft verleiht, durch positive Bestätigung weiterzugehen.)
P Ich wünsche mir, daß Ihr mich wie einen seht, der über sich selber redet, aber trotzdem einer von euch ist. Wir beschäftigen uns mit einem Thema, das uns alle angeht. Ich, als persönlich Betroffener, rede zu euch, die ihr überwiegend vielleicht schon Teil der Enkelgeneration seid. Ich möchte als Betroffener verstanden werden und als einer, der sich darum bemüht, das aufzuarbeiten, indem er sich auch wissenschaftlich damit auseinandersetzt. (Es ist ein intensives Werben um das Publikum, das seinen Ernst in der therapeu-

tischen und aufklärerischen Arbeit verstehen soll, bei ihm als Patient wie als Therapeut. Gleichzeitig ist es ein therapeutischer Vorgang, weil das moralisch Drängende sich in einem analytischen Setting vollzieht. Er ist, innerhalb der Therapie, vergleichbar einem der »ewig drängenden Mahner«, die zuletzt nur Trotz und Verstocktheit fördern, weil sie aus einem inneren Problem heraus nach außen predigen.)
Pause
(Wieder zum Publikum, dem Kreis der leeren Sessel als symbolisches Auditorium:) Ich habe auch ein Anliegen: Ich möchte, daß zu euch rüberkommt, was ich da beispielhaft mache. Ich meine, daß wir das alle müssen. Ihr auch. Ihr seid auch Betroffene, wenn auch in einer anderen Version. Persönlich Betroffene und grundsätzlich Betroffene. Wir müssen das alle tun. Dadurch, daß Sie hier sitzen und sich das Thema gewählt haben, denke ich schon, daß ich zu Menschen spreche, die das im Prinzip schon verstanden haben. Ich fühle mich also eigentlich hier zu Hause.
Leise Stimme, man verspürt deutlich die kraftvolle und eindringliche Wucht seiner Worte.
Pause
Ich ahne jetzt, daß in meinem Konzept diese persönliche Betroffenheit zwar erwähnt wird und auch postuliert ist, aber emotional habe ich mich wahrscheinlich noch davor gedrückt. Ich bin noch nicht ganz richtig reingegangen. Dieser Gesichtspunkt geht mir jetzt gerade erst auf. Schließlich haben die Zuhörer das Thema gewählt. Man kann natürlich sagen, die sind angestoßen worden, weil sie in ihrer praktischen Arbeit damit konfrontiert werden und relativ hilflos sind und das Ganze zuerst mal unter dem professionellen Aspekt sehen und noch gar nicht auf die Idee gekommen sind, daß es ein persönliches Thema ist.
T Ich nehme an, daß das zum Teil helle Spätachtundsechziger sind. Ich las neulich einen Aufsatz von einem früheren Vorsitzenden der freudianischen Analytikervereinigung. In dem heißt es, daß ein Hauptgrund für den Nachwuchs, die-

sen Weg zu wählen, darin besteht, daß derjenige, der freudianischer Analytiker wurde, automatisch auf der »guten Seite«, nämlich bei den Verfolgten war. Auch ohne daß einer tiefer in sich hineingucken mußte.

P Das ist genau der Punkt bei meinen Zuhörern, zumal die ja auch noch katholisch sind. Die haben sich mit ihren Familienverstrickungen noch kaum befaßt. Da steckt noch eine besondere Dynamik dahinter. Es wird eine persönliche Betroffenheit geben: eigentlich auf der guten Seite zu sitzen, einmal weil man katholisch ist, aber auch weil man innerhalb der Kirche die progressive Seite vertritt. Es wird wahrscheinlich nicht so einfach sein, zu begreifen, daß alle diese Muster in jedem von uns stecken. Auch in denen, die jetzt erst als Enkel auftauchen.

In so einer kirchlichen Versammlung zu reden verführt ja auch ein bißchen dazu, Missionar zu spielen. (Es dominiert jetzt wohl in uns beiden das Gefühl einer Solidarität in Sachen Engagement mit den Spätfolgen der NS-Zeit. Doch das bleibt im Hintergrund. Dominant ist die therapeutische Situation: Er will, daß ich ein Stück weiter bin mit dem Thema und daß er bei sich die neurotischen von den gesunden Aspekten seines Engagements unterscheiden lernt, etwa die Überschwemmung mit bedrängender Moral und die legitime erwachsene Aufklärungsarbeit, die die eigene Lebensgeschichte mit einbezieht. Ich zögere, das Wort »neurotisch« zu verwenden. Denn ohne hohe Innenspannung gelingt das Engagement oft gar nicht.

Meine nächste Intervention erfolgt auf der Ebene der kollegialen Solidarität, wirkt wie eine Validierung seiner Arbeit.)

T Ich habe eine 60jährige Therapeutin in Behandlung, die mir erzählte, daß von einem auf den anderen Tag im Mai 1945 die gewohnte Sprache verloren war. Es wirkte wie eine geologische Verschiebung, niemand hat etwas erklärt, die neue Sprache schob sich über die alte. Die Eltern haben nicht nur viel verschwiegen, sondern auch einen Vergangenheitsverlust erlitten.

Ich stelle mir mal vor, deine Zuhörer wären zwischen 35 und 45. Wie könnte deren Familiengeschichte aussehen? (Er antwortet auf einer etwas anderen Ebene, die wieder mehr das Bedrängtsein durch Patienten anspricht, die plötzlich in ihre bisher unbekannte Geschichte hineinstürzen.)
P Ich habe eine Patientin, die ist jetzt Mitte 60 und ist in einem Pastorenhaushalt aufgewachsen; sie hat sich nie von der NS-Zeit betroffen gefühlt, obwohl sie natürlich beim BDM war. Sie hat nicht das Gefühl entwickelt, daran in irgendeiner Weise beteiligt gewesen zu sein. Davor schützte sie ihr Bewußtsein, Pastorentochter zu sein. Dieses Thema ist in ihrer Therapie zur Zeit aktuell, weil sie große Schwierigkeiten mit ihrer vorehelich geborenen Tochter hat und überhaupt nicht verstehen kann, warum diese Tochter so voller Wut und Ablehnung ist. Erst langsam dämmert es ihr, daß sie diese Tochter abgelehnt hat, bevor sie überhaupt geboren war. Als Pastorentochter wäre ihr das nie möglich gewesen, das wirklich zu akzeptieren. Das war Sünde.
Nach dem Zusammenbruch konnte sie sich retten. Sie kam zusammen mit ihrer Schwester mit dem letzten Schiff aus Danzig heraus. Ihr Vater blieb bei seiner Gemeinde und ist umgekommen. Er hat bis zum Schluß die NS-Durchhalte-Parolen geglaubt, obwohl er Pfarrer war. Es wird sicherlich noch zur Sprache kommen, daß sie aufgrund ihrer engagiert christlichen Identität nie auf die Idee gekommen ist, daß sie mit diesen Dingen persönlich etwas zu tun hat. Solche Leute sehen sich eher als Arbeiter im Weinberg des Herrn, die selbst in der Kirche für das wahre Evangelium kämpfen. (Damit spricht er an, was manche Therapeuten »agierte oder agierende Lebensläufe« nennen: Das unbewußte Drehbuch, das durch das NS-Erbe geprägt ist, bestimmt den Lebensweg oder das berufliche oder private Engagement. Es gibt Millionen solcher agierten Lebensläufe im Gefolge der NS-induzierten Katastrophen und deren seelischer Bewältigung.)
T Wann ist die Tochter geboren?

P Kurz nach dem Krieg.
T Es wäre denkbar, daß diese uneheliche Tochter für ihr Überich ein Skandal war, aber daß das Progressive für die Pfarrerstochter gerade darin steckt: in der Rebellion. Sie hat also etwas realisiert, das sie sogar dem nahenden Zusammenbruch und der BDM-Zeit verdankt. Sie hat sich in eine Situation gebracht, in der so etwas passieren konnte, und das ließ sie auch später die Tochter ablehnen, weil das Überich gleichzeitig noch mächtig war. Die Tochter ist ein Kind der Rebellion und der Sünde und des damaligen Chaos.
P Ich denke, daß es hilfreich sein wird, die Beziehung zur Tochter neu zu ordnen. Es war ja auch etwas Wahres darin, sie hat diesen Mann geliebt. Sie hat die starren Formen des Daseins einer Pastorentochter riskiert, sie hat sie durchbrochen. Diese Frau hat Charakter.
Ende der Stunde.

Nachträglicher Kommentar
In der vorangegangenen Stunde war deutlich geworden, daß die Phantasie des Patienten nach 1945 durchdrungen war von Kampf-, Durchhalte- und Rachegedanken, in Identifikation mit dem abwesenden väterlichen Kämpfer für die Deutschen, der in der Gefangenschaft war und nichts tun konnte: Er phantasierte als Kind, daß der Heldenvater, wenn er nicht in Gefangenschaft geraten wäre, die Niederlage nicht zugelassen hätte. Stellvertretend für den Vater, war er von Werwolfgedanken und der Bereitschaft, sich doch noch für den Führer und Deutschland zu opfern, durchdrungen. Er selbst nannte diese Monate seiner kindlichen Kampfbereitschaft einmal »wahnhaft«. Er lebte ein Heldenleben in der Phantasie, das er später in ein moralisches Heldentum bei christlichen Pfadfindern zu überführen suchte. Heldenphantasien strukturieren noch heute manche Freizeitbeschäftigungen. Das bedrängende Engagement, das in der hier wiedergegebenen Stunde durchbricht, ist in seiner Intensität eine umgedrehte, moralische Heldenphantasie, in

der er ein Vorkämpfer der aufrüttelnden Bewältigung der NS-Vergangenheit ist, die er wie eine drohende Flut hochkommen fühlt; so wie manche Opfer von NS-Verfolgung oder deren Kinder nach den rechtsradikalen Märschen und Brandstiftungen zuerst in Alpträumen, dann auch mit dem Wachbewußtsein fürchteten, eine neue NS-Zeit stehe bevor, und erneut an Emigration dachten. Das Wirken der inneren Instanzen ist schwer zu durchschauen, sollte vielleicht auch nicht gleich gedeutet werden, sondern sich erst einmal entfalten.

Ich kann seine beschwörenden Empfindungen nachfühlen: der moralische Druck überkommt viele Menschen, die, nach Jahren des Verdrängens oder der Verleugnung, mit ihrer eigenen Geschichte in dieses Thema quasi hineintaumeln. Dies macht auch milder gegen den hohen moralischen Druck, der von der »Unfähigkeit zu trauern« der Mitscherlichs ausging und der so viel Abwehr mitproduzierte, neben der Identifikation mit dem »richtigen« Denken des guten Deutschen.

VI Ein NS-Sprengsatz in der dritten Generation

Der Patient ist derselbe wie beim vorangehenden Text. Es handelt sich bei der Stunde um eine Mischung von Therapie und Supervision: Immer wieder sind es Patienten, die ihn auf die eigene NS-Familie stoßen. Die Stunde findet etwa ein halbes Jahr früher statt, ich sieze ihn noch. Sie liegt vor dem Seminar über Körpertherapie, an dem er teilgenommen hat. Er bezieht sich zunächst auf einen Text von mir über Rechtsradikalismus (in: »Politik und seelischer Untergrund«). Er berichtet kurz über die Fahrt zu mir, ist dann sehr rasch bei den rechtsradikalen Plakaten in der Nähe seiner Wohnung. Auch er ist nicht ganz sicher, ob das NS-Thema sein eigenes Thema ist, jedenfalls sucht er den Aufhänger zunächst bei mir.
P Ich weiß gar nicht, wie ich da drauf gekommen bin, jetzt. Ich glaube, Sie haben mich darauf gebracht mit Ihrem Vortragstext. Ich war mir gar nicht bewußt, daß mich das im Moment derartig bewegt. Ich habe es zwar gespürt, aber gar nicht richtig zugelassen. Es quält mich wirklich. – Ja, die Patientin, über die ich heute reden wollte. Meine professionelle Haltung war: die kann anbringen, was sie will; wenn ich gesagt hab, ich nehme sie an, dann nehm ich sie an und setze mich damit analytisch auseinander. Ich habe das auch noch nie erlebt, daß es Themen oder Übertragungsformen gegeben hat, die mir derartig unerträglich waren. Ich konnte mich immer ganz gut abgrenzen; mehr oder weniger gut natürlich, aber im Prinzip schon, und dann auch vernünftig therapeutisch damit umgehen. Aber da ist eine Stelle, da bin ich selber so betroffen. Wenn ich jetzt nachdenke, in welcher Rolle ich mich befunden hätte, wenn ich damals, 1933, oder auch vorher schon, erwachsen gewesen wäre, und mich hätte fragen müssen: Was mach ich denn jetzt? So, wie ich jetzt vor diesem komischen Pamphlet stehe, das da am Baum hängt, antisemitische Pornographie. Da werden mit der

größten Offenheit und Direktheit fürchterliche Dinge gezeigt, von denen ich denke, man muß unbedingt was dagegen tun. Aber ich fühle mich ohnmächtig, weil ich überhaupt nicht weiß, was ich machen soll, und weil ich denke, das abzugeben an die Polizei, das ist naiv und das ist auch ein Stück Verdrängen. Und was die Patientin angeht, fühle ich mich jetzt auch ohnmächtig, weil ich diesen Anspruch habe: die muß bringen können, was sie will! Ich kann ihr nicht von vornherein Auflagen machen, was sie nun weglassen soll. So, wie man meinetwegen Sexualität wegläßt, oder was weiß ich. Ich kann's aber nicht. Jedenfalls nicht, ohne mir Gewalt anzutun.
T Ja, ich kann jetzt nur mal sagen, das verlangt niemand von Ihnen.
P Na, ich bin ja auch spontan rausgegangen, mitten aus der Analysestunde, ich war verdammt unsicher in dem Moment. Kann ich das überhaupt machen? Das hab ich noch nie gemacht! Und ich hab ihr quasi dieses Thema verboten, zumindest hab ich ihr verboten, das lang und breit auszurollen. Hier mache ich was, was nicht in Ordnung ist. Denn es ist auch eine Reizstelle für sie. Immer, wenn sie mich ärgern will, braucht sie ja nur in diese Richtung zu piken und rechtsradikale Ansichten zu äußern.
T Ja. Da müssen Sie raus aus diesem Stacheldraht mit Fußangeln. Da kommt ja zunächst noch einmal Ihr Elternbild hoch. Aber probieren Sie's, zu ihr zu sagen, in welche Situation gegenüber den Eltern Sie das bringt. (Ich lade ihn ein, zur Patientin zu sprechen.)
P Das ist mir eine schwierige Vorstellung, ihr so viel von mir zu sagen und zu zeigen. Noch dazu, wo ich spüre –
T Sagen Sie ihr, warum es so schwierig ist.
P Ja, ich spüre ein mörderisches Gewaltpotential bei ihr, das nur darauf wartet, verletzbare Stellen auch bei mir zu finden, also sozusagen den Juden oder den Ausländer in mir zu entdecken, um den zu massakrieren. Und mich ihr in dieser Weise offenzulegen, das tue ich natürlich auch,

indem ich sage, ich kann dieses Thema nicht ertragen! Das ist eine Zwickmühle. Ich hab das Gefühl, daß sie bei nächster Gelegenheit genau diese Stelle verwenden wird, um – also, um mich unendlich zu quälen. Da ist was Satanisches drin. Das ist nicht immer so in dieser Form da, aber es gibt Situationen, in denen sie wirklich mörderisch ist.
T Das glaube ich doch. Warum suchen wir denn danach? Was Sie –
P Wenn ich mir jetzt vorstelle, ich sage ihr, in welche Rolle oder in welche Lage mich das bringt, was meine eigenen Eltern angeht oder meine eigene Kindheit, dann krieg ich fast keine Luft mehr.
T Ja. Also geht's um Dosierung. Wenn überhaupt! Im Augenblick können Sie sich nicht vorstellen, den eigenen Anteil am Thema aufzugreifen.
P Jedenfalls nicht weiter aufzugreifen, als bis an jene Stelle, wo ich's bereits getan habe.
T Aber die Wahrheit ist doch, daß ihre moralische Biographie bestimmt ist von der Aufarbeitung des NS-Themas. Sogar Abarbeitung von dem, was vielleicht die Elterngeneration gemacht hat.
P Ja.
T Also vernichtet sie ja Ihre Lebensleistung, Ihren inneren Lebensweg.
P Tja, ich denke jetzt auch, sie zerrt da was ans Licht, was ich auch in der Beziehung zu meinen Eltern bisher so nicht angeschaut habe. Das ist eben einfach exemplarisch, nicht nur jetzt bei mir, sondern das ist eben auch ein Problem meiner Generation der Kriegskinder. Ich kenne in meinem Lebensweg Versuche, das irgendwie gutzumachen, oder sagen wir mal, mich zu profilieren, als jemand, der da nichts mit zu tun hat. Aber was mir jetzt begegnet, das ist einfach die unumstößliche Tatsache: ich werd's nicht los; es ist die braune Kacke, die hängt mir an, obwohl ich nichts dafür kann. Ich hab auch keine Lust mehr, mich

mit meinen Eltern, mit meinen wirklichen Eltern herumzuschlagen.
T Ja, aber jetzt kommt's im eigenen Kind wieder rein. Also: ich adoptiere jemand als Patienten, und der haut mir alles zusammen, was –
P Das war immer meine größte Sorge: was mach ich eigentlich, wenn mein Sohn oder meine Tochter solche Sachen bringen würden, ja? Gott sei Dank ist es nie dazu gekommen. Aber das gibt's ja, das ist ja nicht so absurd. So eine Patientin, da kann ich mir immer noch vorstellen, die schick ich zum Teufel, aber meine eigenen Kinder? Ich kann's einfach nicht ertragen. – Ich seh ja durchaus das doppelte Bild, ich seh ihr Leid und daß sie – das sind Symptome, die sie produziert. Aber sie macht's wirklich! Ich sah sie in dieser Arztpraxis, da macht sie diese arme Türkin an, auf eine ganz niederträchtige Weise, so daß ich ihr eine klatschen könnte. Und das macht sie natürlich überall, das sind ja nur wenige Stellen, wo ich es mitkriege. (Der mit ihm befreundete Arzt hatte es ihm erzählt. Sie weiß um die Freundschaft.) Ich krieg ja sonst von ihrem Alltag nicht viel mit, außer dem, was sie mir erzählt. (Es klingt verzweifelt.)
T Das ist dann wie bei einer Süchtigen-Struktur: Sie macht Therapie und hat daneben ein Feld, wo sie ein süchtiges, destruktives Verhalten weiterlebt. Eine Denkrichtung in der Suchttherapie sagt: unterbinden, weil sie sagen, ohne Entzug geht es nicht.
P Ja.
T Das haben Sie ja gemacht, exemplarisch.
P Ja, aber ich kann's nur in der Stunde unterbinden; ich kann ihr doch nicht sagen, wie bei Sucht etwa, du trinkst jetzt nicht mehr, Schluß, sonst arbeite ich nicht mit dir!
T Warum nicht? Nehmen wir das mal als Modell ernst. Sie sagen zu ihr: Sie haben da einen Kanal, wo Sie Scheiße rausschleudern können, die Ihre Scheiße ist. Und solange Sie diesen Kanal aufhalten, arbeiten wir hier auf sumpfigem Boden. Das muß nicht gleich klappen, aber das Modell würde

ich zunächst mal für gültig halten. So, jetzt fehlen die Zwischenstationen. Sie haben es in einer Stunde exemplarisch gemacht, wobei sie aber gemerkt hat, sie kann Sie in die Flucht schlagen. Aber es hatte auch die Wirkung eines Verbots, was Sie in der Stunde –
P Es hat natürlich bei ihr auch panische Angst ausgelöst. Die Kehrseite der Sache ist, daß sie mich als den Menschen betrachtet, der ihr das Leben gerettet hat und ohne den sie überhaupt nicht leben oder sich entwickeln könnte. Und ich verweigere mich dann, ich sag: Ich gehe weg! Wenn du so bist, dann will ich mit dir nichts mehr zu tun haben! Das bringt sie in Todesangst.
T Sie haben Ihr noch nicht erklärt, daß Sie auch ein »Ausländer« sind. Sie hat da was noch nicht kapiert. In Ihnen wird sie es integrieren, wenn sie kapiert, Sie sind deutsch und hatten Nazi-Eltern. Und Sie haben an sich zu arbeiten versucht, den Ausländer und den Juden und den Nazi in Ihnen zu integrieren. Sie sind ja wie in der Rolle des jüdischen Arztes, zu dem in der Not verletzte randalierende SA-Männer kommen, die ihn eigentlich verprügeln wollten.
P Ich habe Zeit meines Lebens das Gefühl, ich gehöre nicht richtig dazu. Ich bin irgendwie fremd. Egal, in welcher Gruppe ich bin, ich bin das ewige Flüchtlingskind. Und was früher die Flüchtlinge waren, das sind heute die Türken. Das ist ja im Grund immer das gleiche. Immer das, was fremd ist, was nicht richtig vertraut riecht, das wird verletzt oder mißhandelt. Ich denke, ich bin mehr Ausländer, als ich mir das überhaupt klargemacht habe bisher. Da trifft sie natürlich voll ins Schwarze! Es ist also nicht nur ein Anteil, sondern es ist ein großer Teil meines Wesens, den sie da mißhandelt. Oder der sich mißhandelt fühlt.
T Ja. Eine andere Formulierung an sie wäre: »Unsere Arbeit hat nur dann richtige Voraussetzungen, wenn Sie davon ausgehen, ich bin zur Hälfte Jude und Ausländer.« Ob man ihr's wörtlich so sagt, weiß ich nicht, aber wir suchen jetzt erst mal Pflöcke. Über den Rassismus in Amerika sagen

manche: das geht über die Mischehen; der Rassismus hört wirklich nur auf über das Erleben: ich liebe einen Schwarzen. Eine vom Vater mißbrauchte Patientin aus einer Gruppe von mir hat einen Nigerianer geheiratet. Das war für ihre Schwarzwaldfamilie zuerst völlig verrückt, aber es ist gut gegangen...

P Das war so schön, wie Pesso das in einem Seminar sagte: Ich bin Jude, meine Frau ist katholisch, einer meiner Enkel ist halb gelb, einer ist halb schwarz.

T Wenn Sie einmal phantasieren: wie teilen Sie ihr mit, erstens, daß Sie den Juden und den Ausländer in sich haben, und zweitens, daß Sie das alles als Symptom betrachten: ihre NS-Dreckschleuder. Sie sagen ihr: Sie haben die Giftspritze, den Eiterherd. Therapie ist wie eine Dränage. Das muß sie als Modell verstehen, daß Sie das so sehen.

P Ja, aber sie müßte dieses Gift doch an mich abgeben können! (Ein ungeheuer hohes analytisches Ideal wird spürbar, an dem er fast verzweifelt durch die Radikalisierung der Übertragung. Damit sich die Patientin klar wird, daß sie ihre fiesen Sprüche auch gegen ihn richtet, versuche ich, die Situation zu verschärfen; er soll sich nicht durch die indirekten Botschaften bedroht fühlen.)

T Aber man darf sich nicht überfordern.

P Ja.

T Also, wie steht es denn mit Inszenierung? Wenn Sie sagen: Ich habe gehört, Sie haben in der Praxis meines Freundes die Türkin beschimpft! Nehmen Sie mal die Türkin dort auf den Stuhl, und machen Sie es hier. (Also Rollenspiel, »Agieren« in der Stunde, statt außerhalb!) Also: inszenieren, statt ein unerträgliches Übertragungsagieren auszuhalten. Weil man diese Introjekte nicht aushält, die die Leute rausschleudern. Was ist bisher mit ihr möglich gewesen an Gestalt oder Rollenspiel?

P Sie inszeniert sehr viel, aber das ist bei ihr eigenartig: sie ist so früh gestört, daß sie oft gar nicht unterscheiden kann zwischen ihren Inszenierungen und dem, was wirklich läuft.

Das ist immer etwas schwierig. Man muß immer aufpassen, daß sie sich nicht verliert darin und daß das Ganze dann ein Stück Theater wird, mit dem sie dann am Ende kaum noch etwas zu tun hat. Sie geht sofort in eine Rolle und spielt eine Riesennummer ab und kann das brillant, man kriegt's kaum noch gestoppt, und sie ist dann überhaupt nicht mehr betroffen. (Das ist ein Musterfall dafür, wie Inszenierung auch als Abwehr benutzt werden kann. Der Therapeut sitzt dann in einer Sackgasse: Übertragung und Gegenübertragung werden unerträglich, und Inszenierung wird zum Theater. Diese Situation stellt besondere Anforderungen.)
Sie fängt eigentlich die Stunden immer so an, daß sie erst eine Art Bühne aufbaut. Sie deponiert dann alle möglichen Sachen im Raum, initiiert bestimmte Rituale und spricht dann auch so eigenartig, daß ich sofort merke: jetzt ist sie drei Jahre, jetzt will sie gern dies und das. Und das kann sie dann ausspielen, fängt an mit einem Piepsstimmchen zu reden, wie ein kleines Kind. Was ja alles in Ordnung wäre, wenn ich nicht gleichzeitig immer das Gefühl hätte, das ist eine Deckgeschichte, die sie produziert. Ich darf nicht darauf reinfallen, eine Statistenrolle zugewiesen zu bekommen, um jetzt das zu spielen, was sie sich ausgedacht hat. Dann hat sie alles unter Kontrolle. Also versuche ich, das noch mal neu aufzugreifen, was ich spüre und fühle, um daraus wirklich eine Szene zu machen, die affektiv stimmt. Das ist natürlich sehr mühsam, das Richtige zu fühlen. Und sie ist hochintelligent und wahnsinnig gewitzt in der Hinsicht. Das ist die, die mal gesagt hat: Ich kriege jedes Gutachten, das ich will! Die geht irgendwohin und macht das so perfekt, daß jeder Gutachter hingerissen ist und genau das produziert, was sie will, für die Krankenkasse, die Rente, usw.
T Tja. Da ist dieser merkwürdige Ausdruck, von dem ich auch nicht weiß, wie man ihn anbringen kann. (Ich zögere, einen Einfall auszusprechen, weil er mir zunächst antisemitisch vorkommt.) Wissen Sie, was – wenn Sie das so schil-

dern, früher hat man das bei den Nazis »jüdisch« genannt. Sie inszeniert also etwas Verachtetes, das man aber auch bewundern muß.
P Das stimmt! – Ja, klar. Schmarotzen, nicht echt sein, also lügen, betrügen und irgendwas inszenieren, eine Schau machen, Theater spielen. Und dann aber diese antisemitischen Sprüche! (Er wird gewahr, daß die Patientin Identitäten auf den Kopf stellen, gegeneinander ausspielen und Teile davon in den Therapeuten stecken kann.)
T O.K., wir machen's mal so mit der Konfrontation: »Jetzt sage ich Ihnen mal alles, was ich bis jetzt noch nicht zu Ihnen gesagt hab. Sie sind ein Schmarotzer und eine Scheiß-Jüdin.« – Probieren Sie mal, was Ihnen noch einfällt.
P Ja (räuspert sich, verlegen, zögernd, dann kräftig), Ausländerin sind Sie auch! Ich brauche gar nicht mit der Geschichte anzufangen, als Sie sich damals mit dem Perser eingelassen haben, Persisch gelernt haben, zum Islam übertreten wollten. Von Ihrer ganzen Art, wie Sie leben, wie Sie mit Menschen umgehen, sind Sie mir so fremd wie nur was. – Sie entstammen, Ihrem Denken nach, einer anderen Welt, einer anderen Zeit. Und der Stil Ihres Lebens ist in diesem Kulturraum, in dem wir leben, absolut fremd, und ich kann nur sagen, wenn ich das vergleichen sollte, da sind anatolische Türken europäischer als Sie. – In gewisser Weise verkörpern Sie alles das, was Sie selbst verachten. (Ich ergänze ihn:)
T Ja. Also, ein bißchen mehr Pigment, und es würde alles auf Sie zutreffen, was Sie sagen. Oder ein bissel andere Nase.
P Das stimmt. Und ich denke, das weiß sie auch. Nicht umsonst stilisiert sie die Preußin in sich derartig hoch. Die sie natürlich absolut nicht ist.
T Ja. Also und – (Der Patient spricht rasch und wie unter Druck weiter zu seiner Patientin, kommt in Kontakt mit seiner angestauten, bisher therapeutisch unterdrückten oder stillgelegten Wut.)

P Sie kommen mir vor wie ein Jude, der sich einen deutschen Namen zulegt, nach Möglichkeit noch einen Adelstitel kauft, alles daransetzt, daß seine Söhne Offizier werden im deutschen Heer. Nur um so arisch wie möglich zu erscheinen. Der aber doch im stillen genau weiß, daß er Jude ist und daß man's ihm ansieht und daß es jeder auch weiß, der mit ihm zu tun hat. Und daß man ihn nur seines Geldes wegen hier hält. (Er kommt in seiner Wut mit seinem eigenen, in der Kindheit aufgenommenen Antisemitismus in Kontakt, vor dem er normalerweise erschrecken würde.) Sie haben ja nicht einmal Geld. Sie leben von dem Geld der anderen. (Sie bezieht Geld vom Sozialamt.) Sie wissen genau, daß ich Sie nur hierbehalte, weil das meine Moral gebietet.
T Ja. Prima. Das ist doch wie im Bilderbuch, und was mir zum Technischen noch einfällt, ist eine Phantasie: man braucht einen Giftkübel, den sehe ich symbolisch in Ihrer Praxis, einen großen, einen Rieseneimer. Und Sie sagen ihr: Da tun wir das Gift rein, was Sie jetzt an sich noch nicht aushalten. Wir tun mal die Ausländer rein, oder wir tun das rein, was Sie an sich selbst nicht ausstehen können. Und wir tun das rein, was Sie in mir unerträglich finden. – Also, es darf jetzt kreativ werden, in dem Sinn, daß Sie's mehr in die Hand nehmen, wie Sie konfrontieren. Bisher waren Sie zum Teil das Opfer, der masochistische Büßer, und sie wird immer sadistischer. Alles ganz faszinierend. (Er ist ziemlich erstaunt, erschöpft, perplex und fragt:)
P Gut, haben wir Mittagspause?
T Ja, zehn Minuten.

Nachträglicher Kommentar
Die Patientin bringt den erfahrenen Kollegen, der sich auf seine Haltung der NS-Zeit gegenüber einiges einbildet, dadurch fast an den Rand des Aushaltbaren, daß sie antisemitisch und ausländerfeindlich agiert, nach klassischem Muster wie die Rechtsradikalen. Seine Ethik verlangt, Symptome und Ideologien erst einmal anzunehmen und zu ertra-

gen. Aber er gerät in Haß und Destruktivität, flieht davor aus dem Behandlungszimmer. Die Rollen rotieren: sie wird zum Juden, er zum Antisemiten. Sie, die als Opfer kam, wird zur sadistischen Täterin, die über sein therapeutisches Ethos triumphieren kann. Er hat der (therapeutischen) Gewalt abgeschworen und kann keine Grenzen mehr setzen außer Flucht. Sie spielt mit seinen Lebensidealen wie die SA mit den liberalen Bürgertugenden oder wie die Skins mit den sozialen Normen. Vermutlich ist sie mit Fragmenten ihrer Großeltern oder ihrer Eltern identifiziert. Als Borderline-Patientin spielt sie eigene Anteile nach Belieben aus, so daß eine Inszenierung nur Teile des falschen Selbst zum Vorschein bringt. Es gibt Konfusion und Terror in der Übertragung, und Bodenlosigkeit beim Inszenieren.

Der große Giftkübel ist ein Versuch, das Destruktive wie das Bodenlose zunächst einmal aus der Beziehung wegzubringen auf eine Deponie, wo es besichtigt und benannt werden kann. Der Therapeut weiß dann, wo er es hinsteckt, wenn es ihn zu überfluten droht. Er kann ruhig zugeben, daß das angesammelte Böse überfordert und daß die Patientin nur überlebt hat durch die Identifikation mit Giften, die in sie hineingesteckt wurden, und zwar in der ›übergriffigsten‹ Weise, die man sich denken kann. Denn sie ist fähig, die Praxis zu überschwemmen, so wie sie selbst überschwemmt wurde. Sie ist sozusagen mit der Substanz des Begriffs Übergriff aufgeladen, vernichtet alle Grenzen. Der NS-Geist überschwemmt sie in der dritten Generation, und sie läßt die Flut auf den Therapeuten los, der darin umzukommen droht.

VII Lähmung und Schweigen.
Der unbekannte SS-Vater

Der Patient F., Jahrgang 42, Psychologe und selbst Psychotherapeut, hatte sich dem NS-Thema, nach einer früheren Therapie ohne Bezug zur NS-Zeit, in seiner Lehranalyse angenähert, bei einem anerkannten Kollegen, der sich selbst mit dem Thema auseinandergesetzt hatte.
Nun hatte der Patient endlich einen warmherzigen, ermutigenden, an ihm interessierten Vater gefunden. Deshalb war es besonders schwierig, den NS-Vater, das Arisch- oder Jüdisch-Sein, die SS oder Hitler oder Himmler in die Übertragung zu bringen. Der Analytiker war das »ideale Gegenbild« zum Vater, über den sie zwar sprachen, aber mit dem es nicht zu einer affektiven Begegnung kam.
Er kommt also nach zwei langen Therapien noch einmal in Behandlung, weil er bei einem Seminar mit mir Körpertherapie kennenlernen wollte (aus dieser Zeit auch das Du) und weil das NS-Thema bei einigen Teilnehmern massiv hochgekommen und im Rollenspiel angegangen worden war. Wir machen, da er viel unterwegs ist, ab und zu auch eine Doppelstunde. Die transkribierte Stunde liegt etwa ein halbes Jahr nach Beginn unserer Arbeit. Er hatte meinen Vorschlag, die Stunden auf Tonband aufzunehmen, gleich zu Beginn angenommen, zuerst mit kurzer Skepsis, dann aber zielstrebig. Er hört die Stunden in den Therapiepausen regelmäßig ab.
Es handelt sich im folgenden um die zweite Sitzung einer Doppelstunde, deren erste mit Erinnerungen an den SS-Vater zu tun hatte. Er hatte seine Familie mit Sitzsäcken aufgestellt. Es spielte auch bei ihm ab und zu eine Rolle, ob das NS-Thema in ihm nahe an der Oberfläche schlummert oder ob er sich damit aus Sympathie und aus Anpassung an mich beschäftigt. Er möchte es am liebsten los sein und wäre manchmal erleichtert, wenn es ihm nur von mir nahegelegt,

bei ihm aber schon ausreichend bearbeitet wäre. Mühsam erkennt er an vielen Anzeichen, daß die NS-Geschichte seiner Familie ihm noch sehr zu schaffen macht. Er ist nicht der einzige, dessen Abwehr die Form annimmt: »Sie haben wohl ein neues Forschungsthema!«
Dies gebe ich jedesmal gerne zu, drücke die Hoffnung aus, daß ich es dem Patienten nicht aufdränge, spreche eventuell auch knapp von meiner Familien-Geschichte und der späten Entdeckung ihrer Bedeutung für mich und sage überzeugt: dies habe mir geholfen, die Zeichen in den Stunden besser wahrzunehmen.
Der Patient sitzt am gleichen Platz wie zuvor, also relativ nahe bei mir, in einer Landschaft von Sitzsäcken und Kissen, die die Mitglieder seiner Ursprungsfamilie repräsentieren. Ich stelle das Mikrofon einige Sekunden zu spät ein... ich glaube, er hatte, wie sehr oft, gefragt:
P Nun, wie machen wir weiter? (Als ob er ganz bereit wäre, sich führen zu lassen.)
T Da taucht wieder die Frage auf – weil du so oft gesagt hast: »Ich bin leicht bereit, mich anzupassen« –, wie groß der Anteil ist, von dem du weißt, daß mich das Thema interessiert? Was ist denn sonst noch während der Woche passiert, was dich beschäftigt hat? (Ich will noch einmal überprüfen, wo sein »authentisch« eigener Stoff liegt oder ob das Thema »Anpassung« auch auf unsere Themenverteilung durchgeschlagen hat.)
Pause
(Es geht eine erstaunliche Veränderung mit ihm vor, der nach der Zehnminuten-Pause, zu der ich ihm Tee gebracht hatte, noch ganz erholt aussah.)
Jetzt stöhnt der Patient, atmet laut, schluckt, unterdrücktes Weinen. Er wirkt ermattet, extrem schutzbedürftig.
P (weinend) Und dann... ich hab... (er kann kaum sprechen, ich warte und sage dann, sein Ringen um Ausdruck unterbrechend:)
T Ich möchte dir nur noch schnell die Bilder sagen, die vor

mir auftauchen, wenn ich dich jetzt sehe. Es sind zwei Bilder: In einem liegst du auf der Couch, wo du dich ausruhst oder eine Mauer baust (den schützenden Wall der Polster). Und in einem zweiten habe ich all das Unbekannte deines Vaters in dem Schrank dort gesehen, auf den du gebannt schaust. *Unterdrücktes Weinen des Patienten.*
Pause
T. atmet auch schwer, unklar, ob seufzend oder nur verschnupft.
T Man könnte sich vorstellen, daß wir in diesem hellen und überaus ordentlichen Zimmer... (Das Sprechenwollen des Patienten kommt wie in Wellen, wird aber immer wieder unterbrochen, so daß nie recht klar wird, wann er sprechen will.) Aber du wolltest auch gerne etwas sagen?
P Ich wollte sagen... mir ging durch den Sinn... *Er wirkt verwirrt, überfordert, beim Hören empfindet man eine Atmosphäre voll unterdrückter Wut und Gereiztheit.* ...immer wieder mit der Mutter und dem Vater und so weiter... (er ist wütend, daß er sich mit 50 immer noch mit seinen Eltern und den Folgen der NS-Geschichte auseinandersetzen muß, nach so vielen Stunden Therapie), aber auf der anderen Seite... ich merke, daß ich dann am stärksten reagiere, insofern spüre ich, daß dies wirklich innere Themen sind. Man merkt es auch an meinen Tränen. Außerhalb deiner Therapie weine ich nicht! (Eine merkwürdige Formulierung, die mir jetzt schon mehrfach aufgefallen ist: »deine Therapie«, nicht »unsere« oder »meine«. Sie enthält seinen passiven Anteil, vielleicht auch eine Distanzierung, fast Schuldzuschreibung.)
Ich bekomme zwar manchmal vom Wind Tränen in die Augen, aber sonst weine ich nicht. Erstaunlicherweise auch nicht in meinen eigenen Therapien. Daran merke ich, daß ich hier an einem sehr persönlichen Thema arbeite.
Er hustet, es hört sich aber eher wie ein Würgen an.
Bezüglich des Schranks mit den Sachen meines Vaters, den du vorhin ansprachst, da hatte ich das Bild, daß die Tür auf-

geht und mein Vater in schwarzer Lederkleidung (die Erinnerung an die SS-Farbe, bzw. das Festhalten an der Farbe, ist offensichtlich) herauskommt. Ich werde dir mal ein Photo von ihm mitbringen, damit du sehen kannst, was er für ein Mensch war. Auf der einen Seite hatte er etwas ganz Seriöses...
Gepreßte Stimme, Patient schluckt sehr laut und krampfhaft, beim Tippen des Bandes spürt man den Ekel, den er runterschlucken muß. Es wird deutlich, daß die nächsten Aussagen über den Vater den Patienten unangenehm berühren oder ihm peinlich sind.
Was mich aber an ihm störte, war seine schwarze Lederhose, die er sich mal gekauft hatte. Ich hatte immer das Gefühl, daß das pervers sei und nicht zu ihm passe. Sonst war alles an ihm grau, deshalb kann ich auch von ihm nichts anziehen. Ich will es auch nicht! Als ich neulich mit meiner Mutter auf dem Friedhof war, trug sie eine braun-ockerfarbene Weste meines Vaters. Meine erste Phantasie war, daß sie sich jetzt mit den Dingen des Vaters rüstet. Da war dann so eine Seite, wo... *er bricht ab, atmet tief, man spürt die ihn überwältigenden Gefühle...* so eine dunkle... die da von meinem Vater hochkam, über die man auch nicht reden konnte. Meine Phantasie war zu sagen, daß ich die Weste häßlich fände und daß sie mich an Nazis oder an die SS erinnere... aber das wäre ja auch schon zuviel für sie gewesen!
(Lange Pause... dann kommt er auf meine Frage zu sprechen:)
Was mich sonst noch in der Woche beschäftigte: die Arbeit hat mich sehr angestrengt. Ich habe täglich zehn Stunden gearbeitet, so als müsse ich mir meine Ferien verdienen. Ab heute habe ich für zwei Wochen Urlaub. Zur Zeit beschäftige ich mich viel mit meinen unterschiedlichen Reaktionen auf meine Patienten. Ich arbeite gerade mit einer sehr lebendigen, impulsiven und affektvollen Frau. Sie will die Grenzen ausprobieren, und mir haben dabei die Stunden hier geholfen. Ich finde das schön, denn ich bemerke, daß sie durch

ihre Art auch mich belebt! Dann habe ich noch eine Patientin, die sehr viel weint und auch viel von ihren Weinanfällen spricht. Ich bemerke dabei deutlich, daß Wut dahintersteckt. Bei dieser Patientin gerate ich in einen gelähmten Zustand... (Er schaut mich ratsuchend an.)
T Weißt du dann nicht, was du sagen sollst? Läßt die Einfühlung nach?
P Ich merke manchmal, daß ich sehr müde werde. Häufig erzählt sie auch auf eine sehr konfuse Art, so daß ich nicht weiß, wo sie gerade mit ihrem Affekt ist (ganz ähnlich wie er und andere Patienten bei NS-geladenen Stunden). Ich bekomme natürlich ein schlechtes Gewissen, weil ich mit meinen Gedanken abschweife. Sie hat recht, wenn sie das Gefühl bekommt, daß ich nicht bei ihr bin. (Ich denke unwillkürlich an Ralf Zwiebels Buch »Der Schlaf des Psychoanalytikers«, nicht nur wegen der Müdigkeit und dem »Abhauen« des Therapeuten, auch der Verschmelzungswünsche, sondern vielleicht ebenso wegen einer abgründigen NS-Thematik, die beide genauso lähmen kann.)
T Noch fehlt mir der rote Faden. Ist das jetzt eine kleine Supervision?
P Nein, nein! Was mich beschäftigt, sind meine Reaktionen auf solche Erlebnisse. In diesem Zusammenhang fällt mir auch meine Frau ein. Als wir uns kennenlernten, hat sie viel geweint, und ich war sicher noch impulsiver als heute, wenn irgend etwas entgegen meinen Vorstellungen verlief... Dann fing sie an zu weinen! (Es schwingt mit: sie hat es mir abgenommen oder für mich mitgeweint.)
Ich habe viele Patienten, die eine zwanghaft-depressive Seite haben, so wie ich, die depressiv vermauert sind...
Mein erster Patient hatte einen psychotischen Vater, eine krebskranke Mutter, und er war ein großer Schweiger! Ich habe viele Patienten, die so eine versteinerte, schweigsame, stille Seite haben. Ich bin derjenige, der sie belebt und versucht, diese Versteinerung durch Einfühlung aufzulösen. (Die Häufung ist erstaunlich, auch für ihn. Es entsteht die

vage Idee, daß er Patienten »sammelt«, die das Schweigen und die Erstarrung der Eltern darstellen, so daß er endlich als Therapeut etwas dagegen tun kann.) Ich verkörpere sicher den Typ eines Therapeuten, bei dem es schwer ist, aggressiv zu werden, weil ich so verständnisvoll bin. Das beschäftigt mich zur Zeit. Gerade bei der Patientin, die ich vorhin erwähnte, merke ich, daß es mir subjektiv besser geht, wenn ich mich nicht so sehr zurücknehme. (Einige Monate später werden wir dann »Übungen« machen, bzw. Szenen gestalten, bei denen die gefürchtete Aggression herausdarf, mit sicherem Halt von mir: Kampf- und Mordimpulse, statt seines falschen Selbst als »lieber Kerl«.)

T Ich habe das Gefühl, daß bei dieser Patientin die Sprache auf einer ganz anderen Ebene verläuft als der Affekt. Ich würde sie fragen: Ist es möglich, daß wir noch einen anderen Kontakt haben als die Sprache?

Zusammenfassung der nächsten Sequenz: Gespräch über die Patientin. Die Stimme des Therapeuten T. M. wird wegen dessen Erkältung mittlerweile merklich schwächer, er scheint extrem müde. Er erklärt das dem Patienten, legt sich hin auf seine eigene Couch, dieser fühlt sich durch die veränderte Situation nicht irritiert, sondern entgegnet auf die Frage des Therapeuten, ob er sich auf die Couch oder den Boden legen darf:

P Ich finde das nicht befremdlich, da für mich unser Spiel noch ganz präsent ist... *gepreßte Stimme, er schluckt, stark aufwallende Gefühle.* Ich empfinde es sogar eher als angenehm. Ich habe meinen Vater nie auf dem Boden liegen sehen. (Leise Stimme.)

T Ja, damit hängt vielleicht manches zusammen: Er bewahrte immer Haltung.

P Für mich ist das hier eine Atmosphäre der spielerischen Begegnung. Es führt dem Sohn noch deutlicher vor Augen, was alles möglich ist. *Er lacht zwar, wirkt aber dennoch resigniert, gequält.*

Sehr lange Pause

Erdrückende, quälende Atmosphäre, Anspannung, untergründige Trauer, je länger die Pause dauert, desto schwerer ist sie beim Anhören zu ertragen.
Er hat auch nie gesagt, daß er erschöpft sei oder müde (leise, vorwurfsvoll). Kann ich mir nicht... (bricht ab, stöhnt)... Ich merke, wie tief das in mir verinnerlicht ist, dieses »Mir-nicht-helfen-lassen-Können«. In dieser Beziehung waren sich meine Eltern sehr ähnlich: ungeheuer aufrecht, diszipliniert und sauber. Ich glaube, daß ich meine Kinder... *Er bricht ab, man spürt sein unterdrücktes Weinen...* obwohl Freunde immer sagen, daß wir relativ großzügige Eltern seien. Ich würde mich jetzt nicht als jemanden hinstellen, der meint, daß er seine Kinder um jeden Preis auf Vordermann bringen müsse. Eher das Gegenteil!
Pause
Mir fällt noch etwas zum Thema »Nähe« ein:
Leiser Tonfall, beim Hören des Bandes empfinde ich plötzlich Scham in Erwartung der nächsten Äußerungen des Patienten.
Ich habe neulich der G. (eine Therapeutin beim Körpertherapie-Seminar, an dem er teilnahm) meinen Pullover hingeschmissen und dann gesagt: »Hau ab!!«, als sie ganz freundlich auf mich zukam; ich war wie in Panik.
Pause
Wenn du jetzt auf mich zukämst, wäre mir das auch zu nah. Ich bin ganz froh, daß du dahinten bleibst. (Er lacht. Mein Liegen weckt natürlich sowohl Wünsche wie Ängste. Da ich das Setting durch mein Liegen massiv verändert habe, kommt auch die Angst hoch, ich könnte mich wie sein Vater »unkontrolliert« annähern. Einige Wochen später berichtet er dann, daß sein Vater ihn bei Begrüßung und Abschied immer auf den Mund küssen wollte, und er sich angewidert abwandte.)
T Es wäre denkbar, daß die Annäherung über eine Umkehrung der Rollen läuft. Ich könnte mir vorstellen, daß ich dort liege, so erkältet, wie ich mich gerade fühle, und du

sitzt neben mir. Auf diese Weise kannst du dann die Nähe dosieren... Du erwähntest vorhin, daß du den Vater nie müde und auf dem Boden liegend gesehen hast. Wenn man diese Situation um die Phantasie erweitert, daß der Vater erschöpft oder fiebrig ist, dann wäre denkbar, daß eine vorsichtige Nähe oder Versorgungsumkehr stattfindet. Waren deine Eltern jemals krank? (Er läßt das Bild von Fürsorge für einen kranken Vater lange und wie sehnsüchtig auf sich wirken.)
P Ich habe meinen Vater nie im Bett gesehen!
T Dann kann man auch nichts für ihn tun und ihn nie als schwach oder hilfsbedürftig erleben.
P Meine Mutter war einmal im Krankenhaus, aber sonst ist sie ein Steh-auf-Männchen... Wenn ich mehr Kontakt haben wollte, müßte ich hinter ihr herreisen, denn sie ist ständig auf Reisen. Meinem Vater gegenüber habe ich schon eher Fürsorge empfunden. Ich habe bemerkt, daß er sehr empfindlich auf Angriffe reagiert und sich dann zurückzieht.
T Verbale Angriffe von dir?
P Ja, allerdings nur während der Pubertät. Später habe ich es dann gelassen; meine Grundhaltung war von da an sehr schonend. Ich hatte eher Mitleid mit ihm.
Pause
Ich habe im Moment zwei Bilder von ihm, die mich verwirren und die mir durcheinandergehen: auf der einen Seite war mein Vater nie krank oder lag nie auf dem Boden, so wie du jetzt. Es war eine freundliche, wohlwollende Atmosphäre, nach dem Motto: »Ich tu dir nichts, du tust mir nichts.« Auch wenn ich morgens um fünf Uhr nach Hause kam, hat er mich nie gefragt, wo ich gewesen sei, sondern immer nur: »War es schön?« Ich habe diese Frage aber als »unstimmig« empfunden (es klingt wie »erzwungen«). Das ist das eine Bild. Das andere Bild: ich sehe meinen Vater ganz in Schwarz – wie ein Rocker – aus dem Schrank kommen. (Gedanken- bzw. bilderreiche Pause. Es kann sein, daß der Pa-

tient sich einer früheren Frage von mir zugewandt hat: Wie war der Lebensentwurf der Eltern kurz vor der NS-Zeit oder während der ersten Jahre?)
Ich denke, daß er der erste war, der in seinem Wohnort vor dem Krieg eine BMW 500 fuhr. Er hatte dieses Motorrad-Bild später immer in seiner Westentasche, wie eine Erinnerung an eine andere Person (oder eine verlorene Identität, ergänze ich für mich). In so einer Situation ist eine andere Gewalt wirksam (gemeint ist vermutlich eine gebändigte, sportliche). Er war auf einer Ebene sicher nicht gewalttätig, aber ich habe dir auch gesagt, daß er meinem Bruder im Affekt das Trommelfell zerschlagen hat, als er ihm eine Ohrfeige gegeben hat. (Gewaltphantasien tauchen immer wieder bei ihm auf, was Wunder! Er ist oft unsicher, wieviel Gewalt in ihm steckt und wieviel Gewalt der Vater in den unbekannten, beschwiegenen SS-Jahren begangen oder erlebt hat.)
T Dazu fällt mir ein, daß durch NS-Zeit und Krieg die normale spätpubertäre sportliche Gewalttätigkeit zum Kollektiv-Psychopathischen entgrenzt wurde. Wenn der Krieg nicht gekommen wäre, hätte sich dein Vater vielleicht zu einem sportlich-expansiven Menschen entwickelt, mit Abenteuerlust und Auslandsreisen, sich im Beruf ein bißchen hochgearbeitet. Dann jedoch gingen alle Maßstäbe verloren: Man durfte Menschen fangen, quälen, deportieren, foltern, erschießen, kolonisieren, unterjochen, jagen, belauern, abhören... Aus der Rückschau wird das Bild von der BMW 500 auf einmal verdächtig, und aus der Rückschau wird aus dem zerschlagenen Trommelfell des Bruders ein Symptom. Wer weiß, ob er das ohne Hitler je gemacht hätte?
P Ich glaube nicht! Er hat ja auch früher beim CVJM Posaune geblasen. Mein Vater war eher ein Muttersöhnchen. Sein Bruder, auf dessen Beerdigung er nicht war, war ein Durchtriebener, der ihm auch mal das Motorrad abgeluchst hat. Er hat ein uneheliches Kind, was mein Vater aber nicht wußte. Mein Vater hätte so was nie gemacht. Er ist durch und

durch korrekt und besitzt diese preußischen Primärtugenden (!), die ja auch ihre positiven Seiten haben.

Pause

Jemand vermutete einmal, daß meine erste Therapeutin selbst eine NS-Geschichte hatte. Wenn es tatsächlich damals ein Anliegen gewesen wäre, hätte das Problem doch in meiner ersten Therapie viel mehr thematisiert werden müssen, da sie gewußt hat, daß mein Vater in der SS gewesen war. Aber sie hat es nie von sich aus getan.

T Ich kann mir nicht vorstellen, daß diese Frau das Thema in ihrer Analyse angesprochen oder durchgearbeitet hat, denn sonst hätte sie es dir weitergeben können. Meine Vermutung ist: viele Analytiker verbünden sich innerlich mit Freud durch ein Hinübertreten in die Denkform des Verfolgtseins.

P Deine Hauptthese ist, daß die Väter nicht trauern oder über ihre Erinnerungen sprechen konnten, weil sie gar kein haltendes Objekt hatten?

T Ja!

P Ich bin überzeugt, daß auch mein Vater tatsächlich niemanden hatte, der ihn verstand. Hätte er jemals darüber reden können...

(Hier stirbt der begonnene Gedanke wieder ab..., ich sehe auf die Uhr, wir haben nur noch wenige Minuten. Einige Monate früher las ich, daß es bei bestimmten Formen der familientherapeutischen Ausbildung wichtig ist, die gewonnenen Einsichten aus der eigenen Familienskulptur »rückzuübertragen« auf die Herkunftsfamilie und sich zu fragen: an welchen Punkten hätten sie Therapie gebraucht, und wie hätte sie, mit den heutigen Möglichkeiten, wirken können.)

Ich teile ihm das mit. Er scheint darüber nachzudenken, an welcher Stelle Therapie bei seinen Eltern hätte ansetzen können.

Längere Pause

T Könntest du jetzt, kurz vor dem Ende der Stunde, noch

mal darauf kommen, was für dich heute wichtig ist? Oder kannst du einmal hineinhorchen, was heute noch fehlt?
Pause
P Vielleicht war es ganz gut, daß ich nicht irgendwie so... weil es in den letzten Stunden sehr um meine Eltern ging, um das Tagebuch... *gepreßt, erschöpft; atmosphärisch ergibt sich beim Hören das Gefühl einer bleiernen Müdigkeit, so als würde der Patient gleich einschlafen.* ...um meine Mutter... (stöhnt)... mir gefiel diese andere Szene, daß ich nicht so unter dem Druck war, mir etwas erarbeiten zu müssen.
Pause
Ich möchte noch mal daran arbeiten, was es für Patienten sind, die zu mir kommen, die ich mir spontan aussuche. Mir ist selber schon aufgefallen, daß es zum Teil depressive Schweiger oder zwanghafte Patienten mit einer großen Schamproblematik sind. Wahrscheinlich habe ich auf diesem Gebiet besondere Fähigkeiten: mein Vater hat geschwiegen, meine Mutter hat geschwiegen. (Leise:) Ich mußte mich also früh auf solche Situationen einstellen! Aber das zu sehen: wann es mir eigentlich... (bricht ab, stöhnt)... irgend so eine Lebendigkeit annehme... für die anderen, das ist einfach zu anstrengend... es war eben schwer... Das ist sicher das Thema, das mich diese Woche beschäftigt hat. Weil ich soviel gearbeitet habe, ist es mir besonders deutlich aufgefallen. Es ist natürlich immer ein anstrengender Beruf, aber daß es... *sehr leise Stimme, bricht ab, gequälte Atmosphäre*... so durchschlägt! Ich spiele zu wenig, auch innerlich. Ich identifiziere mich manchmal wohl auch zu sehr mit einigen Patienten... (Er spürt, wie sehr seine berufliche Haltung durch den Schatten der NS-Zeit bestimmt ist.)
T Mir hat sehr geholfen, wenn ich bei etwas unbeholfenen Patienten zu Beginn die Regieanweisungen gegeben und die »Bühne« mitorganisiert hatte. Ich könnte es heute gar nicht mehr anders. Es ist ein wichtiges Thema: Wann arbeite ich mit der Übertragung, wann gehe ich wieder in eine Szene mit Rollenspiel? Ich kann nicht ständig die quälenden Über-

tragungen aushalten. Man kann sich aber mit beidem vor etwas drücken, man kann beides als Abwehr benutzen.
Ende der Stunde

Nachträglicher Kommentar
Dies ist eine verkürzte Wiedergabe einer eher »pädagogischen« Erklärung mit dem Ziel, ihm den Übergang zur »Inszenierung« mit eigenen Patienten zu erleichtern, mit der er vorsichtig zu experimentieren beginnt. Denn wenn er schon solche Patienten sammelt, muß es ungeheuer anstrengend sein, die »dämonischen« Instanzen und Personen nur in der Übertragung zu spüren, oder in der Lähmung als letzten Schutz vor der Übertragung oder der Gegenübertragung, die bedrohlich scheint. Das Ende der Stunde (nach der therapeutischen Arbeit der Doppelstunde) wird sowohl von einer Beimengung von solidarischer Forscherhaltung als auch von kollegialer Unterstützung getragen.
Seine Erschöpfung hängt auch zusammen mit seiner Rolle als »Lebendigmacher« für partiell erstarrte Patienten. In einer solchen Rolle – also entweder der Wiedergutmachung an den Eltern oder beim Versuch, mit ihnen nicht zum Erfolg gekommene Bemühungen nun erfolgreich fortzusetzen – kann man sich abarbeiten bis zur Erschöpfung. Die langsamen Fortschritte der Patienten oder ihre Dankbarkeit bestätigen in der eingeschlagenen Richtung und geben dem Unbewußten Signale: Du schaffst es doch noch! Dabei arbeitet man möglicherweise nur zum Teil in der Gegenwart; zum Teil nimmt man Arbeiten in parentifizierter Kindrolle wieder auf, besonders wenn es um Leid, Sorge, Erstarrung oder resignatives Schweigen geht, die auch auf den Eltern lasteten.

VIII Die Reise nach Sachsenhausen

Einige Wochen nach der vorigen Stunde, derselbe Patient F.
P Ich war in Halle bei einer Cousine. Sie hat Krebs, es ist nichts mehr zu machen, da sie auch viel zu spät zum Arzt gegangen ist. Ihr Ehemann wußte nichts davon, das ist auch ein Ausdruck dafür, wie beziehungslos die waren. Sie ist die Tochter des Bruders meines Vaters, zu dessen Beerdigung mein Vater damals auch nicht gegangen ist, du erinnerst dich: Der Bruder geht nicht zur Beerdigung des Bruders! So viel Angst vor Gefühlen! Mir fiel plötzlich auf, wie still, wie beziehungslos, wie versunken im Schweigen dieser ganze Clan doch ist. Genau wie mein Vater und sein Bruder.
Ich wollte außerdem unbedingt nach Sachsenhausen, denn dort war ja zu dieser Zeit die Ausstellung über das Lager. Ich wollte nach Sachsenhausen, weil ich wußte, daß mein Vater dort von 1939-1941 war als SS-Angehöriger, auf der Schreibstube im Krankenrevier. Ich wollte mir das anschauen und... *Patient bricht ganz plötzlich ab, schluchzt auf, ersterbende Stimme.*
Ich weiß gar nicht, warum ich jetzt heulen muß (weint stoßweise). Dabei war ich doch so guter Dinge während der ganzen letzten Tage.
T Das ist ja kein Widerspruch. Da öffnet sich plötzlich ein Schacht in die Vergangenheit, wenn du hierherkommst.
P Ich war eher enttäuscht (mit weinender Stimme, schluchzt, atmet tief).
Es hat in Strömen geregnet, als ich hingefahren bin. Ich bin mit dem Mann meiner Cousine hingefahren.
Stimme jetzt etwas gefestigter, der Patient wirkt aber immer noch sehr zerbrechlich.
Ich war dort eigentlich eher distanziert und interessiert, wie eben in einem Museum. Ich dachte natürlich, daß noch viel mehr Gebäude dastehen würden. Es gibt ein Informationszentrum, Kohleöfen, vergilbte Auslagenbücher...

Während dieser Beschreibung scheint der Patient sich ein wenig zu beruhigen, die Stimme nimmt einen fast normalen Klang an. Ich wollte ein Buch über die Geschichte dieses Konzentrationslagers kaufen und war fassungslos, daß es das nicht gibt. Der Sohn des Schwagers erzählte, daß sie früher in diesem KZ die Jugendweihe gemacht hätten. Es war also für die DDR ein besonderer Ort des antifaschistischen Kampfes. Ich war auf jeden Fall fassungslos und weiß nicht, woher jetzt die Tränen kommen. (Er weint.) Ich dachte mir, daß so etwas nicht sein kann: Wenn ich Leiter einer solchen Ausstellung gewesen wäre, hätte ich zuallererst ein Buch herausgebracht, was dort alles passiert ist. Einfach nur die Fakten, gar nicht mehr. Ich kann mir einfach nicht vorstellen, daß das nicht geschehen sein soll. Wenigstens Berichte von Häftlingen..., aber es gibt überhaupt keine Dokumentationen.
Patient wirkt zu diesem Zeitpunkt wieder sehr gefaßt.
Vielleicht hängt's damit zusammen, weil... (Plötzlich gerät er ins Stocken, atmet tief ein.)
Es gibt in Göttingen einen Historiker, den muß ich mal fragen, wo dieses Archiv ist. Ich würde irgendwann gerne mal in das Archiv gehen, um aufzuspüren, was mein Vater in dem Lager überhaupt gemacht hat...
Als ich in dem KZ war, habe ich auch mit der Pförtnerin gesprochen. Sie meinte, daß nur noch zwei Reihen der ehemaligen Baracken stehen. Man glaubt es kaum, wie schäbig und klein die Räume waren, in denen diese schrecklichen Dinge passierten. Allerdings war Sachsenhausen kein eigentliches Vernichtungslager. Die Pförtnerin sagte mir, daß in diesen Baracken die ehemalige Krankenstation war. Der Teil, in dem mein Vater gearbeitet haben muß, steht also noch und... (Plötzlich und unvermittelt fängt der Patient wieder an zu weinen, lautlos.)
Ich wollte...
(Er spricht nicht weiter, schluchzt noch einmal kurz auf)...

Während der Hinfahrt, immerhin fast eine Stunde von seinem Wohnort entfernt, habe ich gedacht: Was mag meinem Vater wohl auf diesem Weg morgens durch den Kopf gegangen sein?
(Der Patient versuchte sich auf einer Bahnfahrt »im Kopf« in das Erleben des Vaters zu versetzen, die gleichen Sinneseindrücke aufzunehmen, weil er absolut nichts von ihm weiß aus dieser Zeit. Die Stimme klingt wieder ganz ruhig und gefaßt.)
T Wo liegt denn das KZ?
P Nördlich von Berlin, 30 Kilometer vom Stadtzentrum entfernt. Mein Vater ist dann von Halle aus gependelt.
Lange Pause
Irgendwas müssen wir (unklar, ob »wir beide« gemeint sind mit unserer Arbeit oder die Familie oder die Angehörigen der zweiten Generation) damit zu tun haben, weil ich hier ja weine. Der Besuch in Halle in der Klinik bei der Todgeweihten hat mich schon sehr bewegt, die Prognose ist schlecht, sie wird sterben. Ich habe es auch erst vor 14 Tagen erfahren. (Der Besuch in der Klinik wirkt wie eine Einstimmung in die Atmosphäre von Krebs und Tod und Vernichtung, und zwar weil es ebenfalls beschwiegene, unterirdische unheimliche Vorgänge sind.)
Ich bin ja 1970 extra nach Halle gefahren, um meine Cousinen kennenzulernen. Für meine Mutter war die ganze Vater-Verwandtschaft immer tabu, das habe ich früher allerdings nicht so gemerkt. Die Frau des Onkels hat meine Mutter scheinend früher mal beklaut, irgendwelche kleinen Kränkungen also, die dann über Jahrzehnte weitergetragen wurden. Ich bin damals nach Halle gefahren, um die kennenzulernen. Ich mag die Cousinen auch. Als ich jetzt bei der kranken Cousine war, dachte ich: Das darf doch nicht wahr sein, daß sie ein Symptom spürt und mich als Arzt nicht um Rat fragt. Das hat mich wahrscheinlich sehr erschüttert, weil ich vermute, daß das mein Vater und meine Mutter genauso tun könnten: Schweigen über etwas Tödliches! Meine

Cousine hat schon ein halbes Jahr Chemotherapie hinter sich und hat es mir nicht erzählt. Schon ein dreiviertel Jahr vorher spürte sie einen Knoten in der Brust. Das alles habe ich aber erst vor 14 Tagen über die Schwester erfahren.
Atmosphärisch: ein Schaudern vor so viel Tarnung und Versteckspiel, vor den nächsten Verwandten wie vor dem eigenen Selbst.
T Jetzt mal zurück zu den Gefühlen des Schmerzes und der Trauer: die sind ja kostbar und wichtig. Du scheinst manchmal so ungehalten, wenn es dich überkommt. (P. lacht, halb erleichtert und halb gequält.)
Du sagst, daß du im Zug seine Strecke gefahren bist. Ich frage mich, wie dir da wohl zumute war?
Lange stille Pause
P Es war so (weint plötzlich), als könne ich an den Bäumen ablesen, was er gemacht hat. (Ein inniger Verschmelzungsversuch, wie mit einer Geliebten, auf deren Spuren man wandelt, um etwas von ihrer Seele zu spüren.) *Mit weinender Stimme, schluckt, wird immer wieder vom Weinen unterbrochen, atmet schwer, schluchzt.*
Ich brauche ein Taschentuch. (Geht aus dem Zimmer, um in seinem Rucksack draußen Taschentücher zu holen, obwohl neben meinem Sessel welche liegen.)
Ich wollte irgendeine Spur finden, und das ist... (Beginnt erneut lautlos zu weinen, seufzt.)
Irgendwie ist es ja...
Hustet, es klingt, als müsse er sich übergeben.
Es ist so, als sei er nach '45 nie mehr zurückgekommen, obwohl er ja noch bis vor eineinhalb Jahren da war, und ich Geburtstagsreden für ihn gehalten habe. (Er spürt, in welchem Ausmaß es einen unbekannten, verlorengegangenen Teil seines Vaters gibt.) Ich habe vorhin noch in deinem Buch »Der Erlöser« gelesen, und du fragst diesen Patienten, was du sagen müßtest, damit du für ihn jetzt für einen Augenblick der ideale Vater wärst. Ich habe dabei anscheinend eine momentane Debilität gehabt (lacht etwas) und mußte

diesen Satz ungefähr fünfmal lesen. Der Satz ist vielleicht ein bißchen verschachtelt, aber das ist ja kein Grund, daß ich dermaßen auf der Leitung stehe. Ich habe mir dann überlegt, was ich mir eigentlich von meinem idealen Vater wünschen würde.
Da ist irgendwie ...
Er hält inne, atmet sehr tief, schluchzt zuerst nur einmal ansatzweise, dann scheint ein lauter Schrei hervorbrechen zu wollen, den er jedoch unterdrückt.
T Laß ruhig auch einen Laut zu. Das sind fast Paniklaute, oder Schmerzenslaute, die ich zu hören glaube. Schreie vielleicht, oder eine Art hohes Heulen.
(Patient schluchzt laut auf, Atem und Weinen vermischen sich. Brüllt, voll verzweifelter Wut:)
P Daß du einmal mit mir redest!
(Er weint wieder, aber jetzt zum ersten Mal nicht mehr lautlos wie zu Anfang; er wird vom Weinen geschüttelt; es scheint aber auch, als wolle er sich möglichst schnell wieder beruhigen, weint dann doch noch längere Zeit.) Ich will überhaupt nichts von deiner Vergangenheit hören! (Er will sagen: keine Angst, ich wühle nicht in deiner Schuld!) Aber einmal sollst du mit mir reden, was dich bewegt, was du über mich denkst, was dich freut. Nie habe ich was gehört, was dir aus dem Inneren kommt!
Er hört sich jetzt nicht mehr wütend an, sondern sehr resigniert und traurig.
Ich habe immer erahnen müssen, was du ...
Er stöhnt, es hört sich an, als sei ihm schlecht, man spürt das unterdrückte Weinen in seiner Stimme.
So simple Dinge, daß du dich freust, daß ich meine Frau gefunden habe, daß du sie nett findest. Ich habe nichts von dir gehört ... Kein Wunder, daß du auch kein Tagebuch geschrieben hast. ... Dabei fällt mir auch ein, daß meine Mutter mir ihr Tagebuch immer noch nicht gegeben hat. Sie hat es geschrieben, hat es im Safe (wieder ein »radioaktives« Archiv) und wollte es mir geben, mal ja, mal nein, wie ein Kö-

der. Ich schwanke hin und her und denke: Ach leck mich doch am Arsch und behalte das, was du geschrieben hast. Wenn ich mich immer so mühen muß, um irgend etwas zu bekommen, dann soll sie es gleich bleiben lassen. Ich merke, daß da auch Zorn ist, wobei ich den bestimmt meiner Mutter gegenüber leichter äußern kann bzw. äußern konnte, mittlerweile ist sie ja alt.
Er atmet sehr schwer, das Sprechen scheint ihn anzustrengen.
Aber er hat wirklich nichts gesagt. Du wirst mich fragen: »Warum hat er denn nicht geredet?« Wie eben diese Väter so waren! Er hat dann mal gesagt, wie das Wetter wird, daß es vielleicht Glatteis geben könnte. Jedenfalls technisches Zeug oder vorsichtige Sätze. Er war immer sehr stur und wollte mich später auch nie Auto fahren lassen. Aber als meine Mutter mal gesagt hat, er solle mich fahren lassen, weil er es selber nicht mehr so gut konnte und... (Er bricht ab, die Stimme wird heiser, klingt gepreßt, traurig.)
Mir kommt jetzt gerade was dazwischen. Ich wollte sagen, daß ich ein guter Autofahrer bin, ich habe noch keinen zu Schaden gefahren. Die Leute fühlen sich bei mir sicher, weil ich kein Raser bin (er sagt es wie werbend oder beschwörend zu mir, zum idealen Vater, der das glauben und damit bestätigen soll). Als ich dann das zweite Mal mit meinen Eltern gefahren bin, ist mir ein Reifen geplatzt. Wir hatten jedoch Glück, und es ist niemandem etwas passiert...
Aber ich wollte ja eigentlich etwas über diese Sprachlosigkeit sagen: Ich fahre, und plötzlich macht mein Vater: »Brrr«. Als sei ich ein Pferd! Ich bin sprachlos, aber eigentlich hätte ich sagen müssen: Sag mal, spinnst du eigentlich? Rede mal mit mir. Zweitens ärgert es mich, daß er mir anscheinend nicht zutraut, daß ich auch ohne ihn weiß, wann ich bremsen muß.
Stimme des Patienten klingt lebhaft und erregt.
T Eine Anregung: daß du von der Reise zu ihm sprichst und

sagst: Ich habe nach dir gesucht, in Sachsenhausen und auf der Fahrt dorthin.
Lange Pause
Er holt tief Luft, bewegt hörbar die Sitzsäcke.
P Als ich mich heute dahin, auf einen der bequemen Säcke, gesetzt habe, dachte ich, daß ich etwas Weiches will, statt den Stuhl. Ich habe manchmal so steife Seiten in mir und will heute nicht unbedingt auf meinem »Denkthron« sitzen (so nenne ich den Stuhl mir gegenüber, auf den er sich lange Zeit routinemäßig setzte und in dem seine grüblerische, gefühlsferne Seite besonders leicht zum Tragen kommt). So steif habe ich ja nun meinen Vater immer erlebt. Mein erster Affekt bei der Sache mit dem Gaul war, daß ich dachte: Ich könnte dir den Kragen umdrehen. Oder ihn schütteln, so daß etwas aus ihm herausfällt wie aus einem Automaten, oder aus dem »eisernen Kasten« (von dem Helen Eppstein spricht, in: Die Kinder des Holocaust). Zum Vater: Ich glaube, daß ich dich fesseln müßte, damit du sitzen bleibst. Du bleibst nämlich nicht sitzen, wenn man mit dir reden will.
Pause
Fesseln will ich dich nicht, aber wenn ich dir nicht den Fluchtweg verbaue, haust du ja sofort ab. *Die Stimme des Patienten klingt belegt, er röchelt ein wenig.* Ein Wort, und du bist schon draußen. Das hast du ja schon immer so gemacht. (Brüllt unvermittelt:) Hörst du? Immer bist du rausgerannt, wenn ich irgendwas mit dir besprechen wollte. Als seist du taub, nein, taub warst du ja nicht. Du bist sofort rausgerannt, denn du wolltest taub sein.
Pause
(Stimme wieder ruhig.) Ich sehe dein Gesicht, wie das ganz verstört-gerührt wird. Das lähmt mich, ich kann dich gar nicht anschauen, sonst bin ich still. (Er erlebt, wie sein Schreien im imaginierten Gesicht des Vaters Wirkung zeigt, spürt sofort die Schonreaktion, das eigene Wegsehen oder die Lähmung aller Neugier, weil sie Schaden anrichten könnte.)

Die Stimme wird leiser, klingt sehr traurig.
Jetzt müßte ich dir doch den Fluchtweg freigeben, sonst...
Ja, was passiert sonst? Ich höre schon, wie die Mutter schreit: »Der Vater bekommt einen Herzinfarkt. Laß ihn in Ruhe!« Ich habe dich ja immer in Ruhe gelassen. Mein Bruder hat sich mit dir gestritten. Ich war immer der brave Sohn, dem du ja auch in deinem Testament zwei Sachen geschenkt hast (atmet tief durch, schluckt). Du hast mich mehr gemocht, aber du hast mich mehr gemocht, weil ich... (bricht ab, holt laut Luft, man spürt das unterdrückte Weinen)... weil ich brav war!!
Pause
(Immer noch zum Vater:) Mir kamen gerade deine Augen dazwischen, wie du mich so anschaust. So flehentlich, manchmal aber auch so, daß ich überhaupt nicht weiß, wo du bist. (Man staunt über die Wirklichkeit des Imaginierten: er sieht, so scheint es, wirklich wie zum ersten Mal das Gesicht des Vaters, weil in der früheren Realität nie so lange geschaut werden durfte.)
T Ich frage, ob der Satz paßt: »Jetzt war ich dort, wo du warst.«
P Ja, ich habe nach Spuren gesucht. Ich war in Sachsenhausen und habe geguckt, wo du warst. Ich merke, daß jetzt so eine Verwirrung in mir aufkommt. Zu Lebzeiten hast du mir das ja nie gesagt. Das wäre ein Griff ins Leere gewesen. Und jetzt, wo ich den Ort aufsuche, bist du tot. Ich sage nicht, daß ich nicht hingekonnt hätte, weil das DDR war. Ich bin ja auch nach Halle zu deiner Familie gefahren, aber auch da hast du ja nie gesagt, ob dich das freut. Ich habe immer alles an dich rantragen müssen, daß ich mal gerne mit dir nach Halle fahren würde und daß du mir mal alles zeigst. Ich bin ja immer alleine rumgeirrt. Ich habe gefragt: »Was hat der Papa denn gemacht?«
(Stimme verändert sich, klingt brüchig.)
Pause
(Brüllt:) Du hast nie gesagt, daß es dich freut, daß du es

schön findest, daß ich nach Halle gefahren bin, daß ich auf deinen Spuren gewandelt bin. (Diese Generation konnte das Suchen der Kinder nach ihnen oft nicht als Liebe erleben, sondern als Suchen oder Wühlen in einer deponierten bedrohlichen Vergangenheit. Die Eltern wollten gar nicht »gefunden« oder erkannt werden.) Das erste, was ich nach dem Examen gemacht habe, war ja, daß ich nach Halle gefahren bin. Es war eine ganz bewußte Entscheidung, das habe ich dir auch gesagt: »Ich will dahin, wo du herkommst. Ich will das kennenlernen.« (Diese Liebe ist für den Vater beängstigend, aber das konnte er natürlich nicht sagen.) Ich sehe dich noch genau, wie du nach dem Krieg und der Gefangenschaft heimgekommen bist. Ich hatte immer Mitgefühl, weil du so verloren wirktest in der mütterlichen Familie. Es war ja alles völlig fremd für dich. Du hast so verloren auf mich gewirkt. Schweißüberströmt standest du am Küchentisch, die Mutter sagte, daß das die Wassersuppe aus Rußland sei. Was Wassersuppe war, wußte ich ja gar nicht, aber du warst so still und verstört. *Die Stimme des Patienten ist voll Trauer und Mitleid.*
Pause
Ich habe gerade gedacht, daß eine solche Nähe wie jetzt mit dir in Wirklichkeit nicht möglich gewesen wäre. Du hattest schon einen Herzinfarkt gehabt. Du hättest nie ertragen, daß ich so nah mit dir rede. Das wäre undenkbar. Was wäre denn dann passiert?
(Nach einer sehr langen Pause atmet der Patient tief, so als wolle er eine erdrückende Last abschütteln.)
Ich gucke diesen Stuhl an und weiß, daß ich mit dir nie so hätte reden können. Du gehst weg. Nähe und Reden wären unerträglich.
Plötzlich beginnt er wieder zu weinen, zuerst ist es nicht als solches erkennbar, es klingt sehr unterdrückt und »innerlich«.
Ich muß mich mal setzen.
Ende der ersten Stunde

Nachträglicher Kommentar
Nach 50 Jahren geraten »Archive« in die Rolle von Garanten von Wirklichkeit: sie sind die stummen Zeugen. Was nicht mehr persönlich erfragt werden kann, hat nur noch dort einen Ort der Wirklichkeit. Doppelbedeutung: Archiv des Unbewußten und Archiv als Aktensammlung. Im Unbewußten: verlorene oder verbrannte Archive, Tabuzonen. Die seelischen Archive der Eltern waren verschlossen, deshalb erhalten die realen Archive eine so übermäßige Bedeutung und Anziehungskraft.
Es ist, als ob sich F. hineinwühlen möchte in die unbekannte Identität des Vaters. Gleichzeitig versichert er ihm, daß es ihm nicht um dessen »Vergangenheit« gehe, wie um ihn erst einmal zu beruhigen. Aus dem Bewußtsein des erwachsenen Sohnes, der auf Schonung getrimmt ist, kommt eine andere Botschaft als aus der tiefen unbewußten und jetzt bewußt werdenden Sehnsucht des Sohnes nach der Geschichte des Vaters, nach »Anschauung«. Trauer, Sehnsucht und ein Gefühl der Leere sind so stark, daß die Frage nach der Schuld zunächst ganz zurückzutreten scheint.

IX Dämonie des Schweigens und des Redens

Diese Stunde schließt nach der Zehnminuten-Pause an die vorangegangene an. Mir fällt gleich zu Beginn ein besonders trauriger Gesichtsausdruck beim Patienten auf, den ich nicht sofort benennen kann, den ich aber bald anspreche.
T Man könnte es Gram nennen, was ich in deinem Gesicht sehe. (Der Patient fühlt sich erkannt, auch leicht beschämt – es fällt ihm ein, daß ich schon früher öfter gesagt habe: sein Gesicht könne von einem Augenblick zum andern »zerfallen«. Er macht, vielleicht durch eine Geste meinerseits ermutigt, besser: eingeladen, eine Bewegung auf mich zu.)
P Ich hatte auch das Bedürfnis, näher zu kommen. Jetzt werfe ich den Sack (auf dem er sitzt) mal vor deine Füße, damit ich dich wenigstens ein bißchen umfasse. (Er legt sich auf den Boden, umklammert den Sack, als wärs meine Brust und sagt:) Ich muß noch weggucken, (damit die Verschmelzung und die Rührung nicht zu groß werden.) *Er holt stoßweise Luft, es klingt fast wie Schluchzen.*
T Der ideale Vater hätte immer wieder mit dir geredet, etwa so: Wir hätten zusammen überlegt, wieviel Vergangenheit ich ertragen kann und wieviel Vergangenheit du ertragen kannst. Wir hätten also versucht, es zusammen herauszufinden.
P Das wäre schön gewesen... *leise Stimme, klingt sehr resigniert und schwermütig.*
Ich wollte ja auch gar nicht alles wissen, aber ich hätte lernen können, wo deine Würde ist und wo ich sie respektieren soll und wo es auch dein Recht ist, mir vieles nicht zu sagen. Ich kriege ja auch mit, wenn die Mutti erzählt, daß du impotent warst. (Ein typisches Beispiel für ein Hereinziehen des Sohnes als Kummerpartner der Mutter, auch in sehr intimen Fragen, ein Massenschicksal besonders während und nach dem Krieg.) Dann merke ich, daß ich das eigentlich gar nicht wissen will. Da geht es dann auch nicht um Nähe, sondern

es ist eher eine Anmache von ihr. Ich glaube schon, daß ich es schwer mit Grenzen habe...

T Ich höre in mir den Satz anklingen, wie er zum Vater gesprochen sein könnte von dir: Den größten Teil von dir werde ich nie kennen... *Patient atmet schwer, manchmal bricht ein Schluchzen hervor, wieder dieses lautlose Weinen, sehr lange Gesprächspause.*

P Mich macht das vermutlich so traurig, weil ich ja noch ein Kind war und das damals gar nicht fühlen konnte. *Der Patient unterdrückt mühsam das Weinen, festigt sich aber etwas im Lauf der nächsten Sätze.*

Mein Bruder hat nach dem Schädelbasisbruch (ein Treppensturz) immer nur mit der Mutter geredet. Sie hat dann auch mit ihm gelernt – er war ja der Ersatz für ihren Mann – und gesagt: »Wir gehören zusammen.« (Spricht wieder zu mir beim Halten des Sitzsackes:) Meine Tränen zeigen, daß ich schon Sehnsucht danach gehabt habe (nach dieser haltenden Nähe zum Vater). Er war sehr sprachlos. (Wieder zum Vater gewandt:) Du bist für mich der Inbegriff geworden für jemanden, der Kreuzworträtsel macht. Ich kann kein Kreuzworträtsel lösen!

Pause

Mir fällt gerade auf, daß ich eben spontan etwas gemacht habe, was mein behinderter jüngerer Bruder immer machte. Wenn er irgendwo sitzt, macht er immer so (der Patient führt eine Bewegung vor: Selbststimulation im Gesicht, mal streichelnd, mal eher schmerzend). Als müßte er irgendwas spüren. *Die Stimme des Patienten beginnt zu zittern, das unterdrückte Weinen wird deutlich.*

Er macht nie so: ... (wieder eine Bewegung, ausgreifend nach einer Berührung durch das Gegenüber).

Pause

T Ich habe einen merkwürdigen Gedanken, er ist symbolisch gemeint: ob er (der Vater) wohl das Böse in den behinderten Bruder K. gesteckt hat? Jetzt kannst du selber spüren, wie und ob sich der Gedanke bei dir verändert... Kann ich

noch etwas von mir sagen? Ich habe mal einen fiktiven Brief an meinen Vater geschrieben, in dem stand: »Vielleicht warst du nur potent mit Adolf Hitler im Rücken.« Und daß dieser Gedanke: »Ich mache Kinder für ihn« ihn die Schwelle zur Sexualität hat überschreiten lassen. So, in der Art habe ich auch jetzt wieder Phantasien über deinen Vater: daß da Energien, gute und dämonische, hin und her geschoben wurden.
Der Patient stottert, macht einen etwas überforderten Eindruck.
P Ich merke, daß ich in eine Konfusion komme, wenn ich ein bißchen weiterdenke. (Zum Vater gewandt:) Es war ein starkes Gefühl, daß... (beginnt zu weinen, schreit) dir mal wirklich sagen zu können, daß ich es auch schwer mit dem (behinderten) Bruder habe, nicht nur er (er springt plötzlich in die Erzählform, die Konfrontation des Vaters mit der direkten Wut wegen K. scheint noch zu bedrohlich; doch dann wieder zum Vater:) daß es auch schrecklich ist... (er weint, schluchzt, Husten bricht fast explosionsartig aus ihm heraus) ...nie mit dem Bruder reden zu können. Für ihn, den Vater, war es auch so schrecklich, daß er da war. (Ein Nationalsozialist und SS-Mann, und ein Kind, besser: ein Stück »lebensunwertes Leben in der Familie«, das ins Euthanasieprogramm gehört hätte, eine Schande und unbedingt zu verbergen, wie es die Mutter lebenslänglich nach außen getan hat.) Diese Ideologie..., daß die Mutter K. nicht mit auf die Beerdigung... nicht mal auf die Todesanzeige für den Vater draufnahm... *Der Patient wirkt verwirrt, verstört, von Erinnerungen überflutet, Teile des Satzes sind so gut wie gar nicht zu verstehen: er spricht mit einer ganz hohen, verweinten Stimme.*
Das Böse mag gut scheinen, wenn nur alle das glauben, wie im Dritten Reich. Aber alles Behinderte war das Böse. Ich habe es dir (gemeint ist der Therapeut) ja erzählt: meine Mutter fährt zwar zu meinem Bruder ins Heim, aber sie erzählt: »Es wäre ja schrecklich, wenn mein Mann so gelähmt

wäre, um Himmels willen, das wollte ich nicht haben.« Ich denke dann, daß das wohl nicht wahr sein darf! Aber das zeigt ja auch, wie beschädigt sie sich selbst fühlen muß, daß sie das überhaupt nicht annehmen kann und statt dessen nach Südamerika in den Urlaub fährt, einfach so, vier Wochen!
Der Patient schluchzt.
Pause
Ich will mich nicht selber streicheln wie mein Bruder in seiner beziehungsarmen Welt, ich halte mich lieber an dich (klammert sich stärker an den Sitzsack). Das ist alles so tot... Was mich jetzt so traurig macht, das ist die Tatsache, daß wir so nach außen gesehen schon eine ideale Familie waren und sie eine gute Mutter war. Diese Mutter mit der Ideologie: »Ich kaufe nur Butter, auch wenn wir wenig Geld haben, aber Margarine soll mein Sohn nicht essen.« (Lacht.) Aber bei allem, was ich seelisch bekommen habe, hatte ich immer das Gefühl, daß ich es selbst reingeben muß. Mir fällt jetzt als Beispiel wieder ein, daß mein Bruder bis heute nicht redet, mein Vater redet nicht, meine Mutter redet viel, entsetzlich viel, aber im Grunde genommen sagt auch sie nichts. Immerhin hat sie das Tagebuch geschrieben. Aber auch da war ich derjenige, der auf dem Weihnachtsmarkt schön eingebundene Bücher gekauft hat und dann beiden Eltern zu Weihnachten schrieb, wie ich sie erlebt habe, was ich an ihnen schätze, was schwierig war und so weiter. Ich habe versucht, Worte in die Familie zu bringen! Beide haben sich gefreut. Mir wurde auch ganz klar, daß, wenn ich das nicht mache, es meine Mutter auch nie macht, trotz dem Gerede. Die legt sich dann lieber in die Sonne und denkt an nichts. Jetzt hat sie zwar das Tagebuch geschrieben, über die Kriegsjahre, wollte es mir auch geben, gibt's mir aber nicht. Ich bin es allmählich auch leid, immer wieder nachzufragen...
Pause
T Ich frage mich, ob das nicht deine Frau machen kann.

Wenn sie deine Mutter wieder mal anruft, könnte sie einfach sagen: »Du hast doch deinem Sohn damals das Tagebuch versprochen. Ich glaube, es wäre schön für ihn, wenn du das mal machst.« Du kannst sie ja fragen, ob sie sich das vorstellen kann.
P Ich kann mir gut vorstellen, daß sie das macht.
T Und du sagst: »Leck mich am Arsch.« (P. lacht.)
P Also bevor ich sage: Leck mich am Arsch, ist es natürlich besser, wenn ich es wirklich mal lesen kann (lacht).
P Klar, und wenn deine Frau fragt, dann wird deutlich, ob sie es überhaupt hergeben will. Nur, daß du die Kränkung nicht so spürst. Für sie ist es ja nicht so kränkend, wenn sie nachfragt, und dann kommt es trotzdem nicht. So dachte ich das.
Pause
P Ich merke gerade, daß ich noch immer fassungslos bin über das, was da heute hochkommt, obwohl ich mich doch so ganz...
T *freundlich ironisch* Obwohl du nur im Lager Sachsenhausen warst! (Beide lachen.)
P Subjektiv habe ich wirklich das Gefühl, daß ich mich ganz wohlfühle und nicht so bedürftig bin. Das ist ja das Verrückte: daß es wirklich zwei verschiedene Welten sind. Wäre ich jetzt draußen, dann hätte ich wahrscheinlich ganz normal über alles geplaudert.
Pause, die sich wie ein Ausruhen anfühlt.
Da fällt mir ein, daß ich nach der letzten Stunde auch ein so merkwürdiges Gefühl gehabt habe, fast hätte ich da ein bißchen geweint.
Stimme wird wieder leiser, der Patient weint zwar nicht, scheint jedoch von der Erinnerung ergriffen.
Jetzt dachte ich gerade, wie schön es doch eigentlich ist, wenn es mal keine Hektik gibt. Ich merke an mir selbst, wie schmal der Grat ist, wo ich dann lieber anfange zu ruckeln oder zu kämpfen. Dabei gibt es eine Seite in mir, die überhaupt keine Lust hat zu kämpfen. Als ich das letzte Mal ge-

gangen war, dachte ich nur: »O Gott, wie träge und lahm war ich.« Du hast zwar gesagt, daß es dir stimmig vorkäme, aber ich kam mir wie ein passiver, regressiver Säugling vor, der wenig gesagt hat. So als müsse ich im Erdboden versinken und mich entschuldigen, daß ich mich mit geschlossenen Augen an dich gelehnt habe und nicht fleißig war. Es war irgendwie ein komisches Gefühl, also sehr gemischt. Und heute ist das eben nicht so. Beim letzten Mal war da noch eine Gefühlssperre, das habe ich deutlich gespürt. So als sei es irgendwie noch zu nah gewesen, ich kann es schwer beschreiben.
(Ich hatte ihm in der Sitzung zwei Wochen zuvor gegen Ende angeboten, seinen Kopf an mich anzulehnen, was er auch gerne tat, trotz eines ebenso spürbaren Zögerns, als ob es »zuviel« oder nicht erlaubt sei.)
T Nach dem heutigen Tag kann man sich vorstellen, daß es auch noch Loyalitätsgrenzen für die Nähe zu mir gab: Die Sehnsucht nach dem Vater und eine nicht thematisierte Bindung oder Hoffnung, die das noch ausschließt. Das wird durch die hier angebotene Nähe natürlich angestoßen. Jetzt hast du ja ein Stück »Nähe-Suche« nach ihm nachgeholt. Ich meine, daß man deine Scheu vor körperlicher Nähe zu mir nicht nur als Abwehr sehen sollte, sondern auch als ein Stück Loyalität ihm gegenüber, der das nicht geben konnte. Ein Teil von dir ist noch gebunden an die Sehnsucht nach ihm und erlebt es als Verrat, wenn du es bei mir holst...
P Der Gedankengang leuchtet mir ein, nur hätte es ja auch genau umgekehrt sein können. Beim letzten Mal wußte ich ja noch nicht, daß ich nach Sachsenhausen fahre. Da stand ich also noch nicht in so einem Loyalitätskonflikt wie heute, denn ich habe mich ja nur dir angenähert.
Pause
Nach der heutigen Stunde würde ich eher sagen, daß es irgendwas mit dem Reden mit ihm zu tun hat. Also, daß beides da ist. Vielleicht hing es ja auch mit deiner Provokation in der letzten Stunde zusammen. Du hast gesagt: »Du bist

doch nicht zur Therapie hier!« (Gemeint war: der Einbruch der Nähe-Sehnsucht gehörte genau hierher, obwohl er sich dagegen wehrte.) Vielleicht habe ich dann wegen dieser Provokation doch zu schnell bei mir ein Gefühl übersprungen, obwohl ich zuerst noch gezögert habe. Es war natürlich auch der Wunsch danach vorhanden.
Ich denke mir das so, daß ich ihm, dem Vater, bevor ich die körperliche Nähe zu dir zulasse, auch durch Reden begegnet sein muß, daß die Zustände in der Familie immer klarer werden, obwohl wir eine ungeheuer gebundene Familie waren... Gerade bei der manifesten Sexualität herrschte ziemliche Strenge, ich hatte immer Angst, wenn ich onaniert habe, daß meine Mutter guckte, ob da jetzt Flecken zu sehen sind. Auf der Phantasie-Ebene war ich sicher sehr präsent bei meiner Mutter. Diese latente Sexualisierung kommt ja häufig in Familien vor, wenn bei den Eltern nichts mehr los ist. Ich glaube, daß diese Erfahrung hier oft eine Rolle gespielt hat, wenn ich gesagt habe: »Nicht so nah«: die Angst vor einer Sexualisierung. Daß genau das auch letzte Stunde mitgeschwungen ist. Natürlich ist Nähe da, wenn ich mit meiner Frau schlafe, man will dann ja auch nicht viel reden. (Sowohl der Vater wie die Mutter haben Nähe zu ihm sexualisiert.)
Was mir deutlicher wird, ist meine Sehnsucht nach Symbiose, nach innigster Nähe, wo überhaupt kein Wort mehr nötig ist. (Mitschwingt: dabei ist Sexualität beinahe störend oder nur die Brücke zur Symbiose, ziemlich verwirrend, aber sie verdeckt den Verschmelzungswunsch, der ohne Sexualität bedrohlich ist, weil extrem regressiv.)
Das ist im Grunde die Verlängerung einer Ideal-Phantasie: zu Hause hat man nicht geredet, aber man hatte so den Traum: »körperlich ganz nah und ganz innig.« Mir wird deutlich, daß das Reden zwischendrin eher zu kurz kommt. (Beim vielen Reden über die Nähe scheint er sie jetzt wieder zu verlieren, deshalb frage ich:)
T Wäre es stimmig, wenn du noch ein bißchen näher kämst,

oder ist es gut so? Für mich kann noch meine Hand dazukommen, jedenfalls wird sie schon aktiviert (ich spüre die von ihm ersehnte Berührung in meiner Hand, die warm wird). Das heißt nicht, daß es heute sein muß. Aber es ist ein nächster Schritt, der sich vorbereitet.
Pause
P Im Moment genügt es mir.
Pause
Ich frage mich, ob das so stimmt, »es genügt« oder ob ich zu bescheiden bin. Ich habe jetzt so spontan gesagt, daß es mir genügt, weil ich mit den Phantasien noch beschäftigt war. Alles, was du vorhin gesagt hast: »über die Vergangenheit reden und dabei sehen, wieviel man sagen will«, das ist ein Dialog, und genau das habe ich mit meinem Vater nie erlebt. (Die unerwartete sprachliche Nähe zum Vater aktiviert die Sehnsucht nach Berührung wie auch die Abwehr.)
Ich habe dir erzählt, daß er Posaune, Klavier und Geige gespielt hat. Aber das habe ich erst zehn Jahre vor seinem Tod erfahren. Während meiner ganzen Jugend wußte ich das also nicht. Erst als ich mir einmal nach einem Konzert eine Geige gekauft habe, erwähnte es mein Vater zum ersten Mal.
(Wahrscheinlich zeigt sich beim Vater so viel Scham über sich selbst, daß er nicht einmal die Identifikation über die Freude an einem Instrument anregt oder zuläßt.) Aber das erzähle ich dir jetzt nur zur Illustration, wie wenig mein Vater immer geredet hat. Ich spreche von ihm eigentlich wie von einem Behinderten! Dabei ist er äußerlich gar nicht behindert gewesen.
Pause
(Er ist bewegt von der Stummheit des Vaters und von den darin enthaltenen, beschwiegenen Inhalten; dann schaut er nach mir:)
Ich bin noch bei dem Angebot deiner Hand.
Der Patient holt sehr tief Luft, so, als müsse er Mut sammeln. Während des Hörens entsteht durch diese bestimmte

Art des Luftholens der Eindruck, daß jetzt etwas bereits länger Verschwiegenes oder für den Patienten Unangenehmes zur Sprache kommt.
Was im Moment einfließt, ist der Gedanke, daß ich saubere Hände haben muß, wenn ich dir die Hand gebe. So nach dem Motto: Wasch dir erst mal die Hände! Vom Kopf her weiß ich natürlich, daß das Blödsinn ist. Ich verspüre auch den Wunsch, nicht so grabschig und drängend sein zu wollen. Vielleicht hängt alles damit zusammen. Der erste spontane Einfall, der mir dazu kommt, ist der Gedanke an die Anstalt, in der mein Bruder untergebracht war und ist. Ich hatte zwar einerseits Mitleid mit ihm, aber andererseits waren da auch die anderen Patienten, die einen dauernd angefaßt haben, gierig, grabschig. (In anderen Stunden hatte er immer wieder geäußert, daß er sich bedrängt fühlte und gleichzeitig fasziniert war durch die distanzlose Suche der Insassen nach Nähe: im Unbewußten scheinen sich Nähe, Behinderung und Unreinheit zu mischen, ein NS-Gedanke, der aber hier nicht vertieft wird, sondern nur ein Stück Scham auslöst. Es könnte aber sein, daß der Sauberkeitswahn der Mutter nicht nur durch anale Triebkonflikte geprägt ist, sondern durch die rassenbiologische »Unreinheit« eines ihrer Kinder.)
Dann fallen mir noch meine Eltern ein, zum Beispiel meine Mutter, die mich früher eingeseift hat. Ich denke, daß das bei dem Zufassen hier eine große Rolle spielt. (Hier das Zusammenfallen von Sauberkeit, ödipaler Bindung und Erotisierung.) *Patient atmet tief auf, wirkt erleichtert, diesen Zusammenhang entdeckt und ausgesprochen zu haben.*
(Das Thema der unangemessenen Erotisierung spielte in dieser Stunde schon einmal eine Rolle, und zwar bei den Bemerkungen der Mutter über die Impotenz des Vaters und beim Interesse der Mutter für die Sexualität des pubertierenden Jungen. Auch bei der folgenden Beschreibung des Vaters wird diese Vermischung der Ebenen Nähe – Sexualität erneut spürbar werden.)

Wenn ich darüber nachdenke, wird mir klar, wie sehr ich mich doch mit meinen Eltern identifiziere bzw. meine, daß ich so sein könnte. Ich hatte bei der Begrüßung mit meinem Vater immer Angst: Der läßt mich nicht mehr los. Außerdem wollte er mich immer auf den Mund küssen und hat gelacht, wenn ich mich dann weggedreht habe. Ich habe es zum Verrecken nicht fertiggebracht zu sagen, daß ich keinen Kuß auf den Mund wolle. So ein simpler Satz! (Von Vater wie Mutter geht also eine offene oder latente Überstimulierung aus. Dem Vater ist die zu große Intimität, die küssende Trostsuche, nicht bewußt, auch nicht beim wiederholten Sich-Wegdrehen des Jungen wird ihm das merkwürdig: er wiederholt den Versuch immer wieder.)

T Man kann also sagen, daß er auch unter der Ferne gelitten hat und daß du es gebraucht hättest, daß er redet und dich sieht und berührt. Er hat das aber erotisiert. Es ist so, als wenn einer eine falsche Brücke sucht, eine falsche Intimität. Pause
Es ist vielleicht ein merkwürdiger Satz, aber du könntest ihm sagen: Mein Mund ist verschlossen, aber ... auch vor Sehnsucht. (Mit diesem extrem verdichteten Satz versuche ich eine Erklärung, die der Sohn dem Vater geben könnte: sie macht ihm seine Abwendung verständlich, mit dem Wunsch, doch in seiner Vatersehnsucht gesehen zu werden, die ihm den Mund »dünnlippig« macht. Der reale Vater wirkt wie ein Tölpel, der die ungeahnte Sehnsucht durch eine grobe Erotisierung quasi vernichtet, auslöscht, unbeantwortbar macht.)

P Mir fiel spontan eine Tagebuchaufzeichnung von 1967 ein. An dieser Stelle schreibe ich, daß ich sehnsüchtig nach einer Sehnsucht bin. (Ein fast poetisch verdichteter Satz: die Sehnsucht ist schon ein klares Gefühl, das er aber selten, auf einen Vater gerichtet, empfindet; deshalb bleibt es bei einer Sehnsucht nach der Sehnsucht; dadurch sind die wirklichen Gefühle unkenntlich, können aber in Form eines diffusen Weltschmerzes genossen werden.)

Außerdem erwähne ich Größenphantasien, daß ich mich bis zum Horizont ausstrecken und nach ihm greifen möchte. Ich bin erschüttert, wenn ich das heute lese (die Omnipotenz der Sehnsucht, die sich bis zum Horizont ausdehnt). Auf der einen Seite wird mir klar, wie zerrissen ich innerlich war, während ich nach außen hin der beliebte F. war. Ich hatte viele Freunde und Freundinnen. Auch von meinem Lebensgefühl her fühlte ich mich wohl. Ich wäre nie auf die Idee gekommen, eine Therapie zu machen. Das habe ich ja erst durch die Arbeit in der Drogenklinik gemerkt, daß man so etwas gebrauchen kann. (Lacht.) Krank und bedürftig waren nur die andern.

Ich muß gerade daran denken – weil ich vorhin so weinen mußte –, daß ich in meiner ganzen ersten Therapie kaum je geweint habe. Man sieht also, wie dick der Panzer war, den ich mir in der Familie antrainieren mußte. Und wie diese Sehnsucht mit den verschlossenen Mündern in unserer Familie zusammenhängt.

T Mir fällt jetzt etwas zum vernebelnden Dauergerede der Mutter ein (lacht): bei ihr fließt der Schnabel über. Es gibt ja auch Schnabeltiere. (Patient lacht auch, dann, nach einer Pause kehrt er aus der Erinnerung zurück zur aktuellen Situation. Später wird deutlich, daß das pausenlose Gerede der Mutter die Vergangenheit übertönen soll):

P Es ist hier eine Atmosphäre, die ich sehr genieße: wir sitzen zusammen und reden, hin und wieder entsteht mal eine Pause. So etwas kenne ich ja gar nicht von zu Hause. Wenn meine Mutter kommt, macht sie die Tür auf und fängt an zu reden. Du kannst dir das gar nicht vorstellen. (Lacht.) Sie ist dann wie aufgezogen, die Kinder lachen schon und sagen: »Oma, jetzt halt doch mal die Luft an.« Dann hält sie kurz an, und sofort geht es weiter. Man sieht also, wie sehr diese große Angst vor der Leere sie ausgefüllt hat. Ich selber schaffe das gar nicht: vom Hundertsten ins Tausendste irgend etwas zu reden.

(Trotz des eigentlich ernsten Themas wirkt der Patient jetzt sehr erheitert. Wir erinnern uns unausgesprochen an eine Szene, bei der er zum wiederholten Mal vom »ohrenbetäubenden« Redestrom der Mutter sprach. Ich schlug ihm vor, mir das einmal vorzumachen. Er verhedderte sich aber mit der Grammatik, konnte das pausenlose Gequatsche nicht mit seinen grammatikalischen Bedürfnissen verbinden. Deshalb veränderte ich den Vorschlag dahingehend, daß er nur ihre »Musik« nachmachte, ohne Worte. Da zögerte er, befangen, fast ängstlich, voller Scham, doch dann legte er los, einem ununterbrochen kullernden Truthahn ähnlich, minutenlang, sich überschlagend; es war wie das Erbrechen einer jahrelang durch die Ohren aufgenommenen schlechten Lautnahrung. Als er sich beruhigte, war er erschöpft und wie positiv entleert.)

Wenn man sie fragen würde, womit sie eigentlich den Satz angefangen hat, dann wüßte sie es selber auch nicht mehr. Sie hat sich immer beschwert, daß mein Vater nichts sagt, aber er kam ja sowieso nicht zu Wort... (Mit veränderter Stimme:) Ich stelle fest, daß es zueinander paßt: ihr permanentes Reden und sein Schweigen.

In dieser letzten halben Stunde wirkte der Patient wieder wesentlich ruhiger und gefaßter; auch Themen, die für ihn belastend waren, führten nicht mehr zu so heftigen Reaktionen (Weinen, Schreien) wie in der vorhergehenden Stunde. Vielleicht aber ist die vermeintliche Stabilisierung Ausdruck seiner Erschöpfung oder seiner Angst vor neuen, eventuell noch aufwühlenderen Gefühlen.

Beim Hören des Bandes wird nach und nach deutlich, daß der Patient auch in Momenten, in denen er nicht erregt zu sein schien, deutliche Anzeichen einer affektiven Ergriffenheit zeigte: so z. B. das fast explosionsartig auftretende Husten und das plötzliche Verschnupfen der Nase. Auffallend ist in dieser Stunde noch der sehr starke Wunsch nach Berührung, der in der vorhergehenden Stunde überhaupt nicht auftrat.

Nachträglicher Kommentar
Es gibt vermutlich einen Zusammenhang zwischen der Summe des Mißbrauchs von Kindern nach dem Krieg und bis heute und der NS-Zeit, Krieg und Kriegsgefangenschaft, später Heimkehr, zerstörten Ehen. Ein möglicher Einwand: das Mißbrauch-Thema kommt aus Amerika. Doch dort gab es ebenfalls den Zweiten Weltkrieg, den Koreakrieg, den Vietnamkrieg, drei große Kriege mit jahrelang entfernten und vom Krieg zerstörten Vätern. Wichtig ist: das beharrliche Schweigen der Väter (wie der Mütter in anderen Familien) führt zu einer unbewußten Vergrößerung, ja Dämonisierung ihrer Person. Das Nicht-Gesagte, Unbekannte, Beschwiegene weckt die unbewußte mythische Phantasie. Dies scheint auch der Raum für unbewußte Übernahmen von Eigenschaften, die nie ein im Gespräch präsentes Thema waren. Das Gewaltthema ist ja nicht weg, wenn darüber geschwiegen wird; es wird nur untergründig oder abgründig, zugedeckt vielleicht, wie in F.s Fall, durch betontes Kultivieren des »Nett-Seins«. Von da gibt es vielleicht sogar eine Linie zu Springers »Seid-nett-Zueinander« als deutschem Nachkriegsmotto.

X KZ Oranienburg, Sicherheitsdienst und das Tagebuch der Mutter

Nach meiner Erfahrung kommt man mit den Patienten leichter aus dem sogenannten Elternbeschuldigungsmodell heraus, wenn man versucht, sie erkennen zu lassen (natürlich nicht gleich zu Beginn!), welchen Kräften die Eltern ausgesetzt waren. Im Normalfall sind das die Großeltern, die Kirche, die Nachbarschaft usw. In der NS-Zeit (oder im Stalinismus) sind aber Führerfiguren und Ideologien zum Teil an die Stelle der Eltern der Eltern, also der Großeltern oder anderer wichtigen »Ahnen« getreten. Für einen SS-Angehörigen ist dies neben Hitler der »Reichsführer der SS« Himmler oder ein anderer wichtiger Vorgesetzter oder Gruppenführer.

In der vorausgehenden Stunde vor wenigen Wochen habe ich diesen Gedanken dem Patienten nahegebracht, er bezieht sich jetzt darauf, nachdem er zu Beginn der Stunde erst kurz auf die Nachwirkungen einer haltenden Berührung durch mich eingegangen war, während er auf der Couch lag. Er genoß das Halten des Kopfes auf der Couch, sprang aber irgendwann auf, um wieder »frei« zu sein, in einem Moment, als er sich den Tränen nahe fühlte. (Er sitzt mir jetzt gegenüber.)

Danach kommt er auf das NS-Thema zu sprechen:

P Neulich abends habe ich lange in der Bibliothek gearbeitet und danach noch einen Teil des Bandes unserer letzten Sitzung angehört. Du meintest in dieser Stunde, ich solle überlegen, wie es wäre, wenn Himmler hinter meinem Vater stünde und ich ihn anspräche. Ich bin damals nicht darauf eingegangen. Als ich dann aber noch mal das Band anhörte, hatte ich plötzlich den Impuls, das Buch von Eugen Kogon (Der SS-Staat) hervorzuholen. Ich begann, das Buch zu lesen und habe auch im Zug auf dem Weg hierher zur Therapie noch weitergelesen, weil ich merkte, daß du etwas in mir an-

gesprochen hast: Ich merkte, daß das Thema des Dritten Reichs immer noch ein Tabubereich ist. Ich hatte dann die wilde Phantasie (lacht belustigt), in die Wohnung meiner Mutter zu gehen – die zur Zeit nicht da ist – und alles nach dem Tagebuch zu durchsuchen. Ich will das auch machen!
Der Tonfall des Patienten ruft sehr unterschiedliche Gefühle hervor: einerseits spürt man seine deutliche Entschlossenheit, andererseits aber auch viel Angst vor der eigenen Courage. (Die Mutter hatte dem Sohn mehrfach gesagt, daß sie während der NS-Jahre ein Tagebuch geführt hat, das sie ihm geben möchte. Sie hat es ihm aber immer noch nicht gegeben, es wogt eine Art dumpfes Gezerre mit Kränkungen und Wut. Daher jetzt die Phantasie eines »Einbruchs« bei der Mutter – in ihre Wohnung, ihr Archiv, ihren Körper? –, um ihr das Geheimnis der NS-Ehe zu entreißen, zwar ein ödipales Thema, aber es geht um das Geheimnis der politischen Schuld oder der Vergangenheit des SS-Vaters, dem die Mutter ja nahe war.)
Ich habe mein Leben lang diese Geheimniskrämerei mitgemacht! Ich weiß noch nicht mal, ob mein Vater beim Sicherheitsdienst, bei den Totenkopf-Verbänden oder bei der Waffen-SS war!
Er beginnt wieder leicht »verschnupft«, bzw. gepreßt zu sprechen und zu röcheln.
Ich habe einen Schlüssel der Wohnung meiner Mutter, aber ich habe noch nie Gebrauch davon gemacht. Meine Eltern dagegen hatten auch einen Schlüssel, mit dem sie anfangs einfach in meine Wohnung gegangen sind. Vor einigen Tagen tauchte dann zum ersten Mal der Wunsch auf, diesen Schlüssel zu benutzen und einzubrechen. Ich will herausfinden, was los war, auch für die Zeit in Brünn! (Wo der Vater als SS-Offizier 1941-45 stationiert war. Damit ist zum ersten Mal unumwunden ausgesprochen, wo der Vater während des Krieges war. Der Patient selbst zögert noch, die Bedeutung dieser Stationierung und der damit wahrscheinlich verbundenen Aufgaben voll wahrzunehmen. Bei dem Wüten

von SS und SD in der Tschechoslowakei ist eine Beteiligung an Verbrechen höchst naheliegend. Die Psychologin registriert die Atmosphäre auf dem Band und notiert:) *Der letzte Satz wird nur sehr zögernd gesprochen. Beim Hören des Bandes gerät man in eine Atmosphäre von Scham, Erschrecken, Wut und Angst.*
Meine Mutter verhält sich genauso, wie Kogon es beschreibt: sie lügt und vertuscht, daß mein Vater zuerst nach Oranienburg gekommen ist. Ich dachte immer, daß er die ganze Zeit in Sachsenhausen auf der Schreibstube gewesen sei! Kogon schreibt, daß die SS-Leute dort in Oranienburg zuerst einmal als Lagermannschaften ausgebildet wurden, um dann befördert zu werden. Da mein Vater ein unglaublich korrekter Mensch war, muß er auf seiner Schreibstube einfach viel mehr gewußt und gemacht haben... Pause... Heydrich hat den Sicherheitsdienst aufgebaut... ich habe in dem Buch von Kogon nachgeguckt, ob da irgend etwas von Brünn drinsteht. Ich will es jetzt wirklich wissen! Ich habe mir überlegt, was ich machen kann, um herauszufinden, was in Brünn eigentlich war. Ich habe dir schon mal erzählt, daß mein Vater sich von seiner SS-Uniform nicht trennen konnte und sie bei Onkel P. versteckt hat. Ich habe den Verdacht, daß er sich von vielem nicht getrennt hat, so daß ich tatsächlich zu Hause Alben, Bilder oder Briefe finden könnte... Pause
Beim Hören ist es nicht möglich, sich dem sehr starken Eindruck zu entziehen, wie der Patient sich intensiv mit dieser Möglichkeit beschäftigt und sie sich lebhaft in der Phantasie ausmalt. Er holt plötzlich tief und laut Luft, so als käme er von ganz weit her, oder so als würden alle seine Phantasien plötzlich zusammenfallen.
Ach Gott!
T Was ist passiert?
P Ich dachte, daß es jetzt 50 Jahre später und er längst tot ist. (Stimme ist voll von Trauer und Resignation.) Ich bin gerade innerlich etwas zurückgesackt und dachte... (winkt re-

signiert ab) *P. holt erneut tief Luft, man selber spürt beim Hören des Bandes ein erdrückendes Gefühl absoluter Schwere.*
Es ist nicht so, daß ich es ruhen lassen will, dafür interessiert es mich zu sehr. (Atmet tief, ich spüre den Berg des Schweigens wie des Elends, dem er sich nähert.)
T Das sind Arbeit und Mühsal, die da plötzlich kommen, oder? Ich nehme deine Erwartung und dein Abwinken auf und beschreibe, was es in mir auslöst: Es gibt fast keine wohlwollenden Zeugen und auch kein inneres, ermutigendes Ideal für deine Nachforschung und Suche nach der Wahrheit. Vielleicht hast du ein Ideal, weil du Psychotherapeut bist. Aber allgemein gibt es kaum irgendwo einen schon beschriebenen Reifungskodex für den therapeutischen Umgang mit einer solchen Familienvergangenheit. Oder was fällt dir noch ein?
P Zuerst fällt mir ein Satz von Kogon ein: »Geschichte ist ein Ausdruck menschlicher Zeugnisse, menschlichen Seelenlebens. Deshalb ist es auch wichtig, das zu dokumentieren und daraus zu lernen.« Kogon schrieb, daß er sich zum Schreiben zwingen mußte und am liebsten alles verbrannt hätte, obwohl er acht Jahre in Buchenwald war... Außerdem beschäftigt mich diese Romantik meines Vaters, denn genau diese Romantik spüre ich auch in mir. Ich war früher in der evangelischen Jungenschaft, dann war ich »Wölfling«, dann »Knappe«, wir unternahmen z. B. viele Fackelzüge und andere Dinge, die im Dritten Reich genauso abgelaufen sind. Erst heute wird mir auch diese Kontinuität zwischen mir und meinem Vater bewußt. Mein Abwinken hat damit zu tun, daß ich mich fragte, was ich eigentlich wirklich bei meinem Vater suchen will. Suche ich vielleicht Ähnlichkeiten zwischen mir und ihm? Was habe ich gewonnen, wenn ich jetzt alles über seine verschwiegenen Taten weiß? Ich erinnere mich an das Buch »Der Vater«, in dem sich der Sohn Niklas mit der NS-Vergangenheit seines Vaters Hans Frank auseinandersetzt und dabei der Psychose

nahe ist. Vielleicht habe ich davor Angst. Angst, daß hinter dieser Haltung von Sauberkeit und Ordentlichkeit... Mir fällt ein, daß mein Vater während einer Rede erwähnt hat, daß er nie geklagt habe, nie beim Arzt war... Aber genau das war die Haltung: »Ich darf mir nichts anmerken lassen.« Ich muß jetzt daran denken, daß ich in der letzten Stunde aufgesprungen bin und nicht weinen konnte. Ich verspürte den Impuls, dir zu sagen: Laß mich in Ruhe, es ist alles wieder in Ordnung. Ich bin darüber erschrocken, daß ich mittendrin anfing zu schreien, und meine erste Assoziation war: Das klingt wie auf dem Kasernenhof! Ich war bei der Bundeswehr und habe mich zu den Sanitätern versetzen lassen, aber da machte ich nur eine Formalausbildung und Sport. Bei der Formalausbildung mußten wir auch Kommandos geben, und ich erinnere mich noch, daß ich ermahnt wurde, weil ich nicht laut genug sprach. Daß man so was überhaupt mitmacht!
Der Patient spricht zwar mit ruhiger Stimme, aber er rutscht auf seinem Stuhl erregt hin und her.
Ich habe mich damals geweigert, auf einen Pappmenschen zu schießen, aber trotzdem beschäftigt mich die Frage nach meinen eigenen Seiten von Gewalt.
Lange Pause
Er rutscht hörbar auf seinem Stuhl herum, atmet einige Male tief, beim Hören entsteht der Eindruck eines erschöpften, aber gleichzeitig auch angespannten Zustandes.
Ich meine, daß ich es auch mal genießen müßte, wenn ich hier bin. *Die Stimme wird sehr leise, ergriffen.*
Lange Pause
T Kannst du das verdeutlichen?
Lange Pause
P Ich habe früher bei meinem ältesten Sohn gemerkt... *Er stockt, wirkt plötzlich verwirrt und erschüttert*... die Kinder ziehen nie Hausschuhe an, ich sage ihnen das und komme mir dabei komisch vor, weil ich mich wie mein Vater fühle. Das geht bis zu dem Punkt, an dem ich ausrasten

könnte. Ich merke, daß ich kein Gleichgewicht habe, weil ich zu schnell in die Defensive komme und mir sage: Werde nur nicht so wie dein Vater oder wie deine Mutter. Ich kann nur selten sagen: Das will ich. Bei uns zu Hause hat meine Mutter ständig das Zimmer aufgeräumt, so daß ich nie das Gefühl hatte, daß es mein Zimmer ist. Als Student war ich in einer Gegenbewegung zu meinen Eltern: ich habe z. B. bewußt nie Geld mitgenommen usw...., aber dieses Schwanken (seufzt, bricht den Gedankengang ab)... Manchmal erschrecke ich vor meiner eigenen Stimme, wenn ich hinterher das Band noch mal abhöre, aber andererseits fällt mir auch immer noch sehr viel dazu ein...
(Sein Schwanken und seine Erschöpfung geben mir Bilder ein, denen ich mich überlasse, und von denen ich ihm einige mitteile:)
T Ich sehe dich auf der Seite liegen, und du guckst im Zimmer herum und auch zu mir, eben noch nicht arbeitend (also im Gegensatz zu seiner intensiven Arbeitshaltung, sobald er im Zimmer ist und auf dem Sessel, seinem »Denkthron« sitzt). Es ist noch nicht klar, wo du bist, was mir dir los ist – einer, der einfach nur auf das Zimmer reagiert. Ich weiß es noch nicht, aber ich sehe zwei Bilder: bei dem einen Bild liegst du da, als wenn du nach einem langen Tag von der Schule nach Hause kämst und eine Alternative suchst: ausruhen, aber doch so, daß ich anwesend bin, anders als zu Hause: abwesender oder erstarrter Vater oder geschwätzige Mutter ... (lange Pause, noch ohne Reaktion). Bei dem anderen Bild frage ich mich, ob in dem Zimmer nicht etwas ist, was die Ordnung deines Vaters widerspiegelt, penibel und akkurat? Der weiße Teppich, alles ist schön aufgeräumt. So als wenn wir in einer Welt säßen, in der das, was dort drüben von uns erarbeitet wurde, nicht da wäre (an einer anderen Stelle des Raumes; ich bin also angesteckt von seinen unbewußten Phantasien oder besser: eine Übertragung und Gegenübertragung auf eine Stimmung findet statt, und ich nehme im Raum plötzlich eine erschreckend starre Ordnung

wahr, ganz im Gegensatz zur Realität. Der Patient antwortet, als ob er längst das Bild mit mir geteilt hätte:)
P Mein Vater hatte so einen Kamm für die Teppichfransen, das war für mich der Alptraum! Ich bin mir nicht ganz sicher, aber einerseits würde ich es mal gerne machen... *bricht ab, vielleicht aus Scham, es klingt wieder sehr gepreßt...* aber ob ich sein Zimmer so gerne auf mich wirken lassen würde? Ich hänge dabei auch zu sehr an deinem Zimmer. Diese Unordnung, diese bunte Mixtur gefällt mir gut. Hier fühle ich mich eher fremd! (Gemeint ist: in der Nähe des hellen Teppichs, an dem sich die »starre Ordnung« und die plötzlich bedrohlichen »Sekundärtugenden« kristallisieren.)
T Ich mich auch, ich fühle mich wie verpflanzt. Ich denke aber, daß es irgend etwas hervorbringen wird: entweder Vaters Teppich, die gereinigte Wohnung oder auch die gereinigte Familie.
P Ich mußte zu Hause immer die Schuhe ausziehen (lacht). Wir waren eine absolut saubere Familie! Meine Mutter hatte einen Korb mit Pantoffeln, und schon im Treppenhaus mußte man sich diese Hausschuhe anziehen. Wenn Freunde kamen, habe ich mich dafür geschämt. Ich weiß, daß ich auch heute noch hochempfindlich auf so etwas reagiere. Wenn ich irgendwo hinkomme und jemand verlangt von mir, daß ich die Schuhe ausziehe, sage ich sofort, daß ich keine Lust dazu habe. Es gibt dann auf jeden Fall ein Gerangel, weil ich das einfach nicht kann! Es gab auch früher mit meiner Mutter Gerangel, aber ich habe mich ihr schnell unterworfen, weil sie immer sagte: (imitiert die Mutter mit einer sehr lauten, befehlenden und gekränkten Stimme) »Wenn du nur einmal deine Schuhe ausziehen könntest! Ich habe doch soviel Arbeit, und du kannst mir noch nicht mal diesen kleinen Dienst erweisen!« Dabei hat sie gar nicht in einem Beruf gearbeitet, sie war Hausfrau. Sie war vollkommen fixiert auf Sauberkeit und Ordnung.
Pause

T Was würdest du ihr heute sagen? Vielleicht: Mutti, es geht nicht um realen Dreck!
P (zur Mutter) Es geht nicht um den realen Dreck, sondern um das, was... (stockt, schluckt) ... wie du heute selber sagst... durch dein Verhalten sagst du soch selbst: Wenn Ihr alles wüßtet... *Tonfall der Stimme ist traurig, enttäuscht, hilflos*
(Zum Therapeuten:) Sie bezieht es meistens auf meinen behinderten Bruder, aber es geht eben nicht um den realen Dreck.
Stimme sehr leise, resigniert, während des Hörens des Bandes entwickelt sich eine gedrückte Atmosphäre, man meint, den Patienten vor sich zu sehen, wie er wieder abwinkt und innerlich zusammensackt.
Es geht um das, was früher verborgen wurde und auch heute noch verborgen wird.
Pause
Patient ringt nach Luft, unterdrücktes Weinen, schluchzend:
Es durften auch keine Lichtstrahlen in die Wohnung eindringen. Wenn die Sonne hereinschien, wurden die Sessel abgedeckt, damit die Polster nicht verblassen. Meine Mutter geht so gut mit Sachen um! Letzten Sonntag war ich mit ihr auf dem Friedhof, und sie meinte, daß sie noch einen Mantel meines Vaters für mich habe. Ich antwortete: »Der Mantel mag noch so schön sein, und ich verstehe, daß es bedauernswert ist, so was gut Erhaltenes wegzuwerfen, aber vielleicht verstehst du auch, daß das für mich kein reales Problem darstellt. Ich kann diesen Mantel nicht anziehen! Ich will nichts von meinem Vater anziehen, er ist mir innerlich nicht nah genug.« Das hat sie immerhin akzeptiert und nicht weiter gedrängt.
Lange Pause, Eindruck einer nachdenklichen, aber entspannten Atmosphäre. Plötzlich keck:
Ich habe gerade die Phantasie, wie es wäre, wenn man dein Zimmer für die Doppelstunde so umbaut, daß ich mich wohler fühle (lacht).

T Wie würdest du es machen?
Lange Pause
P Ich würde es wohl selbst machen... (kaum zu verstehende, leise Stimme).
Pause
Beim Hören des Bandes gerät man plötzlich in eine zutiefst bedrückende Stimmung, alles scheint hoffnungslos, zu spät, zwecklos.
Dieses... (stockt)... Aufstellen, eine Burg bauen, in die man reinkriechen kann... Ich hatte vorhin auch die Phantasie: wenn ich daliege... und daß ich auch weiter... eigentlich würde ich gerne... was ich mit dem Vater nie gemacht habe... (gepreßte Stimme)... so daliegen und einfach Blödsinn machen, Witze erzählen. Irgend etwas, wobei ich nicht arbeite, kein Ziel erreiche. (Es sind Ferien-Kinder-Phantasien, voll trauriger Sehnsucht geäußert.)
T Also (ermunternd) schubse ich dich ein bißchen, sonst ergehst du dich in theoretischen Erwägungen, daß man da eventuell etwas machen *könnte*... (Er lacht). Du experimentierst bitte noch ein bißchen! (Er steht auf, um das Zimmer umzubauen.) *Geräusche. Er schiebt sich Sitzsäcke zusammen, baut eine Höhle, sagt etwas, ist jedoch nicht mehr zu verstehen, weil er jetzt offensichtlich weiter weg sitzt.* (Er umgibt sich mit einer schützenden Mauer.)
P Als ich mit deinen Kissen hantiert habe, war meine erste Phantasie, daß man damit gut werfen könnte. Die zweite Phantasie war, daß man damit auch gut spielen könnte. Wenn du mein Vater wärst, könnte ich jetzt noch mal wagen zu reden. *Unternehmungslustige Stimme, man spürt die Energie und die wachsende Lust des Patienten an dieser Inszenierung.* (Zum Vater:)
Was hast du eigentlich so gemacht... im Krieg? Was hast du denn eigentlich... (bricht ab)... Mir kam die Idee zu spielen, weil ich hier geschützt bin. Ich kann mich auch wehren! Was hat er denn eigentlich so getrieben? Es sind viele Jahre im Leben meines Vaters, von denen ich überhaupt nichts weiß.

Lange Pause
Patient stöhnt, würgt.
Ich komme mir vor wie ein Junge, der seine schöne Burg aufgebaut hat und jetzt nicht weiß, was er damit machen soll. Oder er verliert die Lust und sagt: Ach Gott, ich bin ja schon groß. Diese blöden Polster. Aber du kannst ja vielleicht mal eins fangen! (P. ist vergnügt, lacht.)
T Ja, das können wir ausprobieren. (Er fängt an zu werfen, voller Spaß, aber zuerst noch vorsichtig, als ob auch eine Katastrophe eintreten könnte. Nach jedem Wurf schaut er herüber, ob ich noch lebe oder ob ich wirklich beim Spiel dabei bin. Mein sichtbares Mitgehen ist auch wichtig gegen die Scham, als Erwachsener so viel Spaß an einer Kissenschlacht zu haben.)
Geräusche wie bei einer Kissenschlacht, Gelächter.
P Heute aber muß ich mich schützen! (Lacht; gemeint ist wohl: nicht den Vater, und auch nicht mich. Als er mich trifft, sage ich:)
T Gut gezielt! (Er lacht.)
Gelächter, Bemerkungen über Treffer und Schußwinkel.
Es kann sein, daß dir zum Vater während des Schießens eventuell Erinnerungen kommen, und mir kommt eine Frage, die du ihm stellen könntest: Wie war denn deine militärische Ausbildung? (Ich verknüpfe seine Militärzeit und die des Vaters, um einen möglichen psychodynamischen Zusammenhang anzusprechen, auf den er auch eingeht.)
P Meine Uniform hängt immer noch eingemottet im Schrank meiner Mutter! Als ich aus der Bundeswehr entlassen wurde, war ich Leutnant der Reserve. Ich schäme mich heute noch dafür, daß meine Eltern von meiner Entlassung unbedingt ein Photo haben wollten. Ich bin nie in Uniform nach Hause gefahren, aber dieses eine Mal mußte ich es tun, da das Photo bei uns im Garten aufgenommen werden sollte. Mein Vater hätte mich über die Bundeswehr fragen können... Das war zwar noch vor 1968, aber ich war trotzdem schon etwas bockig...

(Da er nun den Vater wieder für sein Schweigen anklagen will, sage ich etwas mehr Historisch-Statistisches, Allgemeineres, um das väterliche oder elterliche Schweigen einzubetten in übergeordnete Zusammenhänge:)
T Man kann sagen, daß es nicht nur individuelle Gründe waren, aus denen heraus so ein Gespräch nicht möglich war; es herrschte auch nicht das geeignete oder gar fördernde gesellschaftliche Klima. Da statistisch gesehen in 95% der Fälle nicht geredet wurde, mußte etwas über die individuelle Unfähigkeit zu sprechen Hinausgehendes am Werk sein, ein kollektives Schweigen, Verdrängen, Entwirklichen. Es ist natürlich auch ein individuelles Rätsel, vor dem du stehst. Da es aber Millionen solcher Rätsel gab, stellt sich die Frage, was damals los war und was heute abläuft. Man spürt immer noch die innere Abwehrmauer, die Tabus. ... Jetzt, 50 Jahre später, beschäftigt man sich mit der NS-Zeit, und man spürt eine gewisse Mattigkeit oder Resignation. Insofern ergibt sich vielleicht auch für dich die Frage: Tu ich es für mich? Tu ich es aus Schuldgefühl? Tu ich es aus Verpflichtung? Gibt es einen Anreiz? Sind eigentlich noch Wachstum und Gesundung damit verbunden? – Normalerweise würde man annehmen, daß hinter der Depression noch etwas Unentdecktes steht, das man selbstverständlich bearbeitet.
Aber es ist hier noch nicht mal klar, was das bringen wird, wenn man es durcharbeitet. Möglicherweise hängt es mit deinem Grundthema zusammen: Du bist gekommen und hast öfter gesagt: »Ich bin so ernst, ich bin so ehrgeizig«, wie ein schwieriges Symptom.

Die Stunde geht zu Ende. Ich gehe, da es sich um eine Doppelstunde mit einem auswärtigen Patienten handelt, ins Nebenzimmer und mache Tee für uns beide.
Mir scheint am Ende dieser Stunde plötzlich alles unklar: Warum holen wir das alles ans Licht? Ich muß angesteckt worden sein, entweder von einer Resignation des Patienten, oder eine eigene Resignation kommt hoch.

Nachträglicher Kommentar
Während der Stunde ist eine seltsame ödipale Konstellation aufgetaucht hinsichtlich des Tagebuches: Die Mutter teilt mit dem Vater nicht mehr die Sexualität, von der das Kind normalerweise ausgeschlossen ist; F. aber, als Vertrauter der Mutter, weiß von ihr von dessen Impotenz seit der Heimkehr. Die Eltern teilen die Geheimnisse der Täterschaft und Verstrickung. Die Mutter hütet also nicht das Geheimnis des Bettes, sondern das Geheimnis der Schuld oder der Scham. Dem Thema der Ehe zwischen Frauen und gewalttätigen Nazigrößen ist Volker Elis Pilgrim nachgegangen in seinem hervorragenden Buch »Du kannst mich ruhig ›Frau Hitler‹ nennen« (1994). Ihn interessiert genau das Thema, was Frauen an gewalttätigen oder todbringenden Männern fasziniert.
Einige Monate nach dieser Stunde bin ich selbst noch einmal in eine fokale Therapie gegangen, um mich inszenierend mit frühen Familiensituationen zu konfrontieren. Ich stelle dabei »Familienskulpturen« auf, hole winzige Erinnerungen hoch, die aber viel Atmosphäre enthalten. Die wichtigste Entdeckung war, wie von einem Tag zum anderen die NS-Zeit wie weggewischt war. Durchziehende versprengte deutsche Soldaten, dann die Franzosen, Abbau der NSV-(Nationalsozialistische Volkswohlfahrt) und WHW-Schilder an der Tür, Ablieferung von Radios. Umschalten auf christlich, Verschwinden einer ganzen Sprachwelt, Veränderungen in der Wohnung, bald darauf Einquartierung von Flüchtlingen. Und der Beginn des großen Schweigens.

XI Das Kind als seelischer Lastenträger

Der Patient N. wird in meinem »Stundenbuch« vorgestellt im Kapitel mit der Überschrift »Das Haupt der Medusa«, in einer früheren Phase der Therapie. Wir haben sehr viel an seinen schlimmen Zuständen gearbeitet, die immer dann entstehen, wenn er sich an die berufliche Arbeit machen will. Es gibt Phasen, wo sich die Qual mildern läßt, dann wieder Zeiten, wo es sich anfühlt, als hätten wir gar nichts erreicht. Die jetzige Stunde steht unter dem Stichwort Parentifizierung: seine inzwischen achtjährige Tochter Laura nimmt eine an ihm wahrnehmbare Stärkung und Besserung seines Gesamtzustandes wohl zum Anlaß, aus einem unerträglich gewordenen unbewußten Auftrag auszusteigen.
Obwohl von der NS-Zeit explizit überhaupt nicht die Rede ist in dieser Stunde – nur vom Familienfluch und seiner Form der psychischen »Verteilung« auf einzelne Angehörige (und auch auf das Kind im Patienten), verzeichne ich die Stunde thematisch in diesem Zusammenhang: sie zeigt, in welchem Ausmaß und auf welchem Weg Kinder das Kriegs-, Verfolgungs- und Nachkriegselend ihrer Familien in sich aufgenommen haben, aus Liebe und Loyalität oder weil sie sich nicht wehren konnten. Die Individuation wird gestoppt, die Seele füllt sich mit fremdem Leid, mit Überlastung und Rettungs- oder Heilungs- oder Bewahrungsaufträgen, die ohne fremde Hilfe oft unkündbar bleiben können.
Diese Stunde findet statt nach der Rückkehr des Patienten von einer größeren Reise, und während seine Frau ihrerseits beruflich für etwas mehr als eine Woche verreist ist. Er verbringt also zehn Tage allein mit seiner Tochter, und beide erleben diese Zeit als ungewöhnlich glücklich. Der Patient beginnt die Stunde guter Dinge:
P Ich habe Erfolgsmeldungen: Es ist mir gutgegangen... Ich erzähle mal ein bißchen und würde auch noch gerne etwas

zur Stabilisierung dieses guten Zustandes tun. Es ist wirklich in den letzten Tagen grundsätzlich anders gewesen. Heute morgen habe ich zwar wieder die große Eintrittskarte zum Jammertal gesehen, auch mal an der Ecke geknabbert, es dann aber doch seingelassen, da reinzugehen. *Er atmet tief durch, spricht etwas zögernd, sehr vorsichtig, scheint seinen eigenen Worten noch keinen Glauben zu schenken.*
Ich merke, daß ich noch ungläubig bin. Irgendwie aber auch ganz beglückt. Lustigerweise würde ich mich trotzdem gerne hinlegen und tu das jetzt auch. (Liegen bedeutet oft: im Jammertal sein.) Wenn's mich beim Erzählen stört, kann ich mich ja wieder hinsetzen. Ich weiß gar nicht, warum ich so gehemmt bin, das jetzt zu beschreiben oder zu erzählen. Vielleicht ist es ja doch so, als ob ich nicht zufrieden oder gar glücklich sein dürfte.
Heute geht es mir nicht so bombig wie in den letzten Tagen, wobei es mir in den letzten Tagen eigentlich eher solide ging und nicht so himmelhochjauchzend.
Als ich am Freitag hier wegging, bin ich noch kurz bei einer Firma gewesen, um etwas abzugeben. Da fing das schon an, daß ich Gegenstände und Farben viel intensiver gesehen habe als sonst. Ich sehe die Dinge sonst auch, aber mehr so, als ob sie mich nichts angingen. Jetzt war es viel plastischer und viel lebendiger. Dann fuhr ich nach F., wo ich eine Beratung zu geben hatte. Das Thema war »Freude am Arbeitsplatz«, was ich nun wirklich nicht besonders mag. Ich hatte also sehr wenig Lust zu arbeiten, außerdem waren wir auch gerade erst aus Amerika zurückgekommen und hatten noch mit der Zeitumstellung zu kämpfen, die Woche war anstrengend usw. Trotzdem ging es mir damit nicht schlecht. Während ich sonst darunter gelitten hätte, habe ich jetzt gemerkt, daß ich einfach keine Lust zum Arbeiten habe und doch tat, was getan werden mußte. Es war so, als ob der ideologische Anteil, das Grauen vor der Arbeit, weggefallen wäre, dieser Leidensüberbau, das Erdulden und so. Ich habe mich dann noch auf das Firmenseminar vorbereiten müssen, weil ich in

der Woche keine Zeit dazu gehabt hatte. Abends hatte ich keine Lust mehr und habe mir den Wecker früh gestellt. Auch das sind ja eigentlich Situationen, an denen man bestens leiden kann. Aber auch das habe ich klaglos gemacht. So könnte ich jetzt weitererzählen.

T Irgendwas müssen wir also in den letzten Stunden erreicht haben.

P Ja, ich erzähle erst mal noch zwei oder drei andere Sachen. Am Sonntag mußte Laura noch ihre Bücher für den Schulbeginn einbinden. Es war klar, daß ich das mit ihr erledige, und es hat mir sogar Spaß gemacht. Es war so eine intime Situation, sehr erfreulich, und Laura hat ganz viel erzählt und geredet. Ich habe mich darüber gefreut, und es hat mich nicht genervt.

Dann kam der Härtetest: Beim Einschlafen fing sie ungefähr für eine Stunde an zu heulen, ich habe das noch nie erlebt. Sie klagte verzweifelt, daß sie dumm sei und daß wir sie deshalb nicht mögen. Sie meinte, daß sie am liebsten nicht da sei.

So was hat sie bisher noch nie produziert. Ich denke, es hängt damit zusammen, daß es für sie im Moment ein paar Streßfaktoren gibt: Der Urlaub war für sie ziemlich anstrengend, die Zeitumstellung, dann hat sie in der Schule eine neue Lehrerin, die nicht so wohlwollend und freundlich ist wie die frühere. (Er spricht mit sehr ruhiger Stimme, ich ahne eine Veränderung, die durch die Nähe von Vater und Tochter eingetreten ist.)

T Das glaube ich alles nur zum Teil. Es mag natürlich mitspielen, aber ich glaube nicht, daß das die Ursache des großen Weinens war. Meine Hypothese ist die: Laura hat ausgekotzt, was sie von dir in den letzten Monaten, vielleicht sogar Jahren mitgetragen hat: Deine verzweifelten oder gelähmten Zustände, die sie meinte mittragen zu müssen. Ich finde das ganz erfreulich. Es ist sicher nur ein Brocken von mehreren, aber trotzdem fiel mir das spontan ein. (Der Patient wirkt sehr erstaunt, fast ein wenig fassungslos, scheint

einerseits erleichtert, daß eine angemessene Erklärung gefunden wurde, andererseits aber auch erschrocken über diesen parentifizierten Aspekt.)
P Ich hatte eben überhaupt keine Idee, wie sie auf so etwas kommen kann. Wir mögen sie, sie ist sicherlich nicht dumm, und das ist auch nicht die Kategorie, in der wir über sie denken.
T Nein, wir hatten uns ja hier schon öfter Gedanken über deine unbewußt übernommenen Kindheitsaufgaben gemacht: »Ich konnte meiner Mutter nicht helfen in ihrer Depression«, mit der Wirkung, besser: einem vermuteten Gefühlszustand, einer stillen Verzweiflung von dir. (Gemeint ist seine Ohnmacht gegenüber der Depression der Mutter und ihrem späteren Selbstmord.) Und so was könnte in ihr auch vorgegangen sein: sie spürte doch, wie es dir oft geht, das Grauen, die Panik, die Resignation.
Pause
P Ich spüre jetzt bei mir so eine Mischung aus Erschrecken und Zustimmung. Im Moment kapiere ich es einfach noch nicht, obwohl ich intuitiv denke, daß es richtig ist. Ich brauche etwas Zeit. Ich merke schon ein sehr intensives Erschrecken. Vor allen Dingen, wenn du sagst, daß es vielleicht erst ein Teil ist, der herausgekommen ist. Aber du kannst mir da auch gleich noch sortieren helfen.
T Sie sagt wohl: Ich bin so unglücklich, weil ich untauglich bin, dein Unglück zu mildern. Also tauge ich nichts. – Anders formuliert: ich bin dumm, ihr könnt mich nicht mögen. Am liebsten wäre ich weg. (Er ist ergriffen von dem Zusammenhang, wendet sich mir zu:)
P Kannst du mir vielleicht mal wieder deine Hand geben? *Sogar beim Anhören des Bandes ist deutlich zu spüren, wie sehr er der Nähe und des Haltes bedarf.*
T Ja.
P Oder vielleicht sogar beide. (Er faßt meine beiden Hände, atmet mehrmals ganz tief durch, wirkt sehr gequält.)
T Wenn es wieder geht, kannst du ja mal zu ihr reden: Lau-

ra, ich habe nicht gewußt, wieviel du gespürt hast von mir und versucht hast, es mitzutragen.
P Laura, ich habe nicht gewußt, was du alles gespürt hast (drängend, ein bißchen flehentlich). Ich habe zwar immer wieder gedacht, daß man das ja irgendwie spüren muß, wenn ich so erstarrt bin. Deshalb hab ich oft gegrübelt: Wie filtere ich das vor dir aus, daß du das nicht merkst. Ich dachte nämlich, daß du ja auch nichts für diese Abgründe in deinem Vater kannst...
Erst beim Büchereinbinden wurde mir klar, mit welcher Affenliebe ich an dieser Tochter hänge. Ich mag sie wirklich ungeheuer gerne und fand es so schön, das mit ihr zu machen. Sie wollte dann an dem Tag auch selber mitmachen. Während ich sonst bei so etwas genervt reagiere, weil ich denke, daß es alleine schneller geht, habe ich sie da einfach mitmachen lassen, was sie wollte und konnte. Es war so eine schöne Erfahrung, so was mit ihr zusammen zu machen.
Der Patient wirkt bewegt und ergriffen; das Bekenntnis ist wie eine Vorarbeit zum Verstehen, wie eng auch sie mit ihm verbunden sein könnte.
Nachdem sie dann nach dem großen Weinen eingeschlafen war, wachte sie nach zwei Stunden wieder auf, und alles ging von vorne los. Es war gut für mich, daß ich nicht lachen mußte. Früher kam das manchmal vor, wenn ich nicht verstanden habe, warum sie weint. Ich war auch nicht ungeduldig, das war wirklich ein Phänomen.
Pause
(Er schaut im Liegen hinter sich, wo meine Hände sind:) Hast du deine Hände noch da? Sonst könnte ich die auch noch mal nach Laura ausstrecken. (Er ringt nach Worten, ich weiß hier nicht, warum ich ihm so schnell mit meinen Worten zu Hilfe komme:)
T Du könntest ihr sagen: Ich habe nicht gewußt, wieviel du mitgetragen hast. Ich habe auch nicht gewußt, daß du manchmal fröhlich warst, um mich aufzuheitern.
P Das weiß ich ja gar nicht (etwas erschrocken verneinend).

Ich hoffe, daß sie aus sich heraus fröhlich war, und nicht aus einer Funktion heraus. Aber sie hatte im Grunde sowieso keine Chance, mich zu erreichen. Ich war dann so abgeschottet.
T Darum hat sie ja geweint. Das ist für jedes Kind eine Überforderung, das tiefe Elend eines Elternteils ansehen zu müssen, ohne helfen zu können. Aber man kann die Konstellation ja nicht einfach wegzaubern. Ich glaube, daß alle Kinder unbewußte Aufgaben übernehmen.
P Im Moment bin ich in so einer gespaltenen Situation. Einerseits tut es mir gut, deine Hände zu halten. Ich würde sie gerne noch einmal umfassen, um sie näher heranzuholen. Gleichzeitig habe ich auch einen feindseligen Impuls, ähnlich wie gegen den Boten, der die schlechte Nachricht überbringt und dem dann der Kopf abgehauen wird. Verstehst du? (Er wirkt trotz seiner geäußerten Feindseligkeit nicht vordergründig wütend, eher beschwichtigend. Er setzt sich mit der Wucht meiner Aussage über den Grad der Parentifizierung von Laura auseinander, ist wütend über mich, weil ich einen Vorhang vor dem immensen unbewußten Auftrag oder besser der Verstrickung von Laura mit ihm weggezogen habe.)
T Das ist schon richtig (bleibt ganz ruhig), aber deine heilsame Botschaft an sie ist: Ich spreche jetzt über das, was ich dir zugemutet habe. (Gemeint ist: dann löst sich das blinde Unglück des Versagens des Kindes auf, und ihre Seelenarbeit wird gewürdigt.) Jetzt können wir noch zu deiner Entlastung darüber sprechen, welche Botschaften du ihr gibst, damit sie aus ihrer unlösbaren Aufgabe herauskommt. Das geht am besten, wenn du dir vorstellst, was deine depressive Mutter dir hätte sagen können zu deiner Entlastung.
Er zeigt sich eifrig, aber mein Gefühl ist, er ist erschöpft und traurig.
Aber jetzt laß dich mal mehr beim Körper sein, horch in dich rein.
Pause

Der Patient lacht leicht, atmet mehrmals tief, was aber nicht mehr so gequält wie am Anfang wirkt. Er räkelt sich zurecht, schlafft ab, gönnt sich eine Erholungspause.
So, jetzt wollen wir mal das Feindselige zulassen, das du mir gegenüber empfunden hast. (Er geht nicht darauf ein.)
P Außerdem meinte Laura noch, daß es eine Zumutung für mich sei, wenn sie so weine. Ich habe ihr dann gesagt, daß das nicht stimme. Ich habe sie auch in den Arm genommen. Sie hat sich zusammengerollt, und ich habe sie gehalten.
Sehr leise Stimme, kaum zu verstehen, langsam scheint sich der Patient der ganzen Tragweite des Geschehens bewußt zu werden.
Ich habe sie früher, als Säugling, ganz viel getragen. Sie kam jetzt auf die Idee, daß sie mit mir rausgehen wolle. Als sie noch ein Baby war, habe ich sie auch immer draußen rumgetragen, wenn sie nicht schlafen konnte. Das wollte sie jetzt auch wieder, es hat dann auch geholfen.
T Ich muß mich jetzt mal zurücksetzen. (Der Rücken spannt vom Halten der Hände, ich muß mich im Sessel etwas drehen. Ich lasse ihn los und lehne mich zurück.)
Das ist doch eigentlich alles in Ordnung. Sie hat dir mitgeteilt: Ich kann dein Unglück nicht mehr fressen, und ich kann es auch nicht heilen. Deine Botschaft ist jetzt: Du brauchst es weder zu fressen, noch zu heilen. Ich freue mich auch so an dir, und für mich mache ich was anderes, zum Beispiel Therapie. Du gibst mir genug, aber für vieles bist du nicht zuständig.
Sehr lange Pause
(Er lacht ergriffen. Dann:)
P Ich springe gerade ein bißchen mit meinen Gedanken, aber ich kann ja einfach laut denken. Zum einen tut es mir sehr leid, daß ich Laura offensichtlich doch sehr belaste...
T Aber nicht aktiv. So etwas passiert, obwohl du versucht hast, deinen Zustand zu verbergen.
P Ich habe sie am Sonntag um halb vier von einer Freundin abgeholt, und wir hatten es dann abends sehr schön mitein-

ander. Wahrscheinlich hat sie daran auch gemerkt, daß es jetzt wieder gutgeht zwischen uns. Montag war dann der erstmögliche Termin für Panik, der Arbeitsbeginn, da war ich ja wieder auf der Schwelle zum Elend. Du meinst, das wäre so ein Teil von dem, was Laura abbekommen hat, meine morgendlichen Tiefs vor der Arbeit?
T Nicht abbekommen, sondern aufgegriffen. (Er sieht das Kind ganz als passives Opfer, während es, aus Liebe und Loyalität, oft ein aktives Aufgreifen ist. Er weiß das ja auch von sich selbst in einigen Erinnerungen an die kranke Mutter.)
P Hast du eine Idee, was sie sonst noch alles aufgegriffen hat?
(Er wirkt bedrückt, sehr hilflos, kraftlos, schuldbewußt, und er stürzt sich mit der Frage in ein zu eifriges Anhäufen all seiner »Schuld«. Da ich das spüre, sage ich, um ihn zu entlasten:)
T Das interessiert mich gerade gar nicht, laß es doch gut sein mit dem Verstehen.
Pause
Er scheint erleichtert.
T Ich weiß nicht, wieviel sie weiß von deiner Lebensgeschichte. Aber du könntest ihr ja sagen: Ich bin manchmal traurig, weil meine Mutter so früh gestorben ist. Aber daran bist du nicht schuld.
P Aber dann würde ich ihr mehr sagen, als ich selber weiß. Dazu kommt noch, daß es meinem Freund P. zur Zeit gesundheitlich sehr schlecht geht, er hat Leukämie. Er ist sehr schwach und abgemagert. Ich mache mir ernsthaft Sorgen um ihn. Laura hatte zweimal mitbekommen, wie ich mit ihm oder seinetwegen telefoniert hatte, so auch gestern. Sie fragte mich dann, weshalb ich besorgt sei. Ich habe ihr erzählt, er sei so krank, daß man nicht unbedingt sagen kann, es wird noch einmal besser.
Sehr lange Pause
Ich denke, daß es gut für mich wäre, noch mal zu gucken,

was das Entscheidende in der letzten Stunde war, was so bei mir gewirkt hat und dann auch so bei Laura angekommen ist. Oder hast du was anderes?

T (Sehr fügsam, anpassungsbereit:) Nein, das mag schon gut sein.

P Daran, daß es mir in den letzten Tagen so gutging, merkte ich, daß sich sonst diese Gefühle wie: »es ist eine Belastung«, »es wird zuviel«, »es darf keinen Spaß machen« wie ein roter Faden durch mein Leben ziehen...
Ich habe mir das Band von der letzten Stunde angehört und könnte gar nicht sagen, daß da irgend etwas Spektakuläres gewesen wäre. Höchstens vielleicht das wohlige und intensive Gefühl, das ich hatte, als ich auf dem Fell lag. Es war so schön, daß ich da am liebsten gar nicht mehr wegwollte.

(In der vorigen Stunde hatte er seinen ganzen Clan aufgestellt, in verschiedenen Phasen: als die depressive Mutter noch lebte; nach ihrem Selbstmord; als dann die Stiefmutter kam und später, als sich die Geschwister umbrachten. Da war noch einmal das Grauen im Raum präsent, der Clan mit dem archaischen Fluch und ihm als dem einzigen Überlebenden. Als »Antidot« (Albert Pesso), also eine heilende Gegengabe oder ein Anknüpfen an etwas ursprünglich Heiles hatte ich über die Zeit gesprochen, als er noch im Bauch der Mutter war, und über seine Ankunft in der Familie. Da war die Mutter gerade von einer schweren Krankheit genesen und freute sich auf ihn als Zeichen des Überlebens und der erneuten Gesundheit. Der Patient war überzeugt, daß er hochwillkommen war. Er baute sich dann in der Stunde ein »Körbchen« mit dem Fell als Boden und weichen Umrandungen, dort lag er friedlich und glücklich und tankte gute Seelennahrung aus dem Erleben, daß über seiner Geburt noch kein Fluch lag.)

T Das war eine Wiederanknüpfung an etwas Gutes.
P Stimmt. Ich habe gemerkt, daß die Stimme, mit der ich

deine Aufforderung in der letzten Stunde, weiterzumachen, zurückgewiesen hatte, ohne Rücksicht war und sehr gepreßt klang. Im Grunde genommen, war ich überrascht darüber, wie intensiv sich durch diese Stunde etwas geändert hatte. Obwohl ich eigentlich gar nicht so dezidiert aus dem Jammertal herausgestiegen bin. Ich hatte keine Motivation auszusteigen. Ich lag einfach in der Wiege und war zufrieden.
T Manchmal muß man da auch rausgezogen werden. Ich habe dich angeregt, reinzugehen ins Elend, und dann habe ich gesagt: »So, jetzt aussteigen, zurück zu einem Zustand vor dem Chaos und dem Tod. Also: zurück in die Wiege, vor dem großen Zerfall.«
P Das Phänomen war, daß ich in dieser Stunde zwar an den Ort des Elends gegangen bin (gemeint ist: in die Familie), aber da habe ich gar kein Jammertal vorgefunden, sondern ein ganz wohliges Fell.
T Ja, das war deine Frühzeit.
P Und da bin ich dann gefühlsmäßig gar nicht richtig reingekommen in den Jammer, in das Elend. Das wollte ich offensichtlich auch nicht... Ich habe sonst ja schon oft hier gelegen und war mit dem Jammertal verbunden. (Er scheint sich noch zu sträuben gegen die Einsicht, daß er in der »Frühzeit« so viel Gutes getankt hat, daß seine ganze Woche anders verlaufen ist, einschließlich des großen Weinens der Tochter, die etwas von seiner größeren Kraft gespürt haben muß, um überhaupt loslassen zu können.)
T Jetzt fehlt eigentlich nur noch eines: Du hättest das Fell mitnehmen sollen nach Hause, als kraftspendendes Symbol. Aber das kannst du ja noch nachholen.
P Aber das habe ich ja offensichtlich gemacht, innerlich. Es ist so, als hätte ich das Fell nicht mit ins Jammertal genommen, sondern mit ins normale Leben.
Er lacht, wirkt bei diesen letzten Sätzen wieder lockerer, nicht mehr so angespannt und ohnmächtig.
Ich muß jetzt einfach noch weiter laut denken. Ich habe da wohlig auf dem Fell gelegen. Ich hatte dann die Aufgabe, ins

Jammertal zu gehen, aber das habe ich ja nicht so richtig gemacht. Ich war dann schon älter, aber nicht im Jammertal. Vielleicht ist meine unausgesprochene Frage die, ob ich jetzt wieder zurück ins Jammertal muß, oder geht's auch so?
T Du hast dann draußen gesagt (außerhalb der Szene, also außerhalb des »verfluchten Clans«, den er sich aus der Distanz anschaute): »Hier fühle ich mich besser. Ich gehöre raus aus Eurem gehäuften Elend.«
P Ich weiß jetzt noch einen wichtigen Punkt aus dieser Stunde, den ich vorhin vergessen habe: Das war der Moment, in dem du meintest: »Wenn es einem so gut geht an dieser Stelle, da hat man ja allen Grund, nicht zu wachsen.« Ich sagte daraufhin, daß ich zwar wie ein Erwachsener funktioniere und Verantwortung übernehme, aber mein Gefühl ist immer: Das ist jetzt zuviel, eigentlich dürfte man das gar nicht von mir verlangen, ich bin noch zu klein. Ich hatte in den letzten vier Tagen das Gefühl, auch innerlich erwachsener reagiert zu haben, so als ob jetzt diese Kluft überbrückt wäre.
(Die Regression in die Wiege läßt ihn erwachsener und kräftiger werden, weil das Kleinkind in ihm etwas Stärkendes bekommen hat, im Zugang zu einer verschütteten Frühzeit. Eine solche Regression kann man im Alltag nur fürchten, muß ihr mißtrauen, sie abwehren. Die Regression in der Therapie integriert ein Stück verlorenes Paradies und sagt: das war einmal wirklich und tragend.)
T Ein Beispiel für eine gute Erbschaft aus der Frühzeit: deine Neugier auf Menschen. Ich erlebe das zur Zeit bei meinem Sohn. Er ist jetzt 2¾, und wenn es ihm gutgeht, studiert er Leute. (Er ist berührt von meiner ihn und eine seiner Eigenschaften würdigenden Aussage, meint rasch:)
P Wie gesagt, ich bin relativ schnell nach der Stunde gegangen, weil ich noch nicht umgestellt war. Es kam mir fast vor wie in Tunis auf einem Basar – ich habe dort ja mal ein paar Monate gelebt. Es war so, wie wenn statt der üblichen Stumpfheit, mit der ich hier rumlaufe, ich plötzlich im bunten Tunis gewesen wäre. So ungefähr war der Sprung zwi-

schen früher und jetzt. Oder auch der Unterschied, ob du siehst, was für eine Frisur jemand hat. Oder auch feststellst, daß das Laub grün ist. Wobei ich das Grün der Bäume schon in Amerika sehr genossen habe. *Der Therapeut holt laut Luft.*
Ich quatsche dir zuviel, oder?
T Nein. Ich habe aber noch mehr von der Szene in der Wiege in Erinnerung behalten als du.
P O.K.
T Du mußt es mir nicht noch einmal neu einpflanzen (freundlich-erklärend). Das war vielleicht der Unterton.
(Da ist bei mir eine leicht ungeduldige Reaktion auf die Tatsache, daß er sich manches oft in Worten noch einmal wiederholen muß, um es »wirklich« zu machen. Ich will ihm signalisieren, daß ich vieles in mir gespeichert habe, aber das genügt ihm nicht ganz, obwohl es ihm sehr wichtig ist, wenn ich mich an Dinge aus seinem Leben erinnere. Er braucht es immer wieder, daß ich es auch ausspreche.)
P Aber ich denke, daß es a) meine Begeisterung ist und b) mein Wunsch, es für mich festzuhalten. Und die Sorge, daß es wieder verlorengehen könnte... Sagst du mir, wieviel Zeit wir noch haben?
T Zehn Minuten.
P Gut. Vielleicht habe ich ja wirklich ein großes Stück Weg zurückgelegt, weil ich mich auch erschöpft fühle, aber anders als früher. Nicht so lahmarschig. Der von dir erwähnte Altersaspekt – daß man da gern so bleiben mag – (gemeint ist: bei der Zuversicht des kleinen Kindes, daß man willkommen und in Ordnung ist) hat mich sehr angesprochen... Meine sorgenvolle Frage an dich ist, ob ich das halten kann. Was muß ich noch machen, damit mir das nicht wieder verlorengeht? (Kindlich-ängstlich gefragt.)
T Das kann man nicht garantieren, aber es sind immer wieder Schritte. Mir fällt noch ein, daß du Laura danken kannst, daß sie dir ihre tiefsten Sorgen anvertraut hat, denn das konntest du nie bei jemandem tun.

P Das ist eine schöne Idee. Kannst du das so nachvollziehen, daß das jetzt für mich eine ganz andere Kategorie Zufriedenheit in der Erschöpfung war? Im Vergleich zu meinem sonstigen Leben? (Er will es immer wieder bestätigt haben, daß ich emotional dabei bin und verstehe.)
T Ja. Du kannst den Jammertälern in deiner Familie noch sagen: »Euer Druck läßt nach.«
P Ich phantasiere und meine zu merken, wie ich so ein bißchen abwäge... Ich muß es klarer formulieren, was du sagen könntest: »Es ist noch nicht der wichtigste Schritt, stell dich darauf ein, daß es wieder nachläßt.« Spinne ich da?
T Nein, so hast du die Stunde eröffnet. »Ich trau dem noch nicht.«
P Hältst du meine Mischung aus Freude und Zweifel für eine realistische Einschätzung? Ich denke, daß es irgendwo realistisch ist.
T Ja, es kann noch mal Einbrüche geben. Das halte ich für denkbar. Das würde mich nicht schrecken, aber ich werde auch nicht enttäuscht sein, wenn ein Rückfall kommt. Das ist gemeint, wenn ich sage: »Die Tage waren sehr schön. Was da mit dir passiert ist, das geht auch nicht wieder verloren.«
P Hast du jetzt gerade für mich geredet?
T Nein, auch für mich. Denn wenn es einen Einbruch gibt, muß ich doch meine Zuversicht behalten, ich schwinge doch mit. Ich sage es mal anders: es mag Therapeuten geben, die in solchen Fällen sagen: So, jetzt muß es aber stabil sein. Sie üben dann sogar einen gewissen Druck aus und sind hinterher enttäuscht. Bei meinem Sohn ist es ähnlich. Manche Sachen kann er vierzehn Tage lang gut, scheint autonom, und dann ist er plötzlich verzagt und heult, wenn er hinfällt.
P Woran ich mich gerne festhalten würde, wäre der Teil deiner Aussage, daß es zwar Rückfälle gibt, aber daß nicht alles weggeht. Worum ich mich sorge, das sind nicht die Rückschläge. Wovor ich mich aber so fürchte, ist das Gefühl, daß das, was ich jetzt zu greifen bekommen habe, wieder weggeht und ich nicht mehr den Zugang dazu finden könnte.

Verstehst du? ... Ich würde gerne aus dir die Zuversicht herauskitzeln, daß dem nicht so ist.
Der Patient lacht leicht, es klingt ein bißchen verlegen, so daß beim Hören der Eindruck entsteht, er wird sich seiner etwas drängenden Art bewußt. Man spürt deutlich, wie sehr der Patient bemüht ist, aus dieser Stunde Ermutigung und Hoffnung mitzunehmen, und auch eine kleine Garantie des Therapeuten, daß das Gewonnene nicht wieder verlorengeht.
T Ich glaube, daß der Clan noch weiter um dich, sein leidendes Mitglied, kämpfen wird und daß er noch einige Besitzansprüche an dich als Leidenscontainer stellen wird, als späten Träger des Familien-Grauens. Es könnte noch ein paar verdeckte Kanäle geben, in die sie probieren, noch mal etwas reinzupumpen.
P Das kann ich gut hören und akzeptieren. ... Eine Stelle, an der noch etwas offen ist, war da, als du so locker-flockig meintest, ich solle der Laura sagen, daß ich traurig sei, weil meine Mutter so früh gestorben ist, und daß das nichts mit ihr zu tun habe.
T Oder daß du auch sagst: Ich bin manchmal noch immer traurig, weil mein Bruder so krank war. Also das, was dir emotional greifbar ist.
P Nur da merke ich, daß mir emotional nicht soviel greifbar ist. Ich denke eher: So war das, und fertig. Ganz cool.
T Du hast gelernt, die Gefühle auszuschalten. Das war schon mal anders, es ist hier manches schon emotional spürbarer gewesen. Ich glaube, es ist einfach wahnsinnig kränkend, daß jemand wie deine Mutter dich so ins Unglück stürzen kann, einfach dadurch, daß sie krank wird und sich dann umbringt. Dadurch hat sich dann ja auch das ganze Familienklima nachteilig verändert. Zumindest die Folgekosten sind greifbarer.
P Du hast mir gerade vorgeschlagen, der Sippe etwas zu sagen. Kannst du es mir noch mal sagen? (Er möchte immer noch mehr an »Aufbauendem« haben.)

T (lacht, freundlich, aber bestimmt:) Nein, das fällt dir dann schon selbst wieder ein. (Vielleicht bin ich eine Spur zu geizig mit den »aufbauenden« Sätzen, weil ich an deren Wirkung zweifle, wenn er sie nicht in sich selbst wiederfindet.)
P Gut.
T Wir müssen auch aufhören. Du triffst jetzt gleich die Laura wieder, da wird dann sicher manches nachschwingen.

Nachträglicher Kommentar
Um den Mechanismus der Übernahme von drückender unbewußter Verantwortung des Kindes für einen Elternteil zu zeigen, hätte ich vielleicht nicht den ganzen Stundentext abdrucken müssen. In diesem Fall gelang die Befreiung durch einen fast konvulsivischen Akt der Rückgabe, deren Last bei Laura zu Phantasien der Dummheit, der Unbrauchbarkeit, ja zu Todesphantasien geführt hatte. Und doch gibt es einen untergründigen Zusammenhang mit der enormen Bedürftigkeit des Patienten nach Trost, Zuversicht, ja fast nach einer Garantie, daß die Fortschritte unumkehrbar sind: er scheint mir seinerseits, zusätzlich zu seinen eigenen Zweifeln am Erreichten, mit der Tochter identifiziert und also ein Stück weit regrediert auf ein Plateau, auf dem die Stimme der Eltern für das Kind noch dringend notwendig ist, um glauben zu können, daß ein drohendes Unheil abgewendet wurde. Wahrscheinlich besteht das drohende Unheil einerseits beim Kind in einem Zusammenbruch unter der übernommenen Last, andererseits beim Vater in der gefürchteten Wirkung der Schuldgefühle, die die Einsicht in die Weitergabe von Depression an das Kind hervorruft.
Gleichzeitig wird etwas sichtbar von einer Behandlungsvariante, deren Weisheit von verschiedenen Pionieren heilsamer Regression in ganz unterschiedlicher Sprache hervorgehoben wird. Sie läßt sich benennen als kraftschöpfende Rückkehr zu vortraumatischen Zuständen (in diesem Fall die frühe Kindheit mit dem Symbol des Schaffells als Wiege, in der

P. als Garant eines familiären Neubeginns erwartet und begrüßt worden war). So zum Beispiel bei Michael Balint, Heinz Kohut, aber auch bei Albert Pesso.
Seine Übernahme der Trostbedürftigkeit der Tochter, erweitert um ein Bedürfnis nach Vergewisserung, was mir aber in der Therapiestunde nicht bewußt ist, deshalb bin ich durch das Drängen irritiert und für mein heutiges Gefühl etwas karg. P. bittet nicht nur für sich, sondern für ein »Zwei-Personen-System«. Am sinnvollsten wäre vielleicht eine Mischung aus aktivem Geben und Deuten gewesen. Aber nachträglich ist man immer schlauer.

Schlußbetrachtungen

Die Erinnerung an das Kriegsende wie an die Zerstörung Freiburgs haben in zwei verschiedenen Vorträgen zu einer nicht fachsprachlichen Verdeutlichung meiner Gedanken geführt. Deshalb verwende ich sie in gekürzter Form für eine Nachbetrachtung.

I Erinnern gegen den Krieg

Vortrag bei der Tagung der Katholischen Akademie zum Gedenken an die Zerstörung Freiburgs, gehalten am 19. 11. 94

Meine Damen und Herren,
da ich als Psychoanalytiker zu Ihnen spreche, erlaube ich mir, Ihnen zunächst einen relativ durchschnittlichen Patienten der sogenannten »zweiten Generation« vorzustellen. Er ist etwa 1950 geboren und versucht, mit einem vierten Versuch einer Psychotherapie, seinem ihm als verpfuscht erscheinenden Leben doch noch einmal eine Wendung zu geben. Er bringt sein Schicksal nicht im geringsten mit Diktatur und Krieg in Verbindung und setzt meinen Versuchen, die Zusammenhänge aufzudecken, lange einen skeptischen, ja spöttischen Widerstand entgegen. Ich zitiere zum Teil aus dem in manchen Details veränderten Antragsgutachten für die Krankenkasse, um zugleich auch die Probleme des Krankheitswertes von zum Teil auf die politischen Katastrophen zurückgehenden Störungen zur Diskussion zu stellen. Dieses Thema ist bis heute umstritten. Wir kennen die unwürdigen Diskussionen in der deutschen Nachkriegspsychiatrie um die Entschädigungsgutachten für KZ-Opfer.
Der Patient erscheint mir an der Tür sofort um mindestens zehn Jahre älter als das am Telefon genannte Alter von 42 Jahren. Er sieht zermürbt und hoffnungslos aus. Er klagt über Erstarrung und Depression, Verzweiflung über seine scheiternde Ehe. Er schleppe sich durch den Tag, sei lustlos im Dienst als Lehrer an einer Grundschule, lasse sich häufig mal krank schreiben und liege dann einfach im Bett herum.
Der Patient ist als drittes Kind eines kleinen Spediteurs in der Nähe einer Großstadt geboren. Der Vater, arbeitswütig und zackig, sei innerlich und in seinem Gehabe NS-Offizier

geblieben: Drill, Leistung, Härte, unnahbarer Stolz. Die Mutter sei blaß, unselbständig, offen auf Vaters Seite gewesen, heimlich aber in einer Verwöhnungsbindung dem Patienten zugewandt, der sie treu stützte auf einer kindlichen Ebene, sich aber von ihr immer wieder an den Vater verraten fühlte, der abends strafte. Der Patient fühlte sich in der Familie gezwungen, um nicht zu viel Prügel zu beziehen, ein »falsches Selbst« zu leben: angepaßt, pflegeleicht, widerspruchslos unauffällig. Er wurde in der Schule oft verprügelt, vom Bruder geschützt, aber auch von ihm abhängig gehalten. Die Schwester lebte während des Studiums mehrmals für einige Zeit in einem Kibbuz in Israel, brachte von dort ein Kind mit, wagte es aber dann doch nicht, nach Israel zu heiraten. Sie konnte die Mißbilligung der Eltern nicht ertragen. Erst in der Pubertät wird der Patient zum Schläger und Klassenstärksten, ohne Freunde, aber stolz darauf, von nun an die anderen einschüchtern zu können. Vielleicht wäre er heute bei den Skins oder bei den Rechtsradikalen gelandet. Er beunruhigt als Kind die Familie lange durch starke nächtliche Unruhe, es wurden später noch die »Löcher« in der Wand gezeigt, die durch die Schwingungen des Betts entstanden sind. Zärtlichkeit galt als »verboten!«, weil verweichlichend. Der Vater veranstaltete unvorhersehbar nächtliche Alarmübungen als Vorbereitung auf einen möglichen Überfall oder Brand. Er galt als jemand, der sich für die Familie »aufopfert« und der deshalb Kritik und Auseinandersetzung nicht zuzulassen brauchte. Der Mutter verbot der Vater, in ihrem Beruf, den sie zum Teil noch im Krieg erlernt hatte, zu arbeiten. Das schicke sich nicht für eine Frau, das hätten sie auch nicht nötig, und das diskreditiere ihn als Familienoberhaupt.

Der Patient lebt zum Teil hinter einer Maske verborgen, hinter der ein eingeschüchterter kleiner Junge durchscheint, mit den Augen eines geprügelten Hundes, der um ein Lebensrecht bettelt. Er spürt die eigene Erstarrung und wird im Kontakt zusätzlich durch seine immense Scham darüber be-

hindert. Die Leeregefühle werden durch Arbeit betäubt, die aber beim Direktor, wie er meint, wenig Anerkennung finde. Er schweigt im Kollegium, bekommt Schweißausbrüche, wenn er sich äußern soll, schwelgt aber in heimlichen Größenphantasien, zu denen auch ausschweifende Rachebilder für alle Kränkungen gehören. Krankheitseinsicht ist vorhanden, aber überdeckt durch tiefe Resignation und Angst vor erneutem Scheitern, auch in der Therapie. Bevorzugte Abwehrmechanismen sind: Wendung gegen die eigene Person (das heißt, er beschuldigt sich selbst und wird depressiv); er schwankt zwischen Verleugnung seiner Situation und periodischer Überwältigung durch seine Lebensbilanz; er identifiziert sich mit den Normen des Vaters, obwohl er weiß, daß er nach denen ein hoffnungsloser Schwächling ist.
Der Patient ist von einer versorgenden Mutterbindung nicht freigekommen. Jede neue Frau erscheint ihm als rettende Fee, aber nach wenigen Wochen ist sie entwertet, er verachtet sie und kommandiert sie herum, obwohl er weiß, daß er sie verlieren wird. Wenn er Kummer hat, ruft er die Mutter an und läßt sich trösten.
Das sind Identifikationsfragmente mit dem tyrannischen Vater, die seiner ihm eigenen Sensibilität, die ihn anziehend macht, eigentlich widersprechen. Wenn diese Herrenmenschen-Attitüden wieder durchbrechen, ist er zerrissen: er kommt sich scheußlich vor und ist doch voll heimlichem Stolz auf die ihm unbewußte Anerkennung durch den Vater. Er fühlt sich dann, wenn die Frauen »dahinterkommen«, daß er noch keinen eigenen Kern hat, als Blender. Die Trennung in das »Vorzeigbare« und das »Heimliche« durchzieht sein Leben, auch in der Schule. Das Studium verdiente er partiell als LKW-Fahrer (wieder ein Identifikationsfragment zur Lebensbewältigung mit dem Vater, den er auf der bewußten Ebene zutiefst ablehnt). Das hochidealisierte Berufsziel war immer Leiter einer Sonderschule, seit er als Student eine sehr stützende, aber kurze Erfahrung mit einem pädagogischen Mentor machte. Eine erste Gesprächstherapie

half ihm, das Studium zu beenden. In zwei späteren Analyseversuchen sei er »beinahe eingegangen«, er ging »auf der Couch verloren«, wie er sagt. Es kam keine Beziehung zustande, die Therapeuten blieben in der Übertragung bedrohliche, ja monströse Herrscherfiguren. Unvermittelt brach er die Behandlungen ab. Dies habe ihn seit zehn Jahren erstarren lassen. Das Gefühl des Scheiterns schwebe, wie von Gottheiten ausgesprochen, über ihm. Er hat Angst, vielleicht nicht »therapierbar« zu sein.

Die Übertragungsangebote »böser« oder »guter« Vater und »überlegener Bruder« oder »verächtliche weiche Mutter« sind oft so stark, daß in meiner Reaktion darauf ein bewußtes Gegensteuern notwendig ist, damit sich nicht ein Hörigkeitsverhältnis mit der zugehörigen Abwehr einspielt. Gelegentlich ist es schwierig, bei dem Ausmaß von verzweifelter Ratlosigkeit die Linie zwischen Stützung und Förderung der Autonomie zu finden. In mir wechseln oft Mitleid mit Langeweile und extremer Wut, wo ich ihn malträtieren möchte, als wäre ich ein schneidiger Offizier, wie einen dummen und widerspenstigen Rekruten auf dem Kasernenhof.

Die Diagnose für den Gutachter der Kasse lautet: Depression mit Leere- und Erstarrungsgefühlen. Extrem geringes Selbstwertgefühl mit Neigung zu trostsuchender Anklammerung an Frauen und ängstlich-wütender Unterwerfung unter Männer bei gleichzeitigen illusionären Heldenphantasien.

Das Behandlungsziel: Wiederherstellung des Grundvertrauens und beginnender männlicher Identifikation, Entwicklung der verlorengegangenen Fähigkeit zu Gefühlen außerhalb der »eingeschüchterten« Identität, Abbau der ängstlichen Hörigkeit und des Vermeidungsverhaltens in konflikthaften sozialen Situationen. Der Gott des Krieges wohnt noch in ihm.

Die Prognose: Voraussichtlich handelt es sich um einen differenzierten, kontaktfähigen Menschen mit großer Einfühlungsfähigkeit, dem diese aber nicht zur Verfügung steht,

sondern der Rückzug, Sehnsucht, Haß und Rachetendenzen mit Gewaltphantasien und passiven Erlösungshoffnungen verbindet. Die Einfühlungsfähigkeit in seine Schüler funktioniert dort gut, wo er sie als sich ähnlich empfindet. Aber oft steht er einfach befremdet vor ihnen und wünscht sie zum Teufel.
Autoritätspersonen und potentielle männliche Konkurrenten sind immer bedrohlich, werden in der Phantasie aber »ausgelöscht«. Er ist häufig krank und kann bei Anfällen von Depression ein aufwendiges Konsumverhalten nicht steuern, wobei er manche Stücke bis zu fünfmal umtauscht und die Verkäufer entnervt. Er sehnt sich nach Familie und Kindern, ist sich aber vollkommen unsicher, ob er Kinder nicht durch ein Schwanken zwischen Anklammerung und Ablehnung und ein Pendeln zwischen Härte und Verwöhnung zu seelischen Krüppeln machen würde. Soweit der Bericht.
Meine These lautet: Menschen, die an seelischen NS- und Kriegsfolgen erkranken wie er, sind nicht selten. Dieser Patient leidet. Es gibt aber viele, die andere leiden machen, um nicht selbst zu leiden. Der Titel eines Buches von Horst-Eberhard Richter lautet: »Wer nicht leiden will, muß hassen.«
Der Vater dieses Patienten hat die Jahre seiner persönlichen und prägenden Entfaltung in der Hitlerjugend und auf dem Kasernenhof, später im Krieg verbracht. Er ist über den Zustand von Unterwerfung, Gehorsam und Idealisierung, Enttäuschung und Sinnverlust nie hinausgekommen, konnte sich nichts gönnen, kaum neue Kontakte schließen. Das Trauma der Niederlage wie der Verlust der das Selbst stützenden Ideologie wurden nicht aufgearbeitet. Nur in der verbissenen Weigerung, jemals eine abhängige Stellung einzunehmen, kommt etwas von dem Haß und der Desillusionierung über Vorgesetzte oder die ganze Nazizeit zum Vorschein. Das Familienmodell entspricht dem, was Horst-Eberhard Richter die paranoide Festungsstruktur genannt

hat: es dominieren Mißtrauen nach außen und eine von Minderwertigkeitsgefühlen durchzogene Selbstüberhöhung nach innen; Kriegserinnerungen schwappen als Abenteuer- oder Leidensberichte in die Familie, aber nicht als ein hinterfragbares Erleben, das irgendwie politisch einzuordnen wäre. Daß alles falsch und verbrecherisch gewesen sein soll, wie es nach 1945 hieß, wird an der Oberfläche akzeptiert, im Innern macht es trotzig und verstockt.

In einer Welt ohne Orientierung hielt der Vater fest an den militärischen Tugenden, als ob sie wenigstens Rettung in der Not verheißen könnten. Die Mutter kannte als Mädchen ein kurzes Erblühen in BDM und Arbeitsdienst, verglichen mit einem engfrommen Milieu, aus dem sie stammte. Sie war aber nicht stark genug, sich dem Druck des Vaters gegen ihre vom Krieg erzwungene Emanzipation zu widersetzen, als er nach kurzer Gefangenschaft und Internierung heimkehrte und wieder die Herrschaft übernahm. Nach außen wurde das in der Jugend indoktrinierte Rollenbild von Mann und Frau hochgehalten. In der Nacht mußte die Frau Trösterin sein für einen Mann, der regelmäßig in Todesangst ausbrach, schrie, an Schlaflosigkeit litt und die Bilder des Grauens nicht los wurde, die er sah oder in Rußland mit angerichtet hatte. Die zerfetzten Kameraden neben sich im Schützengraben, beim Angriff oder später auf der Flucht machten Todesangst und extremen Verlust zu einem festen Bestandteil seines seelischen Gefüges. Innere Lösungsversuche seiner Frau beantwortete er mit Panikanfällen, in die er die Kinder mit hineinzog.

Ein spürbarer therapeutischer Fortschritt vor allem in der Beziehung zum Vater ergab sich erst, als ich den »Gott des Krieges« (mit vielen Implikationen: Hitler, der Geist der Armee, die Ideologie der Herrenrasse usw.) sozusagen aus dem Inneren des bedrohlichen Vaters herauslöste und ihn in mächtiger Größe hinter ihm aufstellte. Da erst begriff der Patient, daß die Macht des Vaters auf einer bedrohlichen Aufladung durch eine Internalisierung des Krieges als Introjekt beruhte. Er sah ihn plötzlich schrumpfen neben »Mars«, konnte sich ein Stück weit einfühlen in die militärische »Zurichtung« des Vaters. Ja, er sah voller Mitleid auch den Gebrochenen, Überwältigten, der sich nicht vom »Überwältigenden« hatte lösen können.

Ich kann Ihnen nur einen einzigen Menschen in diesem Vortrag etwas detaillierter schildern, erwähne aber noch ein Erlebnis in einer Gruppensitzung des amerikanischen Körpertherapeuten Albert Pesso, bei dem sich langjährig analysierte psychotherapeutische Kollegen, die Verfolgung, Bombardierung, Eroberung oder Flucht als Kind erlebt hatten, trauten, mit körperlichem Halt ins Zentrum des Erlebens zu gehen, das sie damals überschwemmt hatte und erstarren ließ. Die seelische Biographie eines französischen Patienten, der bei einem Bombardement als Kleinkind verschüttet wurde, habe ich in meinem Buch »Der Erlöser der Mutter auf dem Weg zu sich selbst« (Frankfurt am Main 1993) dargestellt.

Es war häufig derselbe Ablauf in den auf den Krieg bezogenen Sitzungen: Unter der Anleitung des Therapeuten und mit dem Halt mehrerer Gruppenmitglieder, deren Körper den Körper einer idealen haltenden Mutter darstellte, konnten sie sich dem drohenden Wahnsinn, dem Entsetzen und dem Schrecken überlassen. Sie zitterten und schrien, waren außer sich, konnten sich lange nicht beruhigen. Die Stimme überschlug sich, sie fürchteten zu zerspringen, und nur das Vertrauen in den äußeren Halt erlaubte es ihnen, hindurchzugehen durch das Grauen.

Sie hatten im Halt die elementare konvulsivische Antwort gefunden, die es beim ursprünglichen Erleben nicht gab. Sie lagen dann meist eine ganze Weile, erschöpft und wie formlos. Aber etwas hatte sich verändert: eine jahrzehntelange Anstrengung des Niederhaltens, der künstlichen Gefaßtheit und oft starrer Erwachsenheit fing an abzufallen. Natürlich bringt ein einmaliger Durchgang nicht die endgültige Lösung, aber der Körper und die Seele glauben wieder an den Austritt aus dem Fegefeuer, das im Untergrund der Seele weiterbrannte, so wie die Krematorien in den Erinnerungen von geretteten Juden oder ihren Kindern weiterbrennen bis ans Lebensende. Zahlreiche Menschen leben mit solchen eingekapselten Traumen, die sie beiseite drängen und von denen sie höchstens im Schlaf heimgesucht werden, in immer gleichen Alpträumen oder Erschöpfungszuständen. Die Traumatisierung, die Kinder erleiden, geht ohnehin tief. Aber die Schrecken des Holocaust wie von Krieg und Bombenkrieg haben auch Erwachsene zurückgeworfen in die Verletzbarkeit von Kindern, so daß ihre seelischen Strukturen verstört sein können, als handle es sich um Traumen aus der Kindheit. Die Folter wirkt ähnlich: sie prägt sich unauslöschlich ein.

Die Deutschen haben kaum Formen gefunden, um mit den seelischen Wunden, besonders denen der Täter und Mitläufer und ihrer Familien, angemessen umzugehen, weder im stillen Kämmerlein, noch im Gespräch der Familien. Der Wiederaufbau war auch eine gigantische Ablenkungsaktion. Die Medien und viele Trends und Moden taten ihre Wirkung: Freßwellen, Reisewellen, Hausbau, Konsum, Süchte. Vielleicht war es aus anthropologischer Begrenztheit nach einer Katastrophe und einem Verbrechen dieses Ausmaßes nicht anders möglich.

Das Leben in zerstörten Städten

Nun ist mir bei der Vorbereitung zu diesem Vortrag noch ein anderer Zusammenhang aufgegangen, über den ich nie nachgedacht hatte. Uns sind die Bilder des Holocaust allen geläufig, einschließlich der scheußlichen Vorgeschichte der langsamen Ausgliederung und Entmenschlichung der Juden. Und uns sind sie Bilder dessen vertraut, was die Deutschen in den überfallenen Ländern angerichtet haben. Und wir kennen die Bilder der zerstörten Städte, die Erzählungen der Vertriebenen und Vergewaltigten.

Aber wenn wir über die Wirkungen der Bombardierungen nachdenken, so stehen natürlich die 600 000 Toten und die

Verstümmelten im Vordergrund, die dreieinhalb Millionen zerstörter Häuser. Und doch vergessen wir nicht mehr, daß vorher fast sechs Millionen Juden ermordet und 20 Millionen Russen getötet worden waren. Aber in der Auseinandersetzung mit der psychischen Wirkung dieser vermutlich sinnlosen Bombardierungs-Strategie fiel mir erst jetzt auf, daß die Menschen ja nicht nur Tage oder Monate oder einige wenige Jahre in diesen zerstörten Städten wohnten, sondern daß ein wirkliches Aufräumen, gar ein Wiederaufbau ja erst in den fünfziger Jahren begann. Ich habe nie etwas darüber gelesen, wie sich das Leben in Trümmern im Unbewußten ausgewirkt hat; welche Niederschläge es in der seelischen Strukturbildung fand, die wir als Spätschäden diagnostizieren könnten – doch ich bin überzeugt, es gibt sie. Es muß sich ausgewirkt haben auf die Fähigkeit, sich »aufarbeitend« mit der politischen Vergangenheit auseinanderzusetzen. Ich vermute aber, und es läßt sich durch viele Familien- und Patientengeschichten belegen, daß das Leben in Trümmern die scheinbar endgültige Verschüttung der Erinnerung an die NS-Zeit, ihre Deponierung in schier unzugänglichen unterirdischen Lagerstätten, beschleunigt und gefördert hat.
Aber wir bekommen heute eine zweite Chance des Gedenkens an alle Opfer. Das Ende des Ostblocks und der politischen Instrumentalisierung der Folgen des Zweiten Weltkriegs und die Wiedervereinigung rücken die seelischen Folgen von Holocaust, NS-Zeit und Krieg endlich mehr in den Vordergrund. Die fünf Jahrzehnte, die vergangen sind, haben ein moralisches Potential und die Fähigkeit zur Einfühlung nachreifen lassen: sicher nicht bei allen, aber bei vielen Enkeln und bei vielen Angehörigen der zweiten Generation. Vielleicht läuft Erinnerung immer arbeitsteilig; sie wird bewahrt und gehütet von denen, die dazu fähig sind. Anderen liegt mehr der Blick nach vorn, das Machertum, die Zukunft ohne allzuviel Vergangenheit. Die öffentliche Bewältigung der Vergangenheit kam nicht ohne Denkregeln und rituelle

Proklamation aus. Es gab Sprachregelungen, politische, pädagogische, die nicht immer bis ins Innere der Menschen vordrangen. Und es gab Veränderungen in den meisten unserer Institutionen, die sich als stabil erwiesen haben. Auch die Rechtsradikalen stellen, trotz unserer hektischen Scham vor dem Ausland, keine wirkliche politische Gefahr dar. Jetzt wird vielleicht und hoffentlich auch Introspektion in den Einzelnen und in die Familien, der Blick auf die seelischen Spätfolgen möglich. Die gigantische Ablenkungsmaschinerie der Medien scheint zwar manchmal alles zuzudecken, aber die Neugier ist geweckt, auch die Neugier der Enkel. Die Zusammenhänge sind in Büchern, Filmen und öffentlichen Diskussionen zugänglich. Unser diagnostisches Wissen über die Spätfolgen wächst.

Das Verschwinden der Täter. Es gibt nur noch Opfer
Und so wende ich mich im 2. Teil meiner Überlegungen noch einmal dem zu, was als gesichertes Wissen über die Folgen von NS-Zeit und Krieg gelten kann. Doch zuvor noch einige Bemerkungen zum Thema Täter – Opfer. Es kommt neu zum Tragen, wenn nach 50 Jahren in vielen Bereichen auch die Leiden der Deutschen noch einmal bedacht werden ohne den Druck steter kollektiver Beschuldigung. Von Hannah Arendt bis Alexander Mitscherlich ist auf die oft unerträgliche Larmoyanz der Deutschen über ihr Kriegs- und Nachkriegselend hingewiesen worden, so als hätten sie buchstäblich alles vergessen, was sie angerichtet haben. Rolf-Dieter Müller und Gerd R. Ueberschär schreiben in ihrem Buch »Kriegsende 1945« (Frankfurt am Main 1994), lapidar zusammenfassend: »Die Täter ... suchten sich zu verbergen oder zu tarnen. Eine scheinbar vollständige Metamorphose war zu beobachten: Es gab plötzlich in Deutschland keine Nazis mehr. Auch die Millionen ›Mitläufer‹ sahen sich nur noch als Opfer, verfluchten die Politik und kümmerten sich fortan allein um das eigene Wohlergehen.« (S. 143)

Doch auch diese Verwandlung hat ihre Vorgeschichte: nicht nur hatte der NS-Antisemitismus die Deutschen zu Opfern des Judentums erklärt. Selbst in Hitlers letzten Äußerungen wird deutlich, daß er sich und die Deutschen als Opfer böser oder dämonischer Übermächte sieht. So heißt es im letzten Tagesbefehl an die Soldaten der Ostfront vom 16. 4. 45:
»Zum letzten Mal ist der jüdisch-bolschewistische Todfeind mit seinen Massen zum Angriff angetreten. Er versucht, Deutschland zu zertrümmern und unser Volk auszurotten.«
Was *er* plante, wird einfach umgedreht. Das Selbstmitleid als eine der Triebkräfte destruktiver Aggression war bei ihm und vielen Nazis immer gegenwärtig. Und so heißt es dann auch in Hitlers politischem Testament kurz vor seinem Selbstmord:
»Es ist unwahr, daß ich oder irgend jemand anderer in Deutschland den Krieg im Jahre 1939 gewollt haben...« Er hämmert es den Deutschen noch einmal ein, wer »der eigentlich Schuldige an diesem mörderischen Ringen ist: das Judentum! Ich habe weiter keinen darüber im unklaren gelassen, daß dieses Mal nicht nur Millionen Kinder von Europäern der arischen Völker verhungern werden, nicht nur Millionen erwachsener Männer den Tod erleiden und nicht nur Hunderttausende an Frauen und Kindern in den Städten verbrannt und zu Tode bombardiert werden dürften, ohne daß der eigentlich Schuldige, wenn auch durch humanere Mittel, seine Schuld zu büßen hat.« (Beide Zitate aus Müller/Ueberschär, Kriegsende 1945)
Doch zurück zu den seelischen Spätfolgen. Ich folge dabei, neben den eigenen therapeutischen Erfahrungen, den immensen Erkenntnissen, die Judith Lewis Herman in ihrem Buch »Die Narben der Gewalt« (Stuttgart 1993) zusammengetragen hat. Die ganze Bandbreite von Traumatisierung durch die Folgen von Politik und Krieg wird uns erst allmählich bewußt. Ebenso die Verletzungen durch die Gewalt zwischen den Geschlechtern wie die zwischen Eltern und Kindern. Zwischen diesen disparat erscheinenden Ebe-

nen bestehen kausale, aber komplizierte Verbindungen. Doch es gab bisher wenig Arbeiten, die die fundamentalen Mechanismen von Traumatisierung quer durch die politischen wie die familiären Katastrophen erforschten. Ihr gemeinsamer Grund sind Erfahrungen des Schreckens, einmalig oder dauerhaft, in denen jedes autonome Handeln sinnlos wird. Judith L. Herman, langjährige Therapeutin in den USA im Falle von Kriegs- und Gewaltopfern, faßt nicht nur die riesige Literatur zusammen, sondern führt ein in die Geschichte von Diagnostik und Therapieversuchen der letzten hundert Jahren. Sie kommt zu dem resignierenden Ergebnis, daß es immer besonderer politischer Umstände bedarf, um die Langzeitfolgen wirklich zu erforschen und ins öffentliche Bewußtsein aufzunehmen. Resigniert spricht sie von »periodisch auftretender Amnesie«, in der wieder verlorengeht, was schon gewußt war. Zu oft sind Macht und erzwungenes Schweigen im Bunde. Nach NS-Zeit, Holocaust und Weltkrieg fehlten zunächst für Jahrzehnte die Kategorien, um die Spätfolgen überhaupt einzuschätzen.
Nach dem verlorenen Vietnam-Krieg war es anders in den USA. Die Veteranen forderten und organisierten selbst Kampagnen, Forschung und Therapie, später unterstützt von Regierungs- und privaten Projekten. Deshalb durchziehen immer wiederkehrende Hinweise das Buch, in welchem Ausmaß auch die Täter als Gestörte und Verstörte aus dem Krieg hervorgehen. Man könnte geneigt sein zu triumphieren: man mordet nicht ungestraft, und auch Tätervölker können generationenlang büßen. »Der beste Teil meines Vaters... starb im Krieg, seine Seele wurde im Krieg beschädigt«, schreibt Doris Lessing über ihren Vater.
Die Verstörungen der Holocaust-Überlebenden paßten in keine überkommene Diagnostik. Erst allmählich bildeten sich Kategorien: Erstarrung, tote seelische Zonen, Spaltung, Empfindungslosigkeit, Doppelleben mit den beschwiegenen Deponien der Erinnerung, die die Gegenwart unterhöhlen, das Weiterleben »roboterisieren« können.

Die Symptome sind bei fast allen Traumen durch Gewalt ähnlich: Schlafstörung, Reizbarkeit, Depressionen, Panik, psychosomatische Beschwerden, Übererregung dadurch, daß die nicht verarbeitbare Einwirkung seelisch »gegenwärtig« bleibt, einen Alarmzustand aufrechterhält. Deshalb spricht die Autorin auch von »Physioneurose« als der Steigerung von Psychoneurose: weil alle frühen leibseelischen Körperfunktionen in Mitleidenschaft gezogen sein können. Doch die «Sintflut» der traumatischen Affekte droht dauernd, weil kleine Auslöser sie abrufen könnten. Deshalb ist auch eine Dauerpanik, oder Panikbereitschaft, meist begleitendes Gefühl.

Es gibt vermutlich, bei dem Ausmaß an Gewalt, Angst, Gehorsam, Machtmißbrauch, Trauer und Zerstörung, durch die Generationen hindurch Wirkungen, deren genauen Verlauf wir nie werden erforschen können. Deshalb schließe ich mit offenen Fragen: Wie viele von den Drogentoten mögen noch auf das Konto der Spätfolgen gehen, weil zu viel seelisches Elend im Familiengrund keine Ausheilung gefunden hat? Wieviel Kindesmißbrauch ließe sich zurückverfolgen bis zur jahrelangen Entfremdung in den Familien durch den Krieg und der Verrohung durch Gewalt und zu lange Entbehrung von Zärtlichkeit und Sexualität? Wieviel alltägliche Gewalt am Arbeitsplatz, wieviel Ausländerhaß, wieviel Bereitschaft, den Fremden als Ungeziefer zu sehen, mag zurückgehen auf die Rechtfertigung der Gewalt für eine überlegene Rasse? Die Psychotherapeuten, die sich auf die Erforschung der Spätfolgen eingelassen haben, sprechen einerseits von den tiefsitzenden Wirkungen von Diktatur und Krieg im Unbewußten von Einzelnen wie von Familien, aber sie sprechen auch von der wachsenden Unkenntlichkeit dieser Wirkungen.

Es wäre viel gewonnen, wenn wir freier würden, uns in Gesprächen einzugestehen, wie tief wir selbst oder Angehörige von den Nachwirkungen der Katastrophen noch geprägt sind. Ich plädiere nicht für eine Fixierung auf die Vergangenheit, sondern für unser Offen-Sein gegenüber dem, was oft nur verschüttet ist in biographischen Deponien, zu denen wir den Zugang verloren hatten. Manche Gespräche unter Freunden oder in Familien gleichen in den letzten Jahren, wenn die Scham geringer geworden ist, Momenten der gemeinsamen Forschung. Wir erhalten fünf Jahrzehnte später tatsächlich eine neue Chance. Die Historisierung des Schreckens ist *nicht nur* schuldhaft, sie öffnet auch Möglichkeiten, genauer hinzuschauen. Wir dürfen eigenes Betroffensein mit der Neugier von Historikern mischen, die einen neuen Blick auf die eigene Familiengeschichte oder die Geschichte von Gruppen werfen, in die wir eingebettet leben. Wir können unserer Erbschaft nicht ausweichen. Der Beitrag eines jeden von uns zur Aufarbeitung unserer deutschen Geschichte kann darin bestehen, daß er sich seiner eigenen Geschichte vergewissert. Die öffentliche Aufarbeitung der Geschichte hat kein Fundament ohne den Blick auf die eigene Familiengeschichte.

Zahlreiche Angehörige der NS- und Kriegsgeneration, aber auch viele Kriegskinder, berichten, daß sie nach traumatischen Erlebnissen eigentlich nicht mehr wirklich gelebt, eine gewisse Erstarrung oder Unwirklichkeit nie ganz überwunden hätten. Von den Holocaust-Opfern wissen wir dies schon länger.

Die letzten Bücher, die ich zum Thema NS-Zeit gelesen habe, heißen »weiter leben« von Ruth Klüger und »Lügen in Zeiten des Krieges« von Louis Begley, Berichte von jüdischen Kindern aus Wien und aus Polen, die durch Zufall dem Holocaust entkamen. Und zwei andere: »Maikäfer flieg, dein Vater ist im Krieg...« von Peter Heinl (München 1994), sowie das Buch »Kindheit und Krieg. Erinnerungen« (hrsg. von Christine Lipp, Frankfurt am Main 1992). Ich vermag noch immer nicht ineinanderzudenken, was wir Deutschen angerichtet haben und was wir danach zu erleiden hatten. Aber wenn wir das durch uns angerichtete Leid nicht vergessen oder gar aufrechnen wollen, dann scheint es mir auch möglich, aus dem Erinnern von deutschen Opfern auch ein Erinnern wider den Krieg und wider Verfolgung, Rassismus und Völkermord zu machen. In München wurde unlängst zu einem Gedenktag 1994 eine Aktion verboten, bei der fünf als SA-Männer verkleidete Schauspieler drei Männer mit Judenstern durch die Straßen führen sollten, mit der Begründung, die Passanten könnten das Arrangement vielleicht als solches nicht erkennen und irritiert sein oder sich bedroht fühlen. Es klang, als ob Erinnerung und Gegenwart plötzlich ineinander übergehen könnten. So bedrohlich gegenwärtig sind für viele, sozusagen hinter dem Holocaust, auch die Bombennächte, mindestens in ihren Alpträumen noch, und das Leben war danach nicht mehr das gleiche, auch wenn man sich bemüht hat zu vergessen.

II Die öffentliche und die private Bewältigung der NS-Zeit

Vortrag im Auditorium maximum der Universität Freiburg am 30. 11. 1994 zum 50. Jahrestag der Bombardierung Freiburgs am 27. 11. 44

Lassen Sie mich mit der Zusammenfassung meiner wichtigsten These beginnen: Wir stehen, was die sogenannte »Aufarbeitung der NS-Vergangenheit« angeht, an einem Wendepunkt. Die Phase der »öffentlichen Bewältigung« tritt in den Hintergrund, es beginnt sich die Aufarbeitung im privaten und familiären Bereich zu vertiefen. Mit »öffentlich« ist der eindeutige und proklamierende Diskurs gemeint, mit dem der Nationalsozialismus global als »braune Barbarei« verurteilt und die Zustimmung zu einer parlamentarischen Demokratie und zu einer freiheitlichen Verfassung erreicht wurde. Daß im Bereich der Justiz, der Verwaltung, der Wissenschaft, Schule, Industrie und vieler anderer Zweige öffentlichen Lebens keineswegs ein tiefgreifender Neuanfang zustande kam, ist bekannt, ebenso das frühe Scheitern der Entnazifizierung. Die Jahrzehnte des öffentlichen Bekenntnisses mit standardisierter Sprachregelung und dem rituellen Wiederholen von Scham und Schuld war vielleicht – aber in welchem Umfang, mit welcher Intensität? – notwendig. Vermutlich steht das Ende der proklamatorischen Phase in einem Zusammenhang mit der Wiedervereinigung und dem Zusammenbruch des Ostblocks, auf jeden Fall aber mit dem wachsenden zeitlichen Abstand, in dem sich ja auch der Historikerstreit entzündet hat.

Nun ist es seit der Publikation von Martin Walsers Rede in Heidelberg – 1994 im *Spiegel* Nr. 45 – zu einem explosionsartigen Protest gegen einige Aspekte dieser »öffentlichen Bewältigung« gekommen. Walser handelt sie ab als den Terror der political correctness.

Durch Walsers Text, auf den es rasch die bösesten Reaktionen gab, erhalten meine Überlegungen noch einmal bedrängende Aktualität. Denn Walser bündelt eine Stimmungslage, deren Kehrseite andere Autoren als die Verstocktheit der Deutschen vor ihrer Schuld bezeichnen. Ich hätte mir nicht vorzustellen gewagt, den Konflikt zwischen öffentlich und privat, über den ich sprechen will, in solcher literarischen Schärfe formuliert zu finden.

Walser schreibt über Gewissen und Schuld, über Rituale des öffentlichen Vorwurfs und die Verborgenheit des individuellen Gewissens, über den *öffentlichen Diskurs* und seine Tabus. Es heißt: Dieser »Diskurs ist der andauernde TÜV, der das Zugelassene etikettiert und den Rest tabuisiert«. (S. 131) Am Beispiel vom Sturz Jenningers vom Posten des Bundestagspräsidenten spricht er vom »Tugendterror der political correctness«, von der »Herunterbeterei des Korrekten«. »Durch diese zwei Diktaturen ist es offenbar eine deutsche intellektuelle Spezialität geworden, anderen vorzuwerfen, sie gestünden die deutsche Schuld oder die eigene Verstrickung ... nicht deutlich genug, nicht reuig genug.« (S. 135) Und dann kommt quasi der von der öffentlichen Moral als verbaler und ritueller Daureinrichtung provozierte Aufschrei: »Es gibt kein normatives Verhältnis zu dieser Schuld, keine Standardisierung des Bekennens...
Über Auschwitz kann es doch gar nicht zwei Meinungen geben. Aber man kann *eine* Art, auf die Frage nach Auschwitz zu antworten, so ritualisieren, daß jede andere Art zu antworten zur Blasphemie erklärt werden kann. Das ist das, was bei uns jetzt erreicht ist. Die Formalisierung, die Standardisierung der Sprache für das, was aus dem Gewissen stammt.« (S. 136) »Ich jedenfalls schäme mich lieber unaufgefordert als aufgefordert. Ich erröte nicht auf Befehl. Ich denke allerdings so von uns, daß ich glaube, etwas Ungutes lasse uns keine Ruhe.« (S. 138) Und er schließt seine Rede mit einer vernichtenden Diagnose des korrekt sprechenden Zeitgeistes als »Tabuzüchtung im Dienst der Aufklärung«. (S. 138)

Inzwischen wissen wir aber, daß sich zwei Strömungen des Zeitgeistes bekämpfen: die Bußpredigt als Dauerton, gegen die Walser anschreit, wie der Appell für ein *rasches* Eingrenzen der öffentlichen Bewältigung. Für diesen zweiten Trend greife ich ein ebenso aufgewühlt klingendes Beispiel heraus wie die Rede Martin Walsers, nämlich den Aufsatz von Dirk Schümer in der FAZ vom 11. November 94 unter dem Titel »Erlebnisraum Holocaust. Wider die Inflation der Mahnmäler und Gedenkstätten«. Mußte bis vor wenigen Jahren noch um jedes Mahnmal des Holocaust gegen den allgemeinen Verdrängungswunsch gekämpft werden, so fürchtet Schümer nun den »Boom des Erinnerns« und verweist auf den von den Geschichtslehrern bezeugten Widerwillen der Schüler gegen das Thema und die drohende »Abstumpfung der Nachgeborenen«. Schümer fragt sich, »was es bedeutet, wenn das Gedenken inflationär wird und die deutsche Geschichte in einem nachträglichen Bußwettbewerb kulminiert, der von Selbstgerechtigkeit nicht frei ist«. Für Schümer scheint es eine Horrorvision: »Dazu soll ein Denkmal mit den Namen der Opfer – und möglichst auch gleich der Täter – auf jedem deutschen Marktplatz errichtet werden.« Was wäre die Folge: »Eher wird die späte Flut der Mahnmäler für kommende Geschlechter vom narzißtischen Betroffenheitskult unserer Zeit zeugen.« Denn so »sind die Nachgeborenen mit einem Beschuldigungsritual konfrontiert, das sie nicht trifft oder das sie bestenfalls als Show wahrnehmen – ein Theater der Erinnerung, das den Schrecken ins Museum sperrt und Empörung gratis liefert«.
Mir scheint, daß hier Gedenken und Beschuldigung, aus der Geschichte der Handhabung der Kollektivschuld verständlich, vermengt werden. Die Frage nach dem Verhältnis von Erinnerung und Beschuldigung bleibt ungelöst. Ich wollte vor allem auf die ganz akute Wucht des Protestes gegen die bisherige Form der öffentlichen Bewältigung in Form der rituellen appellativen Rede aufmerksam machen.
In einem dialektischen Gegensatz zu dieser »öffentlichen

Aufgabe« nach 1945 stand das große Schweigen zur NS-Zeit in den Familien. Die private Aufarbeitung war delegiert an die öffentlichen Rituale. Erst jetzt fragen Kinder und Kindeskinder ihre Eltern und Großeltern: »Wie seid ihr hineingeraten und wie habt ihr NS-Zeit und Krieg erlebt?« Sie fragen ohne den Automatismus der verstockt machenden globalen Verurteilung »Wie konntet ihr nur!« Angehörige meiner Generation machen sich auch seelisch vertraut damit, daß sie von Schuldigen oder zumindest Verstrickten abstammen, die über ihre Vergangenheit geschwiegen hatten. Die Enkel fragen bereits mit der unbefangenen Neugier von Familienhistorikern.

Wenn ich Augenzeugenberichte lese über die Nacht des 27. Novembers 1944 in Freiburg (dem Datum der Bombardierung) und ihre Folgen, dann wird mir deutlich, wie wenig ich in dem kleinen Schwarzwalddorf, in dem ich aufgewachsen bin, vom Krieg mitbekommen habe. Auch vom Nationalsozialismus fühlte ich mich, 1938 geboren, lange Zeit nicht geprägt, obwohl mein Vater ein früher Gläubiger war, Pfarrerssohn und SA-Mann, und zu seinem Glück, wie er immer sagte, körperbehindert und deshalb an der Heimatfront bis zum Schluß örtlicher Verwalter des Büros der NSV (Nationalsozialistische Volkswohlfahrt). Im Ort waren ganz wenige verirrte Granaten niedergegangen, hatten ein einziges Haus zerstört. Ganz selbstverständlich saugte ich im Klima des Dorfes auf, daß wir jetzt die bedauernswerten Opfer von Franzosen und Marokkanern seien.

Krieg und NS-Zeit waren anscheinend nicht traumatisch gewesen für mich. Sie wurden, wie üblich, beschwiegen. Erst seit der Wende 1989 beschäftigt mich das Thema wirklich. Seither geht es mich an, und ich staune über die Wucht dessen, was Alexander Mitscherlich in seinem Buch »Die Unfähigkeit zu trauern« die seelische und historische »Entwirklichung« der NS-Zeit genannt hat. Ich schien nicht betroffen und hatte keine Verantwortung zu tragen. Es war eher lästig, daß meine Eltern über lange Jahre die evangelische Flüchtlingsgemeinde im katholischen Dorf betreuten und uns Kinder anhielten, uns für Gotteslohn um die notleidenden Heimatvertriebenen zu kümmern. Sie suchten den Weg der christlichen Wiedergutmachung, allerdings an deutschen Opfern.

Die Russen waren politisch schon bald wieder die Bösen, und Juden, das war ein ferner, schauriger Mythos. Das Wort »Vergasen« aber war Teil des Kindervokabulars, in gedankenloser Anwendung, oft nur in der Bedeutung von »endgültigem Überdruß«. Das Alltagsleben hatte keinerlei historische Dimension mehr. Die Eltern waren so eingeschüchtert, verängstigt, hilflos, aus allen vertrauten Zusammenhängen gerissen, daß sie auf Kinderfragen nicht zu antworten wagten. Kindergerede konnte gefährlich sein, war es bis vor kurzem gewesen, und konnte es angesichts drohender Entnazifizierung wieder werden. Die biblischen Geschichten wurden zur Zuflucht außerhalb der Geschichte.

Kinder spüren in ihrer Loyalität, wenn Fragen die Eltern irritieren, ihnen angst machen, ihr mühsam bewahrtes Gleichgewicht erschüttern. Die historischen Dimensionen, in die das alles nach dem Sieg der Alliierten mit dem Thema der großen Schuld eingebettet wurde, blieb für viele bedrohlich und von außen aufgezwungen. Noch immer treffen sich jährlich Hunderte von Ritterkreuzträgern und gedenken einer heldenhaften Zeit, bestätigen sich gegenseitig als Elite und als unbeschmutzt durch die deutschen Verbrechen, auch wenn die Forschung und die große Hamburger Ausstellung Anfang 1995 das Gegenteil zeigen. Die wichtigsten psychologischen Bücher zum Thema der Erinnerung an NS-Zeit und Krieg in den späten achtziger Jahren tragen das »Schweigen« schon im Titel. Also bin ich *normal* mit meiner Verspätung, und trotzdem schäme ich mich, fühle mich, fast für Jahrzehnte, pflichtvergessen und gleichzeitig hilflos, habe Mühe, die späte Aneignung von Geschichte und Verantwortung zu verstehen.

Ruth Klüger, die jüdische Autorin des 1992 erschienenen Berichts »weiter leben« über ihre Kindheits- und Jugendjah-

re in Wien, Theresienstadt, Auschwitz und Groß-Rosen (einem nicht ausschließlich auf Mord ausgerichteten Arbeitslager) beginnt eine Buchbesprechung wie folgt (es geht um Louis Begleys Buch »Lügen in Zeiten des Krieges«, die ebenfalls 50 Jahre nach dem Erleben niedergeschriebenen Erinnerungen eines polnisch-jüdischen Jungen):
»Die Flut der Erinnerungen an den Zweiten Weltkrieg, an seine großen Untaten und geringen Heldentaten bricht nicht ab. Im Gegenteil: Neue Museen und Gedenkstätten entstehen, werden besucht und umstritten, neue Filme werden gedreht und viel diskutiert, und Bücher werden geschrieben von Menschen, die jahrzehntelang schwiegen und jetzt, nachdem sie alt geworden sind, Zeugnis über ihre Kindheit ablegen.« (Die Zeit, 7. 10. 94) Also ist etwas sehr wichtig an diesen fünfzigsten Jahrestagen der Katastrophen, vielleicht sogar auf einer nie erforschten anthropologischen Ebene: zwei Generationen nach Krieg und Verbrechen drängen die Erinnerungen auch außerhalb des offiziellen Gedenkens zutage. Was bedeutet das für die Erinnerungsfähigkeit der Menschen überhaupt?
Mit den Rechtsradikalen brechen die Gewalt und der Rassismus bei den Enkeln wieder aus. Das Thema war so brisant, daß der Streit über die Ursachen sofort politisiert wurde. Dabei wissen wir noch sehr wenig über unterirdische Gewalttradition quer durch die Generationen. Andere Enkel im gleichen Alter versuchen, von ihren Großeltern noch möglichst viel zu erfahren, und da diese nicht mehr die Vorverurteilungen der anklagenden Kinder fürchten, sprechen sie zu den Enkeln über ihre Erinnerungen, Täuschungen, Taten, ihre Delirien, die Scham und den Absturz. Aber viele, allzu viele ältere Deutsche würden Ruth Klügers Diktum von den »großen Untaten und den geringen Heldentaten« nicht so stehen lassen. Wenn sie junge Soldaten waren und als Nationalsozialisten in den Krieg zogen, dann prägten die Kämpfe und anfänglichen Siege ihr Selbstbewußtsein. Die Orden und Auszeichnungen hefteten sich nicht nur an die

Uniformen, sondern auch an die Seelen. Hitlerjugend und Kriegskameradschaft waren ihr intensivstes seelisches Erleben. In Ulla Berkéwicz' Roman »Engel sind schwarz und weiß« ist es zum ersten Mal aus der Perspektive eines von der NS-Zeit berauschten jungen Mannes literarisch dargestellt. Urteile über NS-Zeit und Krieg gibt es wohl nie abschließend objektive. An keinem Thema habe ich so sehr verstanden, daß nicht nur Alter, Volkszugehörigkeit, Geschlecht und Kriegs- wie politisches Schicksal über Wahrnehmung und Einstellung entscheiden, sondern auch Bildung, persönliche Reife, Information, die Fähigkeit, Widersprüche auszuhalten, Widersprüche von Schuld, Scham, Irrtum, Propaganda und Verbrechen. Also versuche ich gar nicht, einen irgendwie »gültigen« Standpunkt zu formulieren, sondern Sie eher teilnehmen zu lassen an meinem langsamen Prozeß des Erkennens und Erinnerns, und der Annahme eines untilgbaren Schattens auf meiner politischen Identität. Ich versuche, widersprüchliche Perspektiven nebeneinanderzustellen, ohne die Hoffnung, sie zu integrieren. Aber fünfzig Jahre nach dem Holocaust, dem Bombenkrieg, der Zerschlagung der Welteroberungs- und Ausrottungsarmee und dem Beginn des Wiederaufbaus ist etwas im Entstehen, das ich eine europäische oder fast eine Welt-Erinnerung nennen möchte. Sie ist nicht mehr nur eine in Nationalitäten oder Gruppen zersplitterte Erinnerung, die die damaligen, bis zum Völkermord verfeindeten Identitäten entweder konservierte oder verschüttete. Die Filme, die in den letzten Jahren über Holocaust, Krieg und NS-Zeit gedreht wurden, sind oft internationale Koproduktionen, sie schöpfen aus den Archiven ehemaliger Feinde. Wichtige Bücher und Kongresse verdanken sich internationalen Autorengruppen. Schulbücher werden angeglichen. Erinnerungsliteratur wird rasch übersetzt. Den Friedenspreis des deutschen Buchhandels erhielt 1994 Jorge Semprun, ein Autor, der einen Teil seines Ruhms Büchern über seine Jahre in Buchenwald verdankt.
Was meine ich mit den zersplitterten Erinnerungsidentitä-

ten? Es sind (zum Teil gezielt geschürte) Erinnerungen und Klischees, die Feindschaft und Vergeltungswünsche, Illusionen über die unumkehrbaren Folgen des Krieges, nationale Widerstandsmythen und Schauerbilder des ehemaligen Feindes konservieren. Selbst kennengelernt habe ich nur die Erzählungen der Flüchtlinge über die Bestialität der Russen oder Polen oder Tschechen bei der Vertreibung der Deutschen. Viele Jahre später kannte ich vom Fernsehen die von den Politikern hofierten, von ihren Gegnern und vom Osten wiederum revanchistisch genannten landsmannschaftlichen Treffen mit ihrem laut proklamierten Recht auf Heimat oder gar Rückkehr. Ich las über die skandalumwitterten SS-Treffen, die Auslassungen der Kriegshelden bei Veteranen-Treffen, ich sah die Stapel der Landserhefte. Schon sehr aus der Ferne drangen Äußerungen über Deutschland aus dem Ausland in die Heimatzeitung.
Wenn ich die Freiburger Augenzeugenberichte über die Novembernacht 1994 lese, verstehe ich, daß der Naziausdruck von den »Terrorangriffen« aus der Luft den Menschen damals als angemessene Beschreibung vorkam. Das militärisch Schreckliche und vielleicht Sinnlose an ihnen war in die Sprache bereits als *verbrecherisch* eingegossen, sollte gar nicht anders wahrgenommen werden. Goebbels' Propaganda lief gerade in dieser Hinsicht auf Hochtouren. Vom erlebten Terror der deutschen Bomben auf England wußten die Deutschen nur aus strategischen Siegesmeldungen, eine Einfühlung gab es da schon nicht mehr. Hitler hätte nichts lieber getan, als England durch diesen Bombenterror niederzuringen. Es fehlten die Technik und die Mittel. Aber wenigstens als Mythos halfen die Wunderwaffen, die die Feinde zuletzt noch zerschmettern sollten, vielen Deutschen beim Durchhalten bis zuletzt. Über die Belagerung Leningrads hörten die Deutschen nur die heroisierenden Meldungen der Wehrmacht. Wie im Laufe von 900 Tagen eineinhalb Millionen Menschen starben, war nicht erwähnenswert, denn es waren »ostische Untermenschen«.

Fünfzig Jahre nach der Zerstörung von Dresden und Coventry ereignen sich die unterschiedlichen Erinnerungsformen bereits parallel: Delegationen der anderen Nation besuchen die heimgesuchten Städte und bieten Hilfe beim Wiederaufbau an, leisten gemeinsame Gelübde und kooperieren bei der Analyse der mörderischen Strategien. Aber gleichzeitig enthüllt die Königinmutter ein Denkmal für Bomber-Harris, den Strategen der britischen Luftflotte. Und Deutsche leugnen Auschwitz und schänden Mahnmale und Friedhöfe, nennen die Verbrechen der Alliierten größer als die der Deutschen; andere wieder, wie der Historiker Ernst Nolte, verstehen sie wiederum vorwiegend als eine historische Antwort auf Stalins Verbrechen.

Wir müssen damit leben, daß die Erinnerungen und die Affekte in verschiedenen Milieus parteiisch und haßerfüllt bleiben. Aber in wachsenden Milieus entsteht europäische Erinnerung. Holocaust und Eroberungskrieg scheinen in unserem deutschen Bewußtsein inzwischen verankert. Der Holocaust ruft bei den Deutschen nicht mehr die unvermeidliche Spaltung in Abwehr oder kollektive Selbstbezichtigung hervor, in Verleugnung oder dämonische Größenphantasien oder die »negative Identität«. Deshalb kann auch offener über die seelischen Nachwirkungen von NS-Zeit und Krieg in den Deutschen gesprochen werden.

Aber auch hier können Fronten unvermittelt aufreißen, wie sich am publizistischen Kampf um Manfred Kittels Buch mit dem Titel »Die Legende von der ›Zweiten Schuld‹« in jüngster Zeit zeigte. Kittel versucht zu beweisen, daß die These des Hamburger jüdischen Publizisten Ralph Giordano in seinem Buch »Die zweite Schuld der Deutschen«, sie hätten vorwiegend verdrängt und nicht aufgearbeitet, eben eine Legende ist. Wir hätten, resümiert Kittel, Einmaliges geleistet an Erinnerung und Bewältigung. Und in der Tat, die angehäuften Fakten des öffentliche Diskurses, die Summe der Beschwörungen wie der gesetzlichen Regelungen sind beachtlich. Was stört, ist der entwertende Ton gegenüber jenen, die

Angst haben, der Geist der NS-Zeit könne doch untergründig weiterleben. Natürlich sind viele dieser Stimmen schwer zu orten zwischen aufrichtiger Sorge und ihrer Instrumentalisierung für politische Zwecke. Die Einsicht in folgenden dialektischen Zusammenhang zwischen öffentlicher »Bewältigung« und seelischer Aufarbeitung ist für mich bestimmend geworden: Je mehr die »Aufarbeitung der Vergangenheit« politisch im Vordergrund stand als ein öffentliches Thema zwischen Forderung und Vorwurf, desto geringer war die Chance einer psychologischen oder familiären Aufarbeitung. Die Themen polarisierten sich zwischen öffentlich und privat; das Private war delegiert an die öffentliche Proklamation. Die Öffnung des *einen* Raumes zog fast automatisch eine Schließung des *anderen* Raumes nach sich. Viele Menschen spürten auch: der Adressat des bekenntnishaften öffentlichen Diskurses waren oft genug nicht sie, sondern das Ausland, das moralische Welttheater, der neu zu suchende internationale Konsens über Moral in der Politik. Die politische Folge: im internationalen öffentlichen Diskurs stehen wir gut da, belächeln manchmal fast die Franzosen, die gerade das Ausmaß ihrer Kollaboration entdecken, oder wundern uns über die Schwierigkeiten der Japaner, nach Jahrzehnten auch nur eine Entschuldigung auszusprechen gegenüber überfallenen und terrorisierten Nachbarvölkern.

Die Rechtsradikalen spielten gerade mit diesem geläuterten Deutschland-Bild auf der Bühne des moralischen Welttheaters. Sie wußten: Nichts kann die auf internationales Ansehen, gutes Investitionsklima und freien Welthandel bedachten Deutschen mehr schockieren als die NS-Gespenster im öffentlichen Raum. Dies wiederum stärkte die Position der psychologischen Mahner, die die NS-Mentalität noch in den Seelen zu vieler Deutschen sahen. Die Verwirrung zwischen öffentlicher und privater Aufarbeitung wurde immer größer. Kittel spricht, manchmal in Form von Zitaten, von den *Psychologen* im weitesten Sinne als den Vertretern von Mahnung und moralischer Warnung, spricht ungeniert von ihren »Bewältigungsspielen«, von »Bewältigungskultur, Berufsbewältigern, Zerknirschungsmentalität, Betroffenheitskult, den Erfolgen kommunistischer ›Zerknirschungspropaganda‹, deutscher Schuldneurose, Verdrängungstheoretikern«, der sich »ins Unendliche steigernden Bewältigungsmaschinerie«. (S. 344) Doch aus seiner Sicht kommt er zu dem Schluß: es »erweist sich die Bundesdeutsche Geschichte über weite Strecken als ein einziger Versuch, die NS-Vergangenheit ideell und materiell zu bewältigen«. (S. 387) Er untermauert eine verbreitete Stimmung: nun laßt es endlich genug sein. Aber vielleicht ist damit ja nur gemeint: die »öffentliche Schuldkultur«, die das In-sich-Gehen so vieler Deutschen erschwert hat. Ich weiß wohl, wie brüchig der Boden ist, auf dem ich gehe, und wie schnell der Beifall von der falschen Seite alle guten Absichten verdirbt. Es geht mir um eine *Aufarbeitung in den Seelen,* nachdem die Veränderung der Institutionen und des öffentlichen Sprechens weitgehend gelungen sind.

Die seelischen Nachwirkungen von NS-Zeit und Krieg
Warum halte ich aber als Psychoanalytiker an der These der Verdrängung, an der Unfertigkeit des Umgangs mit der NS-Zeit und Krieg fest? Es liegt an den beobachtbaren seelischen Nachwirkungen, mit denen wir es auch fünfzig Jahre danach noch zu tun haben, zum Teil zum ersten Mal, und an neuen Fragestellungen. Stellvertretend für viele Bücher mit Interviews mit Kindern von NS-Tätern und -Mitläufern möchte ich Sie auf ein Buch des israelischen Psychologen Dan Bar-On hinweisen mit dem Titel: »Die Last des Schweigens. Gespräche mit Kindern von Nazi-Tätern.« (Frankfurt am Main / New York 1993) Die meisten seiner Gesprächspartner äußerten sich zum ersten Mal in ihrem Leben zu dem Thema. Und eine Reihe von ihnen begab sich in Psychotherapie, nachdem ihnen die verdrängte Wucht ihrer familiären Verstrickung deutlich geworden war.

Doch zunächst noch ein paar Überlegungen zu einer unserer wichtigsten seelischen Kräfte, nämlich unserem Gewissen, das die innere Auseinandersetzung mit der Geschichte unserer Familie mit steuert. Auch hier läßt sich unterscheiden zwischen einem öffentlichen Gewissen, das in seinem Funktionieren noch kaum erforscht ist, und dem individuellen. Manfred Kittel untersucht das Funktionieren des *staatlichen deutschen Gewissens*, nämlich »wie ... der öffentliche Diskurs über die Hypotheken der NS-Zeit verlief. Schriftliche und mündliche Erklärungen, Reden, Aufsätze und Urteile von Politikern, Journalisten, Richtern und anderen Persönlichkeiten des öffentlichen Lebens, aus den Kirchen und ... Verbänden sind der Seismograph, mit dem die geistigen Strömungen im Kontext der ›Vergangenheitsbewältigungen‹ gemessen werden sollen.« (S. 13) Und in der Tat: der öffentliche Diskurs, das öffentliche Gewissen, das dokumentiert Kittel, tickte und tickt richtig, zuweilen nach streng ritualisierten Sprachregelungen und Denknormen, wie der Rücktritt des Bundestagspräsidenten Jenninger zeigte, der vom »Faszinosum« des Nationalsozialismus sprach ohne die vertrauten Formeln empörter Distanzierung, und darum gehen mußte. Auch ich mußte mich bei der Arbeit an diesem Vortrag damit auseinandersetzen, wie viele Formeln des öffentlichen Diskurses von Schuld und Abscheu ich einbauen sollte, um die neuen Gedanken abzusichern.

Das öffentliche Gewissen kommt ohne standardisierte Formeln nicht aus, die durch feierliche Wiederholungen auch in den Denkstil eindringen. Wenn die Differenz zwischen ihm und dem Affektleben vieler Individuen zu groß wird, wenn das Proklamierte und das Gefühlte zu weit auseinanderklaffen, kommt es gelegentlich zu Eruptionen. Möglicherweise ist der neue Rechtsradikalismus eine solche Eruption aus verschütteten Deponien im nicht-öffentlichen kollektiven Seelenhaushalt. Die Strukturgesetze der öffentlichen und der privaten Aufarbeitung liegen so weit auseinander, daß bei einer unreflektierten Anwendung der Kategorien aus dem einen Bereich im anderen nur gravierende Mißverständnisse entstehen können. Im stillen Kämmerlein des Gewissens gelten andere Verfahrensregeln als im öffentlichen Bewußtsein. Beim Ausmaß der Unrechtskatastrophen wäre ein erhebliches Maß von Hilfe für das individuelle Gewissen notwendig gewesen: philosophische Gespräche, Seelsorge und Psychotherapie, analog der ausländischen Nachhilfe bei der Institutionalisierung von Demokratie und demokratischem Denken. Aber, um es einmal drastisch vereinfacht zu sagen: die Kirche bot eher Fluchthilfe nach Südamerika an oder verwahrte sich gegen Unrecht bei der Entnazifizierung, statt Handreichungen für Seelsorge und Beichte zu erarbeiten, und die Psychotherapie suchte Anschluß an die internationalen Standards, in denen die deutschen Verstrickungen nicht vorkamen.

Wenn der Politiker oder der Historiker die Kluft zwischen den beiden Bereichen nicht sieht, kommt es zu gigantischen Mißverständnissen. Ich zitiere noch einmal Kittel, dessen zum Teil noch unreflektierte Materialfülle viele neue Wege öffnen könnte. Er schreibt: »Denkt man den moralischen Anspruch konsequent weiter, den er (Walter Dirks, T. M.) an die ›Vergangenheitsbewältigung‹ gerade bei der breiten Masse des Volkes stellt, so drängt sich die Frage auf, ob er hier den demokratischen Staat nicht überfordert. Hätte es, um auch noch den letzten verstockten NS-Mitläufer von einst politisch zu läutern, nicht einer regelrechten Erziehungsdiktatur bedurft, Methoden mithin, die sich kaum mit den Prinzipien einer freiheitlichen Demokratie hätten vereinbaren lassen?« (S. 25) Will man die Frage nicht als rhetorisch oder gar als demagogisch mißverstehen, so kann man nur deutlich machen, wie verkrampft hier die Sphären von Politik, Pädagogik, Seelsorge und Psychotherapie ineinandergepreßt werden. Der unauflösbare Konflikt zwischen politischer und individuell-seelischer Bewältigung ist in tragischer Weise aber schon durch den Umgang der Alliierten mit der Kollektivschuld-Frage angelegt worden; auch durch den

Umgang mit der ›Reeducation‹, die als politisch organisierte moralische Läuterung eines ganzen Volkes angelegt war. Nur die Tatsache, daß die Verbrechen wie der Versuch der massenhaften Umerziehung zur Menschlichkeit so neu waren im Sinne von gigantischen Menschheitsexperimenten, mag dem Mißlingen des Erziehungsversuchs gegenüber milder stimmen.

Kittel spürt aber auch selbst, daß die seiner Meinung nach im Übermaß erfolgte öffentliche Bewältigung auch ein Hindernis sein konnte für die »Seelenarbeit« der Individuen, und lehnt sich dabei zum Teil an eine Erkenntnis von Kielmannsegg an: »Ohne es zu wollen, leistete wohl auch die konsequente ›Bewältigungs‹-Politik der staatlichen Organe dem privaten Ruhebedürfnis Vorschub. Fast scheint es, als habe ›gerade die Eindeutigkeit und Einmütigkeit, mit der das Gemeinwesen als solches, stellvertretend für seine Bürger, sein Verhältnis zum Nationalsozialismus bestimmte, es den Westdeutschen leichter gemacht, den Fragen auszuweichen, die jeder für sich selbst zu stellen gehabt hätte‹.« (Zitiert nach Kittel, S. 361)

Dem lauten und durch Kittel hervorragend dokumentierten öffentlichen Bewältigungs-Diskurs, der ja auch tatsächlich zu einer »Entnazifizierung« der Bundesrepublik auf der Ebene der Institutionen führte, steht das große Schweigen in den Familien gegenüber. Und die seelischen Nachwirkungen entdeckt der Psychologe natürlich eher im Privaten, obwohl das massenhaft Private ohne Zweifel ebenfalls, wie verdeckt auch immer, öffentliche Bedeutung erhält. Dafür ein Beispiel:

Im regelmäßigen Gedankenaustausch mit der Altersforscherin Frau Ursula Koch-Straube, von der in absehbarer Zeit ein Buch über das Funktionieren eines Altenpflegeheimes erscheint, wurde mir folgendes klar: ein Teil des Leidens der Generation, die seit einigen Jahren Alters- und Alterspflegeheime bewohnt, beruht darin, daß sie den Bezug zur eigenen Lebensgeschichte weitgehend verdrängt oder verloren hat.

In den Seelen der meisten Menschen, die in die Heime ausgegliedert werden, treiben sich die Schrecken von NS-Zeit und Krieg, Flucht, Bombenkrieg, aber auch die Schrecken herum, an denen sie aktiv beteiligt waren, ohne daß sie je im Gespräch aufgearbeitet, gewürdigt, verstanden worden wären. Die Gerontopsychiatrie hat sich dem Thema der schlummernden, aber giftigen Geschichte kaum gewidmet. Die jungen Sozialpädagogen oder die Altenpfleger sind an das Thema der luftdichten Kompostierung von Millionen Lebensgeschichten nie herangeführt worden. Manche betonen sogar, daß sie, wenn sie einen NS-Hintergrund bei ihren Pfleglingen ahnen, sich sofort emotional distanzieren. In dieser Gesamt-Atmosphäre der Verleugnung gelebter Geschichte ist es natürlich leicht, die verwirrten Bewußtseinszustände zu psychiatrisieren: Die Szenen, in denen sich die unverständlichen Berichtsfetzen und Phantasien der Klienten bewegen, liegen außerhalb eines benennbaren und bekannten Horizontes. Die Geschichte ist entsorgt, der Rest wird medizinisch definiert und medikamentös oder repressiv erledigt. Ähnliches gilt, in weniger dramatischer Form, auch für die Bedeutung der Psychopharmaka für die Durchschnittsbevölkerung. Zwar stammt die Beruhigungs- und Abschottungsmedizin für ein durch Erinnerungen störbares Bewußtsein ursprünglich aus den USA, doch ihr Boom in Deutschland dürfte mit der privaten Ausblendung von NS-Zeit und Krieg in engem Zusammenhang stehen.

Aber wie stoßen wir heute auf die seelischen Nachwirkungen von NS-Zeit und Krieg? Ich formuliere noch einmal die wichtigste These: Ich gehe aus von einer quasi anthropologisch begrenzten Kraft eines Volkes, mit einer entsetzlichen und verbrecherischen Vergangenheit umzugehen. Unzählige politische und psychologische Faktoren zerren an dieser Kraft, versuchen sie in ihre Richtung zu lenken. Vermutlich war es notwendig, die Kräfte der Verdrängung wie der Aufarbeitung zu konzentrieren: in unserem Falle auf die »öffentliche Aufarbeitung«, wie es Kittel dokumentiert hat, und das bedeutet auch: auf öffentliche Sprachregelungen, auf die Erzeugung von Loyalität gegenüber der demokratischen Verfassung, auf die Reinigung der Institutionen, auf die politische Integration der Verstrickten und der Schuldigen in ein neues Staatswesen, sowie auf den Wiederaufbau. Was dahinterlag, blieb Privatsache. Und es fehlten die Kräfte, auch im Privaten Hilfestellung oder Nachhilfe zu geben, vorausgesetzt, die Hilfe wäre angenommen worden.

Denn das ist das große Rätsel: Vier oder fünf Jahrzehnte Schweigen in den Familien, ist das eine anthropologische Notwendigkeit, oder sind auch hier geschichtliche Kräfte am Werk, unter anderem eben die paradoxe Wirkung der »öffentlichen Aufarbeitung«? Führte sie zur Entsorgung der giftigen Deponien der seelischen Nachwirkungen durch die kollektive Verdrängung, oder gibt es »natürliche« Grenzen der menschlichen Fähigkeit, mit dem Schrecklichen umzugehen?

Die private seelische Verarbeitungstätigkeit gegenüber NS-Zeit und Krieg funktioniert arbeitsteilig: In vielen verstrickten Familien (falls das Thema zum Symptom wird) ist es *meist ein* Mitglied, das leidet, entgleist, nachfragt oder durch eine auffällige Biographie das Unaussprechliche zunächst unbewußt thematisiert. In Zehntausenden von Psychotherapien seit den siebziger Jahren ist die politische Geschichte in verdeckter Form angeboten worden als Quelle seelischen Leidens. Aber Psychotherapie und Seelsorge waren nicht so weit, Behandlungsformen, ja auch nur Formen der Aufdeckung für die Zusammenhänge anzubieten. Deshalb scheint es mir erlaubt, von einer Mitschuld der Psychotherapie beim Verdrängen zu sprechen. Aber es wird auch der moralische Gehalt des Wortes Schuld zweifelhaft: Wenn es kollektiv kein Bewußtsein für die Zusammenhänge gibt, wie wäre da von Schuld zu sprechen? Heute greift eine wachsende Zahl von tiefenpsychologischen Psychotherapeuten die seelischen Nachwirkungen auf, obwohl neue therapeutische Bewegungen auch wieder viel von dem neu entdeckten Gelände zu verschütten drohen: nicht nur durch den Effizienzgedanken einer Psychotherapie unter Kostendruck und Konkurrenz um Effektivität, wie bei den Verhaltenstherapeuten, sondern auch durch den Boom der vorwiegend aus Amerika kommenden Körpertherapien: Sie suchen zwar im Körper nach der individuellen Geschichte, nicht aber nach der politischen. Das gleiche gilt für den Boom einer ahistorischen und apolitischen Esoterik. Die Situation gleicht einem Wettlauf: Wird die in politischer Hinsicht gerade erwachende Tiefenpsychologie noch genug historische Zusammenhänge aufdecken, oder wird eine sich weltweit ausbreitende, ahistorische Verhaltens- und Körpertherapie oder gar Körpertechnologie die Zusammenhänge verschütten im großen Pool der mediengelenkten Postmoderne. Das politisch-historische Thema von Gewalt in den Seelen wäre dann nur noch abzulesen an der zwar beklagten, aber nicht mehr analysierten Überschwemmung durch Gewalt in den Medien. Da sie massenhaft konsumiert wird, muß es sich wohl um eine Art Medikament handeln, eine leichte Droge, eine Art seelisches Abführmittel. Und in den Therapien würde Wut zwar zugelassen, doch ohne politischen Ort, und ohne die historische Gewalt im seelischen Untergrund zu ermitteln.

Sehr viele ältere Menschen leiden heute an unverdauten Erinnerungen: sie konnten selten in einer hilfreichen Form über ihre Erfahrungen in Hitlerjugend, NS-Zeit und Krieg sprechen. Sie leiden an Zeit-Brüchen, an Verschüttungen, an unvereinbaren moralischen Systemen, Fragmenten von Erinnerungen, bedrohlichen oder heimlich begeisternden Fetzen, die ein nicht zusammensetzbares Puzzle bleiben. Sie greifen in ihrer Not zu einem oft hilflosen Management der Erinnerung: sie hüten sich davor, erinnert zu werden. Sie blenden bereits Zeichen aus, die Erinnerung wecken könnten, oder sie pflegen gezielt die geschönte Erinnerung. Aber in vielen Leiden, Depressionen, in Schlafstörungen und Alpträumen kommen die unverdauten Fragmente hoch. Viele Elternpaare hatten sich gemeinsame Versionen der Vergangenheit zurechtgelegt, auch für oder gegen die Fragen der Kinder, vor allem nach 1968. Wenn nun ein Partner stirbt, so lockert sich die Bindekraft der gemeinsam vereinbarten Familiengeschichte, der überlebende Partner kann in Verwirrung geraten, aber: er kann auch zu erzählen beginnen, wie es war, wenn nicht mehr die sofortige Verurteilung ohne Einfühlung zu befürchten ist. Dann kommt es zu unerwarteten Gesprächen. Die Nähe des Lebensendes bringt Geständnisse zutage und löst Verhärtungen auf. Dann, so möchte man sagen, ist es auch nach 50 Jahren nicht zu spät, sich zu erinnern. Kinder im hohen Erwachsenenalter erfahren zum ersten Mal Geschichte nicht aus Schulbüchern und Zeitungen, Filmen und Büchern, sondern aus dem Mund eigener Familienmitglieder.

Menschen zwischen 45 und 60 geraten in Lebenskrisen. In den siebziger Jahren war die Lebensmitte-Krise publizistisch und wissenschaftlich sogar en vogue. Damals wurde sie noch nicht in Verbindung zur NS-Geschichte gebracht, sondern vorwiegend mit der Ermattung nach der geglückten Ankunft am hart erarbeiteten Karriereziel. Heute wissen wir es besser: Die plötzliche Leere, Sinnlosigkeit und Depression konnte auch tiefere Ursachen haben: Löcher in der Familiengeschichte, unheimliche Hohlräume im seelischen Untergrund, Brüche statt innerer Kontinuität, Ausblendungen, Zweifel, ›Leichen im Keller‹, verschwiegene Epochen im Clan, Scham, Entsetzen, Hilflosigkeit im Untergrund, Lügen der Elterngeneration, bei gleichzeitig öffentlich proklamierter Haltung von Abscheu gegenüber der »braunen Barbarei«, die wie eine unverständliche Seuche über die Deutschen hereingebrochen schien, fast ohne seelische Beteiligung der Deutschen. Die Differenz zwischen »öffentlicher Aufarbeitung« und dem privaten Stand des Umgangs mit der eigenen familiären Beteiligung verschärfte den Zustand der Unwahrhaftigkeit, in dem viele lebten. Die

Symptome, in denen das seelische Erbe von NS-Zeit und Krieg in der »zweiten Generation« durchbrach, waren vielfältig: Beziehungsstörungen, plötzliche Ausbrüche von Gewalt gegenüber den Kindern, Einbrüche von Sinnverlust, ängstigende Blicke auf das Ausmaß der Fassadenhaftigkeit, des »falschen Selbst«, mit dem man gelebt hatte. Damit ist das soziale Rollenspiel gemeint, mit dem man sich, fast in allen Schichten, mit den unterschiedlichsten Drehbüchern, Normalität vorgespielt hatte, wo doch vieles so bodenlos war.

Bei den Enkeln, soweit nicht die Null-Bock-Haltung überwiegt, meldet sich Neugier. Sie stellen, wenn sie die Truhen und Bücherschränke ihrer Großeltern durchforsten, erstaunt fest, was sich da in den hinteren Fächern noch an seelen- und ideologiebildender Literatur findet. In vielen Städten laufen Projekte unter der Rubrik »Zeitzeugen«, was Schülern Gelegenheit geben soll, von gesprächsbereiten Angehörigen der NS-Generation Auskünfte zu jener Zeit zu erhalten. Wir fangen an zu verstehen, was es für Angehörige meiner Generation bedeutet, aus verstrickten Familien zu stammen. Was es bedeutet, Mitläufer und Täter als Großeltern zu haben, zeichnet sich als neues Thema der nächsten Jahre ab.

III Behandlungstechnische Schlußfolgerungen

Die Mühsal, wenn nicht die Unmöglichkeit, die Schrecken wie das Grauen der NS-Zeit mit Opferkindern wie mit Täter- und Mitläuferkindern über längere Zeit in Übertragung und Gegenübertragung auszuhalten, glaube ich genügend dargestellt zu haben. Was aber trotz des fast einstimmigen Leidens am klassischen Setting wie an den mageren Resultaten erstaunt, ist das Fehlen von behandlungstechnischen Alternativen im Bereich der Psychoanalyse. Den Rekurs auf die klassische Technik, der manchmal einem Gelübde oder einer feierlichen Selbstermahnung gleicht, habe ich in einem früheren Kapitel mit der Suche nach Reinheit inmitten maximaler, ja apokalyptischer moralischer Unreinheit in Verbindung gebracht. Die Idealisierung der Standardmethode gehört zu diesem Streben nach entlastender Reinheit, selbst wenn sie viele Analysen scheitern läßt oder verhindert, daß der politisch induzierte Kern der Störung wirklich erreicht wird. Judith L. Herman (1993) ist eine der wenigen Autoren, die dank einer gründlichen methodischen Reflexion über den therapeutischen Umgang mit Gewalt (sie schließt Täter wie Opfer ein) trotz ihrer analytischen Orientierung zu dem Schluß kommen: die Heilung so schwerwiegender Traumatisierungen durch Erleiden oder Ausüben von Gewalt (sie hat vor allem amerikanische Vietnam-Veteranen untersucht) ist am ehesten mit gründlich durchdachten Formen von Gruppentherapie mit Patienten eines ähnlichen Erlebnishintergrundes möglich. Israelische Therapeuten sind zum Teil zu denselben Ergebnissen gelangt. In Deutschland ist Alfred Drees (1995 und in zahlreichen früheren Aufsätzen) in langjähriger Arbeit mit Verfolgungs- und Folteropfern zu dem Ergebnis gelangt, konsequent eine nicht übertragungsorientierte Form der Gruppentherapie anzubieten. Bei ihm steht die Arbeit mit »Stimmungen« in der Gruppe im Vordergrund, verbunden mit dem Ziel, an prätraumati-

sche Erinnerungen wie an Fixpunkte eines Neubeginns anzuknüpfen. Der Container der Gruppe macht es den Einzelnen möglich, den Wirklichkeitsgehalt ihres Erlebens anzunehmen und das Erlebte zu »historisieren«, ohne es zu verdrängen. Die beiden Beispiele zeigen, daß eine nicht allzu enge Bindung an einen behandlungstechnischen Kanon bei gleichzeitiger analytischer Orientierung es am ehesten erlaubt, zu technischen Neuerungen vorzustoßen, die die Behandlung von gewalt-traumatisierten Patienten nicht zur einzelfallbezogenen Hochleistungsanalyse mit voraussehbarer Erschöpfung des therapeutischen Potentials reduzieren. Die Einschwörung der Analytiker auf das klassische Setting, ohne Rücksicht auf die zu erwartenden Ergebnisse wie die Psychohygiene des Therapeuten, ist vielleicht, neben anderen Faktoren, noch als eine indirekte Folge der NS-Zeit zu verstehen, nämlich als Abtragen einer Schuld für den Verrat an der Psychoanalyse im Dritten Reich und für die Übernahme direkter oder einer entlehnten Schuld für die Taten der Deutschen. Horst-Eberhard Richter analysiert eindrucksvoll die viel breiteren historischen Motive für eine politische Anpassung, gegen die er seine »Bedenken gegen Anpassung« (1995) vorträgt.
Die klassische Technik, verordnet für die Traumen der NS-Zeit, erscheint mir viel mehr von einer Gesinnungs- als von einer Verantwortungsethik geprägt. Sie unterscheidet nicht mehr konsequent zwischen dem Ergebnis und den zu seiner Erreichung notwendigen Leiden. Einwände gegen die geringe therapeutische Wirksamkeit werden mit dem verächtlichen Hinweis auf den *furor sanandi* abgetan, also der schon von Freud gegenüber Ferenczi geschmähten Konzentration auf das Heilen gegenüber dem Forschen. Nicht wenige Analysen mit NS-Opfern und auch Täterkindern scheinen in ihrer Wirkung gemindert oder auch daran gescheitert, daß der Analytiker endlich als ein »guter«, geduldiger oder einfühlsamer deutscher Therapeut erscheinen wollte. Die negativen oder gar die »entsetzlichen« Übertragungen fanden dann

noch viel schwerer ihren Ausdruck oder zerstörten, wenn sie doch auftraten, das Arbeitsbündnis. Vielleicht kann man sogar von problematischen »Wiedergutmachungs«-Analysen sprechen, und zwar unabhängig davon, ob es sich um Opfer- oder Täterkinder als Patienten handelt. Bei der Analyse von unmittelbaren Opfern durch deutsche Analytiker ist dies sicher noch viel mehr die Gefahr gewesen.

Wenn ich für die Einbeziehung des Arbeitens mit der Inszenierung anstelle von Arbeiten mit Übertragung und Gegenübertragung plädiere, dann ist dies weniger umstürzend, als es zunächst klingt, obwohl ich es im engeren behandlungstechnischen Sinn in die Nähe eines Paradigmenwechsels gerückt habe. Der Widerspruch erhellt sich dadurch, daß die beiden Verfahren nicht nur nicht kontradiktorisch sind, sondern einander ergänzen können. Gerade das Pendeln zwischen den beiden Formen, das natürlich nicht beliebig werden darf, erhöht den Verstehens- und den Handlungsspielraum des analytischen Therapeuten. So ist es zum Beispiel denkbar, daß er dem auf der Couch liegenden Patienten empfiehlt, inmitten einer sich verdichtenden bedrohlichen Übertragung, die primäre Figur doch unmittelbar anzusprechen, gleichsam als inneres Bild und noch ohne symbolisierende Requisiten. Bei den ersten Malen hat allein schon dieser Hinweis auf eine solche Möglichkeit oft genug einen affektiv stark wirkenden Einfluß. Viele Patienten staunen, mit wie starken Gefühlen sie reagieren, wenn sie sich nur vorstellen, eine Person oder gar eine terroristische Instanz oder Person direkt anzusprechen. Allmählich macht sich der Patient mit dieser Möglichkeit vertraut und erlebt sie selbst als eine entlastende, aber auch affektiv wirksamere Variante.

Für einen solchen vorsichtigen Beginn mit der Inszenierung innerhalb des gängigen Settings auf der Couch bedarf es nicht einmal einer besonderen Ausbildung oder Fortbildung. Es genügt oft die Frage an den Patienten: »Wie würden Sie das Ihrem Vater direkt mitteilen?«, um eine Umorganisation des analytischen Feldes zu erreichen, deren Folge (unter mehreren) auch die ist, daß ein zunächst subtiler Rollenwechsel des Analytikers stattfindet, der ihm mehr affektive Freiheit schenkt. Er kann immer wieder zu seiner ursprünglichen Rolle zurückkehren, sobald er auf Inszenierung verzichtet, oder aber den inszenatorischen Anteil ausdehnen, je nachdem, wie er sich kreativer oder psychohygienisch freier fühlt. Er kann in der Regel sogar mit fortgeschrittenen Patienten besprechen, wann mit Übertragung und wann mit Inszenierung gearbeitet wird. Konfliktsituationen werden sich immer ergeben, vor allem dann, wenn die Übertragung den Patienten in Bann schlägt und ihm als die einzig wahrnehmbare seelische Realität erscheint. Dann kann die Aufforderung zur Szene mit Wut, Verachtung oder Hohn beantwortet oder als Feigheit, Flucht oder Nichternst-Nehmen gedeutet werden. Allmählich begreifen die Patienten aber, daß die Inszenierung mehreren legitimen Zwecken dient, unter anderem der Erhaltung des Arbeitsbündnisses und der Ermöglichung stärkerer negativer (wie positiver) Affekte. Kommen dann die Schrecken der terroristischen oder dämonischen Introjekte oder Objekte ins Spiel, so wird die Kunst des Therapeuten eine doppelte sein: er muß abschätzen, wieviel Halt (psychisch oder/und körperlich) der Patient braucht, um die Konfrontation zu wagen, und auch abschätzen, welcher anderen therapeutischen Hilfsmaßnahmen es bedarf, um den Angstpegel zunächst zu mildern.

Dafür ein Beispiel: es ist wichtig, in welcher Entfernung, und durch welche Schutzbarrieren gesichert, der Patient das bedrohliche Objekt oder Introjekt aufstellt. Es ist mir wiederholt vorgekommen, daß ein bedrohliches Gegenüber (oder ein externalisiertes Introjekt) kilometerweit entfernt gedacht oder symbolisiert werden mußte, um eine vorsichtig beginnende Konfrontation zu ermöglichen. Manchmal sind Schutzmauern nötig, manchmal eine konkret-symbolische »Bewaffnung« des Patienten, um sich affektiv wehren oder Wut und Haß oder Rachegedanken ausdrücken zu können.

Immer geht es um Hilfsmittel des Ichs, die Angst in tolerablen Grenzen zu halten, bis das tiefe Entsetzen oder die Panik oder die archaische Wut riskiert werden können. Manchmal braucht der Patient einen Anwalt, manchmal einen Erzengel als Hilfsfigur, oder was immer schützende Bilder für ihn sein mögen, um überhaupt an die verschütteten Gefühle gegenüber terroristischen Objekten oder Introjekten herantreten zu können. Wichtig ist die These: Es gibt andere Formen der Externalisierung als die in der Übertragung. Und obwohl dies das Grundwissen vieler anderer therapeutischer Schulen ist, will es dem klassisch ausgebildeten Analytiker immer noch wie Verrat vorkommen, wenn er zu solchen Alternativen greift. Die Herausforderungen durch die Traumatisierungen durch Gewalt im zwanzigsten Jahrhundert sind aber für Patienten wie Therapeuten so groß, daß mir die Suche nach wirksamen und handhabbaren Alternativen zwingend erscheint. Vermutlich ist Inszenierung nur eine unter vielen Möglichkeiten.

Das Psychodrama und einige andere dramatisierende Formen von Therapie kennen den sogenannten »Spielwiderstand«, also eine Weigerung, entweder in eine Spielsituation überhaupt einzutreten oder, subtiler, ihren psychischen Wirklichkeitscharakter zu verneinen. Häufig heißt es auch: »Ich kann das nicht« oder: »Ich komme mir lächerlich vor« oder: »Ich habe das noch nie gemacht« oder: »Sie sind wohl auf einem neuen Trip« oder ähnliches. Gegenüber solchen Widerständen gelten analoge Regeln des Umgangs wie mit Widerständen in der Psychoanalyse: sie sind zunächst zu respektieren und auf ihren Hintergrund zu befragen. Sicher erscheint mir aber, daß der analytische Therapeut, wenn er auf die Rolle des »Regisseurs« eingeht, gelegentlich ermutigender oder sogar autoritativer sprechen darf als in der klassisch-analytischen Position. Auch diese Veränderung seiner Mittel wird Folgen in der Übertragung haben, aber nach meiner Erfahrung akzeptieren die Patienten Variationen in der Dichte des Angebotes, des Drucks, der Ermunterung zum »Agieren« in der Therapiestunde. Die individuelle therapeutische Kultur muß ohnehin jedesmal neu erarbeitet werden, und für jeden Patienten gelten andere Varianten des Wechsels zwischen Übertragungsanalyse und Inszenierung.

In der Regel haben szenisch externalisierte innere Objekte den gleichen seelischen Wirklichkeits- und Wirkungsgehalt wie die in der Übertragung am Therapeuten erlebten. Trotzdem gibt es Passagen, in denen nicht auf eine Arbeit an der Übertragung verzichtet werden kann, und es gibt, so meine These, noch mehr Phasen in solchen Behandlungen, in denen nicht auf die Inszenierung verzichtet werden kann, wenn der Kern der Folgen von Terrorisierung erreicht werden soll. Da ich selbst keine Erfahrung mit Holocaust- und Folteropfern habe, vermag ich nicht zu beurteilen, in welchem Maß Alfred Drees recht hat mit der These, daß es Traumatisierungen von einem Ausmaß gibt, in der sowohl Übertragung wie Inszenierung nicht mehr geeignet sind, dem Patienten wirklich zu helfen. Die von Herman (1993) angeführten eigenen Erfahrungen wie die riesige von ihr durchgearbeitete Literatur sprechen aber für Heilungschancen. Doch auch hierin gelten viel weniger objektive Indikationen als die Berücksichtigung des therapeutischen Potentials und der Kreativität des Analytikers.

Nach diesen behandlungstechnischen Thesen möchte ich zum Schluß noch einmal zurückkommen auf das, was Dörte von Westernhagen in einer exemplarischen affektiven wie wissenschaftlichen Anstrengung zu ihrem SS-Vater über einen Täter und ein Täterkind wie über die Einbettung der Mechanismen in einen allgemeinen Kontext herausgefunden hat. Ich tue das deshalb, weil sich ihre Kritiker absolut bedeckt halten, was ihren eigenen familiendynamischen Ort in der NS-Geschichte angeht. Die psychische Innenseite der NS-Zeit ist aber, so meine These, derzeit noch kaum zu beurteilen ohne die Mitreflexion des eigenen Ortes in der Ge-

schichte und innerhalb der Fronten. Deshalb haben die psychischen Aussagen von Dörte von Westernhagen ein größeres Gewicht als alle klugen Überlegungen, die von der eigenen Subjektivität absehen und nach objektiven Kriterien und vor allem nach objektiv richtigen Gesinnungen bei der therapeutischen und wissenschaftlichen Bewältigung der NS-Zeit fahnden. Die selektive Authentizität des professionellen Ichs hat es immerhin vielen Analytikern erlaubt, ihr Erleben und Leiden in der Gegenübertragung zu schildern. Dafür gebührt ihnen Anerkennung, auch wenn es nur wenige sind, die diese gefilterte Subjektivität auch in einen Zusammenhang bringen mit dem eigenen politischen Standort oder dem der Familie.
Westernhagens Verdienst ist es, die immensen affektiven Schwankungen während des Prozesses der psychischen und archivalischen Annäherung an den Vater mitgeteilt und reflektiert zu haben. An ihrer inneren Arbeit läßt sich ermessen, was bei Patienten zu erwarten ist, die sich auf einen ähnlichen Weg machen. Denn noch immer gibt es zahlreiche Patienten der zweiten Generation, die sich erst im fünften oder zu Beginn des sechsten Lebensjahrzehnts auf die Suche nach ihrer politisch-psychischen Geschichte machen, die sich als neurotische, psychosomatische oder Borderline-Störung verdichtet hat. Dieses lange und heftige affektive Schwanken ist es auch, das mich in den eigenen Behandlungen bewegt, genauso wie die immer neue offene Frage, welche Lösung mit einem Patienten zu erarbeiten ist, der vor einem idyllischen oder normalen oder geschönten Elternbild auf der einen Seite und einem unheimlichen, entsetzlichen oder unerträglichen auf der anderen steht.
Als Westernhagen eine dienstliche militärische »Bewertung« des Vaters einsieht, schreibt sie:
»Diese Beurteilung war mir unheimlich. Denn den Stolz auf den Vater, den sie auslöste, durfte ich nicht empfinden. Dabei ist er ebenso groß wie die heimliche Bewunderung für ihn. Da das Mißtrauen darüber, wer dieser Mann in Wirk-

lichkeit war, und der Haß auf ihn ebenfalls ›nicht von schlechten Eltern‹ waren, ergab sich im Gespräch mit den ›alten Kameraden‹ die groteske Situation, daß ich um so wütender wurde, je mehr warme Worte sie für ihn fanden.« (S. 71)
Sie ist bestürzt von der Einsicht in die enorme Differenz zwischen dem individualisierenden Erleben des Vaters durch das Kind in der Familie und seiner Verwandlung in einem anderen gruppendynamischen Milieu, das von ganz anderen Gesetzen und Ideologien getragen wird. Sie entdeckt den Kontrast bei der Betrachtung eines SS-Gruppen-Photos, eines ganz besonderen Fundes, weil solche Photos in der Regel nach 1945 vernichtet wurden. Sie schreibt:
»Als ich mir die säuberlich aufgereihten SS-Offiziere ansah, fiel mir auf, daß ich mir Heinz (ihren Vater, T. M.) bisher immer nur als Einzelperson vorstellte. Dabei hatte er bis zu seiner Heirat 1937 mindestens zehn Jahre seines Lebens in Männergemeinschaften verbracht, ... während der verschiedenen militärischen Lehrgänge in Kasernen, in Gemeinschaftsstuben und auf Kasernenhöfen. Während dieser Zeit unterstand er ständig einem ›System von Dressaten‹, dem Druck von Verboten und Befehlen ... mit dieser Entdeckung des längst Offensichtlichen öffnete sich ein Durchlaß von der sauberen Vorderseite des Systems zu seinem dreckigen Hinterhof ...« (S. 72/3) Und die Mütter, deren Männer im Krieg oder später tot oder verstümmelt oder in Gefangenschaft waren, haben wohl meist noch die »Vorderseite« idealisiert. (Diese Aussage Westernhagens könnte ich direkt auf die Eltern mehrerer meiner Patienten anwenden.) Es ist vermutlich für jeden Therapeuten, der sich mit Patienten der zweiten Generation beschäftigt, wichtig, die qualvolle Frage im Gedächtnis zu behalten: »Warum bestehen Liebe und Haß, Schmerz und Wut so heftig und unverbunden nebeneinander, obwohl das alles über vierzig Jahre her ist? Warum kann nicht endlich Trauer die quälende Verbindung mit ihm lösen?« (S. 89)

Gegen den Vorwurf der Kritiker, letztlich laufe die Anstrengung Westernhagens auf die Kette »Verstehen – Verständnis – Entschuldigung – Verwandlung der Täter in Opfer« hinaus, der gelegentlich die Grenze des Infamen streift, steht ein Zitat, das gerade den langen Weg auch zur individuellen Schuld der Täter aufzeigt:
»Mein Versuch, mich mit dem Leben des Vaters auseinanderzusetzen, scheiterte lange Zeit daran, daß das Dritte Reich mir als Projektionsschirm für alles, was ich für das schlechthin Böse hielt, diente... Die Projektion machte alles Damalige verwerflich und böse, gleichzeitig befreite sie davon, meine geheime Identifikation mit ihm (dem Vater, T. M.) oder gar mich selbst in der Situation des Täters sehen zu müssen. Ich schlug mich auf die Seite der Opfer und ließ die Täter unerkannt hinter meinem Rücken hausen.« (S. 90)
Genau dies ist aber der leise Vorwurf, den Brainin, Ligeti und Teicher (1993 und in früheren Aufsätzen) den deutschen und österreichischen Analytikern machen: sich eine Deckidentität oder einen sauberen Familienroman als freudianischer Analytiker gesucht zu haben, statt sich den realen Verstrickungen auch der eigenen Familie zu stellen. Um den Kurzschluß vieler Kritiker an der Täterkindforschung: vom »Verstehen« zum Verzeihen und zur Schuldumkehr, noch einmal aufzuzeigen, zitiere ich wiederum Westernhagen:
»Es geht darum, Rache und Haß unterzubringen. Indem ich wie ein Blut- und Spürhund, wie ein Detektiv oder Staatsanwalt die Spuren nach rückwärts verfolge, zu den Tatsachen, die Schuld begründen, zu den Schicksalen und Verhaltensweisen, aus denen Verführung, Verblendung, später Scham, Verletztheit und Schweigen entstanden, verbindet sich das Rachemotiv mit der Wahrheitssuche. Indem ich Antworten auf die Fragen ›Wie-War-Es‹, ›Wie-Waren-Sie‹, ›Wie-Konnte-Es-Kommen‹ finde, neutralisieren sich Rache und Haß. An ihre Stelle tritt einerseits größeres historisches Verständnis, gleichzeitig rücken die Angst vor der perfiden Verführungskraft des Systems und das Grauen vor seinen Verbre-

chen näher.« (S. 194) Obwohl es hier noch einmal so klingt, als könnten »perfides System« und »Verführung« und die Täter Pole bilden, so wird an keiner Stelle eine Tendenz zur Aufhebung individueller Schuld deutlich. Für den therapeutischen Umgang mit Täter- und Mitläuferkindern ist es wichtig, sie weder zu einer haßerfüllten Distanzierung zu führen noch ihrer möglichen eigenen Tendenz, die Schuld der Eltern minimieren (unter Umständen auch maximieren) zu wollen, nachzugeben. Manchmal verlangt es die historische Kenntnis, zum Beispiel einem Patienten zu sagen, daß in der und jener Funktion, an diesem oder jenem Ort und in jenem Jahr eine Nicht-Teilnahme an Verbrechen höchst unwahrscheinlich ist, nicht zuletzt durch die militärgeschichtliche Forschung zur Rolle der Wehrmacht in Rußland und auf dem Balkan: eine längere Soldatenzeit dort bedeutet meist auch eine Verstrickung oder direkte Täterschaft in und bei Kriegsverbrechen und mindestens indirekte Beteiligung am Holocaust.

In den letzten Jahren ist der Ausdruck »Komplizenschaft« zwischen den Generationen wiederholt verwendet worden, um die Gefahr der Entlastung der Tätergeneration durch die Kinder zu kennzeichnen. Leider ist er auch, wie bereits erwähnt, zu einem Mittel der Verdächtigung innerhalb der großen Gruppe der um Aufklärung Bemühten geworden. Auch diesen Ausdruck verwendet Westernhagen bereits 1987 in einem kurzen Bericht über eine Familientherapeuten-Tagung zum NS-Thema:

»Die Parallele zu den Eltern im Rausch der Massensuggestion wurde versuchsweise gezogen. Stärker war der Eindruck, in der Verleugnung der Vergangenheit mit ihnen in heimlicher Loyalität, in Komplizenschaft zu stehen; eine Art Schutzhaft, Sicherungsverwahrung, um sich dem Ergriffenwerden durch die ganze Wahrheit über die Vergangenheit zu entziehen.« (S. 201)

Beim erneuten Lesen des Buches von Dörte von Westernhagen habe ich besonders deutlich begriffen, wie nahe die Ge-

fahr einer Komplizenschaft für Therapeuten sein kann, wenn die Konfrontation mit der mutmaßlichen Vergangenheit von Eltern der Patienten den Frieden der gemeinsamen analytischen Rückschau stören könnte. Mitunter muß man Hohn und Beschimpfungen auf sich nehmen, wenn der Hinweis auf Ausblendungen unabweisbar wird. Auch der Therapeut mag hoffen, der Schrecken sei vergangen und präge nicht mehr seine heutigen Patienten. Man kann vorübergehend unsicher werden, wenn man immer wieder als Pedant der Rückschau verdächtigt wird, als einer, der in bestimmten Vorurteilen des Patienten ganz andere mörderische Stimmen hört und ein Schaudern verspürt, das dem Patienten gänzlich an den Haaren herbeigezogen erscheint.
Zwei kleine Passagen aus dem Buch von D. von Westernhagen möchte ich direkt mit dem Thema Inszenierung in Verbindung bringen. Die eine, über den Vater:
»Seine Wertorientierungen und Ideal-Bildungen waren die eines Kindes, das noch der bejahenden Liebe des Vaters bedarf, bevor es sich von seinem Gewissen selbst leiten lassen kann, lückenhaft und unfertig. Statt eigener moralischer Maßstäbe und eines eigenen *Gefühls*, für die Möglichkeit, Gut und Böse zu sondern – ..., saß da in ihm an ausgedehnten Stellen seiner moralischen Instanz das übergroße Hitlerbild.« (S. 75) Wiederum gebraucht sie es nicht als Entlastung, sondern als Beschreibung eines individuellen Zustands, der als kollektiver wirksam war und die ganze Rechtssprechung des Dritten Reiches durchdrang, weil Hitler auch juristisch als oberste Rechtsquelle galt. Ihre Folgerung:
»Überhaupt muß man, um unsere Eltern damals ganz zu sehen, Hitler immer in sie ›hineindenken‹; aber gerade diese affektive Verbundenheit ist heute am meisten tabuisiert.« (S. 76) Will man nun nicht annehmen, der normale Analytiker sei fähig, gleichzeitig ein Elternteil, Hitler in ihm, die spätere Leere zwischen diesen Instanzen und die Abwehrbewegungen in der Übertragung zu repräsentieren, dann

drängt sich Inszenierung auf: Hitler (oder Himmler oder Goebbels, usw.) werden hinter oder über den Eltern sichtbar gemacht. Und auf einmal entsteht ein anderes Bild der Eltern und ihrer Macht: nicht daß sie nur die »Verführten« und damit verstehbar Schuldlosen wären! Sondern die terroristischen Introjekte in den Elternrepräsentanten werden sichtbar, und auch die Kommunikation zwischen ihnen kann inszeniert und sichtbar, erlebbar gemacht werden. Das affektive Ereignis hat Folgen: die Wut hört auf, nur noch innerfamiliär zu sein; die Nachgeborenen können, anders als die Eltern, Zorn auch auf historische Objekte fühlen; sie dehnen ihre Affekte auf geschichtliche Konstellationen aus, statt in der kleinfamilialen Elternbeschimpfung oder Elternidealisierung zu verharren. Es öffnet sich leichter ein Weg zur psychischen Lebenswirklichkeit auch der Eltern, ohne sie automatisch zu entschuldigen. In einer Spiegelung kann es zur Erkenntnis kommen, daß die Eltern sich nach 1945 zu Hitler ähnlich verleugnend verhielten, ohne ihn innerlich losgeworden zu sein, wie der Patient gegenüber den dunklen Seiten der Eltern und ihrem Fortwirken in seinem Unbewußten.

»Bei Tätern und Sympathisanten bewirkte der Massenschlaf des Gewissens, das Führer-Gefolgschaftsverhältnis, die Übertragung eigener Gewissensfunktionen auf Hitler und eine Hierarchie von Vorgesetzten das Gefühl, nicht selbst gehandelt zu haben, also nur Werkzeug, Opfer gewesen zu sein.« (S. 101)

Genau dieser Entlastungsmechanismus, sozusagen verantwortungsfrei oder im Einklang mit einer überpersönlichen Instanz oder nahezu subjektlos gehandelt zu haben, wird als solcher sichtbar, wenn man die Beziehung der Eltern zu den inneren Objekten des Terrors oder des Rausches inszeniert und den Patienten in diese Rollen mit eintreten läßt. Er erwirbt auf einmal *psychodynamische Geschichtseinblicke* an eigener Seele und im Spektrum der eigenen Familie. Er tritt aus der scheinbar ahistorischen Nachkriegszeit in der Kleinfamilie ein in die Szene der zugleich politischen wie psychischen Gewalten und wird ein Subjekt von Geschichte.

Es ist gerade die unbewußte Transmission von Gefühlen von einer Generation, die sie nicht spürte, lebte und verarbeitete, zur nächsten, die in der reinen Übertragungsanalyse schwer zu enträtseln ist. Denn die »entlehnten« Gefühle sind nicht als solche kenntlich. Sie sind auf dem Wege früher, im Verborgenen ablaufender Identifizierungen erworben, ebenso wie die auferlegten oder »implantierten« Rollen oder Selbstanteile. Die Inszenierung, bei der die verschiedenen beteiligten Personen auf leeren Stühlen oder durch Symbole präsent gemacht werden, wenn möglich auch in ihren Größen- und Entfernungsverhältnissen zueinander, führt zu einer Entflechtung oder Entwirrung der unterirdischen, affektiven Beziehungsströme. Durch Identifizierungen übernommene Affekte, Haltungen und Verhaltensstile können externalisiert und »zurückgegeben« werden an ihre ursprünglichen Eigner. Das Vertraut-Werden mit dem Werk von Bert Hellinger, in seiner Gruppenarbeit wie in seinen Büchern, hat meine Überzeugung über das Ausmaß unsichtbarer Affekt- und Rollentraditionen vertieft, auch wenn ich nicht mit allen Schlußfolgerungen seines Systems der »Ordnungen der Liebe«, der seelischen Bindungen übereinstimme. Die Inszenierung von Familienkonstellationen trennt das Intrapsychische leichter vom Interpsychischen. Der im Individuum geronnene Niederschlag von Beziehungen kann in ein Stück zunächst geronnener, in der Therapie aber auch wieder dynamisierbarer Interaktionen übergeführt werden, selbst wenn in der Einzeltherapie die externalisierten Objekte zunächst nicht antworten. Aber durch Rollenübernahme kommt der Patient durch die Identifizierung auch wieder mit den gespeicherten Reaktionsformen, etwa der Eltern, in Kontakt; er kann sie für sich selbst »veräußern«. Die meisten Patienten staunen, wie treffend sie wichtige Personen und sogar Instanzen, die sie nicht direkt erlebt haben, selbst darstellen können. Dies alles kennen wir aus dramatisierenden Therapieformen wie dem Psychodrama, dem Rollenspiel oder der Gestalttherapie. Die Psychoanalyse braucht sich hier nur zu öffnen für ein großes Repertoire therapeutischer Formen, die sie leicht mit ihrem Geist und ihrem klinischen Wissen adaptieren und füllen kann.

Ich möchte die Anwendung noch einmal exemplifizieren an Hand einer wichtigen Arbeit von Gertrud Hardtmann (1992a). Sie analysiert darin aufgrund langer therapeutischer Erfahrung mit Täterkindern Aussagen in einer Selbsthilfegruppe von Täterkindern in einem nicht-analytischen Setting. Die Teilnehmer sprechen übereinstimmend, auch bei schweren Taten der Eltern, von deren fehlendem Unrechtsbewußtsein. »Äußerlich unterschieden sich die Teilnehmer in nichts von ihren akademisch gebildeten Zeitgenossen... Es gab intakte und nicht-intakte Familienverhältnisse, es gab einige, die trotz Heirat keine Kinder hatten. Das wäre auch nicht weiter erwähnenswert gewesen, wenn es nicht verknüpft worden wäre mit paranoiden Ängsten, daß irgend etwas Unbestimmtes und nicht näher zu Benennendes, ein *Täteranteil*, in der Familie, sei es durch Zeugung oder Erziehung, an die nächste Generation weitergegeben werden könne.« (S. 43) Die meisten hatten ihre Eltern jahrelang als »angepaßt« und normal erlebt, bis sie von dem »früheren Leben« erfuhren, das ihnen wie ein bestürzender »Spuk« vorkam. Es war nicht Spuk, denn es hinterließ gravierende Folgen:

»Sie hatten sich eine Last aufgebürdet, die nicht ihre eigene war. Dieses Scham- und Schuldgefühl in der zweiten Generation ist das, was die Generationen bis heute verbindet: Während die erste Generation die Verbrechen begangen hat, leidet die zweite paradoxerweise unter den dazugehörigen Scham- und Schuldgefühlen.« (S. 45) Sie können, soweit sie unbewußt sind, zu gravierenden Störungen auch psychosomatischer Art führen.

So paradox ist dies allerdings nicht: Die Eltern waren während ihres Tuns eingebettet in ethische Umwertungsprozesse, wie sie von vielen Forschern beschrieben worden sind. Das mangelnde Unrechtsbewußtsein ist durch den Beschuldigungs-Diskurs der volkspädagogisch wohlmeinenden Alliierten zusätzlich in Trotz und Wut verwandelt worden. Dies muß im Unbewußten noch stärker zu einem affektiven Binnendruck geführt haben, der die Intensität der Übermittlungs- und Implantierungs-Strategien erklären könnte, die Anita Eckstaedt und viele andere hervorheben. Es gibt allerdings zwei widersprüchliche Richtungen dieser Transmissionsprozesse: Eckstaedt beschreibt stärker die konkordanten, die Eltern narzißtisch stützenden Rollenübernahmen, das Harte, Heldische, Rücksichtslose; während Hardtmann und andere die komplementären Affekte beobachten: die stellvertretende Übernahme der »vernichteten« Affekte Scham und Schuld. »Man kann sagen, daß die Kinder die verlorengegangenen, beschädigten und ermordeten Überichanteile – die Ethik und die Moral – repräsentierten...« (S. 46/7) Im gegenläufigen Fall repräsentieren die Kinder die untergegangenen Nazi-Ideale, die die Eltern nach 1945 selbst nicht mehr ausdrücken durften. Was die Analysierbarkeit wie die Therapierbarkeit erschwert, ist die Tatsache der innerfamiliären Verklärungsmythen, also die mehr oder minder bewußten Absprachen der Eltern zur Deutung ihrer Vergangenheit. Hardtmann betont, daß die Mütter oft lange über den Tod des Ehemannes hinaus die Rechtfertigungsideologie vertraten. Andererseits wissen wir, daß der Tod eines Partners die »vereinbarte« Ideologie auch allmählich lösen kann. Hardtmann kann durch diese intergenerationelle »Arbeitsteilung« auch der »Unfähigkeit zu trauern« neue Deutungsaspekte hinzufügen:

»Dieses Gefühl, daß *die Opfer in den Tätern anscheinend keine Stimme und keine Präsenz haben,* vergiftet und lähmt jedes Anknüpfen einer Beziehung zu ihnen.« (S. 47) Es würde sich also nicht nur um verdrängte und verleugnete Schuld handeln, sondern um eine fehlende Repräsentanz der Opfer in den Tätern. All dies ist anschaulicher und affektiv deutlicher zu machen, wenn das undurchsichtige innere »Theater der Seele« zu einer wirklichen Inszenierung wird, in der die einzelnen Stimmen und Positionen einen eigenen Ausdrucksort und eine eigene Stimme finden. Es ist gerade die häufig vorzufindende Umkehrung der Angstrichtungen zwischen den Generationen, die zu einer zusätzlichen Verwirrung führt. Das an Hitler oder die NS-Ideologie oder die Rassenlehre usw. gebundene Überich war weitgehend ein äußeres oder höchstens halb-internalisiertes, nicht mit dem persönlichen ethischen Standard der Vor-Nazi-Zeit legiertes. Deshalb können auch die eigenen Kinder in diese Position des externen Überichs rücken. In der reinen Übertragungsanalyse führt dies zu erheblicher Verwirrung. Einerseits wissen wir, daß in vielen Täterfamilien die Nacht der Ort der Wiederkehr des Grauens und der Verfolgungsangst war. Andererseits gibt es den überwältigenden Augenschein: »Wenn man den Äußerungen der Täter Glauben schenken könnte, dann müßte man davon ausgehen, daß sie die Taten im Einklang mit ihrem Gewissen ... begangen haben. Diese Annahme scheint dadurch bestätigt zu werden, daß die Täter in der Regel, wenn sie von der Strafjustiz unbehelligt blieben, ein ruhiges und friedliches Leben führten und keine schlaflosen Nächte hatten. Dagegen spricht allerdings die massive Verleugnung dieses Themas in den Familien... Wie die Zitate belegen, war die Verleugnung manchmal so grotesk, daß sich das normale Eltern-Kind-Verhältnis komplett umkehrte: Die Täter benahmen sich wie kleine Kinder, die ein schlechtes Gewissen gegenüber ihren ›Eltern‹ (Kindern) haben.« (S. 50) Die Kinder werden zu Projektionsfiguren für die Straf- und Vergeltungsängste gegenüber nur oberflächlich internalisierten Instanzen. Inszeniert man diese Schuldverhältnisse, so können die Affekte wie die Abwehrmechanismen wieder ihren wirklichen Trägern zugeordnet werden. Den Kindern (Patienten der zweiten Generation) wird eine Distanzierung, eine Kündigung der erzwungenen Übernahmeverträge möglich. Ich selbst handhabe die Rück-

gabe des Übernommenen durchaus in ritueller Form, weil sie das Unbewußte auf diese Weise tiefer erreicht. Ebenso förderlich, manchmal sogar notwendig ist es, die seelischen Räume und verwischten Grenzen der beteiligten Personen »räumlich« darzustellen, um darin schwierige Formen der Distanzlosigkeit, des Verschwimmens der Generationsgrenzen, der subtilen Übergriffe oder der parasitären Aneignung anschaulich und erlebbar zu machen.
Auch wenn die verwirrten und verwirrenden Affekte wieder in die Übertragung kommen; auch wenn Arbeit mit der Übertragung phasenweise angezeigt ist, ist diese leichter zu entwirren und auszuhalten und führt nicht mehr so leicht in schwer erträgliche Überlastungen oder Vergiftungen der Gegenübertragung, wenn die Affekte einmal szenisch sichtbar waren. In welcher Form man zwischen den beiden therapeutischen Grundhaltungen wechselt, ist der Intuition, der Kreativität wie der Überzeugung des Therapeuten anheimgestellt. Sicher scheint mir nur, daß die Beachtung von Übertragung und Gegenübertragung weiterhin wichtig bleibt. Das szenische Denken der Psychoanalyse müßte offen sein nicht nur für die klassischen Inszenierungen in der Übertragung, sondern für Inszenierungen, die den Praxisraum zu einer Bühne machen, die der Patient allmählich als seinen »Übergangsraum« zu erfassen lernt. Obwohl der Handlungs- und Sprechtext des Patienten anfangs in seinem Inneren verborgen ist, verborgen ihm selbst wie dem Analytiker, führt die Inszenierung beide Partner rascher vor die Leerstellen, die Schwärzungen der Zensur, die Schmerzpunkte des Verstummens und die Weichenstellungen der Lüge, Verfälschung und Rationalisierung. In die verlorenen Textstellen hinein darf der Therapeut ruhig »Vorschläge« von Sätzen machen, wie sie zwischen den früher erlebten Personen natürlich nicht wörtlich, sondern im Sinne wichtiger affektiver Botschaften, gefallen sein könnten. Er muß sie als Vorschläge kenntlich machen, die der Patient überprüfen, verwenden, variieren oder verwerfen kann. Es kann durchaus vor-

kommen, daß ein Patient über Wochen und Monate solche Sätze scheinbar ohne affektive Beteiligung wiederholt. Aber sie wirken in ihm weiter; sie entwickeln einen Sog in Richtung der abgespaltenen Gefühle, genauso wie Handlungsgesten, Laute oder Berührungen dies tun können. Oft lernt der Patient, die Szene, die Bühne, die Schutzmaßnahmen so zu gestalten, daß Affekt und Sprache oder Geste endlich zusammenfinden können. Denn auch die Abwehr läßt sich in ihren quantitativen wie qualitativen Formen und Mengen szenisch darstellen. Die Beteiligung des Patienten an der Inszenierung der Abwehr verhindert, daß wir ihn zu evident erscheinenden Affekten drängen, die er noch nicht integrieren kann.

Anhang

Literaturverzeichnis

Adorno, Theodor W., Studien zum autoritären Charakter (1950), Frankfurt am Main 1970
ders., Zum Verhältnis von Soziologie und Psychologie. In: Frankfurter Beiträge zur Soziologie, Bd. 1, 1955, S. 11-45
Appy, Gottfried, Einige Gedanken zur Sprachlosigkeit. In: DPV-Informationen, Nr. 2, 1987, S. 35-39
ders., Was bedeutet ›Auschwitz‹ heute. Klinische Überlegungen zu Entleerungen eines destruktiven Symbols. In: Moses und Eickhoff (Hrsg.), Die Bedeutung des Holocaust für nicht direkt Betroffene. Stuttgart-Bad Cannstatt 1993, S. 21-46
Arendt, Hannah, Besuch in Deutschland (1950): In: Zur Zeit. Politische Essays. Berlin 1986, dtv 1989
Arnim, Gabriele von, Das große Schweigen. Von der Schwierigkeit, mit der Vergangenheit zu leben. München 1989
Bar-On, Dan, und Gilad, Noga, Auswirkungen des Holocaust auf drei Generationen. In: Psychosozial, 1992, Heft 51, S. 7-21
ders., Die Last des Schweigens. Gespräche mit Kindern von Nazi-Tätern. Frankfurt / New York 1993
Bauriedl, Thea, Die Wiederkehr des Verdrängten. Psychoanalyse, Politik und der Einzelne. München 1986
dies., Wege aus der Gewalt. Analyse von Beziehungen. Freiburg 1992
Begley, Louis, Lügen in Zeiten des Krieges. Frankfurt am Main 1994
Becker, Hans, und Becker, Sophinette, Die Legende von der Bewältigung des Unerträglichen. In: Psychosozial 1988/89, Heft 36, S. 44-54
Beland, Hermann, Wie verstehen sie sich selbst? Zur Geschichte der Auseinandersetzung mit der eigenen Vergangenheit in der Deutschen Psychoanalytischen Vereinigung. In: DPV-Informationen Nr. 2, Okt. 1987, S. 9-14
Bell, Karin, und Höhfeld, Kurt (Hrsg.), Psychoanalyse im Wandel. Gießen 1995
Benz, Ute, Der Mythos von der guten Mutter. Zur Tradition der politischen Instrumentalisierung eines Ideals. In: Rauschenbach (Hrsg.), 1992, S. 148-156
Benz, Ute (Hrsg.), Frauen im Nationalsozialismus. München 1993

Benz, Wolfgang, Herrschaft und Gesellschaft im nationalsozialistischen Staat. Frankfurt am Main 1990

Benz, Wolfgang, Etappen bundesdeutscher Geschichte am Leitfaden unerledigter deutscher Vergangenheit. In: Rauschenbach (Hrsg.), 1992, S. 119-131

Bergmann, Martin S., Jucovy, Milton E., und Kestenberg, Judith S., Kinder der Opfer – Kinder der Täter. Psychoanalyse und Holocaust. Frankfurt am Main 1995

Brainin, Elisabeth, und Kaminer, Isidor J., Psychoanalyse und Nationalsozialismus, 1982, zitiert nach dem Nachdruck in: Lohmann (Hrsg.), 1994, S. 86-105

Brainin, Elisabeth, Ligeti, Vera, und Teicher, Samy, Vom Gedanken zur Tat. Zur Psychoanalyse des Antisemitismus. Frankfurt am Main 1993

Bude, Heinz, Bilanz der Nachfolge. Die Bundesrepublik und der Nationalsozialismus. Frankfurt am Main 1992

Dahmer, Helmut, ›Holocaust‹ und die Amnesie. In: Lohmann, (Hrsg.), 1994, S. 24-30

Dirks, Walter, Folgen der Entnazifizierung. Ihre Auswirkung in kleinen und mittleren Gemeinden der drei westlichen Zonen. In: Frankfurt Beiträge zur Soziologie, Bd. 1, 1955, S. 445-470

Drees, Alfred, Freie Phantasien. In der Psychotherapie und in Balintgruppen. Göttingen 1995

Eckstaedt, Anita, Nationalsozialismus in der ›zweiten Generation‹. Psychoanalyse von Hörigkeitsverhältnissen. Frankfurt am Main 1989

Epstein, Helen, Die Kinder des Holocaust. Gespräche mit Söhnen und Töchtern von Überlebenden. München 1987

Fienhold, Wolfgang, Schmidt-Mâcon, und Seide, Adam (Hrsg.), KindheitsVerluste. Frankfurt am Main 1987

Frankfurter Beiträge zur Soziologie, Bd. 1, Hrsg. Theodor W. Adorno und Walter Dirks, Frankfurt am Main 1955

Freud, Anna, Psychoanalysis and Education. In: The Psychoanalytic Study of the Child 9, 1954

Freud, Sigmund, Massenpsychologie und Ich-Analyse. GW, Bd. 13, Frankfurt am Main 1976

ders., Warum Krieg? 1932, in: GW, Bd. 16, Frankfurt am Main

Gamm, Hans-Jochen, Führung und Verführung. Pädagogik des Nationalsozialismus. München 1964, 3. Aufl. München 1990

Gravenhorst, Lerke, und Tatschmurat, Carmen (Hrsg.), Töchter-Fragen, NS-Frauen-Geschichte. Freiburg 1990

Grosser, Alfred, Verbrechen und Erinnerung. Der Genozid im Gedächtnis der Völker. München und Wien 1990
Grubrich-Simitis, Ilse, Extremtraumatisierung als kumulatives Trauma, in: Psyche 33, 1979, S. 991-1023, zitiert nach Lohmann, (Hrsg.), 1994, S. 210-236
dies., Nachkommen der Holocaust-Generation in der Psychoanalyse, in: Psyche 38/1984, S. 1-28
Habermas, Jürgen, Eine Art Schadensabwicklung. Frankfurt am Main 1987
Haffner, Sebastian, Anmerkungen zu Hitler. Frankfurt am Main 1981
Haarer, Johanna, Die deutsche Mutter und ihr erstes Kind. München 1934
Hardtmann, Gertrud (1992a), Begegnung mit dem Tod. Die Kinder der Täter. In: Psychosozial 51/92, S. 42-53
Hardtmann, Gertrud (Hrsg., 1992b), Spuren der Verfolgung. Seelische Auswirkungen des Holocaust auf die Opfer und ihre Kinder. Gerlingen 1992
dies., Ein Volk ohne Schatten, in: Hardtmann (1992b), S. 251-260
Hau, Theodor S., Frühkindliches Schicksal und Neurose. Schizoide und depressive Neurose-Erkrankungen als Folge frühkindlicher Erlebnisschäden in der Kriegszeit. Göttingen 1968
Hauer, Nadine, Die Mitläufer oder die Unfähigkeit zu fragen. Auswirkungen des Nationalsozialismus auf die Demokratie von heute. Opladen 1994
Hecht, Ingeborg, Als unsichtbare Mauern wuchsen. Eine deutsche Familie unter den Nürnberger Rassegesetzen. Hamburg 1993
Heenen-Wolff, Susan, Offene Fragen zur Psychoanalyse des Nationalsozialismus und seiner Nachwirkungen. In: Psychosozial 1989, Heft 38, S. 81-89
Heimannsberg, Barbara, und Schmidt, Christoph J. (Hrsg.), Das kollektive Schweigen. Nationalsozialistische Vergangenheit und gebrochene Identität in der Psychotherapie. Köln 1992
dies., Zur Symptomatik der nationalsozialistischen Erbschaft. In: Heimannsberg / Schmidt (Hrsg.), 1992, S. 11-15
dies., Kollektive Erinnerungsarbeit und nationale Identität. In: Heimannsberg / Schmidt, 1992, S. 17-24
Heinl, Peter, »Maikäfer flieg, dein Vater ist im Krieg...« Seelische Wunden aus der Kriegskindheit. München 1994
Hellinger, Bert (1993 s. Weber, G.)

ders., Ordnungen der Liebe. Heidelberg 1994

Henseler, H., und Kuchenbuch, A. (Hrsg.), Die Wiederkehr von Krieg und Verfolgung in Psychoanalysen. Ulm-Berlin 1982, Typoskript

Henseler, Heinz, und Wegener, Peter (Hrsg.), Psychoanalysen, die ihre Zeit brauchen. Zwölf klinische Darstellungen. Opladen 1993

Herman, Judith Lewis, Die Narben der Gewalt. Traumatische Erfahrungen verstehen und überwinden. Stuttgart 1993

Hirsch, Mathias, Negative therapeutische Reaktion und Objektbeziehungstheorie, in: Streeck und Bell (Hrsg.), 1994, S. 313-335

Holderegger, Hans, Der Umgang mit dem Trauma. Stuttgart 1993

Höfer, Renate, Die Hiobsbotschaft C. G. Jungs. Folgen sexuellen Mißbrauchs. Lüneburg 1993

Höhne, Heinz, Der Orden unter dem Totenkopf. Die Geschichte der SS. München 1967, Neuaufl. Augsburg 1992

Höß, Rudolf, Kommandant in Auschwitz. Hrsg. von Martin Broszat, München 1963

Jacoby, Mario, Kast, Verena, und Riedel, Ingrid, Das Böse im Märchen, Fellbach 1978

Jäger, Herbert, Verbrechen unter totalitärer Herrschaft. Studien zur nationalsozialistischen Gewaltkriminalität. Olten 1967

Kittel, Manfred, Die Legende von der ›Zweiten Schuld‹. Vergangenheitsbewältigung in der Ära Adenauer. Frankfurt am Main 1993

Klüger, Ruth, weiter leben. Eine Jugend. Göttingen 1992

Koch-Straube, Ursula (Hrsg.), Die Zukunft des Alters ist das Leben. Darmstadt 1988

Krause, Rainer, Schwer, früh und unbehandelbar? In: Streeck und Bell (Hrsg.), 1994, S. 61-75

Lifton, Robert J., und Markusen, Eric, Die Psychologie des Völkermordes. Atomkrieg und Holocaust. Stuttgart 1992

Lipp, Christine (Hrsg.), Kindheit und Krieg. Erinnerungen. Frankfurt am Main 1992

Lockot, Regine, Erinnern und Durcharbeiten. Zur Geschichte der Psychoanalyse im Nationalsozialismus. Frankfurt am Main 1985

Lohmann, Hans-Martin (Hrsg.), Psychoanalyse und Nationalsozialismus. Beiträge zur Bearbeitung eines unbewältigten Traumas. Frankfurt am Main 1984 (zitiert nach Neuausgabe 1994)

Loewy, Hanno (Hrsg.), Holocaust: Die Grenzen des Verstehens. Eine Debatte über die Besetzung der Geschichte. Hamburg 1992

Marcuse, Ludwig, Hrsg., War ich ein Nazi? Politik – Anfechtung des Gewissens. München-Bern-Wien 1968

Massing, Almuth, und Beushausen, Ulrich, »Bis ins dritte und vierte Glied«. Auswirkungen des Nationalsozialismus in den Familien. In: Psychosozial, 1986, Heft 28, S. 27-42

Massing, Almuth, Auswirkungen anhaltender nationalsozialistischer Weltanschauung in Familienschicksalen. In: Heimannsberg / Schmidt (Hrsg.), 1992, S. 71-84

Meier, Christian, Vierzig Jahre nach Auschwitz. Deutsche Geschichtserinnerung heute. 2., erw. Auflage, München 1990

Miller, Alice, Du sollst nicht merken. Frankfurt am Main 1981. Zitiert nach Taschenbuchausgabe, Frankfurt am Main 1983

Mitscherlich, Alexander, Auf dem Weg zur vaterlosen Gesellschaft. München 1963

ders. und Mitscherlich, Margarete, Die Unfähigkeit zu trauern. München 1967

ders., Ein Leben für die Psychoanalyse. Anmerkungen zu meiner Zeit. Frankfurt am Main 1980

Moser, Tilmann, Repressive Kriminalpsychiatrie. Frankfurt am Main 1971

ders., Besuche bei Brüdern und Schwestern. Frankfurt am Main 1992a

ders., Vorsicht Berührung. Über Sexualisierung, Spaltung, NS-Erbe und Stasi-Angst. Frankfurt am Main 1992b

ders., Politik und seelischer Untergrund. Frankfurt am Main 1993

ders., Literaturkritik als Hexenjagd. Ulla Berkéwicz und ihr Roman »Engel sind schwarz und weiß«. Eine Streitschrift. München 1994

ders., Übertragung und Inszenierung – Der therapeutische Zugang zu den geschichtlichen Katastrophen. In: Bell und Höhfeld (Hrsg.), 1995, S. 56-67

Moses, Raffael, und Eickhoff, F.-W. (Hrsg.), Die Bedeutung des Holocaust für nicht direkt Betroffene. Jahrbuch der Psychoanalyse. Beiheft 14. Stuttgart-Bad Cannstatt 1992

Müller, Rolf-Dieter, und Ueberschär, Gerd R., Kriegsende 1945. Die Zerstörung des Deutschen Reiches. Frankfurt am Main 1994

Müller-Hohagen, Jürgen, Verleugnet, verdrängt, verschwiegen. Die seelischen Auswirkungen der Nazizeit. München 1988

ders., Komplizenschaft über Generationen. In: Welzer (Hrsg.), 1993, S. 26-60
ders., Geschichte in uns. Psychogramme aus dem Alltag. München 1994
Neuzner, Bernd, Die schwere und die schwierige psychische Erkrankung. In: Streeck und Bell (Hrsg.), 1994, S. 44-60
Niederland, William G., Folgen der Verfolgung. Das Überlebenden-Syndrom, Seelenmord. Frankfurt am Main 1980
Ogan, Bernd, und Weiß, Wolfgang W. (Hrsg.), Faszination und Gewalt. Zur politischen Ästhetik des Nationalsozialismus. Nürnberg 1992
Pesso, Albert, Dramaturgie des Unbewußten. Stuttgart 1986
Picker, Richard, Psychotherapie und Nazivergangenheit – ein Versuch an konkreten Gestalten. In: Heimannsberg/Schmidt (Hrsg.), 1992, S. 175-194
Rauschenbach, Brigitte (Hrsg.), Erinnern, Wiederholen, Durcharbeiten. Zur Psychoanalyse deutscher Wenden. Berlin 1962
Reinke, Ellen, Zwischen Apologetik und Erinnern: Psychoanalyse und ›Vergangenheitsbewältigung‹. In: Psychosozial 1992, Heft 51, S. 86-101
Reuth, Ralf Georg, Goebbels. Eine Biographie. München 1990
Richter, Horst-Eberhard, Eltern, Kind und Neurose. Stuttgart 1963
ders., Patient Familie. Reinbek 1970
ders., Die Chance des Gewissens. Erinnerungen und Assoziationen. Hamburg 1986
ders., Wer nicht leiden will, muß hassen. Zur Epidemie der Gewalt. Hamburg 1993
ders., Bedenken gegen Anpassung. Psychoanalyse und Politik. Hamburg 1995
Ritscher, Wolf, Über die Opfer und TäterInnen des NS-Faschismus und ihre Kinder – eine sozialpsychologische und familiendynamische Skizze. In: Kontext, Zeitschrift für Familientherapie, Bd. 24, 2/93, S. 57-70
Roberts, Ulla, Starke Mütter – ferne Väter. Töchter reflektieren ihre Kindheit im Nationalsozialismus und in der Nachkriegszeit. Frankfurt am Main 1994
Rosenkötter, Lutz, Schatten der Zeitgeschichte auf psychoanalytischen Behandlungen. In: Psyche, Jg. 33, 1979, zitiert nach Lohmann (Hrsg.), 1994, S. 236-249

Rosenthal, Gabriele, Kollektives Schweigen zu den Nazi-Verbrechen. Bedingungen der Institutionalisierung einer Abwehrhaltung. In: Psychosozial, 1992, Heft 51, S. 22-33
Roth, Sheldon, »Der Schatten des Holocaust«. In: Moses und Eickhoff (Hrsg.), 1992
Rother, Thomas, Untermenschen Obermenschen. Eine Reportage aus Deutschland. Essen 1994
Schmidt, C. J., und Heimannsberg, B. (Hrsg.), Macht und Machtmißbrauch in der Psychotherapie. Köln 1995
Sellschopp, Almuth, und Vogel, Beatrix, Auf-Brüche. Interviews über Werte und Wertewandel im Rückblick auf die nationalsozialistische Zeit. Hamburg 1994
Simenauer, Erich, Wanderungen zwischen Kontinenten, 2 Bde., Stuttgart-Bad Cannstatt 1993
Sofsky, Wolfgang, Die Ordnung des Terrors. Das Konzentrationslager. Frankfurt am Main 1993
Speier, Sammy, Der ges(ch)ichtslose Psychoanalytiker – die ges(ch)ichtslose Psychoanalyse. In: Heimannsberg/Schmidt (Hrsg.), 1992
Sperling, Eckhard, Massing, Almuth, u. a., Die Mehrgenerationen-Familientherapie. Göttingen 1982
Stern, Carola, In den Netzen der Erinnerung. Lebensgeschichte zweier Menschen. Reinbek 1986
Sternheim-Peters, Eva, Die Zeit der großen Täuschungen. Mädchenleben im Faschismus. Bielefeld 1987
Stierlin, Helm, Delegation und Familie, Frankfurt am Main 1978
ders., Der Dialog zwischen den Generationen über die Nazizeit. In: Heimannsberg / Schmidt (Hrsg.), 1992, S. 247-266
Streeck, U., und Bell, K. (Hrsg.), Die Psychoanalyse schwerer psychischer Erkrankungen. München 1994
Szepansky, Gerda, ›Blitzmädel‹ ›Heldenmutter‹ ›Kriegerwitwe‹. Frauenleben im Zweiten Weltkrieg. Frankfurt am Main 1986
Theweleit, Klaus, Männerphantasien, Hamburg 1977, Taschenbuchausgabe, Reinbek 1980, Bd. 2
Ulshöfer, Helmut (Hrsg.), Liebesbriefe an Adolf Hitler – Briefe in den Tod. Frankfurt am Main 1994
Vogt, Rolf, »Warum sprechen die Deutschen nicht?«, in: Psyche, 1986, S. 896-902
Vogt-Heyder, Barbara, »Und niemand hört ihnen zu, wenn die Deutschen über Psychoanalyse sprechen«, in: Psyche, 1986, S. 890-896

Walser, Martin, Über freie und unfreie Rede. In: Der Spiegel, Heft 45, 7. 11. 94, S. 130ff.
Wardi, Dina, Memorial Candles. Children of the Holocaust. London und New York 1992
Weber, Gunthard (Hrsg.), Zweierlei Glück. Die systemische Psychotherapie von Bert Hellinger. Heidelberg 1993
Welzer, Harald (Hrsg.), Nationalsozialismus und Moderne. Tübingen 1993
Werle, Gerhard, und Wanders, Thomas, Auschwitz vor Gericht. Völkermord und bundesdeutsche Strafjustiz. München 1995
Westernhagen, Dörte von, Die Kinder der Täter. Das Dritte Reich und die Generation danach. München 1987
dies., Die Kinder der Täter. Das Dritte Reich in Familienkonflikten. In: Psychosozial, 1989, Heft 36, S. 30-37
Weyrather, Irmgard, Muttertag und Mutterkreuz. Der Kult um die ›deutsche Mutter‹ im Nationalsozialismus. Frankfurt am Main 1993
Wiese, Leopold von, Inhalt und Grenzen ethischer Forderungen in der Gegenwart. In: Frankfurter Beiträge, 1955, S. 235-243
Wilde, Klaus, Bemerkungen zu schwer tolerierbaren Übertragungen. In: Streeck und Bell (Hrsg.), 1994, S. 285-298
Wirth, Hans-Jürgen, Der Fall Jenninger und unsere Schwierigkeiten mit der deutschen Vergangenheit. In: Psychosozial 1989, Heft 36, S. 55-61
Wollenberg, Jörg (Hrsg.), »Niemand war dabei und keiner hat's gewußt«. Die deutsche Öffentlichkeit und die Judenverfolgung 1933-1945. München 1989
Wurmser, Leon, Schwere Störungen, schwierige Behandlungen und Normalität. In: Streeck und Bell (Hrsg.), 1994, S. 13-29
Zwiebel, Ralf, Der Schlaf des Psychoanalytikers. Die Müdigkeitsreaktion in der Gegenübertragung. Stuttgart 1992

Personenregister

Adorno, Theodor W. 68
Appy, Gottfried 23, 65 ff. 74, 83
Arendt, Hannah 123, 294
Arnim, Gabriele von 35, 96
Balint, Michael 281
Bar-On, Dan 35, 80, 94, 120, 310
Bauriedl, Thea 110
Becker, Hans 109, 111, 112
Becker, Sophinette 109, 111 f.
Begley, Louis 298, 305
Bell, Karin 40
Bergmann, Martin S. 27, 31, 32, 51 f., 65, 70, 71, 72, 81, 108, 119, 127, 133
Berkéwicz, Ulla 45, 306
Brainin, Elisabeth 73, 327
Coleman, M. Donald 120, 128
Dahmer, Helmut 32
Dirks, Walter 312
Drees, Alfred 319, 324
Eckstaedt, Anita 26, 34, 38, 45, 55, 56, 57, 59, 60 f., 66, 68, 74, 77, 78, 80, 83, 86, 92 f., 111, 118, 119, 132, 134, 136, 333
Eickhoff, F.-W. 64
Enzensberger, Hans Magnus 35
Eppstein, Helen 237
Ferenczi, Sandor 320
Fienhold, Wolfgang 105
Frank, Hans 257
Frank, Niklas 109, 136, 257
Freud, Anna 116, 117
Freud, Sigmund 20, 22, 27, 28, 30, 88, 228, 320
Gampel, Yolanda 71, 80

Giordano, Ralph 117, 308
Gneist, Joachim 11 f.
Goebbels, Helga 145-147, 149, 151, 155, 158, 161
Goebbels, Joseph 145, 158, 307, 330
Goebbels, Magda 145
Goudsmit, W. 63 f.
Gravenhorst, Lerke 21
Grubrich-Simitis, Ilse 70, 126
Gruen, Arno 201
Haarer, Johanna 201
Hardtmann, Gertrud 8, 95, 132, 133, 332, 333
Harris, Arthur Travers 308
Hau, Theodor S. 9
Heimannsberg, Barbara 35, 40
Heinl, Peter 98, 99, 100-106, 108, 184, 298
Hellinger, Bert 331
Herman, Judith Lewis 118, 295, 296, 297, 319, 324
Herzog, James 71
Heydrich, Reinhard 256
Himmler, Heinrich 330
Hitler, Adolf 19, 25, 43, 68, 110, 149, 161, 295, 307, 329, 330, 334
Höfer, Renate 98
Höhfeld, Kurt 40
Jäckel, Eberhard 25
Jenninger, Philipp 301, 311
Jucovy, Milton E. 31, 32, 70, 71, 108, 127, 133
Jung, C. G. 98
Kaminer, Isidor J. 73
Kestenberg, Judith S. 9, 31, 70, 71, 81, 108, 125, 127, 133

Kielmannsegg 313
Kittel, Manfred 308, 309, 311, 312, 313
Klein, Melanie 53, 63, 65
Klüger, Ruth 298, 304, 305
Koch-Straube, Ursula 313
Kogon, Eugen 254, 256, 257
Kohut, Heinz 281
Langs, Robert 63
Lessing, Doris 296
Ligeti, Vera 73, 327
Lipp, Christine 104, 298
Lockot, Regine 89, 90
Lohmann, Hans-Martin 32
Miller, Alice 44
Mitscherlich, Alexander 21, 36, 38, 40, 45, 67, 84, 86f., 88, 99, 118, 123, 208, 294, 303, 333
Mitscherlich, Margarete 36, 38, 40, 45, 67, 86-88, 99, 118, 123, 208, 333
Moses, Raffael 64
Müller, Rolf-Dieter 121, 294, 295
Müller-Hohagen, Jürgen 35, 37, 38, 44, 78, 79, 80, 110, 111
Nolte, Ernst 308
Oliner, Marion M. 27
Pesso, Albert 175, 203, 214, 274, 281, 291
Picker, Richard 64
Pilgrim, Volker Elis 265
Reinke, Ellen 112, 113
Richter, Horst-Eberhard 82-89, 95, 115, 116f., 127, 289, 320

Roberts, Ulla 21, 123
Rommel, Erwin 145
Rosenfeld, Herbert 68
Rosenkötter, Lutz 63
Schindel, Robert 13f.
Schirach, Baldur von 111
Schmidt, Christoph J. 35, 40
Schmidt-Mâcon 105
Schneider, Christian 136
Schultz-Hencke, Harald 75, 90
Schümer, Dirk 302
Seide, Adam 105
Semprun, Jorge 306
Sichrovsky, Peter 108, 111
Simenauer, Erich 23, 61, 62, 63
Speer, Albert 117
Speier, Sammy 50, 51, 74f., 77
Sperling, Eckhard 82, 90, 91, 92, 93
Stalin, Jossif W. 68, 308
Stierlin, Helm 74, 82, 92, 105
Szepansky, Gerda 21
Tatschmurat, Carmen 21
Teicher, Samy 73, 327
Theweleit, Klaus 24, 28, 68
Ueberschär, Gerd R. 121, 294, 295
Vogt, Rolf 8
Vogt-Heyder, Barbara 72
Walser, Martin 300, 301, 302
Wardi, Dina 80
Westernhagen, Dörte von 25, 35, 95, 96, 108, 109, 112f., 324-330
Wirth, Hans-Jürgen 114
Zwiebel, Ralf 34, 223

*Die Bücher von Tilmann Moser
im Suhrkamp Verlag*

Gespräche mit Eingeschlossenen
*Gruppenprotokolle aus einer Jugendstrafanstalt
Mit einem Kommentar von Eberhard Künzel
edition suhrkamp 375.* 1969

Jugendkriminalität und Gesellschaftsstruktur
1970
suhrkamp taschenbuch 1472 (1987)

Repressive Kriminalpsychiatrie
*Vom Elend einer Wissenschaft. Eine Streitschrift
edition suhrkamp 419.* 1971

Lehrjahre auf der Couch
Bruchstücke meiner Psychoanalyse
1974
suhrkamp taschenbuch 352 (1976)

Gottesvergiftung
1976
suhrkamp taschenbuch 533 (1980)

Verstehen, Urteilen, Verurteilen
*Psychoanalytische Gruppendynamik mit Jurastudenten
edition suhrkamp 880.* 1977

Grammatik der Gefühle
Mutmaßungen über die ersten Lebensjahre
1979
suhrkamp taschenbuch 897 (1983)

Stufen der Nähe
Ein Lehrstück für Liebende
1981
suhrkamp taschenbuch 978 (1984)

Familienkrieg
*Wie Christoph, Vroni und Annette
die Trennung der Eltern erleben*
1982
suhrkamp taschenbuch 1169 (1985)

Eine fast normale Familie
Über Theater und Gruppentherapie
edition suhrkamp 1223. 1984

Kompaß der Seele
Ein Leitfaden für Psychotherapie-Patienten
1984
suhrkamp taschenbuch 1340 (1986)

Romane als Krankengeschichten
Über Handke, Meckel und Martin Walser
edition suhrkamp 1304. 1985.

Der Psychoanalytiker als sprechende Attrappe
Eine Streitschrift
edition suhrkamp 1404. 1987

Das erste Jahr
Eine psychoanalytische Behandlung
1986
suhrkamp taschenbuch 1573 (1988)

Körpertherapeutische Phantasien
Psychoanalytische Fallgeschichten neu betrachtet
1989
suhrkamp taschenbuch 1896 (1991)

Das zerstrittene Selbst
Berichte, Aufsätze, Rezensionen
suhrkamp taschenbuch 1733 (1990)

Besuche bei Brüdern und Schwestern
edition suhrkamp 1686 (1991)

Stundenbuch
Protokolle aus der Körperpsychotherapie
1992
suhrkamp taschenbuch 2306 (1994)

Vorsicht Berührung
Über Sexualisierung, Spaltung, NS-Erbe und Stasi-Angst
suhrkamp taschenbuch 2144 (1992)

Der Erlöser der Mutter auf dem Weg zu sich selbst
Eine körperpsychotherapeutische Studie
1993
suhrkamp taschenbuch 2564 (1996)

Politik und seelischer Untergrund
suhrkamp taschenbuch 2258 (1993)

Ödipus in Panik und Triumph
Eine Körperpsychotherapie
1994

Dämonische Figuren
*Die Wiederkehr des Dritten Reiches
in der Psychotherapie*
1996

Psychoanalyse und Justiz
*Herausgegeben und mit einer Einleitung versehen
von Tilmann Moser.* 1971
suhrkamp taschenbuch 167 (1974)

*Bücher von Tilmann Moser
in anderen Verlagen*

Tilmann Moser/Albert Pesso, Strukturen des Unbewußten,
Klett-Cotta, Stuttgart 1989

Tilmann Moser, Literaturkritik und Hexenjagd.
Ulla Berkéwicz und ihr Roman »Engel sind schwarz und weiß«,
Eine Streitschrift.
Piper Verlag, München 1994

Lehrfilme von Tilmann Moser

Zum Thema Psychoanalyse und Körperarbeit gibt es einen anderthalbstündigen Lehrfilm mit dem Titel *Symbiose, Halt und Abgrenzung*
sowie einen zweistündigen Lehrfilm mit dem Titel *Vaterkörper,
Geburt und Symbolisierung.*
Beide Filme als Videos beim Autor erhältlich, einzeln DM 98,–,
zusammen DM 170,– per Scheck. (Goethestr. 17, 79100 Freiburg)